憲法と政治制度

藤井俊夫著

成文堂

はしがき

本書では、憲法と政治制度にかかわる部分、すなわち、憲法の概念、象徴天皇制、国会、内閣、裁判所、財政、地方自治、平和主義などをめぐる課題について論じることにする。ただし、私の『司法権と憲法訴訟』(二〇〇七年成文堂)では、政治制度の中でもとくに憲法七六条で定める司法権とか憲法八一条で定める違憲立法審査権などを中心に論じた。また、『憲法と国際社会〔第二版〕』(二〇〇五年　成文堂)では、国連を中心とする国際平和へのしくみとわが国の憲法九条の定める平和主義との関係について論じている。そこで、これらの部分については本書ではある程度要旨を述べるにとどめ、詳しくは右の二著を参照していただくことにしたい。なお、基本的人権をめぐるさまざまな課題については、私の『憲法と人権Ⅰ』(二〇〇八年　成文堂)および『憲法と人権Ⅱ』(二〇〇八年　成文堂)を参照していただきたい。

ところで、この政治制度に関しては、法学的な議論とか裁判などを通じて法的に決着がつけられるものと、最終的には政治的な運用にまかせるべきものとに分かれる。この中で、前者の部分については、できるだけ判例をあげたりして法的な議論の精緻化をはかることにする。しかし、後者の政治の世界にまかせるべき部分については、そのような形の解決をはかることは難しいので、ある程度の望ましい方向性を示すだけにとどめることにする。ただし、そもそも一定の制度、体制、理念などについての絶対化はあまり好ましくはないし、危険でもある。というのは、制度、理念などというのはあくまでも入れ物(容器)であって、どのような制度あるいは理念を構築してもその内容である政治の良し悪しは結局はそれを運用する人の心によって左右されることになるからである。その点は世界および日本の歴史を振り返って見ればわかるであろう。とはいえ、やはり世の中にどのような入れ物が準備されているかということは重要である。そして、さまざまな入れ物が考えられる中でもやはり自由にものを考え、自由にものが言えるような制度があることは望ましい。それが必ずしも最善の政治を保障するわけではないとしても、少なくともよりよい政治の可能性を広げるということはいえるであろう。本書の根底にも右に述べたような相矛盾するような問題意識があることはいうまでもない。

また、本書はテキストとしての利用をある程度念頭に置いているとはいえ、必ずしも通説・判例にそって書かれているわけではない。むしろ、さまざまな形での問題提起を含むものである。これは少しでもわが国の政治が望ましい方向に進むことを望むのであれば、場合によっては学生諸君にも通説・判例などの枠にとらわれずにある程度自由に考えてもらうことも意義のあることだと考えたことによる。

このようにつたないものであるが、今後、大方のご批判、ご叱正を受け、内容の改善をしていきたいと考えている。

なお、本書の出版については、成文堂の阿部耕一社長をはじめとして編集部の方々のあたたかいご助力をいただいた。とくに、本郷三好氏には本書の構想についての相談をはじめとして校正その他でお世話をいただいた。厚くお礼申し上げたい。

二〇〇九年八月

藤井俊夫

目次

第一章　憲法の概念と日本国憲法

第一節　憲法の意義

一　憲法とは何か

（一）　重要な規範ないしは基本的な規範という意味

憲法は、ごく日常的には例えばやや象徴的な形で「重要な規範」あるいは「基本的な規範」という意味で用いられることもある。例えば「学校の憲法」とか「我が家の憲法」などという用い方がそれにあたる。これは、後に述べるような、国家との関係で憲法が有する地位を象徴化して、さまざまな社会関係の中でもそれを比喩的にあてはめていくというような憲法概念の用い方であるということができる。また、ここでは法規範というよりも、むしろ道徳規範として憲法の概念が用いられているともいえる。かつて聖徳太子の定めた「十七カ条の憲法」も、例えば「和を以て貴しとなす」という箇条に典型的に見られるように、どちらかといえばこの例にあたる。ただし、この場合には、その制定の時期からみて明らかなように、少なくとも今日的な意味での国家と憲法との関係に関する理解を前提とした象徴的な意味はなく、単なる「重要な規範」という意味しかもたないことはいうまでもない。しかし、いずれにせよここでは憲法とは何かという法としての憲法概念そのものを追求することが目的であるから、以下においてはこのような象徴的な意味での用い方をすることはない。

いられる。

(二)　国家とのかかわりでの憲法概念

右のような象徴的な用い方は別として、本質的には憲法は何らかの意味で国家とのかかわりをもつものとして用いられる。

例えば、そもそも憲法は「国家」そのものを意味する概念として用いられることがある。いいかえれば、ここでは国の政治制度、政治の実態およびそれを枠づける法規範の全体を区別せずに憲法としてとらえるものである。ただし、今日では、通常はこのような用い方がされることはない。

また、憲法は国家のもつ一定の政治体制という意味で用いられることもある。一般に、「国家あるところ必ず憲法あり」とされる場合は、これをさす。ただし、この場合でも、それは、国家というのは一般に必ず一定の政治体制をとるものであり、それを憲法と言うという意味と、それらの一定の政治体制というのは、その時々の国によってそれぞれに異なる体制をとるものであり、その具体的な体制のことを憲法というとする意味との二つの意味を持つ。前者の意味においては、国家と憲法とが観念的に分離されることが前提となってはいるが、しかし、ここでいう「憲法」は、まだ無内容のものである。要するに、この意味の憲法概念は、国家と憲法との関係を語るという以上の意味はないのである。これに対して、後者の意味においては、「憲法」の内容として、何らかのある具体的な内容（政治体制についての規定）がこめられることになる。そして、この後者の、現実の国家がその時々においてもつ具体的な政治体制という意味での憲法は、各国のそれぞれの歴史的社会的状況の中で生み出されるものであるから、当然、それぞれに異なった内容をもつことになる。

ところで、右のような具体的な政治体制のうち、とくに近代立憲主義国家における憲法一般、あるいは、その理念型が「憲法」だとされることもある。これは、「近代的意義の憲法」などと表現されることもある。この内容については後述する。

そして、この近代立憲主義憲法の中でも当然さまざまな国のさまざまな憲法が存在するわけであるが、その中で、わが国の憲法すなわち日本国憲法が憲法とよばれることもある。本書の第二章以下で「憲法」という場合には、当然この日本国憲法をいう。ただし、後述するように、それは日本国憲法という憲法典だけをさすわけではない。

二　国家とは何か

ところで、ここでは国家といった場合どのようなものが想定されるのかについて述べておきたい。

（一）　共同体としての国家

例えばわが国では例えば奈良・平安時代（あるいは、さらにそれ以前）から今日にいたるまで日本という国を一つの共同体としての国家と見ることはできないことではない。これは、むしろ社会的実在としての国家ということになる。もちろん、わが国の歴史の中のさまざまな時代の中で、国を構成する人の範囲は変化し、領土も変化し、また、国家（国）そのものについての意識なども変化してきているはずであるから、これらは全く同一性があるわけではないが、ある程度の同一性・継続性を認めることはできるであろう。ただし、このような意味での国家に常に対応するような普遍的な「憲法」というのは存在しない。

（二）　時代に対応する政治体制をもった国家

例えばわが国の歴史の中でいえば、それぞれの時代の政治体制に対応した国家がそれぞれ存在していたと考えることはできる。このような観点からいえば、それぞれの政治体制に対応してそれぞれ異なった国家が存在していたということになるのであるから、「国家あるところ必ず憲法あり」という意味で、憲法を単なる国家の基本的な構成原理を定めるものとしてとらえるならば、わが国でもこれらのそれぞれの国家に対応してそれぞれ異なった憲法が存在したということになる。

(三)　近代市民社会成立後の国家

すでに述べたように憲法とは近代立憲主義憲法をさすという観点からすれば、(二)であげた国家の中でも、世界史の中で近代市民社会が成立した後の、いいかえれば近代立憲主義憲法が成立した後の国家が憲法との関係では意味があるということになる。これは、わが国でいえば、明治維新後の国家および第二次世界大戦での敗戦後(ポツダム宣言を受け入れた後)の国家がそれにあたる。いいかえれば、それらは後述する外見的立憲主義憲法である大日本帝国憲法および近代立憲主義憲法である日本国憲法に対応する国家だということになる。

(四)　国家と憲法との関係

そして、いずれにせよ、ここでの国家と憲法との関係というのは、国家の側からいえばその時代の政治体制に合わせて憲法が制定されたということになり、逆に、憲法の側からいえば、それぞれの時代の憲法によって国家の政治体制が定められ、あるいは、国家が憲法によって法的コントロールを受けているということになる。前者は、事実(政治学、社会学など)の側からの視点であり、後者は規範(憲法学、法哲学など)の側からの視点だということになろう。

なお、国家が一つの法人とされ、憲法からの法的コントロールを受けたり、あるいは、国家賠償請求の相手方となったりする(この場合には、とくに国庫ともよばれる)のは、右の後者の視点によるものである。ただし、国家法人説という場合には、これとは異なる特別な意義が与えられている。これについては、後述する。

また、このほか例えば国際法上の「国家」概念というものもある。この場合には、国際社会からの国家としての承認の有無が問題となる。例えば日本は第二次世界大戦での敗戦および連合国による占領により国際法的には日本は一時消滅(あるいは、少なくとも権利停止)し、平和条約により日本は復活した(承認された)ということになる。ただし、この場合には憲法との関係が直接のテーマとなるわけではない。

三　本書が対象とする憲法

すでに述べたように「憲法」の概念をどのようにとらえるかということは決して簡単なことではないが、本書で取り上げる「憲法」は何をさすかといえば、それはまず「日本国憲法」、すなわち、わが国の憲法典である。ただし、本書では、このほかに必ずしも憲法の条文には明記されていないような理念、概念とか法原則なども憲法として取り扱っている。というのは、「日本国憲法」の条文の中で明確に示されていない理念、概念とか法原則なども、憲法にあたるとされることが普通だからである。例えば、憲法の明文には記述されてはいないが当然に基本的人権にあたるとされている権利・自由であるとか、国民主権とか人民主権などの主権論とか、命令的委任・非命令的委任などの代表制論とか、司法権の概念と範囲などの司法権論とか、消極国家・積極国家などの国家観などがそれである。わが国での憲法の教科書は、例えば「日本国憲法」の逐条解説の形をとるものですら、実はこの意味での憲法をその「日本国憲法」の中に含めて考えているのが普通である。

ところで、このような意味での憲法の内容はいかにして確定されるのか、それは明文の規定を前提としていないだけに、どこから引き出されるのかが問題となる。そして、これについては、一般的にはこれまでの歴史の中から抽出されてきたいくつかの理念、概念とか法原則など、例えば近代立憲主義憲法（あるいは、近代的意味の憲法）の原理とか、その現代的な修正ないし変容とか、さらには社会主義憲法の原理などが、参照されることになるといえるであろう。

なお、本書ではさらに例えば国会法とか裁判所法など憲法の周辺に位置するいくつかの法律をも取り上げている。これらの法律は、本来ならば憲法の形式で定められてもおかしくないような内容の定めをもつ場合もあり、また、憲法の内容を具体的に実施するための細則的な意味をもつこともある。ただし、これは必ずしもここで取り上げた諸法律が実質的な意味で憲法にあたるとする意味ではない。このように、本書で取り上げる事項あるいは法律を拡大しているのは、むしろ、憲法が現実にどこまで、また、どのように実現されているかを見るためには、このように憲法以下の下位規範たる法律の定めにまで注目することにも意味があるといえるからである。

ちなみに、このような観点をより徹底して、わが国での「日本国憲法」の実現のされ方という事実そのものを「憲法」として、それについて研究するという視点もある。憲法その他の規範は、現実の事実の中で妥当してはじめて規範としての意味をもちうるという観点からすれば、この点についての研究も重要な意味をもつ。ただし、これは、もはや規範論ではなくなるため、本書では、このような視点はとらない。

第二節　近代立憲主義憲法と日本国憲法

一　近代立憲主義憲法の特質

右に述べたように、今日では一般的に憲法という場合それは近代立憲主義憲法という意味で用いられるのが普通である。そこで、ここでは、近代立憲主義憲法の特質について見ておくことにする。

（一）　近代立憲主義憲法

近代立憲主義憲法（あるいは、近代市民憲法、近代市民的法治国家憲法等々とよばれる）というのは、基本的には、近代市民社会を法規範という側面から支えるもの、すなわち、市民的自由を中心とする基本的人権の保障と民主主義的な政治制度を理念としてもっている憲法をさすといえる。例えばフランス人権宣言（一七八九年）の一六条が「権利の保障が確保されず、権力の分立が規定されないすべての社会は、憲法をもつものではない」とするのはこの典型的な例である。ただし、近代市民社会のさきがけとなったイギリスの例にみられるように、それは必ずしも成文憲法という形をとっているわけではない。

また、もちろん、立憲主義という言葉で表現されているように、ここでは右の内容を含む最高法規たる憲法によって国家の権力をコントロールすることが予定されているという意味では、憲法の最高法規性というのもこの中の重要な要素となっていることになる。日本国憲法もこの近代立憲主義憲法にあたることは、いうまでもない。

(二)　近代立憲主義憲法以前

近代市民社会が成立する以前の国家においては、絶対王政あるいは封建制などの君主制がとられていたが、その時期においては、そもそも憲法によって君主の権力を制限するという発想そのものがあまりなかったため、憲法というべきものは存在していないといえる。したがって、近代立憲主義憲法以前の時期における君主制の憲法などというものはあり得ないということになる。ただし、あえていえば、例えばイギリスのマグナ・カルタなどはこれにあたるといえるであろう。

(三)　外見的立憲主義憲法

なお、一八五〇年のプロイセン憲法とか、それをモデルとした一八八九年の大日本帝国憲法などは外見的立憲主義憲法とよばれている。これらの憲法は例えば権力分立の定めとか人権規定などを置いていて一見すると立憲主義憲法のように見えるが、その内容は実際上は君主制の憲法であって立憲主義憲法の本質を欠いているものといわざるを得ないため、これらの憲法は「外見的」立憲主義とよばれているのである。その意味では、いわばこれは立憲主義憲法成立後に近代立憲主義憲法を模しつつそれに対抗するために制定された君主制憲法であるといえる。

(四)　社会主義国家の憲法

例えば一九一八年（レーニン憲法）とか一九三六年（スターリン憲法）などのようなロシアソヴィエトの社会主義憲法をはじめとするさまざまな形の社会主義憲法（東ヨーロッパの人民民主主義憲法を含む）は、近代立憲主義憲法の延長線上でとらえることができる。ただし、ここでは、近代立憲主義憲法が基本的に主権者を抽象的な意味での「国民」

としたり、基本的人権の主体を「人」あるいは「市民」一般とするなど、主権とか人権などの抽象化を進めたのに対して、労農独裁とか労働者の権利などという形で抽象化をむしろ否定して実質的な権利の保障をはかろうとした面があるという点で大きく異なるところがあったといえる。ただし、冷戦終了後の今日では、実質的な意味での社会主義国家の憲法は消滅したといえるであろう。

二　憲法の制定

（一）　憲法制定の類型

（ア）　革命型

近代市民革命にせよ社会主義革命にせよ、これらの革命によって憲法が制定される場合には何らかの形での憲法制定会議が開かれ、そこで憲法が制定されることになるのが普通である。ただし、例えば不文憲法であるイギリスの一六八八年の権利章典のように、すでに存在する議会が国王に対してそれを承認させるというような形もある。

（イ）　独立型

イギリスから独立したアメリカの例のように、独立後は（ア）と同様に憲法制定会議が開かれて憲法が制定されることになろう。ただし、国家の独立という場合には軍事独裁政権が成立するということもあり得るのであって、その場合には必ずしも憲法制定会議が開かれて近代立憲主義憲法が制定されるとは限らない。そして、この点は（ア）の中でも軍事政権による革命（クーデタ）の場合には同様である。

（ウ）　欽定憲法型

プロイセン憲法、大日本帝国憲法など君主制の下での外見的立憲主義憲法の制定が、これである。この場合には、むしろ憲法制定会議などは開かれないのが普通だということになろう。

（エ）　その他の形

旧憲法の改正の形でまったく性質の異なる新憲法が制定されたという日本国憲法は、それにあたる。ここでは、次に述べるようにきわめて独特な型だといえる。

（二）　日本国憲法の制定過程

（ア）　大日本帝国憲法の改正と日本国憲法

日本国憲法は、形式的には大日本帝国憲法の改正規定に基づく憲法改正という形をとっている。しかし、ここでは君主制の憲法を改正する形で民主主義（共和制）の憲法が制定されたのであるから、これは実質的にはまったく性質の異なる新憲法の制定だといえる。このような場合には、事実としての国民の支持が必要であることはいうまでもないが、それについては、帝国議会の議員とくに衆議院議員が選挙を通じて選ばれていること、および、戦勝国である連合国の出したポツダム宣言による日本を民主主義の国にするとの約束を根拠とするほかはないであろう。

（イ）　八月革命説

ところで、このような独特な型で成立した日本国憲法を正当化するために、例えば、日本はポツダム宣言を受け入れて無条件降伏をすることによって、いわば一九四五年八月に革命が起こったのだとする説明のしかたもある（八月革命説とよばれる）。ただし、これはそもそも右にあげた市民革命型ないしは独立型、すなわち、新憲法は憲法制定会議によって制定されるべきであるとする考え方を理念型とした場合の説明方法である。しかし、ここでは、むしろわが国の間接占領下での民主化の例として事実を直視することが必要であり、また、それで割り切れば十分なのではないかと思われる。もっとも、右の説の真の狙いは、後述するように、むしろ日本国憲法の改正の限界の主張にあることに注意すべきである。

第三節　日本国憲法の政治原理をめぐる課題

日本国憲法の基本原則（いわゆる三大原則）は、国民主権（主権在民）、基本的人権の尊重および平和主義である。この中で「国民主権（主権在民）」というのは、憲法の前文で「……ここに主権が国民に存することを宣言し、この憲法を確定する。そもそも国政は、国民の厳粛な信託によるものであつて、その権威は国民に由来し、その権力は国民の代表者がこれを行使し、その福利は国民がこれを享受する。これは人類普遍の原理であり、この憲法は、かかる原理に基くものである」とされているように、国家の権力の源は国民にあること、国民を代表する政治家による民主主義の政治が行われるべきこと、そして、その政治は国民の幸福のために行われるべきことを含むものである。

ただし、主権の概念、国民主権と国民代表との関係、民主主義と自由主義（権力分立）との関係などというのは必ずしも自明なものではなく、それらをどのように理解すべきかについてはいくつかの議論がある。具体的にはそれぞれの項目の中で後述するが、ここではとりあえず基本的な問題点および課題の指摘をしておきたい。

一　国家主権説と国家法人説

すでに述べたように近代立憲主義憲法はいわば国民が主権者だとする民主主義を前提とするものであり、その意味ではあきらかに君主制の憲法の前提となっている君主主権説を否定するものである。ただし、このほかに国家主権説ないしは国家法人説という考え方もある。国家主権説ないしは国家法人説というのは、要するに、国民との関係で国内においては国家の権力が諸個人および諸団体に対して、優越的かつ最高のものであることを意味するものとして用いられる。そこでは、また、例えば「主権は国家に存する」などともいわれる。それは、国家権力は国家それ自体に属する、より正確には、国家それ自体に属するものとすべきであるという意味で用いられる。これは、主権の所在をあらわす法的概念であるという意味では、君主主権説とか国民主権説などという議論と同じであるが、後述するように国家の権力が誰に帰属するのかという意味での問いかけを実質的に否定するものであるという点で、右の二つの議論とは区別される。すなわち、これによれば、主権はあくまでも法人格をもつ国家に帰属するものであるから、かりに君主制がとられているとしてもその君主等は国家の最高機関として国家意思を最終的に決定する機関としての権限を行使するにすぎないとされるのである。そこで、この国家主権説およびそれと結合した国家法人説が民主主義論および人権論とのかかわりでどのような問題点をもっているかについて確認しておく必要がある。そこで、以下その点について説明しておく。

（一）　国民主権説および君主主権説との関係

今日でも、例えば国際法においては基本的にはそれぞれの国家が独立して法的関係の主体となるという意味で、主権国家あるいは国家主権という概念が有用であることは間違いない。また、国内のいわゆる公法関係においても、例えば国とか都道府県・市町村などは公法人として国民などとの間で一定の法関係を取り結ぶものとされており、その意味では、例えば国は法人であるとすることの意義が十分にあることはいうまでもない。しかし、例えば国民主権とか君主主権などに対抗する意味で国家主権説とか国家法人説などが論じられるという歴史的な文脈の中では、これは憲法上独特な意義をもっていたとされている。主権に関する議論にはさまざまなものがあるが、ここでは、こまかな議論を捨象した一つのモデルとして、この点について説明しておく。

国民主権か君主主権かという形で問題が提起される場合の主権とは、国の最高権力の所在とか、あるいは、国の権力の源泉などをさしている。したがって、端的にいえば、国民主権説とは国家の権力の究極的な根拠は国民にあるとするものである。また、君主主権説とはそれが国王などのような君主にあるとすることになる（もっとも、この主権という概念は、単に一定の国家権力の正当性の根拠を意味する場合と、その権力の現実の担い手を意味する場合とに分かれうる。例えば、国民主権説は、通常は代表民主制論と結合することによって、結局は前者を意味するにとどまることになる。これに対して、君主主権説は、通常はむしろ、一定の権力の正当性の根拠が君主そのものにあるとすると同時に、その権力の現実の担い手が君主であるべきだと主張するであろう)。そして、この問題との関連で国家主権説という場合には、むしろ実在する法人たる国家そのものが最高の権力を持つとし、そのこと自体の重要性を強調するものである。これは、つきつめれば、すべての権力の源泉は国家にあるということになろう。

(二) 国家主権説のもつ意味

国家主権説は、これによって国民主権説と君主主権説との間の争いの意義を薄めることになり、また、その点に一つのねらいがあったともいわれる。すなわち、そもそも国民主権説と君主主権説との間の対立は、必然的に政治体制の選択の問題と関連してくる。いうまでもなく、君主主権説は例えば絶対王政のような君主制あるいは外見的立憲主義国家における君主制を支えるための理論として用いられ、逆に、国民主権説は、例えば王制を否定して、共和制などのような民主主義の政治体制を求める考え方と結合することになる。しかし、右のような国家主権説によれば、政治体制の選択の問題はむしろ第二次的な問題として、その意義はうすめられる。すなわち、最高権力たる主権は何よりもまず法人たる国家に帰属し、そして、例えばかりに君主制が採用されたとしても、その君主はいわばその国家の一つの機関として政治権力の担い手となるにすぎないとされるのである。

この国家主権説および国家法人説の下では、かりに民主主義的な政治制度が採用されたとしても問題が残る。例えば選挙の意義も変化することになる。すなわち、国民主権説を前提とするならば、選挙権者による投票は、いわば通常は抽象的・潜在的な主権者の地位にとどまる国民が、現実的にその権限を行使して、代表者に対して権力の信託をするための一つの機会であるとされる。しかし、この国家主権説および国家法人説の考え方を徹底すれば、選挙権を行使する国民でさえ、あくまでも国家の一つの機関として位置づけられることになる。その意味では、選挙権者による投票は、国家の機関の一員としての義務（いわば、職務）だとさえいわれかねないのである。

（三）　基本的人権との関係

右のような発想を前提とすると、基本的人権のとらえ方も異なったものとなる。すなわち、ここでは、国家がすべての出発点であるから、国民の権利は前国家的な権利としての「自然権」ではない。国民の権利はあくまでも最高の権力を保有する国家が、自分の権力を制限して（国家の自己制限という）、国民に対して分け与えた（あるいは、承認した）権利だとされる。この考え方を徹底すれば、国家が国民に対してどのような権利をどの程度与えるべきかは国家が決めるべきだとされることになろう。いいかえれば、国民の側から権利の存否とかその必要性などを考えるのではなく、むしろ国家との関係を基準として権利の問題を定義すべきだとされるのである。そして、わが国でも、従来、このような発想がなかったわけではない。例えば憲法上は、これは、国家が承認した自由権と、国家が単に関心をもたない（法律による規制をしない）がために国民に与えられる単なる自由との間の区別として表現されたりすることになる。ここでは、国家が承認したものかどうかという点が重視されるのである。また、行政法上は、この区別は、かつてのいわゆる「公権」と単なる「反射的利益」との区別として表現されたことがある。

日本国憲法は、国民主権を前提とし、民主主義的な政治制度によって国家の権力の行使をしばり、また、自然権としての基本的人権の保障をはかるという、いわゆる近代立憲主義を基本とする憲法である。その意味では、今日のわが国では、右のような国家主権説および国家法人説の考え方は不要なはずであるが、しかし、いくつかの問題に関して右のような発想が出てくることもある。その意味では、これらの説のもつ問題点を整理しておく必要性がないわけではないのである。

二　国民主権と国民代表のとらえ方

日本国憲法では、前文で、主権は国民にあるとし、また、四三条では、国会議員は「全国民を代表する」とする。

ここでいう「国民主権」とか「国民代表」などというのはどのような内容をもっているのかが問題となる。これについては大別して二つのとらえ方の違いがある。

（一）　観念的・抽象的存在としての国民

一つは、ここでの「国民」とは観念的・抽象的存在としての国民だとする。すなわち、ここでいう「国民」とは現実に存在する現実的・具体的な存在としての個々人の総体をあらわすものではなく、いわば時間および空間を超えた観念的・抽象的存在としての「国民」を意味するとするのである。

したがって、このような国民を例えば議会が「代表する」という場合には、その代表関係は、いわば集合的委任、一般的委任、非命令的委任という性格をもたされることになる。すなわち、集合的委任とは、代表者たる議会ないしは議員は自己を選出した選出母体ごとの代表者として位置づけられるのではなく、あくまでも、例えば個々の議員のそれぞれが右のような意味での国民を代表する者として位置づけられる、ということをいう。また、一般的委任とは、右のようにそれぞれ国民を代表する者として位置づけられる議員は、その権限についても、個々の案件毎に代表者とされるのではなく、国政に関する意思決定全般について国民の代表者とされる、ということをいう。さらに、非命令的委任とは、右のようにそれぞれが国民を代表する者として位置づけられる個々の議員は、その意思表示に際して、自己を選出した選出母体の意思に拘束を受けず、むしろ国民全体の代表者として自由な意思表示をすべきである、ということをいう。このように、ここでは、議会ないしは議員は、その身分、権限の内容、その行使等について、自己の選出母体から切り離されることになる。これは純粋代表とよばれている。

さらに注意すべきことは、ここでの国民の「代表」の選び方は、極端にいえばいわゆる普通選挙によらねばならないというわけではなく、さらには、選挙によることさえ絶対必要とはいえないとされるということである。

（二）　現実的・具体的存在としての国民

もう一つの考え方は、ここで主権者たる「国民」あるいは「人民」というのは、現実的・具体的な存在としての個々の人民（今日的にいえば、選挙権者）の総体を意味し、それぞれの人民が主権を行使する権限をもつものとされる。すなわち、例えば一万人の人民が存在する場合には、それぞれの人民が一万分の一の主権を行使するとされるのである。もちろん、このことは主権が例えば一万分の一づつに分割される（分有主権）ということを意味するのではなく、あくまでも個々の人民が主権者としての権限を行使できるものとすべきであるという意味にとどまるものだとされる。しかし、いずれにせよ、このように個々の人民に具体的な意思決定の機会が保障されるべきであるという考え方は、まず、原理的には、代表民主制ではなく、むしろ直接民主制を要求することになろう。いいかえれば、直接民主制は、同じ国民主権論でもこのような考え方（これは、人民主権論とよばれることもある）を、その思想的根拠とするのである。

しかし、現実的には直接民主制の実現は困難であるとして代表民主制を認めるとしても、右の基本的な考え方は、「代表」についても（一）で述べた国民主権論とは異なる考え方を導くことになる。すなわち、個別的委任、命令的委任（拘束的委任）がそれである。個別的委任とは、「代表」者たる議員は、それぞれが抽象的な存在としての国民を代表するものではなく、むしろ、それぞれが自己を選出した選出母体を代表する、ということである。また、したがって、それぞれの選出母体を代表する立場の議員は、それぞれが、その選出母体の意思に拘束され、個々の問題についての意思決定に際しても、その選出母体の意思にしたがって行動すべきであるとされ、これが命令的委任とよばれるものである。このように、ここでは、代表者たる議員は、むしろその選出母体たる選挙人団を忠実に反映すべきであるとされることになる。

したがって、ここでは、また、代表民主制は普通選挙による選挙に基づくものでなければならないとされることになろう。さらに、こまかくいえば、ここでは、投票価値の不均衡は許されず、また、選挙制度についても、例えば比例代表制など、できるだけ国民の意見の分布を代表者たる議員が正確に反映できるようなものであるべきだとされることになろう。

(三) 日本国憲法における「国民主権」および「国民代表」の意味

(ア) 妥協的形態としての「国民主権」と「国民代表制」

では、わが国の憲法にいう「国民主権」と「国民代表」とは、右のうちいずれを意味するものとして理解すべきであろうか。これについては、従来は、例えば憲法四三条の「全国民を代表する」という文言などを根拠として、例えば「代表」については(一)の意味の国民主権論的に理解すべきものであるとされてきている。しかし、それが徹底できるわけではない。というのは、例えばわが国でも憲法七九条、九五条、九六条にみられるように、憲法自体が直接民主制的な規定を有しているからである。その意味で、わが国の憲法は(一)で述べた国民主権論的な「代表」概念を基本におきつつも、他面では(二)で述べた国民主権論(人民主権論)的な直接民主制をも採用するという妥協的折衷的形態をとっているということができる。そこで、これは「半代表制」とよばれることもある。

(イ) 国民主権に関する議論の意義

今日では、(一)で述べた国民主権論的な理解を基本とすること自体についても、強い異論が唱えられるようになってきている。すなわち、日本国憲法の「国民主権」および「国民代表」は、むしろ基本的には(二)で述べたような国民主権論(人民主権論)的な国民および国民代表の概念によって理解されるべきだとするのがそれである。例えば選挙権の本質論とか選挙制度論とか議員定数の不均衡の問題などについては、この人民主権論を基本において考えるべきであるとする主張などがそれである。また、憲法五一条の国会議員の免責特権についても、この「国民代表」の性質についての議論が前提となるとされている。

ただし、これに対しては、逆に、このようにすべて「主権」論を媒介として議論をすべきなのか、さらに、このように「主権」論を中心として憲法をとらえていくことが今日において妥当なのか、また、特に免責特権についてはこの「代表」論が不可欠のものかどうか、また、法的責任と政治的責任とが同じように考えられるのかについて疑問も提示されている。

（四）　社会契約論と主権論との関係

ところで、そもそも社会契約論それ自体の中でも、立法権のあり方、あるいは、立法権の授与のしかたについての理解の違いとして、この問題についての見解の相違があらわれている。

例えば、まず、ルソーでは、立法権は本質的に主権者すなわち人民の手に属するという前提がある。これは（二）の国民主権論の前提となる考え方である。これに対して、シェイエスは、人民の意思はむしろ憲法制定権力として表現されるにとどまるとし、立法権は委任されるとする。これは（一）の国民主権論の考え方である。

ところで、ロックは、人民は立法権＝主権をもつが、立法府に委任することもできるとする。しかし、立法府がその信任に反した場合には、人民は立法府（政府）を排除して、立法府（政府）を変更できるとする。いわば立法権の留保である。これは（二）の国民主権論的な考え方も含むものであるが、しかし、基本的には立法権を立法府に委任するという点で（一）の国民主権論的な要素もある。

ここでいえることは、一つは、このロックにみられるように、「国民主権」および「国民代表」の理解については、右にのべたフランス型の二つの主権論がすべてであるわけではなく、それ以外の主権論もあるということである。したがって、わが国の憲法の「国民主権」および「国民代表」の理解については、すでにのべた二つの型以外の理解という選択の余地もあることに注意する必要がある。

三　直接民主制と代表民主制

(一)　国政における代表民主制

(ア)　原則としての代表民主制

わが国の憲法は、代表民主制をとる。

国民が国会議員を選出して、立法権を与える。また、議院内閣制によって、国会を通じて内閣（内閣総理大臣）に行政権が与えられる。

(イ)　例外としての直接民主制

ただし、以下のように例外的に直接民主制が採用されている。

① 憲法改正の国民投票（憲法九六条一項。以下、単に条文のみを掲げた場合は、憲法をさす。）

国会が発議し、国民に提案された憲法改正は、国民投票による承認を得なければならない。

② 国民審査（七九条二項）

最高裁判所の裁判官の任命は、任命後はじめて行われる衆議院選挙の際に国民審査に付される。その後一〇年を経過したときも同様である。

③ 地方自治特別法（九五条）

一の地方公共団体のみに適用される特別法は、その地方公共団体の住民の投票で過半数の同意を得なければ、国会はそれを制定することができない。

なお、このほかに、例えば一定の政策課題について国会が一種の国民投票法を制定して、それによる国民の直接投票で一定の政策決定をすることが可能かどうかが問題となる。もちろん、これは憲法九六条一項に基づく国民投票法とは全く別の性質のものである。そして、これについてはまだ実例はないが一応理論的には問題となるので、以下においてこの点について検討しておく。

かりにこのような国民投票制度を設けるとしても、それは二つの型に大別できるであろう。すなわち、一つは、国会あるいは内閣はその国民投票の結果を参考にすべきであるとか、あるいは、尊重すべきであるなどとする形のそれ（いわば、参考型ないしは尊重型）である。そして、この場合には、それはいわばある問題についての国民の意見分布を調査して、それを国政の運営の上で参考とするという趣旨に近いものであるから、そのような投票制度を設けることが憲法違反であるという問題は生じにくいといえよう。ただし、逆に、そのようなことのためにあえて「国民投票」制度などというものを設ける意義および必要性があるのかどうかが問題となるであろう。また、それはかえって国会あるいは内閣の政策決定責任を薄めることになりかねないとの批判もあり得る。

そして、もう一つは、国会あるいは内閣はその国民投票の結果に従うべきであるとする形のそれ（いわば、義務づけ型）である。このような形にすると、重要な政策課題について個別に国民の意思が具体的に示されることになり、その限りでは直接民主制が実現できることになる。ただし、この場合には逆に、例えばかりに法律の制定に関してこの国民投票の結果によって国会が一定の義務づけを受けるとなると、それは憲法四一条で国会が法律の制定権を与えられていること（国会単独立法の原則）に反するのではないかという問題が生ずる。また、例えばかりに行政の執行に関してこの国民投票の結果によって内閣その他の行政権が一定の義務づけを受けるとなると、それは憲法六五条で内閣が行政権を与えられていることに反しないか、また、例えば許可その他の個々の行政処分に関して法律が内閣その他の行政権に対して与えた権限を侵害することにならないかという問題が生ずることになる。さらに、かりにこのような投票制度が合憲であるとしても、実際に国民投票が行われたが国会あるいは内閣がその結果を無視して行動したという場合に、それが違法となるのかとか、あるいは、そのような義務違反に対してペナルティを科すことができるのかなどが問題となるであろう。

こうしてみると、前者の参考型ないしは尊重型の国民投票制度を設けることは憲法上も可能ではあると思われるが、かえってそれは国会あるいは内閣の政策決定に関する責任を薄めることになりかねず、必ずしも好ましいとはいえないというべきである。

（二）　地方政治と代表民主制

この代表民主制の原則は、地方自治が保障される地方政治でも基本的に同じである。すなわち、地方公共団体でも議会が置かれ、住民から選挙された議員に立法権が与えられる。なお、地方においては憲法九四条二項に基づいて、長（知事、市町村長）は住民が直接選挙する。

ただし、以下のように例外的に直接民主制がとられている。すなわち、町村総会（地方自治法九四条）、および、条例制定・改廃請求権、事務監査請求権、議会解散請求権、解職請求権という直接請求権がそれである（同一二条、一三条および七四条以下）。

なお、このほかに、住民投票条例を制定して、一定の政策課題について住民投票により住民の意思を聞いてそれを政策決定に反映することがどこまで可能かが問題となる。そして、この住民投票条例については、すでに現実にいくつかの実例が蓄積されている。ここでは、すでに述べた国民投票法をめぐる問題に類似した問題があるが、やや問題の性質を異にする部分もある。ただし、地方政治における直接民主制をめぐる問題については後述する。

四　民主主義原理と自由主義原理

ここでは、いくつかの例を考えながらわが国の権力分立のあり方の中の民主主義原理と自由主義原理との関係を全体を概観するという視点から考えておく。ただし、議論の詳細については後述する。

（一）　民主主義と自由主義

民主主義の原理というのは、国家権力が国民からの信託に基礎を置くことを強調する。その意味では、これは国民の積極的な政治参加の面を重視するものであり、例えば立法・行政・司法という三権の中でも国民を代表する国会の優位性を認めるべきだとする。これに対して、自由主義の原理は、あくまでも国家権力に対する警戒・疑念を強調する。それは、民主主義原理が確立した後においても、なお残る考え方である。具体的には、それは、自由権を中心とする基本的人権の保障とか、国家の権力についての厳格な権力分立論などとしてあらわれる。これによれば、三権相互が対等の立場でそれぞれ抑制と均衡をはかるべきだとされる。絶対王制を打倒して民主主義をめざすという市民社会成立までの歴史的な段階においては、基本的には議会を中心とする民主主義を強調することがまず必要であったということで、これらの二つの原理は結合していたともいえる。しかし、今日のように民主主義を大前提とする憲法の下では、これらの原理はある部分においては相矛盾し、対立することもある。すなわち、右の二つの観点のいずれを重視するかによって、三権相互の関係にかかわる具体的な問題についてのとらえ方は異なることになる。

（二）　三権の相互関係

例えば憲法四一条は国会を「国権の最高機関」だとするが、この意義のとらえ方については、統括機関説と政治的美称説とに分かれる。民主主義原理を強調する観点からは、三権の中でも国民を直接に代表する国会の位置をより重く考えて、統括機関説をとるべきだとすることになろう。逆に、自由主義原理を強調するならば、三権はできるだけ対等関係にある方が望ましいとすることになる。その意味では、政治的美称説をとる通説は、むしろ後者の観点を重視していることになる。

また、例えば議院内閣制の本質のとらえ方については、まず、民主主義原理を重視する立場からすれば、議院内閣制はあくまでも内閣の存立の基礎に国会（とくに、衆議院）があることを基本として理解すべきであるとし、両者の中でも国会の優位を前提とすべきだとする。しかし、自由主義原理を強調する立場からは、内閣の存立の基礎に国会があるというのは、あくまでも内閣の成立までの問題にとどまるのであって、その後は国会と内閣とが対等な立場で抑制と均衡をはかることが望ましいとする。そして、これを前提とした上で例えば衆議院の解散権の問題を考えるならば、前者の立場からは内閣による衆議院の解散などは本来はあくまでも例外であり、したがって、六九条の場合以外には内閣は衆議院を解散できないとする。これに対して、後者の立場からは衆議院による内閣不信任と内閣による衆議院解散とは相互の対等の立場からの抑制と均衡のための手段としての意義が与えられ、そこで、内閣はいつでも解散ができると解すべきであるとする。現実の運用および通説は後者の観点に立っていることになる。

さらに、国会と裁判所との関係については、まず、議院の国政調査権と司法権の独立との関係が問題となる。民主主義原理を重視する立場を徹底すれば、国政調査権一般についてはこれをいわゆる独立権能としてとらえることになろう。これに対して、自由主義原理を重視する観点からは、これをあくまでも補助的権能として理解することになる。そして、この理解のしかたによって司法権の独立との関係でのこの国政調査権の限界のとらえ方も異なってくるが、通説はここでもむしろ後者の観点に立っている。

また、いわゆる司法消極主義論ないしは民主主義的正統性論の評価にかかわる問題がある。この司法消極主義論ないしは民主主義的正統性論というのは、民主主義原理を重視して、裁判所は選挙によって選出された代表者（国会）に対してできるだけ敬意を払うべきだとする。これは、違憲審査においては、具体的には立法事実に関する合憲性の推定原則とか違憲審査基準としての合理性の基準などのような形で表現される（ただし、この立場でも、例えば表現の自由、選挙権、平等権などにかかわって民主主義原理が十分に機能しない場合には例外として厳格な審査を採用すべきだとして折衷的な形をとる立場も多い）。いわゆる統治行為論などもこの原則から派生するものである。これに対して、自由主義原理を重視する立場からは、たとえ国会において多数決で制定された法律であっても決して過ちをしないわけではないと考え、例えば人権に対する不当な侵害を避けるために裁判所には厳格な違憲審査を求める。人権規制立法の違憲審査では必要最小限規制を要求する厳格な基準を原則とすべきだとする考え方は、その例である。そして、これについて学説はさまざまであるが、少なくとも判例はむしろ民主主義原理の方を優先して、司法消極主義的な考え方（例えば違憲審査では、合理性の基準）を原則の位置においているといってよい。

（三）　自由主義原理の意義

現実には、後述するように、個々の問題ごとにさらに固有の論点がつけ加えられてはいるのであるが、右のように、全体的にみれば通説・判例はむしろ自由主義を重視する観点をとっている。ただし、違憲審査においては、とくに最高裁の判例でやや逆の傾向がないとはいえない。いずれにせよ、これらの問題についての対応は学説、判例ともに必ずしも一貫しているわけではない。

要するに、ここでは、基本的には、民主主義すなわち投票への信頼を前提とした国家権力への信頼を優先すべきか、あるいは、あくまでも国家権力の濫用への警戒・疑念の方を重視すべきか、が問題となるのである。ただし、とくに裁判所による人権保障とか行政の行為の適法性の審査などの場面においては、国民の権利・利益を保護するために、むしろ国家権力への警戒・疑念を基本とする自由主義の観点の方が重要であるということがより強調されるべきだともいえよう。

五　行政の民主的統制

ここでは、憲法の定める三権分立制の中でもとくに行政に対する民主的統制のための憲法上のシステムとしてはどのようなものが用意されているか。また、これにかかわる現実的な課題との関係で、それらをどのように活用すべきかについて述べておく。

（一）　憲法上の理念および制度

（ア）　立法国家理念

そもそも君主制の社会から共和制あるいは立憲君主制の社会への移行というのが近代市民社会の成立過程に関する基本的なモデルであるということを反映して、近代立憲主義の憲法は全体として国家の権力とりわけ行政権力に対する民主的なコントロールをはかることをめざしている。その意味では、本来はもともと憲法のシステム全体が行政に対する民主的統制のためのものであるということもできる。ただし、その中でも、いくつかの理念および制度は、そのための典型的なシステムを表しているということはできるであろう。例えば立法国家理念は、その一つである。すなわち、これは、行政権の行使は国民を代表する国会の統制の下に置かれるべきだとするものである。これは、より具体的にいえば、行政の行為（とくに、国民の権利を制限し、国民に義務づけ、あるいは、国民に対して罰を科するような行為）は、必ず国会の定めた法律に基づいてなされなければならないとする、法律による行政の原則（とくに、侵害留保説）として表現されている。このほか、やや異なる意味が与えられてはいるが、例えば法の支配とか法治国家などというのも、これにかかわる原則である。また、この理念を具体的に表す原則として、国民の権利を制限し、国民に義務づけ、あるいは、国民に罰を科するような国の行為を内容とする法（これは、実質的意味の法律とよばれる）は、国会の手に独占され（国会の法規独占の原則）、かりに、そのような内容の定めを行政機関の制定する法（例えば、政令とか府・省令など）に委任する（委任命令とよばれる）場合には、必ず個別・具体的な委任がなされなければならない（白紙委任の禁止）という原則がある。憲法四一条および七三条六号但書は、この趣旨をあらわすものだとされている。

（イ）　国会に対する内閣の連帯責任

わが憲法は議院内閣制を採用している。そして、その一環として、内閣は行政権の行使について国会に対して連帯して責任を負う（六六条三項）べきものとされている。これは、逆にいえば、国会は、この国会に対する内閣の責任原則を通じて行政権の行使全般についてのコントロールをすることができるとする趣旨だともいえる。

（ウ）　裁判所による行政の行為の適法性の審査

また、憲法は、いわゆる司法国家制を採用し、行政事件を含むすべての事件についての裁判権を最高裁判所以下の普通裁判所の権限としている（七六条一項）。すなわち、特別裁判所の設置が禁止されているため大日本帝国憲法下の行政裁判所のような裁判所は設置できず、また、行政機関が行政事件についての裁判作用を行うとしても終審としてそれを行うことはできない（同条二項）。したがって、裁判所は、最終的には行政事件の裁判を通じて行政の行為の適法性の審査（合憲性の審査も含む）をすることができる。

（二）　現実的な課題

現実には、右に述べた立法国家理念とは逆に、むしろ、行政国家現象あるいは行政権の優越現象がある。また、右のような国政全体における権力分立のあり方、すなわち、立法と行政との間の権力分立のあり方という大きな関係だけでなく、そもそも憲法六六条三項の前提とする国会による内閣を通じての行政統制についても行政内部における内閣あるいは内閣総理大臣の現実的な指導力の弱さのために、内閣を通じての国会による行政統制、より具体的には国会による官僚統制は、必ずしも十分になされていないという問題がある。そして、これらは、具体的には以下のような形で現れている。

まず、国会における法律の制定そのものをめぐる問題がある。すなわち、現実には、法律案の中心は内閣提出の法律案であり、国会議員が提出する法律案（これは、議員立法とよばれる）は、むしろ例外の位置にある。その意味では、本来は国会自体が立法作業の中心となるべきであるという意味で、議員による立法がより活発に行われるようになるということが一つの課題となる。また、右の現実はさらに重要な問題を含んでいる。すなわち、内閣による法律案の提出というのは現実には中央官庁の官僚による法案作成を意味しているということである。このことは、法律案における行政側とくに官僚のリーダーシップの強さを意味している。そして、これが徹底すると、結局、法律による行政の原則といっても、それは行政側とくに官僚が作成した法律による行政の原則ということになってしまう。そうなると、これは、この原則の本来の趣旨からは大きくはずれてしまうということになる。

また、委任立法の増大も問題となる。行政の内容の肥大化、細分化に伴うその専門化の進展のために、国民の権利・義務にかかわる重要な事項であっても、細目的な定めの部分はどうしても政令とか府・省令などに委任される傾向があることは否定できない。また、時宜に即応した対応が必要な事項についても、やはり同様である。その意味では、本来は例外的な位置づけがなされているはずの委任立法も、現実的にはそれが増大化して、行政の分野によってはむしろ実質的にはそれが法制度の中心的な位置を占めることさえあるといえる。

さらに、行政への裁量権の付与の増大化の問題もある。せっかく国民の権利・義務にかかわる重要事項について法律で定めたとしても、行政の専門化の進展のために各種の公益判断を行政の裁量に委ねるという形の定めが置かれることも少なくない。そして、この行政の裁量権の増大も、実質的な行政権の優越を支える背景となっているのである。また、この裁量権を行使するのは実際には行政官僚であり、そのため、この裁量権の増大は、実際上は官僚による政治・行政支配の一つの拠り所となっているともいえる。

そして、右に述べたことは、実質的には、官僚による政治・行政支配の問題を生み出すことになる。すなわち、端的にいえば、官僚が法律を作り、また、法律が与えた委任立法の制定権および法律の適用に関する裁量権を官僚が利用して、行政に関する実質的な支配権を確保するということになるのである。さらに、そのような官僚の権限をめぐって、場合によっては、政・官・業の癒着関係という、いわゆる「鉄の三角形」が形成されることにもなるのである。

また、行政権内部の問題として、内閣による行政権の支配の不十分さという問題がある。憲法六五条は、行政権は内閣に属するとして、内閣が行政権の最高責任機関であることを明示している。このことは、行政権が内閣によって基本的に把握されていることが前提となっている。また、それだからこそ、内閣が行政権の行使について国会に対して連帯責任を負うとする憲法六六条三項に実質的な意味が生じることになる。しかし、現実には、内閣（端的にいいかえれば、政治家ということであるが）は、必ずしもその下にいる行政官僚を十分に把握しきってはいないとされている。ここでは、内閣あるいは内閣総理大臣による官僚に対する指揮・監督のあり方をめぐる制度が十分なものであるかどうかという、そもそも制度的な問題もあるし、また、制度としては十分に形が備わっているとしても、実態として官僚側が内閣あるいは内閣総理大臣の指揮・監督の下に十分に服していないのではないかという運用上の問題もある。いずれにせよ、例えば薬害問題、年金問題、自衛艦の事故後の対応をめぐる問題などに見られるように、このような形での内閣による官僚に対する指揮・監督が十分になされてはないのではないかという疑念をもたせるような事態がしばしば生じていることは確かなのである。

(三)　憲法上の制度の具体的な活用のための方向

右の課題に対する現実的な対応策としては、例えば以下のようなことがあげられる。

(ア)　国会における対応

国会における対応としてはさまざまなものが考えられるが、その一つとしては、例えば、議員立法の可能性の拡大をはかるべきことが課題となる。そして、そのためには、例えば議員の立法能力の強化とか議員の自由な立法活動の確保などが必要であろう。また、とくに後者の側面との関係では、例えば政党的な拘束の見直しも必要である。現実には、国会法による各種の制約のほか、議院内部の慣例として例えば法案提出に関する政党の機関承認の制度などがあるが、その廃止も考える必要があろう。また、表決の際の政党による党議拘束についても、場合によってはその解除がなされる必要があろう。

また、予算に対する実質的な審査がより充実する必要がある。すなわち、予算に対する国会の審査が大枠に止まればとどまるほど、具体的な執行段階での行政側の予算執行に関する裁量の幅が広がり、行政権の側の、より具体的には官僚の側の権限が強化されることになるからである。これについては、例えば公共事業の見直し、再評価の制度などのように、一定の事業に関して国会がより具体的な統制が可能となるような仕組みを工夫することも必要であろう。

さらに、右のような形で行政に与えられた裁量的な権限がもとになって生ずる政・官・業の汚職その他の政治腐敗というのは、いわば権力分立制度に由来する構造的な問題だというべきことになるから、この種の問題についての国政調査権の行使の徹底がはかられなければならない。

（イ）　行政権の内部における対応

行政権内部においては、何よりもまず、官僚に対する内閣あるいは内閣総理大臣の指揮・監督の徹底がはかられる必要がある。これがないと、内閣を通じての国会による行政統制の実効性とくに官僚に対する統制の実効性がきわめて乏しいものとなるからである。例えば、平成九年八月の行政改革会議の集中審議においては、内閣総理大臣の権限強化をはかるためのいくつかの提言がなされている。内閣総理大臣の指導力の強化というのは、立法国家の理念との関係ではすでに述べた行政国家現象をさらに強めることになり、問題がないわけではないが、しかし、行政内部における内閣および内閣総理大臣の国会に対する責任体制の確立という点ではメリットがないわけではない。

また、平成五年には行政手続法が制定されたが、公平性の確保および透明性の向上をめざすために、行政の行為が行われるに際しての内部的な判断基準（審査基準および処分基準）の設定および公示とか、不利益処分等を行うに際して国民の側の言い分を聞く手続の整備などがはかられている。これは、いわば行政の判断過程をできるだけガラス張りにして、手続面での行政裁量の統制をはかり、国民からの納得および信頼を得られるようにしようとするものである。そして、平成一七年の法改正では、行政府が命令を制定する際には国民の側の意見を聞かなければならないというパブリック・コメントが制度化された。その意味では、今後、行政内部においても、これらの法の趣旨の徹底がはかられる必要がある。

さらに、平成一一年に制定された情報公開法は、もとより国の保有する情報を一般に開示して、情報の自由な流れをうながすことそのものにも意義があるのであるが、しかし、同時に行政手続法に比してより広範囲に情報を開示することによって、行政の透明性をはかり、行政への国民の信頼感を向上させ、また、国民の行政への参加を促進するなどという効果をもっている。これについても、今後適切な運用が徹底されなければならない。

（ウ）　裁判所における対応

裁判所においては、何よりも行政裁量に対する司法審査がより徹底される必要がある。その点、従来は、行政の裁量事項の定義とか、その裁量事項に対する審査のあり方などについて、やや行政の判断の尊重に傾きすぎる傾向があったともいえる。その意味では、この問題についての反省、および、より積極的な対応が必要であろう。

なお、この裁量権の統制の問題については、憲法および行政法の学説のはたす役割も少なくない。すなわち、ある事項が行政の裁量権に委ねられるべきことがらかどうかについては、実は理論的な判断に委ねられるべき部分も少なくないのである。したがって、これについて行政の裁量権を広げる方向の憲法・行政法の理論を展開するか、あるいは逆の理論を展開するかは、この課題の解決に関して重要な意義をもっている。

また、行政事件訴訟の可能性の拡大をはかるべきことも課題となる。具体的にいえば、例えば取消訴訟における「処分性」および「訴えの利益」の拡大とか訴訟類型の拡大などをはかるべきである。平成一六年の法改正では、この「訴えの利益」の拡大に資するような法規定の追加が行われたほか、訴訟類型についても義務付け訴訟とか差止め訴訟などが新設されたが、今後はさらに、法定外の民衆訴訟など訴訟類型の裁判所による創出についての努力も望まれる。

（四）　自由主義原理と民主主義原理

最後に、これらの中で直接的に憲法解釈上の議論となるものはあまり多くはないが、全くないわけでもない。例えば政治家および行政の汚職・政治腐敗に対する国政調査権のあり方とか、あるいは、行政訴訟の可能性をできるだけ広げる方向での法律上の争訟の定義・要件の見直しなどは、これにあたる。

また、右のように見てくると、このようなテーマについてこそ、自由主義原理（権力分立にもとづく行政権の自律性の尊重）よりも、まさに民主主義原理（国会による内閣および官僚のコントロール）の徹底が強調されねばならないことに留意すべきである。

第二章　象徴天皇制

第一節　象徴天皇制と天皇の地位

一　天皇の地位

憲法一条は、「天皇は、日本国の象徴であり日本国民統合の象徴であつて、この地位は、主権の存する日本国民の総意に基く」として、象徴天皇制を採用している。

ここでは、あくまでもわが国が国民主権を前提とする民主主義国家であり、天皇の地位はそのような意味での日本国の象徴とされ、また、そのような意味での日本国民の統合の象徴とされているという点が重要であるといえる。

ところで、このように天皇の地位に大きな変更が生じた以上は、大日本帝国憲法下での天皇（昭和天皇）と日本国憲法下での天皇とが同一人である必然性はないとする考え方もあり得るが、日本国憲法の制定が形式的に大日本帝国憲法の改正という形をとっていることからして、ここでいう天皇は大日本帝国憲法下での天皇がそのまま日本国憲法下での天皇となるという前提がとられているということになろう。いいかえれば、ここでは、大日本帝国憲法下での天皇と日本国憲法下での天皇とが同一人でありながらも、国家機関としての天皇の地位は統治権者としての天皇（大日本帝国憲法一条）から、象徴としての天皇へと大きく変化したということになる。

なお、大日本帝国憲法と日本国憲法との関係および天皇の地位の変化の意味づけについて、日本国憲法は大日本帝国憲法の改正の形をとったのであるから両者には同質性・連続性があり、また、天皇は大日本帝国憲法下での「統治者兼象徴」から日本国憲法の下での「単純な象徴」へと変化しただけであるから、その意味では同質性・連続性があるとする考え方もある。しかし、これは形式だけをとらえたものであり、内容的には全く断絶しているといわなければならない。というのは、すでに述べたように、大日本帝国憲法と日本国憲法とはその基本的な政治原理を全く異にするのであるから日本国憲法は内容的にはあくまでも新憲法の制定にあたるし、また、天皇の地位についても同じく象徴といっても天皇が象徴すべき内容が違うからである。すなわち、大日本帝国憲法下での天皇が象徴するのはいわゆる神権天皇制による統治権者としての立場をいうことになるが、これに対して、日本国憲法下での「象徴」性はあくまでも国民主権・民主主義を前提とするものなのである。このような「象徴」の内容を無視して「象徴」という形式の部分だけでの連続性を強調しようとするのは、政治的には、例えばわが国は天皇制をとるという意味で「国体」が連続しているなどとする議論と結びつけるためだともいえるが、それは日本国憲法の民主主義原理を弱める危険があるということに留意すべきであろう。

また、この象徴天皇制を定める日本国憲法は「立憲君主制」の憲法なのか、あるいは、「共和制」の憲法なのかという議論もある。これについては、そもそも何のためにこのような定義づけをするのかということにもよるが、少なくとも定義づけそれ自体はあまり意味はないといえる。日本国憲法は国民主権・民主主義を前提とし、象徴としての天皇に対して実質的な国政に関する権能を与えていないという点ではこの憲法は明らかに「共和制」の憲法であり、決して「立憲君主制」の憲法ではない。ただし、以下に述べるように、日本国憲法が象徴としての天皇を置き、その天皇に伝統的な君主制を想起させるような一定の形式的・儀礼的な権能を認めているという点では、なお「君主制」と見られる余地が全くないわけではないということになろう。

二　象徴の意義

すでに述べたように、憲法は、天皇は「日本国の象徴」であり「日本国民統合の象徴」であるとするだけであり、それ以上に象徴の意義について明らかにしてはいない。そして、ここでは、憲法を離れて象徴の意義それ自体について論じてもあまり意味はないというべきである。むしろ、ここでは、すでに述べたように憲法が全体としてどのような「日本国」を想定し、また、どのような「日本国民」を想定しているかを前提とした上で、天皇はそれを象徴するものであり、また、天皇の行為もそれに則っていることが求められるという点が重要である。いいかえれば、抽象的には、例えば天皇は象徴的役割にふさわしい行動をとるべきだとか、政治的に中立的な存在であるべきだなどといわれることもあるが、ここでは、むしろ天皇が「基本的人権の尊重」、「民主主義」および「平和主義」というようないわゆる憲法の三原則を尊重し、また、それらの原則を象徴する天皇としてそれにふさわしい行動をとることが求められているというべきであろう。

なお、元号使用の是非はともかくとして、昭和天皇から平成天皇への、いわゆる「代替わり」は、改めて象徴天皇制の意義を考えるための良い契機であるといってよい。昭和天皇については、すでに述べたように、その一身において大日本帝国憲法下での統治権者としての天皇という存在と日本国憲法の下での象徴としての天皇という存在の両者を連続的に有していたため、その戦争責任の有無をめぐる議論にあらわれているように、その地位を純粋に象徴としてのみ考え難い点があったことは否定できない。その意味では、この平成天皇においてはじめて純粋な形で象徴天皇制とは何かを考えられるようになったということもできる。

ところで、すでに述べたように憲法は「象徴」ということのより具体的な意味については明らかにしていない。そこで、例えばこの「象徴」の中になにがしかの「神秘性」ないしは「権威性」を読み取ろうとする考え方も、しばしば語られてきている。このような考え方は、例えばひところ盛んにいわれた「開かれた皇室」論に対して、「天皇がマイホーム主義の国民を象徴するというのでは物足りないから、何かもっと『神秘性』のあるものとして理解されるべきである」などという形で述べられることもある。これは、とりたてて政治的意図もなしに語られることもあるため、その限りではさほど問題視することもないといえるかもしれない。

しかし、このような素朴な形ではなく、明らかに政治的意図の下にこの「神秘性」ないし「権威性」とくに「神格性」が主張されることもある。例えば「大喪の礼」の中に皇室行事としての葬儀をセットし、その中で鳥居を置くなどして神道的性格を含ませることなどがそれである。このような形での実例をみると、単純に、「象徴」には何となく「神秘性」ないし「権威性」の意味を含ませた方がよいなどという話にも同意できなくなるといわなければならない。日本国憲法は大日本帝国憲法のいわゆる「神権的絶対天皇制」を否定し、民主主義に基づく政治原理を採用しただけでなく、政教分離原則をも採用しているのである。したがって、象徴天皇制も、あくまでもこの枠の中でのみ存在しうるものとして理解しなければならない。幸い、今日では正面から政治的に大日本帝国憲法下での天皇制のような制度の再現を望むという議論はほとんどないが、大喪の礼での問題に見られるように、政教分離原則を崩そうとする動きはあり、それは靖国神社問題とつながっている。しかし、もともと、大日本帝国憲法下においては、とくに靖国神社をはさんで、天皇制と軍国主義とが並列していたのである。その意味では、内閣総理大臣等による一時の公式参拝の強行などにみられるように靖国神社の国営化への動きが徐々に進行していることと、同時に、相変わらず軍国主義化への懸念が去らない今日においては、象徴に関するこのような「神格性」ないし「権威性」の主張については、やはり警戒しておく必要があろう。

三　天皇は元首か

天皇はいわゆる国家元首にあたるのか、あるいは、わが国ではそもそも国家元首とはどの機関をいうのか（あるいは、誰か）か、が問題となる。ここで、元首として一応考えられるのは、天皇、内閣あるいは内閣総理大臣であろう。

しかし、憲法は、もともと国家元首という概念を定めてはおらず、また、国民に主権が存するという前提の下で基本的には国会、内閣、最高裁判所という三権を分立させ、それらの国家機関に国の権力作用にかかわる個別の権限をそれぞれに付与しているのである。その意味では、とくに国内法的には、国家元首がどの機関か（あるいは誰か）を論じる必要はないのである。また、憲法前文で「そもそも国政は、国民の厳粛な信託によるものであつて、その権威は国民に由来し、その権力は国民の代表者がこれを行使し」とされ、また、憲法一条で、天皇の地位は「主権の存する国民の総意に基く」とされている以上、少なくとも天皇が国家元首であるというような議論は生ずる余地がないともいえる。

とはいえ、国家間の外交関係など国際関係を処理する上では国家元首の概念が必要なときもあるかもしれない。そして、その限りでは国家元首について考える余地がないわけではない。そして、これについては、例えば外交関係を処理し（七三条二号）、条約を締結する（同条三号）権限をもつのは内閣であるという意味では、少なくとも法的には内閣が元首の地位に相当する。そして、それを人格的に一個の人間が体現する必要があるとすれば、その長である内閣総理大臣が元首に相当する、というべきである。ただし、天皇は外国の大使及び公使を接受する（七条九号）などという点からみると、儀礼的には外国からは天皇が元首の地位に見えることがあるかもしれない。しかし、これはあくまでも形式的・儀礼的な意味しかもたないのであるから、どうしても法的に国家元首を定義しなければならないという場合には内閣あるいは内閣総理大臣がそれにあたるとすべきである。

四　皇位の世襲と継承

憲法二条は、「皇位は、世襲のものであつて、国会の議決した皇室典範の定めるところにより、これを継承する」とする。

これを受けて、皇室典範が定められている。

（一）　皇位継承の順位

皇室典範では、皇位継承の順位を以下のように定めている。

（ア）　皇位の資格

「皇位は、皇統に属する男系の男子が、これを継承する」（皇室典範一条）。

（イ）　順序

「皇位は、左の順序により、皇族に、これを伝える。

一　皇長子
二　皇長孫
三　その他の皇長子の子孫
四　皇次子及びその子孫
五　その他の皇子孫
六　皇兄弟及びその子孫
七　皇伯叔父子及びその子孫」（同二条）。

（ウ）　順序の変更

「皇嗣に、精神若しくは身体の不治の重患があり、又は重大な事故があるときは、皇室会議の議により、前条に定める順序に従つて、皇位承継の順序を変えることができる」（同三条）。

（エ）　即位

「天皇が崩じたときは、皇嗣が、直ちに即位する」（同四条）。

（二）　皇族の範囲

「皇后、太皇太后、皇太后、親王、親王妃、内親王、王、王妃及び女王を皇族とする」（同五条。親王、内親王、王、女王の定義については、同六条および七条）。

皇族は、その意思によるとき、やむを得ない特別の事情のあるとき、婚姻したときなど一定の場合には、皇族の身分を離脱することがある（同一一条～一四条）。

（三）　皇室典範の改正問題

この皇室典範は大日本帝国憲法の下では憲法に準ずるものであるとされていたが、今日では、その名称はともかくとして形式的な効力は法律と全く同等であるため、通常の法律と同様に改正することができる。そして、今日では時代の状況の変化に対応して、いくつかの見直しをすべきであるとの意見も出されている。

（ア）　天皇の退位

憲法および皇室典範では、天皇が退位するということについては何らの定めを置いていないため、現行法の下では天皇の退位はできないものとされている。ただし、皇室典範の定めの中でこの定めを置くことは可能であるとする考え方もある。

（イ）　女性天皇

皇室典範一条では、皇位継承の資格を皇統に属する男系の男子に限定しているが、憲法二条では単に「世襲」とするだけであって、これに限定してはいない。そこで、皇室典範一条を改正して男系の女子にも皇位継承の資格を認めるようにすべきであるとの考え方もある。すでに述べたように、天皇は民主主義や基本的人権の尊重などの憲法の基本原則を尊重し、それを象徴すべき地位にあることを考えると、このような主張も当然あり得ることになろう。

なお、これとは逆に、皇位継承の資格を男系の男子に限定する皇室典範一条の規定は憲法一四条に違反しないのかが問題となるとの主張もある。ただし、これについては、そもそも天皇制それ自体が憲法の定める例外（同じ人間でも、天皇、皇族と通常の国民とを差別するもの）であるから、皇位の継承については憲法一四条の適用はないとする反論もあり得る。また、かりに一四条の適用可能性を前提としても、この規定は歴史的文化的な伝統との関係で「合理的な差別」にあたるとする反論もあり得る。ただし、後者については、歴史上女性天皇が存在したこともあるという点からすれば絶対的な反論とはならないであろう。

第二節　内閣の助言と承認

憲法三条は「天皇の国事に関するすべての行為には、内閣の助言と承認を必要とし、内閣が、その責任を負ふ」とする。

これは、憲法四条の天皇の国事行為に関する規定に先立って、天皇の国事に関する行為については内閣の助言と承認に基づいて行われるべきであり、天皇は実質的な決定権をもたず、また、それに関する責任も負わないこと、したがって、その反面として天皇の行為に関する政治的責任はすべて内閣が負うべきことを定めたものである。

なお、文言上は、「助言」は内閣の側が発意して天皇に助言をし、逆に、「承認」は天皇の側が発意して内閣がこれを承認するというようにも見えるが、後述するように、天皇の国事行為は憲法および法律の定めに基づいて内閣の発意によってこれを行うというのが基本であると解すべきである。その意味では、ここでいう助言と承認とはとくに区別せずに一体として理解すべきである。

第三節　天皇の権能

一　国事行為と国政に関する権能

憲法四条一項は、「天皇は、この憲法の定める国事に関する行為のみを行ひ、国政に関する権能を有しない」とする。また、二項では「天皇は、法律の定めるところにより、その国事に関する行為を委任することができる」とする。

ここでは、あくまでも次に述べるような形式的・儀礼的な国事に関する行為を行う権限を有するだけで、実質的な政治的な権限を与えられないということを定めたものである。ただし、形式的・儀礼的なものとはいえ以下に具体的に述べるように、いくつかの政治的に重要な事項について天皇に権限が付与されるというのは、天皇が単なる象徴としての地位をもつだけでなく、一種の国家機関としての地位をあわせもっていることを表している。象徴というだけであれば、天皇という地位は国家機関というべきかどうかは疑問があるともいえるが、このような権能を付与されているという点からみると、天皇は明らかに国家機関として位置づけられるべきことになる。その意味では、すでに述べたように実質的にはわが国は民主制の国家であり、天皇は国家元首ではないとするとしても、外国からはなお日本は君主制の国であるように見えることは否定できないかもしれない。ただし、そのことは、すでに述べたように、天皇を元首として位置づけるべきかどうかとは別のことである。

二　天皇の任命権

憲法は、天皇の国事行為の中でとくに重要な事項として内閣総理大臣および最高裁判所長官の任命を他の国事行為とは別に定めている。なお、ここでは、規定上はとくに「内閣の助言と承認」についての定めがないが、それが必要であることは憲法三条の定めから当然のことである。

（一）　内閣総理大臣の任命

憲法六条一項は、「天皇は、国会の指名に基いて、内閣総理大臣を任命する」と定める。この国会の指名については、内閣の助言と承認に際しての裁量的判断権がないことは、いうまでもない。

（二）　最高裁判所長官の任命

憲法六条二項は、「天皇は、内閣の指名に基いて、最高裁判所の長たる裁判官を任命する」と定める。ここでは、形式的には内閣がまず裁判官の指名という実質的な判断を下して、その後に内閣の助言と承認が行われることになる。

三　その他の国事行為

憲法七条は、「天皇は、内閣の助言と承認により、国民のために、左の国事に関する行為を行ふ。

一　憲法改正、法律、政令及び条約を公布すること。

二　国会を召集すること。

三　衆議院を解散すること。

四　国会議員の総選挙の施行を公示すること。

五　国務大臣及び法律の定めるその他の官吏の任免並びに全権委任状及び大使及び公使の信任状を認証すること。

六　大赦、特赦、減刑、刑の執行の免除及び復権を認証すること。

七　栄典を授与すること。

八　批准書及び法律の定めるその他の外交文書を認証すること。

九　外国の大使及び公使を接受すること。

十　儀式を行うこと。」

と定めている。

ここでも、一号の「憲法改正、法律、政令及び条約」の公布については、内閣が助言と承認をするに際しての裁量的な判断権は制限されることになる。

四　摂政

憲法五条は、「皇室典範の定めるところにより摂政を置くときは、摂政は、天皇の名でその国事に関する行為を行ふ。この場合には、前条第一項の規定を準用する」としている。

これを受けて皇室典範一六条では、「天皇が成年に達しないときは、摂政を置く」（一項）と定める。また、「天皇が、精神若しくは身体の重患又は重大な事故により、国事に関する行為をみずからすることができないときは、皇室会議の議により、摂政を置く」（二項）とされている。なお、天皇、皇太子および皇太孫の成年は一八年である（同二二条）。

五　天皇の公的行為（象徴としての行為）

右に述べた国事行為のほかに、天皇の「公的行為」（象徴としての行為）というものが認められるべきかどうかが問題となる。現実には、例えば国会の召集に際しての「天皇のおことば」とか、国や地方公共団体などの主催する各種行事への出席など、天皇の私的行為とはいえない「公的行為」というべきものが行われることは少なくない。ただし、これについては憲法上の根拠があるわけではなく、したがって、そのような行為が許容されるのか、また、それについては内閣が責任を負うべきだとされるのかどうかについて問題が生ずることになる。そこで、これについては、これらの天皇の「公的行為」を「象徴としての行為」としてむしろ積極的に認めて、それについての「内閣の責任」を強化すべきであるとする考え方もある。また、これらの天皇の公的行為を「象徴としての行為」として位置づけることによって、これらの行為は、例えば「象徴としてふさわしい」ものであることが求められるとか、あるいは、政治的には不偏・不党性が求められるなどとする考え方も出されている。

これを積極的に認めるべきかどうかは別として、右に述べたようなさまざまな形での天皇の「公的行為」というべきものが実際上存在することは否定できない。しかし、これらの行為のすべてを、国事行為と同様に内閣の助言と承認の下で行われるべきだとすることもまた困難であろう。ただし、これらの公的行為というべきものについては、実際上は宮内庁が関与することによって最終的には内閣が責任を負うという形となるべきであることはいうまでもない。また、これらの「公的行為」は「象徴としての行為」というべきではなく、むしろ逆に、これらの公的行為については天皇の「象徴」としての地位からくる制約ないしは限界がかかる（例えば、政治的な中立性が求められるとか、象徴としての地位にふさわしくないような行為をしてはならないなど）というべきであろう。

第四節　皇室の財産

一　皇室の財産に対する憲法上の統制

（一）　皇室の財産授受

皇室の財産について、憲法八条は「皇室に財産を譲り渡し、又は皇室が、財産を譲り受け、若しくは賜与することは、国会の議決に基かなければならない」とする。

これは、天皇および皇族が無制限に財産を譲り受けたりして、不当に大きな政治的影響力をもつようになることのないように国会が関与すべきこと、および、逆に天皇および皇族が無制約に財産を賜与することによって不当に大きな政治的影響力を行使することのないように国会が関与すべきことを定めたものである。

ただし、皇室経済法二条では、「相当の対価による売買等通常の私的経済行為に係る場合」その他一定の場合については、その度ごとに国会の議決を経なくてもよいとする定めを置いている。

（二）　皇室財産および皇室経費

また、憲法八八条は「すべて皇室財産は、国に属する。すべて皇室の費用は、予算に計上して国会の議決を経なければならない」と定める。

ここでは、天皇がすでに述べたような日本国の象徴たる地位を有し、また、同時に国家機関としての地位をも有することから、皇室の財産は国に属するものとし、また、皇室の費用は国費によるものとした上でこれについて国会によるコントロールを受けるものとしたのである。

二　皇室の費用

皇室経済法では、予算に計上する皇室の費用は内廷費、宮廷費および皇族費とに分けている。

（一）　内廷費

「内廷費は、天皇並びに皇后、太皇太后、皇太后、皇太子、皇太子妃、皇太孫、皇太孫妃及び内廷にあるその他の皇族の日常の費用その他内廷諸費に充てるものとし、別に法律で定める定額を、毎年支出するものとする」（皇室経済法四条一項）。

「内廷費として支出されたものは、御手元金となるものとし、宮内庁の管理に属する公金としない」（同条二項）。

（二）　宮廷費

「宮廷費は、内廷諸費以外の宮廷諸費に充てるものとし、宮内庁で、これを経理する」（同五条）。

なお、平成二年一一月に行われた即位の礼（国事行為）と大嘗祭（皇室行事）に関する政府見解（平成元年一二月二一日）

では、大嘗祭は伝統的皇位継承儀式という性格をもつものであるが、その中核は宗教上の儀式としての性格を有することが否定できないため、それを国事行為として行うことは困難である。ただし、それを皇室の行事として行うとしても、それは一世に一度の極めて重要な伝統的皇位継承儀式であるから国としても深い関心をもち、その挙行を可能とする手だてを講ずることは当然であり、その意味において大嘗祭は公的性格があり、大嘗祭の費用を宮廷費から支出することは当然である、としている。

ここでは、内廷費を御手元金とする定義との関係で大嘗祭の費用を宮廷費から支出するということにしたものだともいえるが、しかし、政教分離原則との関係を考慮するならば、大嘗祭に宗教的性格を認める以上、ここではあくまでも内廷費による支出という形をとるべきであったといえよう。

㈢　皇族費

「皇族費は、皇族としての品位保持の資に充てるために、年額により毎年支出するもの及び皇族が初めて独立の生計を営む際に一時金額により支出するもの並びに皇族であった者としての品位保持の資に充てるために、皇族が皇室典範の定めるところによりその身分を離れる際に一時金額により支出するものとする。その年額又は一時金額は、別に法律で定める定額に基いて、これを算出する」（同六条一項）。

第三章　国　会

第一節　国会の組織

一　国会の地位と性格

(一)　国民の代表機関

(ア)　代表民主制と直接民主制

憲法前文は、「ここに主権が国民に存することを宣言」するとして、国民主権の原則が前提とされることを明らかにしている。しかし、その主権行使の方法としては、「日本国民は正当に選挙された国会における代表者を通じて行動し」とか、あるいは、「そもそも国政は、国民の厳粛な信託によるものであって、その権威は国民に由来し、その権力は国民の代表者がこれを行使し」として、いわゆる間接民主制、あるいは、代表民主制が採用されるものとしている。

このように、憲法は原則として、普通選挙による代表民主制を採用しているが、しかし、これは、直接民主制を補充的に採用することを妨げるものではないと解されている。むしろ、主権者たる国民が直接に政治過程に参加することは望ましいともいえよう。現実に、憲法は、以下の場合に直接民主制を採用している。すなわち、国民投票による憲法改正の承認（九六条）、最高裁判所の裁判官の国民審査（七九条二項）、地方自治特別法に関する住民投票による同意（九五条）である。

（イ）　国民代表の意義

憲法は「両議院は、全国民を代表する選挙された議員でこれを組織する」（四三条一項）として、国会が国民代表機関であること、および、国会議員が国民の代表者であることを定めるが、ここでいう「全国民を代表する」（国民代表）の意義をどのように考えるべきかは問題がある。

これについては、一般には、まず、国民全体の代表者とは、議員は特定の階級・党派あるいは特定地域の住民のみを代表するものでなく、選挙人から独立して全国民を代表するものとして選出されることをいうとされる。そして、ここでいう選挙人からの独立性とは、議員としての活動に際して選挙人の意思・指図により拘束されずに全国民のために独立して行動することをいうとされている。これによれば、議員は、特定の党派その他自己を選出したグループのみを代表するものではなく、全国民を代表するものとして選出される（純粋代表とよばれる）のであり、したがって、議員としての活動に際しては選挙人の意思、指図などにより拘束されることはない（非命令的委任とよばれる）とされる。しかし、現実には、議員は自分を選出した選挙人の意思を無視することはできず、また、政党政治の発達により政党による議員の拘束が強力に行われている。すなわち、議員は、その所属する政党の指令に拘束され、党議に基づいて発言し表決しているのである。そこで、むしろ逆に、議員は政党などを通じてある程度は選挙人の意思に拘束されるべきである（命令的委任とよばれる）という形で代表の意味をとらえる考え方もある。もちろん、この場合には、一面では政党が真に国民的な視野をもち、国民全体の利益に奉仕しようとする意思を有しているか否か、反面では国民がそれをどれだけ監視できるかが重要な課題となる。

このように、そもそも「代表」の意義については、選挙された議員はそれぞれが自分を送り出した選出母体の代表として活動すべきであるとする考え方と、選挙された以上は議員のそれぞれが全国民を代表する立場で活動すべきだという考え方との二つに分かれる。そして、この考え方の違いは、具体的には例えば後述する比例代表制の選挙によって選出された議員が議席を持ったまま自己の党籍を変更できるかという問題について異なる結論を導き出すことになる。すなわち、代表についての前者の考え方を前提とすると、少なくとも比例代表制で選出された議員については議席を持ったままでの党籍変更はできないとされるべきことになろう。これに対して、後者の考え方を前提とするならば、ひとたび選出された以上は個々の議員のそれぞれが全国民を代表する立場に立つのであるから、もはや議員は選出の過程には拘束されずに、自己の信念に基づいて党籍変更することができるということになる。この中で、従来は通説的には、憲法四三条の「全国民を代表する」とは、後者の意味をいうものだと解されてきているのである。

（二）　国権の最高機関

国会は、「国権の最高機関」である（四一条）とされるが、この「最高機関」の意味をどう解すべきかについては争いがある。

まず、統括機関説（積極説）によれば、最高機関とは国家の活動を創設し、保持し、また終局的に決定する機関であり、さまざまな国家機関との関係ではこれらを統括する機関を意味するとされる。すなわち、大日本帝国憲法下で天皇が立法、行政、司法のほかに統括作用を行うものとされていたように国家には国権を統括する作用が必要であり、日本国憲法下ではそのような機関が国会であるとされる。

これに対して、政治的美称説（消極説）によれば、ここでいう最高機関とは文字どおりの意味ではなく、大日本帝国憲法下の天皇とは異なり日本国憲法下では天皇は最高機関ではないとする消極的な意味と、主権者である国民の意思を直接に代表する国会が国政の中心にあって、行政権や司法権に対して相対的に優越する地位にあるという意味をもつにとどまるとされる。すなわち、そもそも最高機関の意味を国権の最高決定権者すなわち主権者の意味に解するのであれば主権者は国民であり、国会はその信託を受けて国政（立法）を担当するのであるから国民との関係では国会は最高機関とはいえない。また、最高機関を大日本帝国憲法の天皇のような「統治権の総攬者」という意味に解するのであれば、日本国憲法下では明らかに国会はその意味での最高機関にはあたらない。さらに、最高機関を国家機関相互の命令、服従という上下関係の中の「最上級」という意味に解するにとどめるのであれば、内閣および最高裁判所もそれぞれ最高機関にあたり、また、国会、内閣、最高裁判所相互の関係でみた場合には、憲法はこの三者の関係につき例えば内閣に衆議院解散権を与え、裁判所に違憲立法審査権を与えているのであるから、厳密な意味において国会が他の二者に対して最高機関にあたるとはいえない、とされる。ただし、この説もこの規定には法的な意味が全くないとするわけではなく、いずれの機関に属するか不明のものは国会の権限に属するとの推定を受けるとする。判例では、「国権の最高機関」とは多分に政治的な意味を包含するものであり、国会が内閣や裁判所に対し「法的に絶対優位」にあるという意味ではないとするもの（第一次国会乱闘事件。東京地判昭和三七・一・二二判時二九七号七頁）がある。

なお、これらのほか、総合調整権能説（折衷説）もある。これによれば、国会は憲法改正の発議権を有し、法律制定権を独占しており、内閣に対しては内閣総理大臣の指名権や内閣不信任決議権などを有し、また、司法に対しては弾劾裁判所の設置権などを有する。このように重要な国政に決定的に関与する広汎な権限の性質は三権の間の総合調整的作用であるとされる。そこで、この説は、いずれの国家機関に属するか明らかでない権限は、国会に推定されるべきだとする。この説の特色は、国会の最高機関性を主権者である国民との関係で問題とするのではなく、むしろ立法、行政、司法という三権相互間のレベルで問題とすべきだとして、三権相互の関係では国会の最高機関性は単に政治的な宣言にとどめるべきではないとする点にある。しかし、すでに述べたように、例えば内閣が衆議院の解散権をもち、裁判所が違憲立法審査権を有することを考えると、わが国の憲法ではむしろ三権の相互の抑制と均衡を重視していると解すべきである。また、国会の権限を広く推定すべきだとする点は政治的美称説でも認めているのであり、その意味では両者にはあまり違いはないともいえる。

ところで、最高機関性をめぐる具体的な問題としては、例えば衆議院の解散が行われるのは六九条（内閣不信任決議）のときに限られるか、国政調査権の範囲と限界をどう考えるべきか、あるいは、裁判所の違憲立法審査権はいかなる場合に行使されるべきか、などがあげられる。ただし、これらは「最高機関性」の問題というよりは、より広くわが国における権力分立のあり方をどのように考えるべきかという問題にかかわるものだというべきであろう。

（三）　唯一の立法機関

（ア）　唯一の立法機関の意義

国会は国の「唯一の立法機関」である（四一条）。これは、国会は形式的意義の立法のみならず、実質的意義の立法をも独占するということを意味する。ここで、形式的意義の立法とは、内容のいかんを問わず国法の一形式としての法律を制定する作用をいう。また、実質的意義の立法とは、法律、政令など国法の形式を問わず、国民の権利を制限し、義務を課し、または刑罰を科するなど国民に不利益を及ぼすような法規範（法規とよばれる）を制定する作用をいう。前者の権限を国会が独占するということは、国会の単独立法の原則を導き出す。また、後者の権限を国会が独占することは、国会の法規独占の原則（あるいは、国会の独占的立法の原則、国会中心立法の原則）を導き出す。

（イ）　単独立法の原則

国会の単独立法の原則とは、法律の制定は国会の議決のみで成立し、他の機関の関与は必要とはされないことをいう。天皇の「公布」（七条一号）は、国会の議決によって完全に成立した法律を単に一般に「公示」するという意義しかもたないのである。すなわち、天皇は法律の成立には全く関与せず、単に完全に成立した法律を一般に公示するだけである。大日本帝国憲法では、立法権は帝国議会の協賛を得て天皇がこれを行う（同五条）とされ、また、天皇は法律を裁可し、その公布及び執行を命ずる（同六条）ものとされていた。これに比すれば、日本国憲法下での国会の単独立法の原則は明らかであろう。ただし、国会の議決によって法律は完全に成立するが、「公布」がなされるまでは、国民に対する効力は生じないことになる。

ただし、憲法上の例外がある。まず、地方自治特別法（九五条）については、その地方公共団体の住民の過半数の同意を要する。ただし、この規定は法律の成立要件を定めたものではなく、あくまでも効力要件を定めたものだと解する余地もある。そして、その場合には、この規定は単独立法の例外ではないことになる。また、条約（七三条三号、六一条）については、内閣が締結し国会が承認する。そして、憲法改正（九六条）については、国会が発議し国民の過半数の賛成を要する。なお、後の二者については、これらはもともと憲法四一条の「立法」の範囲外にあるとする考え方もある。このほか、かりに予算法律説をとった場合には、予算の提出権が内閣にある（八六条、七三条五号）ことも、憲法上の例外ということになる。

なお、内閣法五条は内閣の法律案の提出権を認めているが、このことは国会の単独立法の原則に反しないかが問題となる。国会単独立法の原則からすれば法律案の発議権は国会に独占されるべきだとする説もあるが、これについては、もともと議員にも法律案の発議権があり、また、法律の成立を決定するのは国会の議決であるから、内閣に法律案の提出権を認めても実質的には国会単独立法の原則の例外にはならないとして、通説もこれを支持している。

また、例えば法律案が両議院の議決を経た後に、その法律を国民投票にかけて過半数の賛成を得た場合にはじめてその法律が有効となるというような定めを法律によって規定できるかどうかが問題となる。これを「効力要件」に関する定めだとするならば、これは国会の単独立法の原則には反しないと解する余地がないわけではない。ただし、そのような定めを一般条項として規定することについては憲法の明文（五九条一項）に反するものとなり違憲とすべきである。

（ウ）　法規独占の原則

国会の法規独占の原則によって、大日本帝国憲法下での行政権（天皇）の副立法権、すなわち、議会を通さずに緊急命令や独立命令を発するというような権限が立法府以外の国家機関に与えられることが原則的に否定されることになる。このことは、国会と内閣との関係でいえば、国民の権利を制限し、国民に義務を課し、または罰を科するような行政をおこなう場合には、行政府は必ず立法府の定めた基準である法律に依拠しなければならないという原則を導き出すことになる。そこで、内閣その他の行政機関が法規（委任命令とよばれる）を定めるには法律の委任がなければならないとされるのである（七三条六号但書。なお、実際には、この定めだけでは不十分であり、それを補うために内閣法一一条の定めが置かれている）。また、国家行政組織法一二条一項は各省大臣に省令の制定権を与えているが、同様に、法規を定めるためには法律の委任を要するとしている（同三項。このほか、内閣府令については、内閣府設置法七条三、四項で同様の定めが置かれている）。そして、これらの根底にある原則は法律による行政の原則（とくに、侵害留保説）とよばれているが、これは要するに行政の作用（あるいは、そのための基準の設定）に対しては国民の民主的なコントロールが及ぶべきだとするものである（この委任命令をめぐる問題については後述する）。

ただし、これには憲法の定める例外がある。すなわち、各議院が制定する議院規則（五八条二項）、最高裁判所が制定する最高裁判所規則（七七条）、住民を代表する地方議会が制定する地方公共団体の条例（九四条）が、これである。これらにおいては法律の委任がなくても法規を定めることができる（なお、条例については地方自治法一四条の規定が置かれているが、これはあくまでも注意的な規定だと解すべきである）。

二　二院制

（一）　二院制

国会は、衆議院および参議院の両議院によって構成される（四二条）。この二院制の起源は議会制の母国とよばれるイギリスの議会の歴史の中に求められる。そして、その後フランスが一時的に一院制を採用したほかは、ヨーロッパ諸国の大多数においても採用されるに至ったため、二院制は近代憲法の公理であるといわれたこともある。わが国でも、大日本帝国憲法下においては、帝国議会は貴族院および衆議院という二院制がとられていた。日本国憲法の制定に際しても、その起草過程においては、連合国最高司令官総司令部案（いわゆるマッカーサー草案）の中では一院制が定められていたのであるが、日本政府側の提案に基づいて、結局、現在の二院制が採用されるに至ったものである。しかし、二院制というのはあくまでも一つの歴史的な産物であるにすぎず、原理的には、国民代表議会は二院制でなければならないわけではない。そこで、議会は一院制であるべきだとする主張も根強くなされてきている。

まず、以下において、二院制の類型一般についてみておこう。

（ア）　連邦国家における二院制

二院制の類型といった場合、多くはその議員の選出方法に着目して、貴族院型と民選型とに分類される。しかし、二院制を採用する必要性という点からみると、まず国家形態に着目すべきである。そして、その面からみれば、二院制の類型は連邦型と単一国家型に分けられる。たとえば、アメリカ合衆国、スイス、ドイツなど連邦制をとる国家においては、連邦を構成する各州（邦）の独立性を尊重するとか、あるいは、その中に含まれる民族的利益を保障することなどが要請される。そのため、連邦の国民全体を代表する第一院（下院）のほかに第二院（上院）を設けて、そこで右の要請の実現をはかろうとする形がとられることになるのである。例えばアメリカ合衆国では、下院が各選挙区の人口数に応じて選出される議員によって構成されているのに対して、上院は人口の多少にかかわらず各州二名づつ選出される議員によって構成されている。これは州権を尊重し、大小さまざまな各州の平等な権利を保障するための一つの典型的な形であるといってよいであろう。

このように、連邦国家の場合では二院制が採用されることが多いが、ただし、必ず二院制がとられるわけではない。例えばかつてのソヴィエト連邦のような社会主義国家では一院制が採用されていたのである。

（イ）　単一国家における二院制

単一国家においては、右に述べたような意味での二院制の必要性は存在しない。したがって、そこで二院制が採用される場合には、その根拠は明らかに異なったものとなる。ここでの二院制は、その国家の歴史的性格に対応して貴族院型と民選議院型に分けられる。なお、この場合、第一院（下院）が民選議員によって構成されるという点は共通しているのであり、したがって、ここでの分類は第二院（上院）の組織および性格の違いが基準となる。

（a）　貴族院型（特権階級代表型）

君主制をとる国家において採用されるもので、第二院が貴族、僧侶その他財産上、職業上の特権階級など君主（国王）の任命する議員によって構成される型である。これはイギリスの二院制にはじまる議会制の原初的形態であるとされる。ただし、この型にも実質的には二つの内容がある。一つはイギリスの二院制であり、これは、形の上ではこの型に属するが、名誉革命（一六八八年）以降の歴史的な経過の中で強力な「下院（第一院）の優越」が認められるようになってきているものである。そこで、これはなお、実質的には民主主義型の二院制ということができる。

これに対して、一九世紀のドイツ、オーストリアの諸憲法およびわが国の大日本帝国憲法の下での二院制は右のような構成をもつ第二院によって庶民を代表する第一院の勢力を抑制することをめざすものである。たとえば、わが国でも大日本帝国憲法の下では、貴族院は皇族、華族および勅任された議員によって構成され、右の性格を有していた。これは民主主義抑制型の二院制とか、「専主原理と民主原理の混合政体」などともよばれている。いわゆる外見的立憲主義憲法の下での二院制がこれにあたるわけである。したがって、単一国家で民主主義の原則が徹底された場合には、当然のことながらこの型は否定されるべきだとされる。

（b） 民選議院型

これは両議院とも同じく民選議員によって構成される型である。ただし、この場合、第二院の特色を出すために第二院は議員の任期、選挙方法などに関して第一院とは異なった形をとるのが通常である。わが国の二院制（衆議院と参議院）がこれである。しかし、民主主義（共和制）の単一国家においては、そもそも議会を二院に分割する必要性には疑問もあり、そこで、これに対する強い異論も出されている。たとえば、第二院が第一院と一致するときはそれは無用の存在であり、また、逆に、反対するときは有害なものとなる、という主張などはその典型例である。そして、現実に、第二次世界大戦以降においては、一院制を採用する憲法も増加している。そこで、このような民選議員型の二院制を採用するための積極的な根拠が示されねばならないことになるが、これについては後述する。

（二） 日本国憲法下での二院制

（ア） 同時活動の原則

国会の両議院は、同時に召集、開会および閉会される。これについては、憲法上の明文の規定はないが、「衆議院が解散されたときは、参議院は同時に閉会となる」（五四条二項）は、この原則を前提としているものと解されている。ただし、この原則には、参議院の緊急集会（五四条二項但書）という例外がある。

（イ） 独立活動の原則

両議院は、右に述べた同時活動の原則の下で、それぞれ独立して審議等を行い議決する。

（ウ） 衆議院の優越

ところで、右に述べた民選議院型の場合には、両議院の関係をどのように定めるか、すなわち、対等とするか不対等とするか、が問題となる。これについては、現実には各国の憲法により異なっているが、一般的にいえば、相互の抑制機能を十分に発揮させるには両議院の権能を等しくすべきであるし、逆に、両議院が対立したときでも議会としての意思決定ができるようにするためには、一院の他院に対する優越を認めることが必要となる。これについて、わが国の憲法では、以下のように、権能の範囲（所管事項）および議決（意思決定）の価値の両面において、衆議院に優越性を与えている。

すなわち、まず、権能の範囲に関しては、内閣に対する信任・不信任の議決権は衆議院のみに与えられ（六九条）、また、予算の先議権が衆議院に与えられている（六〇条一項）。

次に、議決の価値については、法律案の議決（五九条二項。「衆議院で可決し、参議院でこれと異なった議決をした法律案は、衆議院で出席議員の三分の二以上の多数で再び可決したときは、法律となる」）、予算の議決（六〇条二項。両議院の議決が異なった場合に、「両議院の協議会を開いても意見が一致しないとき、又は参議院が、衆議院の可決した予算を受け取った後、国会休会中の期間を除いて三〇日以内に、議決しないときは、衆議院の議決を国会の議決とする」）、条約の承認（六一条。同右）、および内閣総理大臣の指名（六七条。同右。ただし、「国会休会中の期間を除いて一〇日以内に、参議院が指名の議決をしないときは、衆議院の議決を国会の議決とする」）のそれぞれにおいて、衆議院の優越が認められている。

なお、憲法五九条四項は、「参議院が、衆議院の可決した法律案を受け取った後、国会休会中の期間を除いて六〇日以内に、議決しないときは、衆議院は、参議院がその法律案を否決したものとみなすことができる」とするが、これも衆議院に優越を与えた規定であるとされている。また、このほかに、法律によって衆議院の優越が認められている場合もある。例えば国会の臨時会および特別会の会期を決定する場合、および、常会、臨時会、特別会の会期を延長する場合（国会法一三条）が、これである。ただし、これらについては、憲法上の要求ではないため、法改正によってこれらを両議院対等のものとすることが可能であることはいうまでもない。また、これに関して、法律で国会の権限を定める場合、立法者は「国会の議決」（公職選挙法五条の二第二項）と「両議院の議決」（国会法一一条～一三条）とを使い分け、後者の場合には衆議院の優越が許されると解する考え方もある（例えば会計検査官の任命について同意を与える場合。会計検査院法四条）が、法律によって衆議院の優越を認める場合には、本来はあくまでも用語の使い分けでなく明文の規定を要するとすべきであろう。このように、参議院は単に第二院というにとどまらずに、むしろ「第二次院」的な性格のものとされているため、わが国の二院制は「一・五院制」などとよばれることもある。

大日本帝国憲法は、衆議院と貴族院の関係について両議院対等の原則をとっていた（ただし、衆議院に予算の先議権は認められていた。同六五条）。これは、すでに述べたように「貴族院型」の二院制の場合には、衆議院に対する貴族院の抑制機能を重視するという観点から、むしろ当然であるともいえよう。しかし、これに対して、民選議院型を採用した日本国憲法は、右にみたように、衆議院を優越せしめ参議院を「第二次院」的性格のものとしたのである。憲法が、このように衆議院の優越性を認めたことについては、参議院による衆議院の抑制機能を重視する立場（ただし、これは「貴族院型」の場合と同じ発想からくるものではないが）から、第二院たる参議院の存在意義をうすめるものであるとの批判もある。ただし、右のような問題があるにもかかわらず、憲法があえて衆議院にこのような優越性を認めた理由としては、すでに述べたように、国会が本来ならば一院制でもよいという考え方からすれば衆議院の優越は民主政治の徹底という意味で好ましいともいえること、また、これによって国会の意思形成が容易になること、さらに、これによって国会と内閣との関係（議院内閣制）が、衆議院と内閣との関係として、より端的にとらえられるようになること、などがあげられる。

ところで、例えばアメリカ合衆国の上院（元老院）と下院（代議院）の関係についてみると、そこでは、下院が歳入の徴収に関する法律案の先議権をもつほかは、上院は下院と平等の立法権を有している。それだけでなく、むしろ上院は、弾劾審判権、条約の承認権、最高裁判事その他の高級公務員の任命の同意権を専有している。そこで、合衆国の上院は「世界最強の上院」だとされている。ここでは、第二院たる上院が、同じく民選によるものでも、同時にもともと連邦型の第二院という性格を有するため、このような特色が現われたものだと考えることができよう。

（エ）　参議院の存在理由

わが国の二院制は、右のように衆議院の優越を認め、また、後述するように議員の選出方法を異にするという形の民選議院型（参議院型）をとるものであるが、このような二院制の意義（いいかえれば参議院の存在理由）が問題となる。

二院制の存在意義としては、一般に、①選出方法に差異をもたせることによって異なった社会的利益を代表させる可能性をより大きくする、いいかえれば、世論をより適切に反映することが期待できる、②議会内部での権力を分立させることにより、一院のみの場合に生ずる権力集中とか専制化の危険を防止できる（そこで、この型は自由主義的二院制とよばれることもある）、③第一院と政府との間の対立を第二院が調整・仲裁する立場にたつことが期待できる、④法案の審議その他の議会活動をより慎重にすることによって、その間に世論の推移をみきわめられる、などがあげられている。そして、わが国の参議院についてはさらに、⑤参議院の良識による補正（いわゆる「数の政治」に対する「理の政治」）をはかる、⑥後述するように衆議院に比して議員の任期が長く（六年）、また、議員の交代が緩慢に行われる（三年ごとに半数改選）参議院の存在によって、急激な政治的改変を避け、漸進的な改革が期待できる、⑦参議院の緊急集会制度（五四条二項但書）により、衆議院解散の際に参議院が補充的役割を演じるようにさせられる、などがあげられている。

しかし、参議院が右のように期待された機能を現実に果たしているかどうかは疑問であるとする批判もある。すなわち、当初においては、例えば緑風会のように政党・党派を越えた組織（いわゆる「院内会派」である）が結成され、それなりの影響力を有したこともあった。また、従来は、参議院は地方区選出議員と全国区選出議員とによって構成されていたため、とくに全国区については、例えば宗教団体、労働組合その他の団体の利益代表、市民運動の代表、高級官僚出身者、いわゆるタレント議員などの選出のように、その当否はともかくとして、それなりの特色があったということができる。しかし、今日では、選挙の回を重ねるごとに、また従来の全国区において比例代表制が採用されて以降はとくに顕著に、参議院が政党化し、衆議院との同質化を強めてきたことは否定できない。そのため、参議院は「小型の衆議院」とよばれたり、さらには、「参議院無用論」などが主張されることもある。これは、本来参議院に期待されていた中立性とか学識経験者による専門的知識の補充などという機能がほとんど失われつつあることを意味する。そこで、参議院の改革に関する様々な議論がなされているのである。

（オ）　参議院改革案と比例代表制

参議院の改革案としては、いくつかあげられているが、例えば参議院の構成のしかたとして、学識経験者あるいは社会的功労者等による構成とする、地方自治体の代表とする、職能代表とする、国民の政党支持率をそのまま議席に反映させる（すべて比例代表制とする）、などの案がある。

また、議員の選出方法に関しては、以下のような案も出されている。例えば、①議員の全部または一部を、内閣あるいはその他の機関が任命するという任命制、②例えば都道府県議会の議員のような、公選により選出された議員の中から、その互選によって議員を選出するという複選制、あるいは準間接選挙制、③選挙権者は選挙委員を選出するにとどまり、その選挙委員が議員を選出するという間接選挙制、④職業を選挙母体としてそれぞれの母体から議員を選出するという職能代表制、⑤選挙区制でなく全国を一つの選挙区とする比例代表制、などである。

しかし、これらの中で、例えば①の任命制を採用すると、たとえば学識経験者の選出などによる専門的知識の補充などという可能性がある反面で、逆に、選出方法の公正性、中立性がどのように確保できるかという問題が生じるし、また、参議院が「貴族院」化する危険性もある。さらに、いずれにせよ、これは憲法の要求する公選の原則に反するため、憲法改正が必要となる。また、④の職能代表制というのも、選出方法には特色があるが、職業が細分化、多様化している今日では選挙母体の区分がかなり困難であり、また、かりに区分したとしても、その区分に漏れる国民にとっては、これは選挙権および被選挙権の差別取扱いとなり、憲法一四条、四四条但書違反の問題が生ずることになる。

さらに、②の複選制、③の間接選挙制、⑤の比例代表制については、かりにそれらが採用されたとしても、実際上現行の公選制に比してどれ程の差異が生ずるかは分明ではないが、それに加えて、例えば②の複選制は、憲法の要求する普通選挙による「公選」とはみなしがたく、したがって、法律改正のみでこの方法を採用することはできないとされている。これに対して、③の間接選挙は、選挙委員の選出の段階において普通選挙の要件がみたされていれば「公選」の原則に反しないとされている。なお、この場合には、さらに命令的委任を認める型（例えば、アメリカの大統領選挙がこれである）と、命令的委任を認めない型とがあり得る。この中でも、後者は実質的には①の任命制と類似した面をもつことになり、また、これは憲法四三条の「選挙」といえるかが問題となる。いずれにせよ、②の複選制および③の中の後者（非命令的委任型の間接選挙）は、直接選挙に比して民主的性格が後退する点に問題がある。

また、⑤の比例代表制は、参議院の全国区制は費用がかかりすぎるとか、選挙活動が困難であるなどの問題を解決するために主張されたものであり、現実にこれは昭和五七年の公職選挙法の改正により従来の全国区に代えて採用されるに至っている。ただし、これについては、そのためにかえって参議院の政党化が促進されたという批判がないわけではない。

三　衆議院の解散と参議院の緊急集会

（一）　解散の意義

解散とは、衆議院議員の全員について、その任期満了前に議員たる身分を失わしめること（四五条）をいう。解散が行われた場合、解散の日から四〇日以内に、衆議院議員の総選挙が行われ（五四条）、衆議院における新たな代表関係が形成される。解散制度がおかれた理由は、以下の点にあるとされる。一つは、議院内閣制の下でかりに立法府が権力の濫用におちいるような場合に、それを行政府の権力によって抑制するためという権力分立上の見地である。衆議院の内閣不信任決議に対抗する手段としての解散は、このように、両者の均衡をはかるために認められたものである。そして、もう一つは、立法府と行政府の意見が対立している場合とか、あるいは、政治上の重要な問題について、国民の判断を問うべきであると思われる場合などに、主権者たる国民の意思を問うためという民主主義上の見地である。

解散の制度は行政府の優位の制度のもとの解散から、行政府と立法府とを対等の立場において、両者の勢力の均衡をねらった解散へ、さらに、立法府に優位を認める制度のもとにおける解散へと変遷してきているとされる。現実に、大日本帝国憲法下では解散権は天皇の大権に属していた（同七条）が、現行憲法では、解散権は形式上は天皇に属していても実質上は助言と承認（三条）を行う内閣に属する。また、解散権の根拠も議院内閣制の中に求められる。そこで、今日では、解散制度は、国民との間での国会の政治的な代表関係を弾力的に保ち、政党間や利益集団間の対立などを選挙を通じて民主的に解決する手段としての意味が強くなっているとされる。

（二）　解散権の所在

（ア）　実質的解散権の所在

解散権は、解散する旨を外部に表示する権能（形式的解散権）と、実際に解散を決定する権能（実質的解散権）とに分けられる。

形式的解散権の所在は天皇にあり（七条三項）、国事行為の一つとして、内閣の助言と承認に基づいて行われる。これは詔書の形式による。ただし、天皇は国政に関する権能を有しない（四条一項）から、解散についての実質的決定権を有しない。そして、実質的解散権の所在については明文の根拠がないため、解散をなしうる場合についての理解とも関連して、以下の説に分かれる。

（イ）　無限定説

通説は、実質的解散権は内閣にあるとし、解散しうるのは六九条の場合、すなわち、衆議院が内閣不信任決議をした場合（信任決議案を否決した場合も含む。以下同じ）に限らないとする。ただし、その法文上の根拠づけについては、争いがある。

一つは、実質的解散権の根拠は、法文上七条三号のみに求められるとする。これは、衆議院の解散は七条三号により天皇の「国事行為」とされており、それを実質的に決定するのは、天皇の国事行為に「助言と承認」を与える職務を有する内閣の権限であるとする。これによれば、憲法が議院内閣制をとっているかどうかの判断の前提として解散決定権の所在が重要な資料となるのであるから、これとは逆に、議院内閣制を前提として解散決定権は内閣にあると結論するのは正当でないとされる。

これに対して、実質的解散権が内閣にあるとの根拠は、七条三号のほか、六九条とか、議院内閣制の理念などを含めた全体的な理解に求めるべきだとする説がある。これは、解散の実質的決定は、その形式的宣示とは別個の行為であるから、後者についての助言・承認が認められるからといって当然に前者の権能もこれに含まれるとはいえないとし、むしろ、六九条の文言は内閣の決定権を推定させるとか、六九条だけでなく六七条、六六条三項等を総合的に考えれば、わが国が議院内閣制を採用していることは一般に認められるところであり、したがって、憲法は衆議院の内閣不信任決議権に対応するものとして内閣に解散決定権を与えていると解されるとする。

これらの説に対しては、まず、七条は形式的儀礼的行為としての国事行為（四条）について定めたものであるから、それに対する助言と承認（三条）の定めから実質的権能を導き出すことは好ましくないとする批判がある。また、かりに七条を根拠として内閣に実質的解散権があると解するとしても、それは、ただちに解散できる場合が無限定であることにはならないとの批判もある。

（ウ）　限定説

そこで、実質的解散権は内閣にあるとするが、解散できる場合は六九条の場合に限られるとする説もある。これは、形式的には、四五条（衆議院議員の任期）の趣旨からすればあくまでも解散は例外であり、六九条の場合に限定されたものと考えるべきであるとし、また、実質的には、国民の直接請求によるのでない限り、解散そのものを「民主的」と考えることはできないとするものである。また、この説によれば、少数党の内閣が不信任決議をまたずにいきなり解散することは、むしろ政府と議会との間の均衡をくずすことになるし、まして多数与党の内閣にまで解散を認めるならば、その均衡は著しく損なわれるとする。

これに対して、通説は以下のように、解散は六九条の場合に限らないと批判する。すなわち、憲法規定との関係については、六九条は不信任決議があった場合に内閣は解散か総辞職か二者択一の選択をすべき旨を定めたにすぎないのであり、解散の行われる場合を限定するものでない。また、実質的な根拠については、解散の目的は総選挙により国民の意思を問うことにあるのだから、例えば政党の分野の変動や再編成があった場合、重要な政治問題が生じた場合、内閣が根本的な政策変更を行った場合、多数野党の反対により国政に支障をきたしているような場合など、民意を問う必要および意義が認められる場合には国民の意思を明らかにすることが望ましく、これを制限する方がむしろ民主主義に反するとされる。

（エ）　自律解散説

なお、内閣が解散できるのは六九条の場合に限られ、むしろ原則としては衆議院が自らの決議により解散するとする説もあり、これは、実質的解散権は衆議院にあるとする。

この説は国民主権論および国会の最高機関性などを根拠とするものであるが、これに対しては、以下のような批判がある。まず、憲法上の明文がない点であるが、解散のような重要な手続事項について全く明文もなしに衆議院自らが解散権をもつと解するのは、憲法解釈としては無理があるとか、また、解散の決議に法的効力を認めると、多数者の解散の意思によって、それに反対する少数者もその意に反して議員の地位を剝奪されることになるが、このようなことは憲法の明文の規定なしには認められないなどとするのがこれである。次に実質的な根拠であるが、与党が多数派であれば、内閣の解散権を行使させうるし、野党が多数派であれば、内閣不信任の決議を出しうるのであるから、衆議院に自律解散権を認める必要性はない。国会は国権の最高機関であるから内閣が衆議院を解散することができないとするのは、後述するように民意を確かめ代表関係の正当性を問い直すという解散制度の意義からすれば支持しがたい。また、このほか、この自律解散説の理由づけによれば、参議院についても自律的解散が可能であるということにならないかとの批判もある。

（三）　解散の行われる場合及び時期

解散の行われる場合については、六九条の場合以外に明文の定めはないが、右に述べたように通説はこれに限定されないとする。現実に行われた先例もこの立場によっている。すなわち、すでに第二回の解散以降くり返し六九条以外の解散が行われている。ちなみに、日本国憲法下では平成二〇年末までに二〇回の解散が行われている。そのうち、六九条（内閣不信任決議の可決）によるものは四回だけである（ただし、第一回はＧＨＱの指導の下でのいわゆる「なれあい解散」である。なお、これまで衆議院議員の任期満了の結果行われた総選挙は一回だけしかない）。また、判例は、いわゆる苫米地訴訟の第一審（東京地判昭二八・一〇・一九行集四巻一〇号三四〇頁）および二審判決（東京高判昭二九・九・二二行集五巻九号二〇五頁）が、いずれも六九条の場合以外でも解散が許されるとしている。

解散の行われる時期については、国会の会期中になされるのが普通であるが、国会閉会中の解散も理論上は可能である。

（四）　解散の効果

解散によって国会の会期は終了する。すなわち、「衆議院が解散されたときは、参議院は同時に閉会となる」（五四条二項）。なお、解散の日から四〇日以内に衆議院議員の総選挙が行われ、その選挙の日から三〇日以内に国会が召集される（五四条一項）。そして、その国会が召集された時に、内閣は総辞職しなければならない（七〇条）。これは、内閣存立の基礎となる衆議院の構成が変化したのであるから、当然、内閣総理大臣は改めて選び直されるべきだという趣旨によるものである。

（五）　参議院の緊急集会

憲法は、「内閣は、国に緊急の必要があるときは、参議院の緊急集会を求めることができる」（五四条二項但書）と定める。これは、衆議院の解散後、新国会（特別国会）の召集までの間は、国会の議決を要するような緊急の事件又は問題が生じたとしても、国会（臨時国会）を召集することができないため、このような場合に備えて、憲法は暫定措置として参議院に国会の権能を代行させるものとしたのである。

大日本帝国憲法下においては、国会の閉会中に緊急の必要が生じた場合、政府が緊急勅令（同八条）を発したり、緊急財政処分（同七〇条）をするなどの権限が認められていた。日本国憲法では、それに類する行政府による独断的措置を認めていない。すなわち、緊急時においても、なお国会中心主義を貫くために、参議院の緊急集会の制度を置いたのである。このような制度の趣旨からすれば、「緊急の必要があるとき」とは、本来は治安の保持とか災害の排除など緊急事態に対する対処が必要な場合を意味するものと解すべきである。例えば内閣総理大臣が自衛隊の防衛出動を命ずる場合については国会の承認を要するが、衆議院が解散されているときには、参議院の緊急集会による承認を求めるものとされている（自衛隊法七六条、武力攻撃事態等における我が国の平和と独立並びに国及び国民の安全の確保に関する法律九条四項）。しかし、現実には、最高裁判所裁判官の国民審査のための中央選挙管理委員の指名のため、および、暫定予算の議決のために緊急集会が開かれている。これについては、単に憲法および法律を施行するために必要が生じたものであるとされている。この「緊急の必要」の決定は、内閣の自由裁量に委ねられているとされているが、これについては、最終的には内閣の政治的責任の問題とされることになろう。

集会が開かれるのは、右に述べたように、「国に緊急の必要があるとき」に限られる。また、集会を求める権能は内閣のみに属し、議員にはない。すなわち、内閣が集会を求めることを決定した場合、内閣総理大臣から集会の期日を定め、案件を示して、参議院議長に請求する。参議院議長は、これを各議員に通知し、議員は指定された期日に参議院に集会する（国会法九九条）。

集会の権能は、国会の権能を代行するものとして、法律、予算その他国会の権能をすべて行いうる。ただし、憲法改正の発議および内閣総理大臣の指名などは行うことはできない（通説）。また、議案の発議権は原則として内閣にのみ属し、議員は提出された案件に関する議案に限り、発議できる（国会法一〇一条）とされる。緊急の案件がすべて議決された時は、議長は緊急集会の終了を宣言する（同一〇二条の二）。なお、緊急集会の期間は、国会の会期に含まれ、不逮捕特権（五〇条）および発言表決の免責特権（五一条）が認められる。

なお、集会による措置の効力については、憲法は、「緊急集会において採られた措置は、臨時のものであつて、次の国会開会の後一〇日以内に衆議院の同意がない場合は、その効力を失ふ」（五四条三項）と定めている。

（六）　衆議院の解散と同日選挙

昭和五五年には、内閣不信任の議決による衆議院の解散が行われ、その結果総選挙が参議院の通常選挙と同日に行われた。また、昭和六一年には、参議院の通常選挙の日程に合わせる形で衆議院解散が行われ、衆、参の同日選挙が行われた。しかし、このような同日選挙（いわゆるダブル選挙）については、これは違憲である（したがって、さかのぼれば、衆議院の解散そのものが違憲である）とする説もある。ただし、これに対しては、同日選挙は国民の選挙に対する関心を高め、また選挙の効率性を高めるもので、その意味では必ずしも民主主義の理念には反しないし、また、参議院の緊急集会が開けないわけではない（公職選挙法三二条参照）との反論もある。

同日選挙の合憲性が争われた事件での下級審の判決（名古屋高判昭和六二・三・二五判時一二三四号三八頁）では、選挙期日の決定は立法府において自由に定めうるのであり、同日選は民意を反映せず憲法の趣旨に反したものとはいいがたいことから、公職選挙法に同日選禁止規定を設けるか否かは立法政策の問題に帰し、現行法がその禁止規定を設けていないことや、同日選を回避しない運用は違憲だとはいえないとしている。

四　両議院の組織

（一）　議長

憲法は、「両議院は、各々その議長その他の役員を選任する」（五八条一項、国会法六条）と定める。

憲法上明示された議長の権限としては、本会議の議決に際しての決裁権がある。すなわち、両議院の議事は原則として過半数でこれを決するが、「可否同数のときは、議長の決するところによる」（五六条二項）とされる。これは、委員会および両院協議会についても同様である（国会法五〇条、九二条二項）。この決裁権は議案の成立を容易にするための便宜的手段であり、多数決原理の例外だとされている。すなわち、これは理論上は議長に議員としての表決権と、この決裁権とあわせて二票を与えることを意味するものとされるのである。ただし、実際には、議長は選挙の投票以外は表決に加わらないという慣例が確立しているため、この慣例による場合には、実質的には、この決裁権は多数決原理と矛盾するものではなくなるであろう。

このほか、国会法によれば、議長には、例えば、以下のような権限が与えられている。すなわち、議長は、①議事日程を定め（同五五条）、議案を付託、付議し（同五六条二項）、発言時間の制限をする（同六一条）など、議事を整理、指揮する。②国務大臣等の出席請求（同七一条）、内閣への質問（同七五条一項）、議決の奏上（同六五条）その他（同七二条、九九条、一〇二条の三など）に関して、外部に対し議院を代表する。③議院の紀律を保持するため内部警察権を行う（同一一四条〜一一八条の二）。④議院の事務を監督する（同二八条、一三一条四項）。

なお、各議院において対立する主張が十分に討議され、その中から議院としての統一的な意思を生み出すためには、与・野党の双方による信頼を受けた議長の強力な議事運営が必要である。そして、そのためには、議長は中立的、非党派的でなければならないとされている。ただし、わが国では議長は政党籍を離脱するという法的義務はなく、また、そのような慣例も確立しているわけではない。

（二）　その他の役員

両議院は、それぞれ議長以外の役員をも選任する（五八条一項）。国会法上は「役員」とは、議長、副議長、仮議長、常任委員長、事務総長を指すものとされている（同一六条）。仮議長は、議長および副議長に共に事故があったときに選出し（同二二条一項）、常任委員長は、各々その常任委員の中から選出し（同二五条）、事務総長は、国会議員以外の者から選出する（同二七条一項）。

なお、憲法が「役員」の選任権を各議院に与えた趣旨が、いわゆる「議院の自律権」を保障するためであることにかんがみれば、国会法の定める「役員」以外の職員についても、議院が選任権を有するものと解すべきである。たとえば、次長以下の職員は内閣によって選任されるとすることなどは、本条の趣旨に反することになる。そこで、国会法は、事務局の職員はすべて、議長の同意および議院運営委員会の承認を得て、事務総長が任免すると定めている（同二七条二項）。

（三）　委員会

（ア）　常任委員会と特別委員会

大日本帝国憲法下の帝国議会は本会議を中心としていたが、現行憲法下の国会においては、本会議における審議・決議は形式化し、議案の審議は委員会を中心にして行われている。この理由としては、本会議の人数が多く、また、案件が増加しているため、本会議では十分に立ち入った審議が行えないこと、問題が複雑化、専門化するにともない、議員がすべての分野にわたって専門的知識をもって審議・判断するのは困難であること、したがって、少人数の委員会で本会議に先立って十分に審議するのが望ましいこと、などがあげられている。

国会法は、各議院の委員会として、常任委員会と特別委員会の二種類を定めている（同四〇条）。常任委員会は付託される案件の有無にかかわらず、両議院に常設されるものであり、その数は衆議院、参議院ともに一七である。すなわち、両議院には、それぞれ、内閣、総務、法務、外務（衆議院のみ）、外交防衛（参議院のみ）、財務金融、文部科学（衆議院のみ）、文教科学（参議院のみ）、厚生労働、農林水産、経済産業、国土交通、環境、安全保障（衆議院のみ）、国家基本政策、予算、決算、行政監視（参議院のみ）、議院運営、懲罰の各委員会が置かれるのである（同四一条二項、三項）。常任委員は、会期の始めに議院において選任し、議員の任期中その任にあるものとされ（同四二条一項）、議員は少なくとも一個の常任委員となる（同条二項）。委員は各会派の所属議員の比率により、これを各会派に割り当てる（同四六条一項）。

また、特別委員会は、各議院において特に必要があると認めた案件または常任委員会の所管に属さない特定の案件を審査するために随時設置される。委員は議院において選任され、委員会に付託された案件がその院で議決されるまでその任にあるものとされる（同四五条一項、二項）。なお、委員は、常任委員の場合と同様に、各会派の所属議員数の比率により、各会派に割り当てて選任される（同四六条一項）。

委員会は、原則として会期中に限り、付託された案件を審査する（同四七条一項）。ただし、各議院の議決でとくに付託された案件については、閉会中もなお、これを審査できる（同条二項）。委員会は、その所管事項について法律案を提出することができ（同五〇条の二）、また、重要な案件について公聴会を開くことができる（同五一条一項）。なお、総予算および重要な歳入法案については、公聴会を開かなければならない（同条二項）。

（イ）　委員会制度の今日的意義と問題点

大日本帝国憲法下においても、全院、常任、特別という三種の委員会がおかれていた。しかし、そこではあくまでも本会議中心の審議が行われたため、委員会は本会議の準備のためのものにすぎなかったとされる。これに対して、現行の国会法の下では、すべての議案の審議が委員会中心で行われている。すなわち、議案は、直ちに本会議にかけられることはなく、まず議長がこれを適当の委員会に託し、その審査を経てからはじめて本会議に付されることになる（同五六条二項）。また、委員会で本会議に付するを要しないと決定した議案は原則として本会議に付されない（同条三項。ただし例外あり。同五六条三項但書および同条五項）。このように、今日では、議案は委員会での審議が中心となり、本会議は最終的な議決の場にすぎなくなっている。これは、議員の人数が多く、また、議案も増加しているため本会議の時間があまりとれなくなっていること、また、さまざまな社会的需要に対応して立法作業の内容が専門化してきたことなどが、その理由であるとされる。しかし、このために、議員が専門分化して各議員がかえって国政全般への視野をもてなくなるとか、議員が行政とか業者などとの間で癒着する危険が生じているなどの問題が指摘されるようになってきている。

（四）両院協議会と合同審査会

国会の両議院はそれぞれ独立して議事を行い議決する（独立活動の原則）が、これに対する例外として、両院協議会と合同審査会が開かれることがある。これらは、以下のように、必要あるごとに開かれるにすぎないという点で、右に述べた常設の委員会とはその性格を異にしているが、両議院にまたがって組織されるという点に特色がある。

（ア）両院協議会

これは両議院の意思が異なる場合に、両議院の意見を調整するために設けられるものである。両院協議会は、各議院において選挙された各々一〇人の委員で組織される（国会法八九条）。この両院協議会は、憲法上は以下のように両議院の意思が異なるときに、両議院の意思の合致を目的として開かれる。すなわち、法律案の議決について両議院の議決が不一致の場合（五九条三項）、予算について両議院の議決が不一致の場合（六〇条二項）、条約について両議院の議決が不一致の場合（六一条）、内閣総理大臣の指名について両議院の議決が不一致の場合（六七条二項）である。そして、その手続は、一院が、他院に対して開催を求め、他院がこれに応じたときに開かれる。ただし、一定の場合以外は他の議院は、両院協議会を拒否できない（国会法八四条～八八条）。

すなわち、予算の議決（六〇条二項）、条約の締結（六一条）については、必ず両院協議会を開かねばならない（国会法八五条、八六条）。これに対して、法律案の議決（五九条三項）に関しては、衆議院は三分の二以上の多数による再議決を行うことができるため、両院協議会を開くのは、衆議院が要求した場合および参議院が要求して衆議院が同意した場合となる（国会法八四条）。なお、国会法により、その他の場合にも後議の議院が先議の議院の議決に同意しなかった場合に先議の議院が要求したときに開かれる（同八七条）。いずれにせよ、法律案に関して参議院の請求を衆議院が拒否する（同八四条二項但書）場合のほか、一院の請求に対して他の議院はそれを拒否できない（同八八条）。

両院協議会では、協議案が出席協議委員の三分の二以上の多数で議決されたとき成案となる（国会法九二条）。その成案は両院協議会を求めた議院で先議し、これを他の議院に送付する（同九三条一項）。成案については、可否を決し得るのみで、更に修正することはできない（同九三条二項）。

平成一九年七月の参議院議員選挙以降、与党が衆議院の多数を占め、逆に野党が参議院の多数派となるという「ねじれ国会」が生じたが、このような時期にあってはこの両院協議会の意義は大きなものとなる。ただし、これまでのところあまり実効的な働きをしているとはいい難いのが現実である。なお、これについては後述する。

（イ）　合同審査会

各議院の常任委員会は、他の議院の常任委員会と協議して、合同審査会を開くことができる（同四四条）。

（五）　付置機関

各議院には事務局および法制局が設置され、また、国会には国立国会図書館および弾劾裁判所が設置される。

（ア）　事務局

事務総長、参事、その他の職員からなる（同二六条）。事務総長およびその他の職の選任についてはすでに述べた。

（イ）　法制局

議員の法制に関する立案に資するために設置され、法制局長、参事、その他の職員からなる（同一三一条）。

（ウ）　国立国会図書館

議員の調査研究に資するとともに、行政、司法の各部門および国民一般に対し図書館奉仕を提供するために設置される（同一三〇条、国立国会図書館法）。

（エ）　弾劾裁判所

「国会は、罷免の訴追を受けた裁判官を裁判するため、両議院の議員で組織する弾劾裁判所を設ける」（六四条一項、国会法一二五条～一二九条、弾劾裁判所法）。

これは、国会本来の権限である立法作用を行うためのものではなく、むしろ一種の裁判作用を行うために憲法の定めに基づいてとくに置かれる機関である。

第二節　国会議員の定数および選挙

一　議員の任期

衆議院議員の任期は四年である。ただし、衆議院解散の場合には、任期はその期間満了前に終了する（四五条）。参議院議員の任期は六年である。ただし、三年ごとに議員の半数を改選する（四六条）。参議院議員の任期を六年としたのはアメリカ合衆国の上院にならったもの（ただし、合衆国の上院は二年ごとに三分の一を改選する）で、議員の身分の安定性を保たせるためであるとされている。しかし、他方で国民の選挙を通じての批判を六年も受けずにすますというのは長すぎるし、また、衆議院議員が現実には解散により必ずしも四年の任期を全うするわけではないことに比しても均衡を欠き、適切ではないという批判もある。

二　兼職の禁止

憲法は、「何人も、同時に両議院の議員たることはできない」（四八条）とする。憲法四八条の定める両議員の兼職の禁止のほか、国会法三九条によって、議員は、内閣総理大臣その他の国務大臣、内閣官房副長官、内閣総理大臣補佐官、副大臣、大臣政務官および別に法律で定めた場合のほかは、原則としてその任期中、国または地方公共団体の公務員等との兼職が禁止されている。

三　議員の定数

「両議院の議員の定数は、法律でこれを定める」（四三条二項）。衆議院議員の定数は四八〇人であり、そのうち、三〇〇人が小選挙区選出議員、一八〇人が比例代表選出議員である（公職選挙法四条一項）。参議院議員の定数は二四二人であり、そのうち九六人が比例代表選出議員、一四六人が選挙区選出議員である（同条二項）。

四　議員の選挙

憲法は、「両議院の議員及びその選挙人の資格は、法律でこれを定める」（四四条）とする。これをうけて、公職選挙法は、選挙権および被選挙権についての定めを置いている。ただし、国民主権の原理に基づき真に民主的な選挙を実現するために、もともと以下の原則が憲法上要求されていることはいうまでもない。すなわち、普通選挙（一五条三項）、平等選挙（一四条一項、四四条但書）、直接選挙（一五条一項、四三条一項）、および、秘密投票（一五条四項）の原則である（このほか、自由投票の原則が加えられることもある）。選挙制度は、これらの要求をみたすものでなければならない。

（一）　選挙権

公職選挙法によれば、衆議院議員および参議院議員の選挙人の資格要件は、日本国民であること、および年齢満二〇年以上の者であることである（同九条一項）。なお、実際に選挙権を行使（投票）するためには、選挙人名簿に登録されていることが必要であるが、これはあくまでも形式的要件であるにすぎない（同四二条）。

（二）　被選挙権

議員の被選挙人資格には年齢要件があり、衆議院議員は満二五年以上、参議院議員は満三〇年以上であることを要する（同一〇条一項）。なお、このほか、重複立候補、選挙事務関係者の立候補、公務員の立候補などについての制限規定が置かれている（同八七条～九一条）。

（三）　選挙権および被選挙権の欠格事由

公職選挙法一一条は、選挙権および被選挙権について以下のような欠格事由を定めている。すなわち、①成年被後見人、②禁錮以上の刑に処せられその執行を終るまでの者、③禁錮以上の刑に処せられその執行を受けることがなくなるまでの者（刑の執行猶予中の者を除く）、④公職にある間に犯した刑法一九七条から一九七条の四までの罪または公職にある者等のあっせん行為による利得等の処罰に関する法律一条の罪により刑に処せられ、その執行を終わり若しくはその執行の免除を受けた者でその執行を終わり若しくはその執行の免除を受けた日から五年を経過しない者またはその刑の執行猶予中の者、⑤法律で定めるところにより行われる選挙、投票および国民審査に関する犯罪により禁錮以上の刑に処せられその刑の執行猶予中の者、である。また、選挙犯罪により刑に処せられた者は、一定期間、選挙権および被選挙権を有しない（同二五二条）。さらに、④の刑に処せられ、その執行を終わり若しくはその執行の免除を受けた者でその執行を終わり若しくはその執行の免除を受けた日から五年を経過したものは、当該五年を経過した日から五年間は被選挙権を有しない（同一一条の二）。なお、各議院の議員が、この欠格事由に該当し、被選挙資格を失ったときは退職者となる（国会法一〇九条）。

なお、これらの（二）および（三）における差別は、一般に、それぞれ一定の合理性があると認められ、平等選挙の原則には反しないとされている。

五　選挙区制

選挙権を有する者は有権者とよばれ、有権者名簿が作成される。これは、国会議員、地方公共団体の長、議会の議員の選挙とか憲法改正の承認のための国民投票などに関して投票を行うもので、選挙権を有しない者を含む個々の国民の全体とは区別され、また、抽象的・総体的な概念である「国民」とも区別される。

そして、この有権者を区分する地域は選挙区とよばれ、同時に、この選挙区ごとに代表されるべき議員の定数が定められる。すでに述べたように、議員は「全国民を代表する」とはいえ、現実には、選挙運動は政党を中心として行われており、また、多かれ少なかれ議員は地域代表という性格を有している。そのため、選挙区の区分のしかたと定数の定め方は、国民代表の構成の結果に直接的な影響を及ぼすものとして、しばしば政治的な争点となる。選挙区の基本的な形としては、大別して小選挙区、大選挙区および比例代表制に分けられるが、以下においては、まず、選挙区制一般について、それぞれの長所および短所をみておこう。

（一）　小選挙区制

一選挙区につき議員定数を一人とするものを小選挙区制という。この一人の選出のしかたについては、投票の過半数の獲得を要求する絶対的多数制と、単に最多数の票を得た者を当選させる相対的多数制とがある。ただ、いずれにせよ、この制度の下では、各選挙区ごとに多数派を占める党派が議員を独占することができるようになるため、これは多数代表制ともよばれる。そして、選挙運動が全国的に政党を中心として行われるという現実を考慮すると、これは、相対的多数の国民の支持を得ている政党にとって、一般に、有利に働く可能性があるといえる。このため、多数派政党はこの小選挙区制の採用を望むことになる。現実にわが国でも、昭和四十年代にはとくに政府与党たる自由民主党を中心に、この意味での小選挙区制の採用が強く主張されたことがある。

多数代表制は、この小選挙区（単記投票）制だけでなく、大選挙区連記投票（定数の分だけ氏名を連記させる）制でも実現できる。原理的には同じだからである。ただし、前者はイギリスとかドイツなどで採用されているが、後者は、現在ではほとんど行われていない。

この小選挙区制の長所としては、右に述べたような多数代表制のため、小政党の乱立を防ぎ、政治を安定させる（すなわち、例えば「二大政党」という形を生みやすい）とされる。このほか、地域が狭くなるため選挙費用が少額ですむこと、議員と選挙民との関係が密接になることなどがあげられている。しかし、反面で、短所として、選挙区ごとに大量の死票を生み出すだけでなく、全国的にみれば少数派の政党を支持する一定の票数が存在するにもかかわらず、それが議席にはほとんど反映されなくなること、かりにその国の政治状況が二大政党化していないような場合には相対的な多数派の政党による政権の安定により多数党の横暴のおそれが生ずること、狭い選挙区のため議員が地方代表の性格が強くなり、質もいわゆる小粒化するおそれがあることなどが指摘されている。

わが国では、平成六年（一九九四年）に、むしろ二大政党化への呼び水として政策本位・政党本位を掲げた政治改革関連法の一環としての公職選挙法の改正により衆議院に小選挙区比例代表並立制が導入され、衆議院議員選挙の中心部分においてこの小選挙区制が採用されることになった。

（二）　大選挙区制

一選挙区につき二人以上の議員定数を置くものを大選挙区制という。そしてこの場合には、単記投票制あるいは制限連記（定数より少ない分しか氏名を連記させない）投票制がとられるのが通常である。これによれば、各選挙区ごとに多数派が議席を独占するとは限らず、少数派の政党も議員を出せるようになる（例えば定数が三人であれば、得票数で第三位までに入れば当選できる）ため、これは少数代表制ともよばれている。

このように少数代表を可能とし、死票を少なくすることが、この大選挙区制の基本的な特色であるが、このほかに、選挙区が広がるため候補者の選択の幅が広がり国民代表としてふさわしい人物が選ばれやすいこととか、例えば買収の防止など選挙の公正を期しやすいことなどが長所だとされている。しかし反面で、小党分立による政局の不安定を招くおそれがあること、選挙費用が多額となり、また、候補者と選挙民との関係が希薄となることなどが、その短所であるとされている。

かつての衆議院議員選挙では、この大選挙区制が採用されていたが、平成六年の法改正によって衆議院議員選挙は小選挙区比例代表並立制に変更されている。

（三）　比例代表制

右の大選挙区における少数代表の考え方を最も徹底させたのが比例代表制である。これは、選挙区をできるだけ拡大して多数の議員定数を配置した上で各政党の得票数に比例させて当選者数を配分するものであり、いわば、議会を民意の正確な縮図たらしめようとするものである。国民の多様な政治的意見がそれに対応する多様な政党に集約され、最終的にはそれが各政党の議席数として反映されるというのである。この制度の長所としては、政党の得票数と議席数とを正確に比例させることだけでなく、死票を最も減少させて、少数派の意思を最大限反映できることがあげられている。その反面で、小党分立による政局の不安定の危険がより大きくなること、および、当選者の決定に際しての技術的な問題が少なくないことなどが、その短所であるとされている。なお、比例代表制による当選者の決定にはさまざまな方式があるとされるが、その中で基本的な形としては拘束名簿式と非拘束名簿式（単記移譲式）とがある。

六　我が国の両議院の選挙区

憲法は、「選挙区、投票の方法その他両議院の議員の選挙に関する事項は、法律でこれを定める」（四七条）としている。これをうけて、公職選挙法は、以下のように選挙区を定めている。

（一）　衆議院の選挙区

衆議院議員の選挙区は、小選挙区選出と比例代表選出とに分けられる。

（ア）　小選挙区選出議員の選挙区

小選挙区選出は、全国を三〇〇の選挙区に区分し、各選挙区で選出すべき議員の数は一人とされる（公職選挙法一三条一項、別表第一）。

（イ）　比例代表選出議員の選挙区

比例代表選出は、全国を一一の選挙区（ブロック）に分けて、それぞれの選挙区ごとに議員の定数が定められる。選出される議員数は全体で一八〇人である（同条二項、別表第二）。

なお、比例代表選出議員が選挙後に議席を有したまま党籍を変更した場合には、当選を失うものとされている（公職選挙法九九条の二第一項。国会法一〇九条の二第一項では、退職者となるとされる）。

（ウ）　重複立候補

この衆議院議員の選挙区制は、小選挙区制と比例代表制を並立させるだけでなく、両者の選挙区への重複立候補が可能となっているが、これについて平成一一年の最判は、重複立候補制は議論のありうるところであるが国会が裁量により決定することのできる事項であるとしつつ、「政党の果たしている国政上の重要な役割にかんがみれば、選挙制度を政策本位、政党本位のものとすることは、国会の裁量の範囲に属する」。「同じく政策本位、政党本位の選挙制度というべき比例代表選挙と小選挙区選挙とに重複して立候補することができる者が候補者届出政党の要件と衆議院名簿届出政党等の要件の両方を充足する政党等に所属する者に限定されていることには、相応の合理性が認められる」。惜敗率による名簿順位の決定も当選人となるべき順位を投票の結果によって決定するものである以上、比例代表選挙が直接選挙に当たらないということはできない、として合憲としている（最大判平成一一・一一・一〇民集五三巻八号一五七七頁）。

（二）　参議院の選挙区

参議院議員の選挙区は、かつては全国区（全国選出議員）と地方区（地方選出議員）に区分されていたが、昭和五七年八月の法改正により、全国区に比例代表制が採用されたため、前者は「比例代表選出議員」、後者は「選挙区選出議員」と、それぞれ名称が改められている。

（ア）　比例代表選出議員の選挙区

全都道府県の区域を通じて九六人が選挙される（公職選挙法一二条二項）が、議員の選出方法は政党単位の比例代表選出とされる。そして、この選出方法も、当初はいわゆる「拘束名簿式」比例代表制であったが、後に「非拘束名簿式」比例代表制に変更されている。

比例代表選出議員の選挙では、当選順位をつけた候補者名簿の届出ができるのは、一定の要件を備えた政党等（政党その他の政治団体）に限られ、名簿登載者の選定と順位の決定は、当該政党等が任意に行う。そして、投票は、候補者名を自書するか、あるいは名簿を届け出た政党等の名称か略称を自書して行う。そして、各名簿届け出政党等の得票数に基づいて、各政党等の当選人の数に相当する順位までの者を当選人とするが、その際候補者個人の得票によって名簿登載者の順位は変動することになる。また、超過得票に相当する票がいわば同一政党内の他の候補者への票として流用されることになる。

この「非拘束名簿式」比例代表制については、最高裁は、まず、非拘束名簿式比例代表制も政党本位の名簿式比例代表制であることに変わりはないとしつつ、憲法は政党の存在を当然に予定しており、政党は議会制民主主義を支える不可欠の要素であるから、「国会が、参議院議員の選挙制度の仕組みを決定するに当たり、政党の上記のような国政上の重要な役割にかんがみて、政党を媒体として国民の政治的意思を国政に反映させる名簿式比例代表制を採用することは、その裁量の範囲に属する」とした上で、「名簿式比例代表制は、政党の選択という意味をもたない投票を認めない制度であるから、本件非拘束名簿式比例代表制の下において、参議院名簿登載者個人には投票したいが、その者の所属する参議院名簿届出政党等には投票したくないという投票者意思が認められないことをもって、国民の選挙権を侵害し、憲法一五条に違反するものとまでいうことはできない」。また、当選人の決定方式についても、「投票の結果すなわち選挙人の総意により当選人が決定される点において、選挙人が候補者個人を直接選択して投票する方式と異なるところはない」として直接選挙に当たらないということはできず、憲法四三条一項に違反するとはいえないとして合憲としている（最大判平成一六・一・一四民集五八巻一号一頁）。

なお、比例代表選出議員が選挙後に議席を有したまま党籍を変更した場合には、当選を失うものとされている（公職選挙法九九条の二第六項。国会法一〇九条の二第二項は、退職者となるとする）。

（イ）　選挙区選出議員の選挙区

各都道府県の地域をそれぞれの選挙区とする（公職選挙法一四条一項、別表第三）。議員定数は二人ないし八人である。ただし、三年ごとに半数を改選する（四六条）ことになるため、二人区は実際の選挙においては一人区となり、小選挙区となる。このような選挙区が、全選挙区の半数を越えている（二七選挙区ある）というのが、参議院の選挙区制選挙の特徴である。

七　選挙区制をめぐる憲法上の問題点

（一）　投票価値の不平等

衆議院議員選挙で大選挙区制が採用されていた当時は、公職選挙法の別表第一は衆議院議員選挙の選挙区および議員定数を定めた後に、「本表は、この法律施行の日から五年ごとに、直近に行われた国勢調査の結果によって、更正するのを例とする」としていた。しかし、大都市およびその周辺への人口集中、農村の過疎化および大都市中心部の人口減少などの進行により、選挙区の人口数と議員定数との比率は全国的に著しい不均衡をみるに至った。これは選挙区間における投票価値の不平等をもたらすことになるが、これについて最高裁は、昭和五一年の判決（最大判昭和五一・四・一四民集三〇巻三号二二三頁）で、最大較差一対四・八一について違憲とした（ただし、いわゆる事情判決の法理を適用して、その違憲な法規定の下ですでに行われた選挙の効力自体は有効なものとした）。また、最大較差一対四・四〇についても違憲とした（最大判昭和六〇・七・一七民集三九巻五号一一〇〇頁。ただし、事情判決の法理により選挙の効力自体は有効とした）。この間、何度か公職選挙法の改正があったが、平成五年には一対三・一八について選挙当時は違憲状態であったが是正のための合理的期間を超えていないとして配分規定は合憲とされている（最大判平成五・一・二〇民集四七巻一号六七頁）。ただし、その後最大較差一対二・八二については合憲とされている（最判平成七・六・八民集四九巻六号一四四三頁)。

さらに、平成六年には公職選挙法の改正によって小選挙区比例代表並立制が採用されたが、小選挙区制の部分にかかわる投票価値の不均衡については、平成一一年には一対二・三〇九について合憲とされている(最大判平成一一・一一・一〇民集五三巻八号一七〇四頁)。なお、現行の公職選挙法では衆議院の比例代表選挙にかかる別表第二で、「十年毎に」、「国勢調査の結果によって、更正するのを例とする」とされている。

一人一票の原則および投票結果の価値の平等の原則からすれば、学説上は最大較差は一対二以上で違憲とされるべきだとするのが通説だといってよい。しかし、最高裁は一般的に明言しているわけではないが、人口移動との関係での現実的な配慮から、右に述べたように実際上は最大較差一対三以上というのを不均衡の許容基準としているものとして理解されている。

また、参議院地方区(後に選挙区制選挙区)については、最大較差一対四・〇八八の不均衡について、最高裁はこのような程度ではなお立法政策の当否の問題にとどまり、違憲問題を生じないとして合憲であるとした(最大判昭和三九・二・五民集一八巻二号二七〇頁)。参議院については、最大較差はさらに拡大され、この後、一対五・二六(最大判昭和五八・四・二七民集三七巻三号三四五頁)、一対五・八五(最判昭和六三・一〇・二一判時一三二一号一二三頁)さえ合憲であるとしていた。しかし、さすがに一対六・五九の較差については本件選挙当時「違憲の問題が生ずる程度の著しい不平等状態が生じていたものと評価せざるを得ない」としている(最大判平成八・九・一一民集五〇巻八号二二八三頁。ただし、是正のための合理的期間をまだ経過していないとして配分規定を違憲とはしなかった)。その後、二度の改正を経た平成一八年には一対五・一三について合憲とされている(最大判平成一八・一〇・四民集六〇巻八号二六九六頁)。

最高裁が参議院議員選挙における定数不均衡に関してこのような判断を示しているのは、都道府県単位とすることによる選挙区の数の多さに対してそこに配置されるべき議員定数が比較的少ないという選挙区の数と議員定数との間の相関関係を考えると、人口移動に対応した定数配分の変更が技術的にもかなり困難であるという現実的な配慮が背景にあるとはいえる。しかし、それにしても右に述べた最大較差は大きすぎて安易に許容できないというべきであろう。

（二）　衆議院小選挙区における定数配分

ところで、衆議院の小選挙区制では各都道府県に対してまず一選挙区を配分し、その後人口数に比例して選挙区を配分している。そのため定数の不均衡が生じやすくなっているが、そもそもこれは国民代表の理念に反するとして違憲とされるべきかが問題となる。

衆議院の小選挙区制での定数配分方式（いいかえれば、小選挙区の配分方式）は、都道府県単位で作られること、および、過疎地域に対する一定の配慮を前提とすることが、その特色である。衆議院選挙区画定審議会設置法によれば、三〇〇の小選挙区の配分について、まず各都道府県に一選挙区（一議席）をそれぞれ割り当て、残りの二五三選挙区（二五三議席）を人口に比例してそれぞれに配分する。そして、この配分方式に基づく選挙区の配分が公職選挙法の別表第一に反映されることになる。

しかし、この方式では、基本的に人口比例の原則が歪められるだけでなく、人口移動が生じた後の定数の不均衡がより大きくなるといえる。平成九年三月末の住民基本台帳人口によれば、三〇〇の小選挙区の中での最大較差は、二・三六倍であり、また、人口が最も少ない選挙区との較差が二倍を超えている選挙区の数は五九に及ぶ。しかし、右の審議会は平成七年（一九九五年）の国勢調査の段階で、これらは著しい不均衡にはあたらないとして、二〇〇〇年の国勢調査の後にこれらを見直すとしていた。また、最高裁も、衆議院については、すでに述べたように大選挙区制の下での定数不均衡に関するいくつかの判例の中で事実上は一対三までの不均衡を許容範囲内とするとの判断を示してきている。そして、その観点からは、これらはなお許容範囲内だとされるであろう。実際、平成一一年の最判は、小選挙区制を「一つの合理的方法である」として合憲とした上で、一対二・三〇九という不均衡についても合憲としている（最大判平成一一・一一・一〇民集五三巻八号一七〇四頁）。また、平成一四年（二〇〇二年）に改正された区割規定および平成一七年の選挙当時の一対二・一七一という最大較差については、平成一九年の最判で合憲とされている（最大判平成一九・六・一三民集六一巻四号一六一七頁）。そこで、むしろ右に述べたように、このような配分方式は、そもそも国会議員を選挙区の利益代表者とみなしているものであり、それを定める右の法律そのものが国民代表の理念に違反するとの主張がなされることになるのである。そこで、この点についてふれておく。

憲法四三条は、議員は「全国民を代表する」として、各議員がそれぞれ「国民代表」であるとする。例えば非命令的委任などという考え方は、これと結びついたものである。ただし、これはあくまでも議員の「地位」を表現するものであるにすぎず、各議員が常に国民全体の中から選挙されるべきことまで要求するものではない。憲法も、衆議院および参議院ともに「選挙区」を想定しているのである（四七条）。そして、このように選挙区制度を認める以上、国民代表という理念それ自体が一つの擬制であることを認めざるを得ない。すなわち、国会議員は現実には各選挙区から選出されるが、理念としてはその選挙区の代表ではなく、あくまでも「全国民を代表する」ものだということなのである。

そして、この擬制を前提とする以上、法律で選挙区をどのように定めるかは、「国民代表」という憲法上の理念からは一応切り離された上で、基本的には立法裁量に委ねられるべき問題だということになる。例えば、極端にいえば、事実上の地域代表の考え方を徹底して各都道府県あるいは各市町村毎に選挙区を設定して、それぞれから議員を選出させることもできるのである。ただし、かりにそうした上ですべての選挙区で定数を同じとするとしたら、その場合には、当然「選挙権の平等」との関係での違憲問題が生じることになる。このことからわかるように、右に述べた衆議院の小選挙区のような配分方式の問題点は、あくまでも「選挙権の平等」との関係での問題が本質なのであって、「国民代表」の問題との関係だけでは、その違憲性のチェックをすることは難しいということなのである。

なお、参議院の選挙区制選挙でも、まず、各都道府県に二議席（三年毎の半数改選ではそれぞれ一議席）を割り当て、残りを人口に比例して配分している。これについて判例（例えば、最大判昭和五八・四・二七民集三七巻三号三四五頁）は、選挙制度を定める法律によって事実上地域代表制的な要素を含ませたとしても、それは憲法上議員が「国民代表」であるとされることと矛盾するわけではないとし、また、そのような地域代表制的な要素がかかげられた場合には人口比例主義が一定の譲歩をせまられることも止むを得ないとしている。参議院の選挙区制選挙では選挙区それ自体が都道府県単位であるのに対して、衆議院の小選挙区制では小選挙区の配分単位を都道府県単位で考えるとするものであるが、これらの差異はあくまでも相対的なものであり、人口比例主義よりもむしろ都道府県単位での定数の確保を優先するという点では両者の本質は同じだといえる。その意味では、右の判例の論理によれば、衆議院の小選挙区制についても、それは議員が「国民代表」という地位を有することとは矛盾しないとされ、また、人口比例主義の譲歩も止むを得ないとされるかもしれない。

しかし、ここでは、とくに後段の論理に問題があるといわねばならない。というのは、この地域代表制的な要素はともに「法律」によって設定されたものであるにすぎないのであるから、それが憲法上の理念たる「選挙権の平等」に優越することは許されるべきではないからである。もちろん、憲法それ自体が、例えば参議院については「地域代表」とするというような形でその理念を定めているのであれば別であるが、そのような定めはない。いいかえれば、かりに法律によって事実上選挙区を地域代表の趣旨に近いものとすることまでは憲法上許容されうるとしても、それを「選挙権の平等」という憲法上の原則に優越させることまでは許されないということである。ただし、ここでも、あくまでもこれが「国民代表」に反することそれ自体から違憲だとされるわけではないという点に注意すべきである。

（三）　代表制論と選挙区制

ここで、国民代表に関する理解のしかたと選挙区との関係について考えておく。

まず、議員は選ばれた以上は国民全体を代表するという立場で行動すべきであるという考え方をとる場合には、基本的には選挙区のあり方は何でもよいということになる。ただし、比例代表選挙、とくに「政党名」だけを書かせる拘束名簿式の選挙制度は、有権者による投票を政党中心のものとするため当選者は政党に拘束されざるを得なくなり、むしろ命令的委任に近づくという意味では、問題があるということになるかもしれない。これに対して逆に、小選挙区制では本質的には狭い地域から代表が選出されるのに、それを全国民の代表であるとするためには、右に述べたような意味での国民代表についての考え方を論理的な媒介としなければこれを正当化することはできないことになろう。

次に、議員は自分を選挙した選挙民の意思を代表すべきであるという考え方をとる場合には、国民の政治的な意見の多様性が忠実に反映されるという意味で比例代表制が最も望ましいことになろう。しかし、本当にベストかどうかは疑問もある。というのは、これを徹底すると、国民全体あるいは国全体について責任をもつべき政治家の存在がなくなることになるからである。なお、この考え方によると、大選挙区制についてはその正当化の根拠づけは難しいことになる。これも一種の地域代表ということになるのであろうか。また、小選挙区制については地域代表という意味ではこの考え方から根拠づけられないわけでもないが、逆に、死票が多いことからは選挙民の意思を無視する部分が多いとして別の意味での批判を受けるべきことになろう。

なお、基本的に選挙区制は違憲問題たりうるのか、逆にいえば、すべて単なる政策問題とされるべきなのかどうかが問題となる。以下に、それが問題となる例をいくつか挙げておく。

① 衆議院を全面的に小選挙区制とする。そして、参議院を全面的に比例代表制とする。あるいは、その逆とする。
② 衆議院、参議院ともに、全面的に小選挙区制あるいは比例代表制とする。
③ 衆議院は人口比例で大選挙区制あるいは小選挙区制とする。そして、参議院は各都道府県ともに同じ定数で大選挙区制あるいは小選挙区制とする。

①については、代表制論との関係で批判はあるかもしれないが、憲法上は可能であろう。

②については、まったく同質の選挙制度とするのでは二院制の趣旨に合うかどうか疑問はある。しかし、それだけで違憲といえるのかどうかは問題もある。

③については、都道府県単位の平等のために投票価値の平等を犠牲にするというのが「合理的な差別」といえるかどうかが論点となろう。この正当化のための根拠づけを求めるとすれば、一つは参議院の意味づけのしかたであり、もう一つはわが国は連邦制ではないが、なおかつ地方の自治権を尊重すべきだという考え方であろうか。

（四）　比例代表選挙と議員の党籍変更

平成一二年（二〇〇〇年）の公職選挙法の改正では、比例代表選出議員が選挙後に議席を有したまま党籍を変更した場合には、当選を失うものとされている（衆議院議員については、同法九九条の二第一項。参議院議員については同六項。なお、国会法一〇九条の二第一項および二項では、いずれも退職者となるとされる）。ただし、除名、離党などの場合には他の政党等に属していないことの宣誓書を中央選挙管理会の選挙長に提出しなければならないとされるだけで当選を失うことはない（公職選挙法九九条の二第二、四項および六項）。

すでに述べたように、国会議員が全国民を「代表」するということの意義については、選挙された議員はそれぞれが自分を送り出した選出母体の代表として活動すべきであるとする考え方と、選挙された以上は議員のそれぞれが全国民を代表する立場で活動すべきだという考え方との二つに分かれる。そして、この考え方の違いは、具体的には例えばすでに述べた比例代表制の選挙によって選出された議員が議席を持ったまま自己の党籍を変更できるかという問題について異なる結論を導き出すことになる。すなわち、代表についての前者の考え方を前提とすると、少なくとも比例代表制で選出された議員については議席を持ったままでの党籍変更はできないとされるべきことになろう。これに対して、後者の考え方を前提とするならば、ひとたび選出された以上は個々の議員のそれぞれが全国民を代表する立場に立つのであるから、もはや議員は選出の過程には拘束されずに、自己の信念に基づいて党籍変更することができるということになる。この中で、前者の見解を前提とする場合には、そもそも比例代表制では議員は政党の名簿に登載されることによって初めて当選することができるのであるから党籍変更によって議席を自動的に失うのは当然だとされ、また、政党に投票した有権者にとってもそれは当然のことだとされることになろう。しかし、これに対して、従来の通説では、憲法四三条の「全国民を代表する」とは後者の意味をいうものだと解されてきているのであり、それによると右のような改正規定は違憲ではないのかという問題が生ずる。

これについての一つの考え方は、右の改正規定はあくまでも憲法四七条の「選挙区、投票の方法その他両議院の選挙に関する事項」について定めたものであるから、基本的にはなお立法裁量に委ねられており、したがって、国会議員の活動についての通説を前提としてもなお説明が可能だとするものである。すなわち、これはあくまでも「選挙のルール」に属する問題であって、選挙された国会議員の「活動のルール」にあたるものではないということになる。その意味では、改正規定が除名、離党の場合には直ちに当選を失うものとしていないというのは、これらの選挙のルールと活動のルールとの間の調整をはかったものだともいえる（逆に、前者の見解を徹底した場合には、この除名、離党についての措置は説明がつかないことになる）。とはいえ、この改正規定によれば、当選者となった議員は少なくとも議席をもったまま他の政党等に党籍変更することはできないという形でその活動が制限されるのであるから、その限りではなお問題が残ることは否定できないであろう。

（五）　在外日本国民の選挙権と選挙権制限

従来、外国に居住する日本国民はわが国のいずれの市町村においても住民基本台帳に記録されないため選挙人名簿には登録されなかったが、平成一〇年の公職選挙法の改正によって在外選挙人名簿の登録が行われることとなり、在外日本国民も衆議院比例代表選出議員の選挙および参議院比例代表選出議員の選挙での投票ができることになった。ただし、この法律改正ではなお、同法附則八項により当分の間は衆議院小選挙区選出議員の選挙および参議院選挙区選出議員の選挙は適用を除外するものとされていた。そこで、これに対して平成八年の衆議院議員選挙において国外に居住していたため投票ができなかった原告等から公法上の地位確認訴訟および国家賠償請求訴訟が提起され、平成一七年の最高裁判決（最大判平成一七・九・一四民集五九巻七号二〇八七頁）は、確認訴訟については、右の改正法の附則八項による適用除外は違憲であるとして、原告等は判決以降に実施される衆議院小選挙区選出議員の選挙および参議院選挙区選出議員の選挙において在外選挙人名簿に登録されていることに基づいて投票することができる地位にあるとした。また、国家賠償請求については、昭和五九年時点で在外選挙制度を可能とする法律案が内閣から提出され廃案となって後も一〇年以上の長期にわたりそれを放置したことは違法であるとして請求を認容している。

ここでは、選挙権の制限の合憲性の審査基準として、判決が「自ら選挙の公正を害する行為をした者等の選挙権について一定の制限をすることは別として、国民の選挙権又はその行使を制限することは原則として許されず、国民の選挙権又はその行使を制限するためには、そのような制限をすることがやむを得ないと認められる事由がなければならない」。「そのような制限をすることなしには選挙の公正を確保しつつ選挙権の行使を認めることが事実上不能ないし著しく困難であると認められる場合でない限り、上記のやむを得ない事由があるとはいえず、このような事由なしに国民の選挙権の行使を制限することは、憲法一五条一項及び三項、四三条一項並びに四四条ただし書きに違反する」。「このことは国が国民の選挙権の行使を可能にするための所要の措置を執らないという不作為によって国民が選挙権を行使することができない場合についても同様である」として、かなり厳格な審査基準を設定している点が重要である。

また、立法行為に対する国家賠償請求については、「立法の内容又は立法不作為が国民に憲法上保障されている権利を違法に侵害するものであることが明白な場合や、国民に憲法上保障されている権利行使の機会を確保するために所要の立法措置を執ることが必要不可欠であり、それが明白であるにもかかわらず、国会が正当な理由なく長期にわたってこれを怠る場合などには、例外的に、国会議員の立法行為又は立法不作為は、国家賠償法一条一項の規定の適用上、違法の評価を受けるものというべきである」として、次に述べる在宅投票制度に関する最判を実質的に変更している点に留意すべきである。

（六）　在宅投票制度の廃止と選挙権の実質的な保障

選挙権の保障の中には現実の投票機会の保障までもが含まれると解すべきかどうかについては積極・消極の両説に分かれる。具体的には、これは例えば疾病、身体障害などにより投票所に行けない有権者に対して在宅投票制度を設けることが憲法上の要求とされるべきかという形で現れることになる。昭和二七年に在宅投票制度が廃止されたことについて、制度廃止およびその後に制度復活をしないという不作為が違憲であるとして国家賠償が請求された事例の第一審判決（札幌地裁小樽支判昭和四九・一二・九判時七六二号八頁）は、選挙権は国民の最も重要な基本的権利に属するとした上で、「法律による具体的な選挙制度の定めによって、一部の者について、法律の規定上は選挙権が与えられていてもその行使すなわち投票を行なうことが不可能あるいは著しく困難となり、その投票の機会が奪われる結果となることは、これをやむを得ないとする合理的理由の存在しない限り許されない」。投票現場自書主義は、身体障害等により投票所に行くことが不可能あるいは著しく困難な者にとっては、実質的には選挙権を奪うに等しい。在宅投票制度の廃止の合理的理由の有無については立法の目的およびそれを達成する手段の両面から検討すべきである。在宅投票制度が悪用され、当時なんらかの是正措置をとる必要があったとして、その法律改正がその弊害除去を目的としたこと自体は正当である。しかしながら、「弊害除去の目的のため在宅投票制度を廃止する場合に、右措置が合理性があると評価されるのは、右弊害除去という同じ立法目的を達成できるより制限的でない他の選びうる手段が存せずもしくはこれを利用できない場合に限られ」、その主張・立証がない限り「右制度を廃止した法律改正は、違憲の措置となる」。本件改正では「より制限的でない他の手段が利用できなかったとの事情」について主張・立証がないため、在宅投票廃止は「前記立法目的達成の手段としてその裁量の限度をこえ、これをやむを得ないとする合理的理由を欠く」としている。この判決は、右の両説の中で積極説の考え方をとったものである。ただし、かりに消極説をとった場合でも、少なくともいったん在宅投票制度が設けられた後にこれを廃止するということは選挙権の実質的な制限にあたるとする考え方はあり得るため、その考え方からこの判決を説明することもできないわけではない。いずれにせよ、判決はここでは選挙権にかかわる「制限」の合憲性が問題になるとしている点が重要だといえる。

しかし、これに対して最高裁（最判昭和六〇・一一・二一民集三九巻七号一五一二頁）は、「憲法には在宅投票制度の設置を積極的に命ずる明文の規定が存しないばかりでなく」、かえって四七条が「投票の方法その他選挙に関する事項の具体的決定を原則として立法府である国会の裁量的権限に任せる趣旨であることは、当裁判所の判例とするところである」として、むしろ消極説をとっている。ここでは、あくまでも選挙権の「制限」ではなく、投票方法の決定が問題となっているにすぎず、したがってそれは立法裁量にまかされるとしているのである。そして、このような考え方を前提とした上で、国家賠償請求については、そもそも「国会議員は、立法に関しては、原則として、国民全体に対する関係で政治的責任を負うにとどまり、個別の国民の権利に対応した関係での法的義務を負うものではないというべきであって、国会議員の立法行為は、立法の内容が憲法の一義的な文言に違反しているにもかかわらず国会があえて当該立法を行うというごとき、容易に想定し難いような例外的な場合でない限り、国家賠償法一条の規定の適用上、違法の評価を受けない」としているため、結論的には本件立法行為は右のような例外的な場合には当たらないとして請求棄却されている。なお、実際には、この訴訟の提起の後に法律改正がなされて重度身障者に限り在宅投票制度が復活し、その後も一部在宅投票ができる範囲が広げられている。

八　選挙運動の規制等

ところで、公職選挙法は、かなり詳細な選挙運動に関する規定をおいている。選挙運動の期間の制限（同一二九条）、事務所および選挙運動をする者に関する制限（同一三〇条以下）、選挙運動の方法に関する制限（同一三八条以下。例えば戸別訪問・署名運動・飲食物の提供等の禁止、文書・図書の頒布・掲示の制限、新聞紙・雑誌による報道・評論の制限、ラジオ・テレビによる運動の制限など）、いわゆる選挙公営制度（同一四九条以下。新聞広告、政見放送、立会演説会、選挙公報、交通機関の利用など）、選挙費用に関する制限（同一七九条以下）、政党等の政治活動の規制（同二〇一条の五以下）などが、これである。しかし、これらが、憲法にいう「その他の……選挙に関する事項」（四七条）についての定めとして正当化できるものであるかが問題となる。

たしかに、社会的、政治的影響力の行使とか財力などによって投票が支配され、選挙の公正が害された場合には、真に国民を代表する者が国会に送り出される可能性が減じることになる。その意味では、法律が選挙の公営化を推進しつつ、同時に、選挙の公正を保持するために種々の規制を加えることは、民主主義の実現の上でも好ましいことといえるであろう。

しかし、反面で、候補者および選挙人の自由な論議が活発に行われ、その中で選挙人が最適の代表者を選択するというのも、また、民主主義の実現の上では不可欠のことである。だとすれば、選挙運動の自由に対する制約は、必要最小限にとどめるべきであることはいうまでもない。そして、その見地からみると、右の規制の中には不必要な規制も含まれているとの批判もある。

とくに、戸別訪問の禁止については、戦前の治安維持法的発想の遺物であるとして、批判が強い。これに対して最高裁は、はじめは、これを公共の福祉のための合理的な制限であるとして合憲としていた（例えば、最大判昭和二五・九・二七刑集四巻九号一七九九頁）。しかし、下級審では何度も違憲判決が下されている（とくに高裁のものとして、広島高裁松江支判昭和五五・四・二八判時九六四号一三四頁）。その理由は、戸別訪問を禁止すべき合理的根拠は実際には何ら存しないということにある。これに対して、最高裁は、なお、「戸別訪問を一律に禁止するかどうかは、専ら選挙の自由と公正を確保する見地からする立法政策の問題であって、国会がその裁量権の範囲内で決定した政策は尊重されねばならない」として、合憲であるとしている（最判昭和五六・六・一五刑集三五巻四号二〇五頁）。また、近時は、これらの規制の根拠を憲法四七条に求めて、これらの規制をいかに定めるかについては、原則として立法裁量が認められているとする説も主張されている。

このほか、最高裁は、事前運動の禁止（最大判昭和四四・四・二三刑集二三巻四号二三五頁）、新聞紙・雑誌の報道または評論の制限（最判昭和五四・一二・二〇判時九五二号一七頁）のそれぞれについて、合憲判決を出している（ただし、後者については、規制の範囲を限定する解釈を加えている）。

なお、衆議院小選挙区制選挙において政見放送を候補者届出政党にだけ認めていること（公職選挙法一五〇条一項）については、選挙制度を政策本位、政党本位のものとするという合理性を有する立法目的によるものであり、政見放送以外の選挙運動は候補者届出政党以外の候補者も十分に行うことができるのであるから合憲だとされる（最大判平成一一・一一・一〇民集五三巻八号一七〇四頁、最大判平成一九・六・一三民集六一巻四号一六一七頁）。ただし、これについては、被選挙権の平等保障に反するとして違憲だとする批判もある。

九　選挙関係訴訟

選挙の公正を保障するために、選挙権者の確定、選挙の効力、当選の効力に関して、以下のような選挙関係訴訟が定められている。これらは、個人の権利救済よりも、むしろ、行政の法適合性の維持を目的として設けられる、いわゆる民衆訴訟（行政事件訴訟法五条）の一種であるとされる。すなわち、ここでは、選挙の適法性および公正さの確保そのものがめざされているのである。

（一）　選挙人名簿の登録に関する訴訟

選挙人名簿の登録に関して不服のある選挙人は、誰でも、市町村の選挙管理委員会を被告として出訴できる（公職選挙法二五条）。

（二）　選挙無効訴訟

これは選挙の全部または一部の無効を主張する訴訟である。選挙人または議員の候補者は誰でも、都道府県選挙管理委員会または中央選挙管理会を被告として出訴できる（同二〇四条）。

（三）　当選無効訴訟

選挙の有効性は前提とするが、当選人の決定の無効を主張する訴訟である。落選者だけが出訴できる。被告は（二）と同じ（同二〇八条）。

なお、参議院比例代表制選挙（この当時は、拘束名簿式比例代表制であった）において落選した候補者が政党を除名された後に繰り上げ補充が行われ、その候補者の次順位の者が繰り上げ当選したため、政党による除名処分は無効だとしてその次順位者の当選の無効が争われた日本新党事件で、上告審判決（最判平成七・五・二五民集四九巻五号一二七九頁）は、公職選挙法二〇八条の当選無効訴訟で当選が無効とされるのは、中央選挙管理会の当選人決定の判断が法の諸規定に照らして誤りがあった場合に限られ、実定法上の根拠がないのに裁判所が独自の当選無効事由を設定することはできないから、名簿届出政党による名簿登載者の除名届が適法になされている限りは、その除名の不存在または無効について論ずるまでもないとしている。

ここでは、まず、当選無効の訴訟において、政党における除名処分の無効という争点を持ち込むことができるかが問題となる。これについては、実定法の定め方いかんによって取り扱い方が異なりうるが、この点は別として、憲法上は以下のような論点がある。すなわち、まず、ことがらそれ自体として比例代表制における名簿順位の問題と政党における除名処分とは全く無関係だといえるか。次に、これは政党の内部自治の問題であるから当選人の決定に際しては政党の処分をそのまま前提とすればよいということになるのかである。

これについて、一審判決（東京高判平成六・一一・二九判時一五一三号六〇頁）は、まず、選挙長による除名届の受理および選挙会による当選人の決定のいずれにおいても実質的な審査権限はないとする。そして、当選無効訴訟における無効の原因としては、選挙会の判断それ自体に過誤があった場合のほか、選挙会の当選人の決定の効力がその存立の基礎を失い無効と認めるべき場合も含まれるとして、名簿登載者に対する除名が存在しないか又は無効である場合には当選人の決定もまた無効となるとした。

しかし、これに対して右の最判は、まず一般的原則として、政党が組織内の自律的運営として党員等に行った除名その他の処分の当否については、原則として政党等により自律的な解決にゆだねられているとした上で、選挙会等の当選人の決定の判断に誤りがないにもかかわらず裁判所がその他の理由を原因として当選を無効にすることは実定法上の根拠がない、として実定法の定めを根拠としつつ、結論的には、ここでは除名届が適法に行われている以上その除名が無効かどうかを検討するまでもなく、次順位者の当選は有効とした。

ここでは、いわば形式的には実定法の規定を、そして実質的には団体の内部自治論を根拠として、当選人の決定の無効の問題と政党の除名の問題とを切り離したのである。しかし、本件は単なる政党内部の除名の問題にとどまるものではない。ここでの除名は名簿登載順位にかかわるものである。名簿順位というのは選挙の際に国民に対して示したものである。この名簿により当選人が決定され、あるいは、時には繰り上げ当選の可能性もある。その意味では、例えば選挙後の名簿順位の変更などというのは、決して政党の自由にまかされるべきものではないのである。とすれば、政党における除名と欠員による繰り上げ当選との関係は、憲法上も重要な意味をもっているといわねばならない。いいかえれば、名簿登録順位にかかわるような政党の除名行為は、全国民の代表者たる国会議員の選出という公的な行為にかかわることがらであって、決して政党の内部自律権にまかされればよいというものではないのである。その観点からすれば、名簿登載順位にかかわる除名の届出についても、本来ならば届出についての形式的な審査だけではすまされず、また、除名の届出それ自体を争う訴訟が用意されるべきであるが、実定法上中央選挙管理会がその除名届出について実質審査できるような定めがなく、またそのような訴訟の定めがない以上は、除名に関する不服が争点となって当選無効の訴訟が提起された場合には、東京高判のように、裁判所が除名の無効についての実質審査をすべきだといえる。そうでないと、例えば恣意的な除名などによる名簿順位の変更を防止できなくなるであろう。したがって、憲法上は、選挙無効訴訟の中でこの点についての審査を尽くすことが求められているというべきである。

次に、かりに選挙無効訴訟の中で除名処分の無効までもがとりあげられることになるとした場合、そもそも政党における除名処分に対して裁判所の審査権が及ぶかどうかが問題となる。

これについて、一審の東京高判は、政党の除名処分に対する適正手続の遵守の要求については一般論としては慎重に検討すべきであるとしつつも、比例代表制の名簿登載者については、「民主的かつ公正な適正手続を尊重すべきものとし、これに従わないでされた除名は、これを無効と解するのが相当というべきである」とした。というのは、この場合における除名は、「国会議員の選定過程の最も重要な一部に関わるものであって、公的ないしは国家的性質を有し、単に政党の内部事項にとどまるとはいえないものというべき」だからであるとした。そして、判決は、本件における政党の除名手続の中には民主的かつ公正な適正手続の定めがなく、また、本件除名がそのような適正手続に従ってなされたものでもないから、本件除名は公序良俗に反する無効なものだとしている。

ところで、これについては、もともと袴田事件の上告審判決（最判昭和六三・一二・二〇判時一三〇七号一一三頁）では、政党における内部自律権に関して、以下のように述べている。すなわち、「政党が党員に対してした処分が一般市民法秩序と直接の関係を有しない内部的な問題にとどまる限り、裁判所の審判権は及ばないというべきであり、他方、右処分が一般市民としての権利利益を侵害する場合であっても、右処分の当否は、当該政党の自律的に定めた規範が公序良俗に反するなどの特段の事情のない限り右規範に照らし、右規範を有しないときは条理に基づき、適正な手続に則ってされたか否かによって決すべきであり、その審査も右の点に限られる」としていた。こうしてみると、一審の東京高判は、むしろこの袴田事件判決の延長線上にあるといえる。すなわち、政党の除名処分については適法手続に関する審査だけにとどめるべきであるとするこの最判の趣旨を進めて、除名を無効としたのである。

これに対して、本件の上告審判決はこの論点を取り上げなかったのであるが、しかし、右に述べたように、ここでの除名は名簿登載順位にかかわるものである。比例代表制選挙における名簿登載という行為は全くの「公法的」な行為であって、その意味では、その名簿登載順位に直接的な影響を及ぼす除名行為は、袴田事件の場合よりもより公的性格が強いといえる。その点からみると、団体の内部自治論をとることそれ自体に問題があるし、また、かりにこれを認めるとしても、東京高判のように「適正手続」に関する審査を行うことは当然であるともいえる。なお、東京高判は、私人間効力における間接適用説を前提として、問題の除名行為を「公序良俗」に反するから無効であるとしているが、除名と名簿順位の変更とを一体のものとしてこの除名を公法的な行為としてとらえるならば、むしろここでは、憲法三一条の直接適用があるとすることも考えられないわけではない。

なお、現在では参議院比例代表制選挙は非拘束名簿式比例代表制が採用されており、ここでは、選挙における投票の結果によって政党が提示した名簿順位が変動することになる。このように選挙によって候補者の名簿順位が決定されるという制度の下では、拘束名簿式比例代表制におけるよりもより一層政党の除名による名簿順位の変更が恣意的になされないようにすることが憲法上求められているというべきである。いいかえれば、当選無効訴訟における除名の無効についての審査がより一層求められることはいうまでもない。

（四）　選挙犯罪による当選無効訴訟

選挙運動の総括主宰者、出納責任者などが選挙犯罪で処罰された場合、または、公務員等の選挙犯罪に対する処罰が行われた場合、検察官は当選人を被告として、当選無効訴訟を提起しなければならない（同二一一条）。

第三節　国会の運営

一　会期制

（一）　会期制と会期不継続の原則

（ア）　会期制

国会は常時活動しているわけではなく、一定の限られた期間だけ開会して活動できる。国会が活動能力をもつこの一定期間を会期という。この会期制の採用については、憲法上明文の規定はない。しかし、常会、臨時会等の規定（五二条〜五四条）はあり、これは、会期制を前提とするものと解されている。このような会期制をとらずに、万年国会制（あるいは、無休国会制）とよばれる制度をとることもあり得る。また、例えば選挙後はじめて国会が召集されてから、その任期満了又は解散まで、同一の議員で組織される議会の存続期間については常に活動能力を認め、また、その間の議会の意思の継続性を認める（ただし、休会はできる）という制度もあり得る。これは、立法期あるいは選挙期とよばれる。これらは、議会の開閉が政府の意思により支配されるおそれがない点がその長所であるとされる。これに対しては、憲法が会期制を採用したのは、国会が常時活動する必要はないこと、万年国会制によるとかえって議事の能率が低下すること、政府（行政）の活動が不当に国会によってわずらわされること、などの理由によるものだとされる。

（イ）　会期不継続の原則

国会法は、「会期中に議決に至らなかった案件は、後会に継続しない」（同六八条）とする。これは、会期が終了すれば、国会は活動を終了するのであり、そこで、前会期における国会の意思は後会における意思を拘束しないとしたもので会期不継続の原則とよばれる。ただし、例外として、各議院の議決により特に付託されて、委員会が閉会中もひきつづき審査した議案および懲罰事件は、後会に継続する（同六八条但書、四七条二項）。しかし、前会の議会の意思と後会のそれとはそれぞれ独立しているという理由だけで、前会に多くの時間と知能をついやされた議案が全く葬られてしまってよいのかという批判もある。そこで、会期不継続の原則は憲法上の原則ではなく、もっぱら国会法によって定められた原則であるから、国会法を改正することによってこの制度を改めることは可能であるとされる。これは、会期制の採用と会期不継続の原則の採用とは別の問題だとする考えに基づくものである。ただし、その場合でも、右の立法期を超えて継続することは、憲法上も許されないとされる。というのは、その間に選挙を通じて国民の新たな意思が介入しているためである。

（二）　会期の種類

会期には、召集の原因および会期の長さの差異に応じて、常会、臨時会、特別会の三種がある。ただし、国会の活動能力に関しては、いずれも同じである。

（ア）常会

憲法は、「国会の常会は毎年一回これを召集する」（五二条）と定める。これは各暦年ごとに一回という意味であり、これを受けて国会法はかつては「常会は、毎年一二月中に召集するのを常例とする」としていた。ただし、現在では「一月中」の召集に改められている（同二条）。会期の長さについては大日本帝国憲法が三カ月とした（同四二条）のと異なり日本国憲法では定めはないが、国会法は常会の会期を一五〇日と定めている（同一〇条）。ただし、会期中に議員の任期が満了し、または衆議院が解散された場合は、その日をもって会期は終了する（同条但書）。また、その会期ごとの必要に応じて両議院一致の議決により会期を延長することもできる（同一二条。ただし、これについては衆議院の優越が認められる。同一三条）。

（イ）臨時会

臨時会は、臨時の必要に応じて召集される。憲法は「内閣は国会の臨時会の召集を決定することができる」（五三条）とする。憲法は国会の権能をきわめて広範に認めているため、常会が閉会された後も次の常会までの間に国会の活動を必要とする場合がしばしば生ずるであろう。この場合に備えて、本条は臨時会の制度を設けたわけであるが、これは常会の制度（会期制）をとる以上当然の措置である。召集される場合というのは、憲法上は、一つは内閣が臨時の必要を認めたときであり、これについては何らの法的な制限はない。もう一つは、「いづれかの議院の総議員の四分の一以上の要求」があったときであり、この場合は「内閣はその召集を決定しなければならない」（五三条）。ここでいう総議員とは、欠員を除いた現在議員の総数をいうとするのが通説であるが、先例は定数だとする。このほか、衆議院議員の任期満了による総選挙、または、参議院議員の通常選挙が行われた時は、その任期が始まる日から三〇日以内に、臨時会を召集しなければならない（国会法二条の三第一項および二項）とされる。これは必要的臨時会とよばれる。会期は、両議院一致の議決でこれを定める（同一一条）。ただし、両議院の議決が一致しないとき、または参議院が議決しないときは、衆議院の議決したところによる（同一三条）とされ、衆議院の優越が認められている。

なお、憲法五三条が一定数（四分の一以上）の国会議員にも召集決定要求権を認めたのは、国会の召集を内閣の意思のみに基づくもの（いわゆる他律集会型あるいは行政権型）とせずに、国会の自律権（自律集会権）を補完的に保障したものである。これは、原則としては、他律集会型をとりながらも、国会の活動能力の有無（国会の開閉）がもっぱら政府の意思によって支配されるという弊害が生じるのを防止しようとしたものである。とくに、現実には、これは、少数派たる野党の権利を保障する機能を果たすことになろう。そこで、この要求があれば、内閣はすみやかに召集の決定をしなければならないという法的義務を負う。ただし、臨時会の召集要求があっても、相当の期間内に常会または特別会が召集される事情にある場合には、臨時会を召集せずに、常会あるいは特別会をそれにあてる形にすることができるとされている（通説）。なお、時期についても、この制度は議員の意思と判断を重視するものであるから、内閣は議案の提出が間に合わないとか、緊急の必要を認めない等の理由により、召集を遅らせることも許されないとされる。ただし、議員からの要求に一定の期日または期限の指定があった場合に内閣はそれに拘束されるかが問題となる。これについては、国会の権限内の事項について合理的な要求があった以上は、要求の趣旨を忠実に履行すべきであるとする説もあるが、通説は消極に解している。なお、要求後二カ月以上経てから臨時会が召集された先例があるが、召集があまりに遅れたのではこの制度が無意味となり不当であるとの批判がある。

（ウ）　特別会

このほか、憲法は「衆議院が解散されたときは、解散の日から四〇日以内に、衆議院議員の総選挙を行ひ、その選挙の日から三〇日以内に、国会を召集しなければならない」（五四条一項）とする。これは、召集を要するという点で臨時会とは異なっており、そこで、この国会は「特別会」とよばれている。ただし、この召集が、常会召集の時期に重なる時は、常会と併せて召集することができる（国会法二条の二）。会期は、臨時会の場合と同じ（同一一条、一三条）である。

（二）　召集

召集とは、会期を開始し、国会の活動能力をもたせるために、期日を定めて議員を呼び集める行為をいう。議会の召集あるいは会期の開始の類型には、いくつかの型があるとされる。一つは、憲法あるいは法律の定める一定の期日に集会し、同時に会期がはじまる自動開始型または定時的集会型である。アメリカ合衆国憲法の例がこれである。この場合には、特別な召集はないことになる。これに対して、召集が行われるものとして、まず、議会の議決、または議長の召集によって議会が開始される、自律集会型がある。ドイツのボン基本法はこの例である。次に、行政府（政府あるいは国王）による召集を待ってはじめて集会する他律的集会型または行政権型がある。国王が召集するイギリス、および天皇が召集する大日本帝国憲法がその例にあたる。日本国憲法は、これらのうちの折衷型をとっている。すなわち、召集は、天皇が、内閣の助言と承認により、これを行う（七条二号）。このように、行政府による召集によって集会する他律的集会型が原則とされるのであるが、ただし、すでに述べたように、臨時会については一定数の議員に召集要求権を認めている（五三条）。この意味では、自律的集会型の要素も若干含まれることになる。

召集の形式は、集会の期日を定めた、天皇の召集詔書の公布による（国会法一条）。議員は、召集詔書に指定された期日に、各議院に集会しなければならない（同五条）。また、召集の効果として、召集日が同時に成立および開会の日となり、国会の会期は召集の当日からこれを起算する（同一四条）。大日本帝国憲法下では、議員に対して議事堂に集合することを命ずる行為が「召集」であり、召集に応じて議員が議事堂に集会して各議院が「成立」した後に、天皇が「開会」を命ずることによって議会の会期が開始された。しかし、日本国憲法下では、開会式は国会がみずから開会を宣言する儀式にすぎないのであり、召集に応じて議員が集会することによって、国会は成立し、開会される。そこで、召集日が成立および開会の日となる。

（四）休会

休会とは、国会または一議院が、議決によって会期中に一時その活動を休止することをいう。大日本帝国憲法下では、天皇の一方的意思によって、議会の活動能力を一定期間停止させる「停会」という制度があったが（同四四条）、日本国憲法下では自らの意思によって活動を停止する休会のみが認められている。

国会の休会は、両議院一致の議決を必要とする（国会法一五条一項）。衆議院の優越は認められない。一議院のみの休会は、その院の議決によるが、一〇日以内に限られる（同条四項）。なお、国会の休会中の措置として、議長において緊急の必要があると認めたとき、または総議員の四分の一以上の議員から要求があったときは、他の院の議長と協議の上会議を開くことができる（同条二項）とされる。

（五）会期の延長

会期延長の方法は、両議院一致の議決による（国会法一二条一項）。両議院の議決が一致しないとき、または参議院が議決しないときは衆議院の議決したところによる（同一三条）として衆議院の優越が認められている。ただし、会期の延長については制限があり、常会にあっては一回、特別会および臨時会にあっては二回を超えてはならない（同一二条二項）。

二　議事手続

（一）定足数

定足数とは、会議体（議院）が、議事を開き、議決をなすにあたって最小限必要とされる出席者数をいう。憲法は、「両議院は、各々その総議員の三分の一以上の出席がなければ、議事を開き議決することができない」（五六条一項）

と定め、本会議における議事および議決の定足数を、ともに総議員の三分の一とする。

憲法は右のように、議事および議決の定足数を総議員の三分の一以上とし、表決数を出席議員の過半数としたが、これによると、最低の場合には、総議員の六分の一プラス一名で議決が行われることになる。そこで、これについては、立法論的には少なすぎるとの批判もある。すなわち、定足数が低すぎると議決の価値を減じ、会議の権威を失わしめるとされるのである。ただし、かりに定足数を二分の一としても、やはり最低の場合には四分の一プラス一名により議決が行われるにとどまる。そこで、定足数を過半数とすることは多数決の原理からの絶対的な要求ではないとする見解もある。また、逆に、定足数が高すぎると流会のおそれがあるため、右の憲法の定めはむしろ実際的見地から定められたものだとする考え方もある。ただし、いずれにせよ実際に重要議案が提出された場合には各政党が所属の議員全員を出席させてその議決を争うことになるため、この点についてはさほど厳密に論ずる必要はないともいえよう。

「総議員」の意義については説が分かれる。すなわち、各議院の定数と解する説と、各議院の現在議員の総数と解する説とである。前者の説の根拠は、定足数が常に一定し、その時どきに総議員が何人かの争いの起こることがない点ですぐれていること、また、憲法の定める「三分の一」という数は低すぎるとの立法論的批判もあり、その意味では、定足数を更に実質的にひき下げることになる後者よりも、この説の方が望ましいという点にある。後者の根拠は、死亡、辞職、除名などによって議員として出席・活動できない者（欠員）を「総議員」のうちに数えるべきではなく、また、この説の方が実際の運用も容易であるという点にある。先例は前者によっているが、多数説は後者だとされる。ただし、憲法改正の発議における「総議員」との関係で用語に整合性をもたせる見地からは前者によるべきであろう。

なお、右の定足数の定めは本会議に関してであり、他の会議については別異の定めが許されている。すなわち、委員会の定足数は、議事および議決について委員の半数以上（国会法四九条）である。両院協議会の定足数は、議事および議決について各議院の協議委員の各々三分の二以上（同九一条）である。なお、憲法改正の発議の場合は、議決については三分の二以上が定足数となる（九六条一項）が、議事については三分の一以上でよいとされている。

定足数を欠いた議事および議決は違法・無効である。ただし、現実に定足数を欠いたか否かの認定権は議院にあり、したがって、議院が正当と認める限り、他の国家機関（例えば裁判所）は、その違法性を争えないとするのが通説である。その根拠として、権力分立の見地から議院の自主権を尊重すべきことがあげられる。ただし、裁判所は法令の実質的審査権をもつのであるから当然形式的審査権も有するとして、定足数を欠いた議決については裁判所で争うことができるとする説もある。

なお、表決に際して棄権した者があった場合も、その数が定足数に算入されるかは問題である。表決において棄権しても、そこに出席して議事に参加したことは決して無意味なことではないとして、肯定するのが通説である。ただし、反対説もある。

(二)　表決数

表決数とは、会議体（議院）で有効な意思決定をなすのに最小限必要とされる賛成票の数をいう。議事の表決は多数決原理によるが、多数には、比較多数、絶対多数（過半数）および特別多数がある。このうち、憲法は、「両議院の議事は、この憲法に特別の定のある場合を除いては、出席議員の過半数でこれを決し、可否同数のときは、議長の決するところによる」（五六条二項）として、絶対多数（過半数）主義を原則とする。このように、憲法は本会議における表決数を出席議員の過半数とするが、この「出席議員」の意義については、会議に出席した議員をすべて含み、棄権者および白紙投票その他の無効投票者もその数の中に算入されるとする説と、「出席議員」には棄権者および無効投票者を含まないとする説とに分かれる。

前者が多数説であり、国会の先例もこれによっているが、この説の根拠は、憲法は「有効投票の過半数」といわずに、「出席議員の過半数」としていること、無効投票も出席議員の投票に違いはなく、また、棄権者は故意に投票を避けたものであり、出席していることに変わりはないこと、また、これらを出席議員に算入しないと、出席して議事に参加している者を、欠席者、退場者と同じに扱うものとなること、さらに、棄権、白紙投票などは、少なくとも議案に賛成の意思表示をしていないという意味で、反対者に数えることになっても決して不合理とはいえないこと、などである。なお、極端な仮説例であるが、前者の説によると、例えば一〇〇人の出席者のうち八〇人の棄権、無効投票などがあり、賛否が一一対九であるというような場合に、棄権等を除いて表決をすることの不合理は明らかであるとされている。これに対して、後者の説は、もしこのように解されないと、棄権者および無効投票数を反対者と同じように扱うことになり不合理である。棄権者は会議に出席していても、その議決には加わらなかったのだから、退場者と同一に取り扱い欠席したものとみなすべきであるとする。さらに、この中でも、棄権者または無効投票者を出席者に算入しないと定足数を割るという場合には、定足数を欠いた議決として無効にすべきだとする見解もある。

ところで、議決をする場合の表決方法は、①議長が異議の有無を諮る方法（衆議院規則一五七、参議院規則一四三）、②起立による方法（衆議院規則一五一、参議院規則一三七）、③記名投票による方法（衆議院規則一五二、参議院規則一三八）があるが、このうち（賛成）起立による場合には、棄権者も反対者も起立をしない結果として「出席議員」の中に当然含まれることになる。したがって、右の問題が生じるのは記名投票の場合に限定されることになる。

なお、「議事」を決するとは、憲法に「議決」とある場合のほか、「同意」、「承認」、「承諾」等すべて議院の意思を決定する場合を含むとされる。ただし、この「議事」の中に選挙が含まれるか否かについては、特に例外とすべき理由はないとする積極説と、選挙は「議事」の中には含まれないとする消極説とに分かれる。通説および先例は消極に解するが、その理由は、選挙はその性質上過半数である必要はないことにある。ただし、内閣総理大臣の指名は、性質上は選挙であるが、特に「国会の議決」としているため、指名には過半数が必要とされる。このほか、議長、副議長、仮議長、常任委員長、事務総長など一人を選出する選挙については、国会法および各議院規則は過半数を要するとしている。しかし、それ以外の数人を選出する選挙の場合は比較多数による。

過半数主義に対する例外（特別多数）については、「憲法に特別の定のある場合」として、以下の例外が定められている。

第一に、各議院の総議員の三分の二以上の賛成を要するものとして、憲法改正の発議（九六条一項）がある。

第二に、出席議員の三分の二以上の多数を要するものとしては、議員の資格争訟の裁判により議員の議席を失わせる場合（五五条）、秘密会を開く場合（五七条一項）、議院の懲罰において議員を除名する場合（五八条二項）、衆議院で法律案を再議決する場合（五九条二項）がある。

憲法は、本会議において、過半数が得られず「可否同数」のときは議長の決するところによるとして、議長の決裁権（五六条二項）を定める。ただし、選挙および特別多数決の場合には、この規定の適用はない。なお、委員会および両院協議会についても同様の定めがある（国会法五〇条、九二条二項）。ここでいう、議長とは、両議院の議長のみにとどまらず、そのときの議事を主宰している者を指すとされる。この議長の決裁権の趣旨は、議案の成立（議決）を容易ならしめるための便宜的手段であり、むしろ多数決原理の例外というべきものだとされる。なお、議長は議員としての表決権をも併せもつかが問題となる。これについては、理論上は可能であるが、現実には議長は表決権を行使しない慣例になっている。また、可否同数の場合の議長の決裁は、消極的・現状維持的に行うのがエチケットだとされ、実例もそのように行われているようである。しかし、これを義務的に解すると議長の決裁権の定めは無意味になるため、法的には、議長の決裁権は自由に行使できるとするのが通説である。

（三）　公開原則

代表制民主主義の下では、会議の公開は当然の原則である。国民が国会の活動や議員の行動を監視、批判し、また、それに基づいて、世論を形成したり、次の選挙における態度を決めたりするためには、国会の会議は国民に対して公開されていなければならない。そこで、憲法は「両議院の会議は、公開とする」（五七条一項）と定める。ただし、ここでの「会議」とは一般的に本会議を指すとされている。

また、憲法は、「両議院は、各々その会議の記録を保存し、秘密会の記録の中で特に秘密を要すると認められるもの以外は、これを公表し、且つ一般に頒布しなければならない」（五七条二項）として、会議録の公表を定める。会議録は、官報に掲載される。

さらに憲法は、「出席議員の五分の一以上の要求があれば、各議員の表決は、これを会議録に記載しなければならない」（五七条三項）として表決の記載を定める。これは、公開の趣旨を更に徹底させて、各議員の国民に対する政治的責任を明らかにさせようとするものである。

右の公開原則の結果として、傍聴は原則として自由である。ただし、議場の構造、設備および紀律維持などの理由により、制限（傍聴人の数の制限、退場など）が加えられることがある（退場について、国会法一一八条）。

また、会議の公開原則は、会議の報道の自由も保障するものである。一般の国民は、実際にはむしろ新聞、ラジオ、テレビ等により会議の模様を知るのが通常であり、その意味では、会議の公開は、主として報道の自由の保障によって達せられることになる。報道の手段についてはとくに制限はないが、ただし、正常な議事の運行を確保するために必要な規制がなされ得る。また、会議の公開原則の結果として公開の会議の忠実な報道は、民事上または刑事上の責任の原因とならない。例えば他人の名誉を毀損するような内容の議員の発言がそのまま新聞で報道されたとしても、議院内の発言等に対して認められる免責特権（五一条）がその発言等の忠実な報道に対しても認められて、その議員はもとより、それを報道した者も民事上および刑事上の責任を問われないとされる。ただし、忠実な報道とは発言の字句前後関係などを綜合的に判断して、議院の会議の模様を中立公正に客観的に報道したものをいうとされている。

この公開原則には例外がある。

第一は、秘密会である。本会議は公開を原則とするが、「但し、出席議員の三分の二以上の多数で議決したときは、秘密会を開くことができる」(五七条一項)とされる。秘密会には、その院の議員以外は入場できず、国務大臣や政府委員も、その院の特別の許可がなければ出席できないとされる。

なお、大日本帝国憲法の下でも、会議は原則として公開されたが、政府の要求があった場合またはその議院の決議(通常の多数決)による場合には秘密会とすることができた(同四八条)。これに対して、現行憲法では、政府の要求権は認めず、また院の決議による場合でも出席議員の三分の二以上という特別多数を要するとした。これは、できるだけ公開の原則の実現に努めようとしたものである。そこで、国会法でも、秘密会のためには議長または議員一〇人以上の発議を要する(同六二条)とする。なお、日本国憲法下ではまだ秘密会が行われたことはない。

第二は、委員会である。委員会は原則として非公開(議員の外傍聴を許さない)とされるが、報道関係者その他の者で、委員長の許可を得た者は傍聴できる(国会法五二条一項)。委員会は、その決議により秘密会とすることができる(同条二項)。なお、このように報道関係者の傍聴(それに基づく報道)が認められているため、委員会における一般人の傍聴の制限は公開原則を制約するものとはいえないという考え方もあるが、やはり公開原則をとることの方が望ましいという批判もある。

第三は、両院協議会である。両院協議会は秘密会とし、傍聴を許さない(同九七条)とされ、協議会委員以外の議員、報道関係者も傍聴できない。

（四）　一事不再議

一事不再議とは、一の議院において、ひとたび議決した問題（案件）については、同一会期中に再びこれを審議しないという原則をいう。これは、同一会期中の再議を認めると、一度行われた議決を不安定にし、その価値を減少せしめ、また、会議の能率を低下させ、時間の浪費となるためである。これは、また、国会の意思決定の慎重さを求めるという意味もある。

大日本帝国憲法では、「両議院ノ一ニ於テ否決シタル法律案ハ同会期中ニ於テ再ヒ提出スルコトヲ得ス」（同三九条）という、明文の規定がおかれていた。日本国憲法では規定がなく、国会法や議院規則にもそれに該当する定めはない。しかし、憲法は大日本帝国憲法と同じく会期制を採用しており、その意味で各会期について議院の意見は一つであると考えられること、および、右に述べたように現在でもこの原則にはそれなりの合理的な理由があることなどから、この原則は、憲法慣習であるとか、当然の条理であるとか、あるいは、会議の運用の常識であるなどとして、一般に認められている。

ただし、これには憲法の明文による例外がある。法律案に関する衆議院の再議決（五九条二項）がそれである。また、この原則の過度の適用は、会期が長くなったりした場合に、不当な結果を生ずるおそれがあるため、一事不再議の原則が適用されない場合もある。例えば、同一の問題でも事情の変更があり、議案の目的、方法、手段などその意味が異なっている場合とか、一度否決された同じ大臣とか議長などの不信任案でも、それがその後に生じた新たな理由に基づくものである場合などがそれである。また、委員会の決定を本会議で審議し、それを覆すことは可能であるとされている。

（五）　国務大臣の議院出席

内閣は、国会に対して連帯責任を負うのであるから、内閣総理大臣およびその他の国務大臣が、議院に出席し、発言する機会が与えられねばならない。また、国会は、議案を審議し、内閣を監督するためには、各大臣の出席を求め、答弁や説明を聴取できなければならない。そこで、憲法は、「内閣総理大臣その他の国務大臣は、両議院の一に議席を有すると有しないとにかかはらず、何時でも議案について発言するため議院に出席することができる。又、答弁又は説明のため出席を求められたときは、出席しなければならない」（六三条）と定める。このように、国務大臣の議院出席は、議院内閣制の当然の結果であるとされる。ただし、秘密会にはその院の許諾がなければ出席できない。なお、国会法は、国会で大臣を補佐する政府委員の任命も認めている（同六九条）。

ここでいう議院とは、本会議のみならず、委員会も含む（同七〇条、七一条）。また、ここでいう出席権は発言権を含み、出席義務は答弁、説明義務を含む。

第四節　国会の権能

一　法律の制定（国会単独立法の原則）

憲法は、「法律案は、この憲法に特別の定のある場合を除いては、両議院で可決したとき法律となる」（五九条）とする。これは、国会単独立法の原則とよばれる。

（一）　発案権

各議院の議員は法律案の発案権をもつ。国会法では「議案の発議」とよばれている。「法律案の発案権をもつのは、議員のほか、委員会、議院および内閣である。ただし、議員が法律案を発議するには一定数の賛成を要する（同五六条）とされている。各議院の委員会は、その所管に属する事項に関し、法律案を「提出」することができる。その場合には、委員長を提出者とする（同五〇条の二）。各議院において、議員が発議した議案又は委員会が提出した議案が議決された場合、その議案は他の議院に「提出」される。この場合、発議者又は委員長は、他の議院において提案の理由を説明することができる（同六〇条）。なお、議員一人ひとりが「全国民の代表」であるという考え方を前提とすると、法律案の発議に一定数の賛成を要するものとするのは違憲の疑いがないわけではないが、ここではあくまでも法案成立の現実的な可能性を考慮したものであろう。

ところで、内閣法は「内閣総理大臣は、内閣を代表して内閣提出の法律案……を国会に提出」すると定めている（同五条）。しかし、内閣に法律案提出権を認めるべきかについては、説が分かれる。まず、消極説は、予算については、憲法八六条および七三条五号により明文上内閣に予算提出権が認められているが、法律案については憲法上何らの定めがないこと、および、憲法四一条によれば国会は唯一の立法機関とされるのであるから内閣に発案権を認めることはこれに反することを根拠として、内閣の法律案提出権を否定する。これに対して、積極説（通説）は以下の根拠から、これを認めるべきであるとする。すなわち、予算についての右の憲法の定めは、予算については内閣のみが提出権をもつという趣旨を定めたにすぎず、法律案の提出権を否定するものではないこと、また、憲法七二条は「内閣総理大臣は、内閣を代表して議案を国会に提出」すると定めるが、この「議案」には法律案が含まれると解すべきであること、法律案が内閣から提出されても、国会はこれを修正し、あるいは否決できること、である。要するに、法律を成立させるのはあくまでも国会なのであるから、内閣に法律案の提出権をみとめても、国会は「唯一の立法機関」（四一条）であるという規定に反するものではなく、また憲法は議院内閣制を採用しているのであるから、内閣に提出権を認めても理論上憲法の趣旨に反するおそれはないとするのである。さらに実際政治上は、とくに「行政国家」とよばれる今日においては、政府提出の法律案が大半を占めているのであり、この点からも内閣に提出権を認める必要があるとされるのである。

（二）　審議

法律案が発議あるいは提出されたとき、議長はこれを委員会に付託し、その審査を経て本会議に付する。ただし、とくに緊急を要する場合には、委員会の審査を省略することもできる（国会法五六条二項）。

（三）　議決

原則として、「両議院で可決したとき法律となる」（五九条一項）。ただし、これには例外がある。第一は、衆議院の単独議決が認められる場合である。すなわち、「衆議院で可決し、参議院でこれと異なった議決をした法律案は、衆議院で出席議員の三分の二以上の多数で再び可決したときは、法律となる」（同条二項）。ただし、「前項の規定は、法律の定めるところにより、衆議院が、両議院の協議会を開くことを求めることを妨げない」（同条三項）。なお、「参議院が、衆議院の可決した法律案を受け取った後、国会休会中の期間を除いて六〇日以内に、議決しないときは、衆議院は、参議院がその法律案を否決したものとみなすことができる」（同条四項）。第二は、参議院の緊急集会における議決によるもの（五四条二項）である。ただし、これについては、のちに衆議院の同意を要する（同条三項）。第三は、地方自治特別法であり、この場合には国会の議決のほか、その地方公共団体の住民の投票において、その過半数の同意を得ることを要する（九五条）。この地方自治特別法について住民投票による同意を要するとしたのは、これが地方公共団体の平等を侵害し、さらに、その地方公共団体の権能とか、あるいは関係住民の利益などを不当に侵害するおそれがあるからだとされる。実例としては、広島平和都市建設法（昭和二四年）、長崎国際文化都市建設法（昭和二四年）、旧軍港市転換法（横須賀、呉、佐世保、舞鶴）、国際観光温泉文化都市建設法（別府、熱海、伊東）などがある。しかし、従来の実例をみると、このような懸念はあまりあたっておらず、本条の立法理由には疑問の余地があるとの批判もある。ただし、いずれにせよ最近ではこのような法律は制定されていない。なお、都道府県とか市町村などの種別に応じて一般的な制度を定める法律は、一般法であって特別法ではないとされる。例えば、都の特別区の区長の直接公選制を廃止し、任命制とする法律（地方自治法の改正）について、判例（東京地判昭和三九・五・二判タ一六二号一四九頁）は、ここにいう特別法にはあたらないとする。しかし、この場合には、特定性がないとはいい切れず、またこのような法律こそ、むしろ関係住民の権利（選挙権）を不当に侵害するおそれがあるということからすると、これを特別法にあたらないとすることには疑問がある。

（四）　法律成立後の手続

（ア）　主任の国務大臣の署名と内閣総理大臣の連署

法律には主任の国務大臣が署名し、内閣総理大臣が連署する（七四条）。これについては、国会の単独立法の原則との関係からいえば、その必要性に疑問があるとの批判もある。ただし、これについては、むしろ法律の執行責任者を明確にするためのものだと解すべきであろう。

（イ）　天皇による法律の公布

法律は天皇が公布する（七条一号）。これは、法律の成立要件ではなく、あくまでも効力発生要件であるとされる。

二　立法に関する権能

（一）　憲法改正の発議

通常の議案の場合と同じく議員は憲法改正の発案権を有する。なお、内閣に発案権があるか否かについては、法律案の場合と同じく争いがあるが、この憲法改正案については、とくに肯定、否定の両説が対立している。すなわち、すでに述べたように、内閣に法律案提出権を認めるのは、ほぼ通説であるといってよいが、しかし、憲法改正案の提出（発案）権については否定説も少なくない。

内閣に法律案の提出権を否定する説によれば、憲法改正案の提出権も否定される（ただし、その根拠は全く同じとはいえないが）ことはいうまでもないが、内閣に法律案の発案を認めても憲法改正の発案は許されないとする説も少なくない。そして、その理由としては、第一は、法律案の発案と憲法改正の発案とはその性格および重要性が全く異なっているとするものである。例えば、法律案は複雑多様にわたるものであるから、内閣が法律案の発議をするのは実際上も適当であるが、しかし、憲法は国の根本法であり、かつその改正は滅多にあるわけではないから、法律案の提出とは区別すべきであるとする考え方がそれである。第二は、九六条が国民投票を要求しているのは、改正案の発案権を国民代表たる国会議員の手に留保する趣旨とみるべきだとするものである。そして、第三は、九六条が「国会が、これを発議し」とするのは、とくに他の機関（内閣）の関与を排し、国会だけが全体として発議権を有するとする趣旨だとするものである。このほか、例えば行政国家論など、内閣の法律案の提出権を認めるための実際上の根拠づけは、必ずしもそのまま憲法改正案の提出権の根拠づけにはならないことなどにも注意すべきである。これに対して、肯定説は、以下のような根拠をあげている。すなわち、憲法の明文の規定はないが、法律案の発案の場合と同様、内閣の提出権をとくに否定すべき理由はないこと、議院内閣制の下では内閣の提出権を否定する意味もしくは実益はないこと、さらに、憲法改正の手続の重点は国民主権に基づいて国民投票を行うことにあるのだから、原案の発案・提出権の所在はそれほど重要ではないことなどである。

改正の発議のためには、衆議院および参議院のそれぞれの総議員の三分の二以上の賛成を要する（九六条一項）。このときだけ憲法改正の発議が成立する。ただし、ここでいう「総議員」の意義については争いがある。一つは、各議院の法律で定められた定数と解する説である。もう一つは、各議院の定数から欠員を差し引いた現在議員の総数と解するものである。

総議員を各議院に現に在職する議員の総数と解する説の根拠は、総議員を各議院の議員の法定数と解すると、欠員数だけの議員がつねに反対の投票をしたのと同じことになる点で不合理だとするものである。これに対して、総議員を各議院の議員の法定数と解する説の根拠は、法定数の三分の二は、改正手続としては強く加重された数字ではあるが、憲法改正という重大事であることを考えれば、重すぎるとはいえない。そもそも、欠員数がかなり多いというようなときに憲法改正という重大事を現議員だけでおこなうのは問題である。とくに衆議院については、解散・総選挙によって欠員を充足することが可能であるとする。また、現在議員数説によると、僅少の差で三分の二以上の賛成がえられないようなときに、少数派議員を除名して議案を可決させる危険性もあるという批判もある。憲法が改正手続を慎重にしているという趣旨を徹底するのであれば、やはり「総議員」とは議員定数をさすとすべきであろう。

なお、その後の手続として国民投票による承認が必要となる。すなわち、「この承認には特別の国民投票又は国会の定める選挙の際行はれる投票において、その過半数の賛成を必要とする」（九六条一項）。これについては後述する。

（二）　条約の承認

（ア）　条約の締結

条約の締結は内閣の権限に属する（七三条三号）。通常の場合は、条約の締結は、国を代表して内閣総理大臣その他内閣の任命する全権委員が署名（または調印）し、これを内閣が批准するという形で行われる。今日の条約は二国間条約だけでなく、多国間条約も多い。その場合には、例えば国連総会その他の国際会議で条約案が採択され、各国がこれに署名（加入）し、その後各国がそれを批准することによって条約がそれぞれの国に対して法的効力をもつことになる。なお、これとは別に、このような多国間条約では条約の発効それ自体が一定数の（あるいは、一定の条件を充たした一定数の）国による批准がなされることを条約発効の条件とすることが普通であるが、これは条約それ自体の発効にかかわる別の問題である。第二次大戦後の各種の国際人権条約（例えば、国際人権規約）、軍縮関係条約（例えば、核不拡散条約）その他の国際条約は、この形がとられることが多くなっている。

憲法の定める条約の「締結」というのは、これらの署名（加入）および批准という一連の手続全体を指しており、ここでいう国会の承認というのは、この条約の署名と批准との間における「承認」を意味している。したがって、わが国との関係で条約を発効させる「批准」に先立って国会が承認する（逆にいえば、国会の承認が得られなければ批准することはできない）という意味では、この承認はあくまでも「事前」の承認ということになる。なお、すでに多国間条約が存在していてわが国がそれに加入するという場合に、そのことについてはじめから国会の承認を得ておいて、その後わが国が条約に署名すると同時に批准する（あるいは、批准を留保しない。いずれにせよ、即時発効する）という形をとることもあり得るが、これは文字通り事前の承認ということになる（ただし、通常はこのような形はとられない）。また、これとは逆に、国会の承認を得ずに、わが国が条約に署名すると同時に批准する（あるいは、批准を留保しない。いずれにせよ、即時発効する）という形をとることもあり得る（経済・通商関係の協定などで考えられるが、この形も通常はあまりとられない）。そして、この場合には国会の「事後」の承認が必要となるが、かりに国会の承認が得られなかったときには、後述するようにその条約の法的効力はどうなるかという問題が生ずることになる。

条約とは、「条約」という名称をもったもの（形式的意義の条約）にかぎられない。協約、協定、議定書、取極、交換公文、宣言、憲章などひろく国家間の文書による合意はすべてこれに含まれる。これらの実質的意義の条約について、憲法は国会の承認を要求しているのである。ただし、私法上の契約及び既存の条約を執行するために、またはその委任に基づいてなされる合意である「執行協定」あるいは「委任協定」は、ここにいう条約ではないとする説もある。昭和二七年の旧日米安全保障条約第三条（「アメリカ合衆国の軍隊の日本国内及びその附近における配備を規律する条件は、両政府間の行政協定で決定する」）に基づいて締結された行政協定は、国会の承認を経なかった。これは、委任命令類似の性質をもった「条約の委任に基づく細則規定」であるというのがその根拠とされた。これを支持する学説もあるが、しかし、この行政協定は内容的には右の執行命令類似の性質をもつ執行協定とはいえないし、また、もしそれが安全保障条約の委任に基づくというのであれば、その委任は度を超えた包括委任（あるいは、白紙委任）にあたり、このことは条約に民主的コントロールを加えようとした憲法の趣旨に反し、許されないという批判も多かった。そこで、現行の日米安全保障条約六条に基づく行政協定（米軍地位協定）は、条約の形式がとられ、国会の承認も得ている。ただし、砂川事件に関する判例（最大判昭和三四・一二・一六刑集一三巻一三号三二二五頁）では、傍論において、旧安保条約に基づく行政協定について、「既に国会の承認を経た安全保障条約三条の委任の範囲内のものであると認められ、これにつき特に国会の承認を経なかったからといって、違憲無効であるとは認められない」としている。

また、現在の日米安保条約との関係では、この条約を実施するための指針として政府間で合意された「ガイドライン」が実質的には国会の承認を要する条約にあたるのではないかという問題もある。とくに、平成九年（一九九七年）のいわゆる「新ガイドライン」についてはその点が問題となる。このガイドラインでは従来の安保条約の内容を超えた政府間の合意がなされており、これは実質的に日米安保条約を改定するのに等しいとの批判がなされている。そして、現実に、この新ガイドラインを実効的なものとするために平成一一年（一九九九年）には「周辺事態法」が制定されているのである。

（イ）　国会の承認

条約を締結するには、「事前に、時宜によっては事後に、国会の承認を経ることを必要とする」（七三条三号但書）。「事前」あるいは「事後」の意味についてはすでに述べた通りである。条約の締結について、国会の承認を要するとされた理由の第一は、まず、内閣の条約の締結に対する民主的コントロールの必要性である。国会は、合議体であるという性質上自ら条約の締結はできないが、国会の承認を要するとすることによって、国会ひいては国民の意に反した条約が締結されないようにするというものである。そして、理由の第二は、条約は政治的および法的にきわめて重要な国家作用であるということである。例えば、法的には、条約は国家間の合意であると同時に、通常は、そのまま国内法的効力をもつとされる（通説である）。したがって、条約は、時に国民の権利義務にかかわる法規（実質的意義の法律）としての性格をもち、あるいは、国の財政（予算）に影響を及ぼすこともある。そこで、何らかの形で議会が関与すべきであるとされるのである。

そこで、条約に対する議会の承認は、単にそれに対して議会が異議がないとする消極的な意味にとどまらずに、政府と議会との共同責任によって条約を成立させるという積極的な意味をもつとする考え方もある。

なお、ここでの国会の承認は、右に述べた民主的コントロールを及ぼすという趣旨のほかに、条約の署名後、批准に先立って条約と矛盾がないように国内法を整備して、その後に国会がそれを承認し、内閣が条約を批准するという法制度的な調整をするという意味もある（例えば、女性差別撤廃条約批准に先立って行われた国籍法改正や男女雇用機会均等法の制定などの国内法の整備は、この例である）。

（ウ）　承認の時期

国会の承認は原則として事前になされることを要し、事後の承認はやむを得ない場合に限られるとするのが通説である。すなわち、批准を要する条約の場合、国会の承認を得た後に批准すべきである。

なお、国会は条約を承認するにあたって、条約を修正することができるかが問題となるが、これについては消極説が通説である。すなわち、条約を締結するについて外国と交渉し、条約の案を作成することは内閣の職務であるから、国会がその承認にあたって原案に変更、増補を加えるのは許されないとされ、また、かりに修正を加えても、それはその部分について不承認をしたのと同じ結果を生ずるにすぎないとされている。これに対して、国会は積極的に内閣に修正を求め、内閣はこれによって「修正の政治的義務」を負うとする説もある。しかし、この場合でも「事後」の修正については、事実上の不承認にとどまることになろう。

（エ）　衆議院の優越

条約の承認にかかわる議決については、衆議院の優越が認められている。すなわち、参議院で衆議院と異なった議決をし、両院協議会を開いても意見が一致しないとき、または参議院が衆議院の可決した条約を受けとったのち、国会休会中の期間を除いて三〇日以内に議決しないときは、さきになされた衆議院の議決が国会の議決とみなされる（六〇条二項、六一条）。

（オ）　承認の性質

国会の承認は条約の効力要件であり、一般に、国会の承認を得られない条約は有効に成立し得ない。したがって、事前に承認を得られなかった条約については、内閣は条約に署名できず、また（すでに署名していたとしても）批准できない。しかし、わが国が条約に署名すると同時に批准する（あるいは、批准を留保しない。いずれにせよ、即時発効する）という形がとられて、国会に事後の承認が求められた条約について、国会の承認が得られなかった場合に、その条約の効力をどう解すべきかについては、有効説と無効説に分かれる。

有効説は、さらに、国際法的にも国内法的にも条約は内閣がこれを締結した時に効力が発生すると解する説と、国内法的には無効であるが国際法的には有効であり、したがって、内閣が相手国に対してその条約の取消または改廃を申し入れ、相手国がそれに同意することによってはじめて無効となるとする説とに分かれる。後者の根拠は、各国は外国の法を必ずしも熟知しておらず、むしろ条約を締結した相手の機関を信頼すべきこと、国際法上の法的安定性を重視すべきこと、事前と事後とで法的意味が異なるのは、条約が確定的に成立する時期の違いからして当然であることなどである。

これに対して無効説は、国会の承認を得られない条約は無効であり、さきになされた署名または批准も効力を失うとする。その根拠としては、憲法は事前、事後により法的効力の有無を区別する趣旨とは解せられないこと、事後の承認を軽視するのは国会の意思を軽視するものであること、国会の承認の要求は多くの国にみられる例であり、かつ、わが憲法にも明記されているのであるから相手国も当然承知すべきであることなどがあげられる。また、有効説をとると、事前とするか事後とするかについての内閣の選択によって「承認」を不要とすることができるようになるという問題が生ずることになろう。

三　内閣総理大臣の指名

憲法は、「内閣総理大臣は、国会議員の中から国会の議決で、これを指名する。この指名は、他のすべての案件に先だつて、これを行ふ」（六七条一項）とする。憲法は、国会と内閣の関係について議院内閣制を採用し、内閣はその成立および存続について国会に依存するものとした。国会による内閣総理大臣の指名は、この趣旨に基づくものである。

なお、「国会議員の中から指名する」の意義であるが、これについては説が分れている。第一は、指名するときに被指名者が国会議員であれば足り、したがって、指名された後にその者が国会議員の資格を失っても指名には影響はない、とする。これに対して第二は、本条の趣旨は、内閣総理大臣がつねに国会両議院のいずれかに議席を有することを要求するものであり、したがって、例えば当選訴訟または議院による除名などによって国会議員たる地位を失った場合などのように、指名された後に国会議員たる資格を失った場合には、当然、内閣総理大臣の地位を失うとするものである。第二説が通説である。ただし、衆議院の解散によって議員の地位を失った場合は、ことの性質上、新国会召集時まで在職できるとされている。

この指名の議決は、両議院のいずれが先でもよい。従来の実例では、衆議院が先に行う場合が多い。指名の議決は、他のすべての案件に先だって行う。ただし、議長、副議長など役員の選挙、議席の指定、議員の辞職の承認、会期の決定など議院の活動のための先決問題たる案件は、これに先だって行ってもさしつかえないと解されている。なお、この議決については、衆議院の優越が認められている。すなわち、「衆議院と参議院とが異なった指名の議決をした場合に、法律の定めるところにより、両議院の協議会を開いても意見が一致しないとき、又は衆議院が指名の議決をした後、国会休会中の期間を除いて一〇日以内に、参議院が、指名の議決をしないときは、衆議院の議決を国会の議決とする」（六七条二項）とされる。

四　弾劾裁判所の設置

憲法は、「国会は、罷免の訴追を受けた裁判官を裁判するため、両議院の議員で組織する弾劾裁判所を設ける」（六四条一項）、「弾劾に関する事項は、法律でこれを定める」（同条二項）とする。憲法は、一方で司法権の独立および裁判官の身分保障を認めているが、他方では、裁判官の独善や非違を防止することも重要である。そこで、国民の代表たる両議院の議員で組織され、しかも国会とは別個の特別な裁判所を設置せしめたのである。この制度は、国民の公務員選定の罷免権（一五条一項）の趣旨を裁判官におよぼしたものである。なお、国会の権限に属するのは、この弾劾裁判所を設けることだけである。すなわち、弾劾の裁判それ自体を行うのは弾劾裁判所の権限であり、その意味では、弾劾裁判所は国会の機関ではないともいえる。

弾劾裁判所は、各議院で、その議員のうちから選挙された同数（各七名）の裁判員で組織される。裁判長は裁判員の互選による（国会法一二五条、裁判官弾劾法一六条）。この弾劾裁判所は、国会とは別個の独立した常設機関であり、国会閉会中でも職権を行うことができる（裁判官弾劾法四条）。

訴追および罷免の手続については憲法上の定めはないが、裁判官の罷免の訴追は、訴追委員会がこれを行う（国会法一二六条）とされ、裁判官は、罷免の裁判の宣告により罷免される（裁判官弾劾法三七条）。

五　国法上認められた国会の権能

このほか法律により国会の権能とされているもので重要な例としては、会計検査官、人事院人事官の任命の同意（会計検査院法四条、国家公務員法五条）、中央選挙管理委員の指名（公職選挙法五条の二）、人事官の訴追（国家公務員法八条一項二号）、緊急事態の布告の承認（警察法七四条一項）、自衛隊の防衛出動、治安出動の承認（自衛隊法七六条、七八条）などがあげられる。

第五節　議院の権能

一　議院の自律に関する権能

両院に共通する議院の自律権として、以下のものがある。

（一）　議院規則の制定（規則制定権）

憲法は「両議院は、各々その会議その他の手続及び内部の規律に関する規則を定め……ることができる」（五八条二項）として、議院規則の制定権を認めている。これは、国民の代表機関として国会が活動するに際して、各議院はその議事手続、内部組織秩序維持などについて自主的に定める権能をもつとしたものであり、これを議院の自律権という。ここでは、これを規則制定権という形で保障しているのである。

議院規則は、議院内部の規律に関する事項を対象とする。ただし、わが国では憲法の定めのほか国会法に詳細な定めが置かれているため、議院規則が定める範囲は比較的限定されている。すなわち、法律と議院規則の効力関係については、議院規則の効力は法律よりも劣ると解されている。また、この規則は議院内部にのみ効力（拘束力）をもつ。ただし、議院内部においては議員以外の国務大臣、政府委員、公述人、傍聴人なども、その拘束を受ける。

なお、この規則には、衆議院規則、参議院規則および参議院緊急集会規則がある。また、実質的には、その他各種の「規程」（例えば、両議院の議決で成立する両院協議会規程）も、これにあたる。

（二）　議員の資格争訟の裁判

憲法は、「両議院は、各々その議員の資格に関する争訟を裁判する。但し、議員の議席を失はせるには出席議員の三分の二以上の多数による議決を必要とする」（五五条）と定める。これは、国会の独立性、自律性を尊重するために、議員たる資格の有無の判定については議院の判断に委ねたものである。ただし、選挙争訟それ自体に関する裁判権は裁判所にある。

ここでいう資格として問題となるのは、以下のことがらである。まず、兼職の禁止が問題となる。すなわち、議員は他の議院の議員を兼ねることはできず（四八条、国会法一〇八条）、また、法律の定める場合を除いて、国または地方公共団体の公務員等を兼ねることはできない（国会法三九条）。次に、被選挙権である。すなわち、被選資格には、年齢要件（公職選挙法一〇条）、欠格要件（同一一条）がある。

この裁判は各議院の議員がその院の議長に提起し、委員会の審査を経たのちに、本会議でこれを議決する（国会法一一一条）。各議院の議決は通常は出席議員の過半数による（五六条二項）が、議員の議席を失わせるには出席議員の三分の二以上の多数による議決を必要とする（五五条但書）。

議院の議決による裁判に関しては司法裁判所に出訴することはできない。すなわち、この裁判は、裁判所の権限外のもの、いわば「日本国憲法に特別の定のある場合」（裁判所法三条一項）にあたる。なお、この資格争訟と当選訴訟との差異が問題となるが、資格争訟とは、すでに議員となっている者の資格についての争訟をいい、当選訴訟とは、当選人を決定した行為（選挙など）の効力についての訴訟をいう。ただし、例えば欠格事由など当選の際に被選挙資格のなかった者については、両者が競合することがありうる。その場合、現行法の下ではそれぞれ独立に裁判が行われることになる。したがって、例えば裁判所で当選有効とされた事件について議院で資格なしと判決される場合もありうる。

（三）　議員の懲罰

憲法は、「両議院は……院内の秩序をみだした議員を懲罰することができる。但し、議員を除名するには、出席議員の三分の二以上の多数による議決を必要とする」（五八条二項）とする。これも国会の自律権の保障のために認められたものである。したがって、懲罰の性質は、一般国民に対する刑罰とは異なり、公務員の懲戒に類する制裁にあたるとされている。なお、懲罰の対象は議員であるが、議員が国務大臣その他を兼ねる場合にも行われる。

懲罰の種類としては、公開議場における戒告、公開議場における陳謝、一定期間の登院停止、除名が定められている（国会法一二二条）。ただし、除名するためには、出席議員の三分の二以上の議決が必要（五八条二項但書、国会法一二二条）である。

懲罰の原因としては、院内の秩序をみだしたことであるが、例えば、正当な理由なしに欠席すること（国会法一二四条）、無礼の言を用い、または他人の私生活にわたる言論をすること（同一一九条）、議場の秩序をみだし、議院の品格を傷つけること（同一一六条）などがあげられる。

懲罰の手続は以下の通りである。懲罰事犯があるときは、議長はまずこれを懲罰委員会に付し審査させ、議院の議を経てこれを宣告する。なお、議員の動議によって開始される場合もある（同一二一条）。

なお、会期制との関係では、会期末に生じた事犯および会期外（閉会中）の事犯は次の会期で問題にすることができる（同一二一条の二、一二一条の三）。

また、裁判所への出訴の可否については、懲罰の議決については裁判所への出訴はできない。この点は資格争訟の裁判の場合と同様である。

（四）　役員の選任

憲法は、「両議院は、各々その議長その他の役員を選任する」（五八条一項）とするが、これも議院の独立性、自律性を保障するものである。役員とは、議長、副議長、仮議長、常任委員長および事務総長をさす（国会法一六条）。

二　その他議院の活動に関する権能（両院共通）

（一）　国政調査権

議院は、それぞれ国政調査権を有する（六二条）。これについては、項を改めて後述する。

（二）　議員の逮捕許諾および被逮捕議員の保釈要求

議員の不逮捕特権（五〇条）の保障の反面として、議院はそれぞれ所属する議員の逮捕許諾および被逮捕議員の保釈請求の権限をもつ。これについては項を改めて後述する。

（三）　請願の受理

憲法は、請願権を保障（一六条、請願法）している。国会への請願は、各議院が各別に請願を受け、互に干預しない（国会法八二条）ものとされている。また、請願しようとする者は、議員の紹介により請願書を提出しなければならない（同七九条）とされている。ただし、これは憲法の趣旨に適合する規定といいうるかについては疑問もある。請願の処理については、請願は各議院において委員会の審査を経た後これを議決する（同八〇条一項）とされる。ただし、議院の会議に付さない場合もありうる（同条二項）。

（四）　法律案の提出

これについては明文の規定はないが、国会が立法機関である以上、各議院が法律案の提出権をもつのは当然である。

（五）　国務大臣の出席要求

憲法は、「内閣総理大臣その他の国務大臣は……答弁又は説明のため出席を求められたときは、出席しなければならない」（六三条）とする。なお、委員会は、議長を経由して、内閣総理大臣その他の国務大臣、政府委員、会計検査院長及び検査官の出席を求めることができる（国会法七一条、七二条）と定められている。

（六） 会議の公開の停止

両議院の会議は公開を原則とするが、ただし、「出席議員の三分の二以上の多数で議決したときは、秘密会を開くことができる」（五七条一項但書）。ただし、これについては議長又は議員一〇人以上の発議による（国会法六二条）ものとされる。

（七） 議決

感謝の決議、祝賀、弔意の決議、問責の決議などが、これである。なお、憲法には六九条以外に決議に関する一般的な規定はないが、性質上当然に認められるとされている。

三　衆議院のみの権能

（一） 予算の先議権

衆議院は予算の先議権を有する（六〇条一項）。これについてはすでに述べた。

（二） 法律案の単独議決

法律案の議決については衆議院の優越が認められている（五九条二項、四項）。これについてはすでに述べた。

（三） 内閣の信任・不信任の議決

憲法は、「内閣は、衆議院で不信任の決議案を可決し、又は信任の決議案を否決したときは、一〇日以内に衆議院が解散されない限り、総辞職をしなければならない」（六九条）と定める。これについても、すでに述べた。

（四） 参議院の緊急集会における措置に対する同意

憲法は、「緊急集会において採られた措置は臨時のものであつて、次の国会開会の後一〇日以内に、衆議院の同意がない場合は、その効力を失ふ」（五四条三項）とする。これについてはすでに述べた。

四　参議院のみの権能

参議院のみの権能としては参議院の緊急集会がある。

憲法は、「衆議院が解散されたときは、参議院は同時に閉会となる。但し、内閣は国に緊急の必要があるときは、参議院の緊急集会を求めることができる」（五四条二項）とする。これについてはすでに述べた。

五　国政調査権

（一）　意義

憲法は、「両議院は、各々国政に関する調査を行ひ、これに関して、証人の出頭及び証言並びに記録の提出を要求することができる」（六二条）と定める。国会は、すでにみたように、立法その他の重要な作用を行うが、その権能を適切に行使するためには、国政に関する正確、確実な資料が必要である。そこで、憲法は、各議院に対して、有効適切な手段をともなった国政に関する調査権を認めたものである。ただし、後述するように、この調査権の性格づけについては、より積極的な意味を与えようとする考え方もある。なお、大日本帝国憲法には議院の国政調査権についての定めはないが、旧議院法の中で、例えば議員の政府に対する質問権、委員会の政府委員に対する説明要求権などが認められていた。また、各議院は政府に対して審査のため必要な報告または文書を求めることもできた。ただし、政府は、秘密に渉るものについては報告要求に応じなくてもよかったし、また、各議院は審査のために人民を召喚したり、議員を派出したりすることはできず、さらに、各議員は国務大臣および政府委員以外の官庁や地方議会に向って照会往復することはできなかったため、その内容はこの国政調査権に比べると非常に制限的なものであった。

（二）　国政調査権の主体

六二条では、国政に関する調査を行い、これに関して証人の出頭および証言並びに記録の提出を求めることができるのは、両議院であるとしているが、一般には、各議院はこの調査の全部または一部をその委員会に行わせることができると解されている。国会法では、委員会がこの権能を行うことを認めており（同一〇四条）、また、各議院規則によれば、委員会は議長を経て、証人の出頭その他の要求を行うものとされる。

㈢　国政調査の手段・方法

（ア）　強制的手段

強制的手段としては、以下のものがある。まず、証人の出頭および証言である。ここでいう証人の意義は広義に解すべきである。したがって、鑑定人にあたる者なども含まれる。また、証人の証言については、議事堂内または議院の指定する場所において証言を求める場合のほか、議院が必要と認める場合は、証人の現在する場所で尋問し、証言を求めることもできる。

また、記録の提出要求も認められる。ここでいう記録とは、一切の文書または書類をいう。議院証言法はこれを「書類」とする。議院は、その調査に必要な一切の書類の所持者に対して提出を要求できる。

なお、その他の強制的手段、例えば逮捕、家宅捜索、物品の押収、信書の検閲などが認められるかが問題となるが、明文の規定なしにこれらの強制手段をとることは許されないとされている（通説）。

（イ）　国民の側の義務

国民の側には要求に応じる義務が課される。議院からの要求があったときは、何人もこれに応じなければならない（議院証言法一条）。出頭、書類の提出、宣誓もしくは証言を拒否した場合には、一年以下の禁錮または一〇万円以下の罰金（同七条一項）が科される。ただし、例外として宣誓、証言または書類の提出を拒否できる場合がある。証言が証人または親族等の刑事上の訴追または処罰を招くおそれがある事項に関するとき（三八条一項、議院証言法四条一項）および医師、歯科医師、薬剤師、助産師、看護師、弁護士、弁理士、公証人、宗教の職にある者又はこれらの職にあった者が、業務上委託を受けたため知り得た事実で他人の秘密に関する事項に関するとき（ただし、本人が承諾した場合はこの限りでない。議院証言法四条二項）である。また、公務員の職務上の秘密に関する事項については、本人または当該公務所からの申し立てがあったときは、当該公務所またはその監督官庁の承認を要する。すなわち、当該公務所等が承認を拒むときは、理由を疏明しなければならず、その理由が議院、委員会等により受諾できないときは、その証言または書類の提出が国家の重大な利益に悪影響を及ぼす旨の内閣の声明を要求することができる。一〇日以内にその旨の声明があった場合には、証人等はその義務を免れる（同五条）。なお、その他「正当な理由」がある場合も出頭等を拒否できる（同七条参照）。さらに、不適法な調査、不適切な質問、基本的人権を侵害するような質問についても拒絶できるとされる。

（ウ）　その他国会法の定める手段としては、議員の派遣（国会法一〇三条）、および、官公署等に対する報告又は記録の提出要求（同一〇四条）がある。

（四）　国政調査権の性質と範囲

（ア）　国政調査権の性格

国政調査権の性格をどのように理解すべきかについては説が分かれる。まず、独立権能説であるが、これは、国政調査権は国権の最高機関たる国会が他の機関を監視、批判するための権能の一つとして位置づける。したがって、国政調査権は国権統括のための独立の権能として無制約のものと解される。これに対して補助的権能説があり、これによれば、国政調査権は、憲法によって議院または国会に与えられた立法その他の権能が有効適切に行使されるようにするための手段として各議院に認められた補助的権能だとされる。したがって、調査権は国会または議院の一般的権能の範囲を超えることはできないことになる（通説）。とはいえ、もともと立法権の対象となる範囲は広汎であるため、この点では両者の差異はあまりないとする考え方もある。しかし、この問題は、立法権のほかのもう一つの柱としてこの国政調査権を位置づけることができるかという、権力分立の本質にかかわるともいえる。

憲法は国会を「最高機関」と定めながらも他面において権力分立制を採用し、いくつかの規定により三権相互の抑制と均衡をはかっているのであり、したがって、そのことからみると、国会を統括機関としての最高機関として位置づけるという前提をとることには問題がある。その意味では、通説のように、基本的にはこの権能を補助的権能ととらえ、憲法の定める権力分立の趣旨を考慮しながらその権限の範囲および限界を考えるべきであろう。

なお、今日では、この国政調査権は行政権の優越化現象が顕著にあらわれている現代において、国会による行政権のコントロールを確保するための手段として一定の有効性をもちうること、また、国政調査に関する報道を通じて、この権限は国民の知る権利をより充足させるという役割（情報提供機能ないしは教育的機能、さらにいいかえれば、参政権への補充的機能）をもちうることも主張されている。さらに、国務大臣とか議員などの政治責任追及を議院が国民に代わって行うものとして調査権を位置づける考え方もある。ただし、これらは、国政調査権の法的性質に関する議論ではなく、その現実的機能に関する議論であり、これらを無制限に主張すると調査権の限界づけが困難になるとする指摘もある。とはいえ、権力分立論との関係でのこの調査権の本質論と、この調査権の現実的機能とは、全く切り離して考えられるわけではない。そしてこれらの点を考慮すれば、補助的権能説を採用するとしても、その権限の範囲はできる限り広く解していくべきであろう。

(イ)　国政調査権の範囲

国会の権能はきわめて広汎であるから、国政調査権の及ぶ範囲は国政全般にわたることになる。その具体的範囲を例示すれば、立法の準備（補助）のための調査、内閣の行政事務全般の調査、予算など財政事項に関する調査、裁判など司法事項に関する調査、請願事項その他の調査などである。

（ウ）　国政調査権の限界

通説（補助的権能説）によれば、国政調査権の範囲は無制限ではなく、以下のような限界に服する。第一は、権力分立上の限界である。すなわち、まず、行政権との関係では、行政処分の取消や執行の停止を求め、あるいは捜索中の事件について政治的圧力を加えたり、継続を妨げたりしてはならない。また、司法権との関係では、判決の具体的な量刑等に関して立ち入った批判をしたり、係属中の裁判につき調査によって実質的な影響を及ぼすなどは、司法権の独立を侵害するものとして許されない。ただし、国会がその権限行使（例えば法の改正作業など）に必要な限りで具体的な判決の内容を調査することは許されるべきである。なお、かりに独立権能説をとっても、憲法が権力分立制をとる以上この国政調査が司法権および行政権の自律性を損なうような形での干渉となることは許されない。その意味では、これは単に司法権だけにかかわる国政調査権の限界の問題ではないといえる。ただし、とくに司法権との関係については、従来は「司法権の独立」にかかわる問題であるとされてきている。

司法権との関係での調査権の性質と限界が問題となった事例としては、浦和事件がある。昭和二四年参議院の法務委員会は、検察および裁判の運営等に関する調査として、子供を殺した母に対して懲役三年執行猶予三年の判決を下した浦和地方裁判所の裁判をとりあげ、調査の結果、量刑が不当であるとの決議をした。そこで、最高裁判所は参議院に対する申入書（昭和二四・五・二〇）を提出し、その中で、「議院の国政に関する調査権は国会又は各議院が憲法上与えられている立法権、予算審議権等の適法な権限を行使するにあたり、その必要な資料を集取するための補充的権限に他ならない」とし、さらに、「司法権は、憲法上裁判所に専属するものであり、他の国家機関がその行使につき容喙干渉するが如きは、憲法上絶対許されるべきではない。この意味において、同委員会が個々の具体的裁判において、事実認定若しくは、量刑等の当否を審査批判し、又は司法部に対し指摘勧告するの目的をもって、前述の如き行動に及んだことは、司法権の独立を侵害し、まさに憲法上国会に許された国政に関する調査権の範囲を逸脱する措置と謂わなければならない」とした。これに対して、参議院法務委員会は、その声明書（昭和二四・五・二四）の中で、以下のように反論した。すなわち、「（国会は国権の最高機関であるから）、国会の国政調査権は、単に立法準備のためのみならず国政の一部門たる司法の運営に関して調査批判する等、国政全般に亘って調査できる独立の権能である」。「所謂司法権の独立とは、裁判官が具体的事件の裁判をするに当って他の『容喙干渉』を受けないことであって、いかなる批判をも免がれうるというものではなく、この国政調査権による調査批判は、却って国権作用の均衡と抑制の理論からも必要である。従って、既に確定判決を経て裁判官の手を離れた事件の調査の如きは毫も裁判の独立を侵すものではない」。

これについて、学説は一般に最高裁判所の見解を支持している。ここでの問題は、参議院による裁判批判の可否である。すなわち、確定判決に関する調査だけであるならば、この国政調査権の本質についていずれの説をとろうと問題はない。しかし、国会による具体的な判決への評価・批判の表明は、例えば法律の改正作業の前提としての確定判決の調査とは意味が異なっており、補助的権能説では正当化できないとの考え方もありうる。もちろん、一般的に、裁判批判は司法権の独善化を避けるためには必要である。しかし、国民からの裁判批判については、まさにその通りであるとしても、同じ国家機関相互間での批判は権力分立の趣旨からみて問題がないとはいえない。これに対して、独立権能説をとるならば、この行為が正当化できないこともない。ただし、判決の批判それ自体を目的とするような調査方法は、やはり司法権の侵害だといわねばならない。なお、補助的権能説でも、この調査権の前記のような現実的機能を重視するならばこの行為の正当化ができるか、が問題となる。しかし、この場合でも、このような調査行為が国民の立場からの裁判批判とは別の独自の意義があるかについては疑問もある。

いずれにせよ、ここでは、立法作業にかかわって委員会が特定の裁判事件の判決が妥当ではないとする判断を示すこと自体は問題はないが、これを対外的な「決議」として示すことは国政調査権の範囲を超えるものだといえよう。

司法権との関係で国政調査権（権力分立上の限界）が問題となったもう一つの例としていわゆる二重煙突事件（昭和二三年）がある。この事件では、検察当局の起訴（昭和二七年）後も参議院決算委員会の調査が並行して行われたため、訴訟では、その調査が裁判官に予断を抱かせることにならないかが問題となった。これについて、判決（東京地判昭和三一・七・二三判時八六号三頁）は、「かような事例は……議院の国政調査権の範囲限界、とくにそれと捜査権裁判権との関係についての問題を提示するものとして注目に値する」ものだとしつつも、「捜査機関の見解を表明した報告書ないし証言が委員会議事録等に公表されたからといって、直ちに裁判官に予断を抱かせる性質のものとすることのできないことは、日常の新聞紙上に報道される犯罪記事や捜査当局の発表の場合と同様」であるとした。

浦和事件では、既に判決が確定した事件についての調査の可否が問題となったものであるが、ここでは裁判所に現に係属中の事件についての調査の可否が問題となる。このような並行調査は、事実上司法権の独立を妨げる可能性が強いから許されないとするのが通説である。ただし、すでに述べたような国政調査権の国民に対する情報提供機能、および法的責任と政治的責任との差異などを考慮すると、司法権の専属範囲にふみこまないで、また裁判所に不当な影響を及ぼさないようなやり方でならば、許されると解すべきであろう。とくに、昭和五一年に発生したいわゆるロッキード事件以降においては、むしろ、国政調査権の積極的意義の方が強調されるようになっている。また、このような場合には、公訴時効との関係で起訴はできないがその政治責任を追及するために国政調査がなされるという側面もあり、この場合には司法権の独立性を妨げる可能性はより弱くなることになろう。すでに述べた現実的な機能を重視する考え方と組み合わせると、とくにその正当化は可能となるともいえる。例えば政治家の汚職事件などについては国政調査を通じて可能な限り国民に対して事実を明らかにすべきことが求められているという意味で、この問題は国政調査権と司法権との間の権力分立上の対抗関係だけにとどまるものではないからである。

とはいえ、調査の方法については限界もありうる。例えば被告人とか担当検察官などの証人喚問のように、裁判所の審理に直接影響を及ぼすような調査方法をとったり、起訴の適否そのものへの評価・批判を目的とするための調査をしたりすることには問題があろう。また、起訴前の段階においても、例えば、起訴・不起訴などへの圧力となるような形の調査とか、捜査の続行に支障をきたすような方法による調査などは、許されるべきではないであろう。参議院予算委員会での偽証罪成否の判断にあたってこれらの点が問題となった日商岩井事件の下級審判決（東京地判昭和五五・七・二四判時九八二号三頁）では、裁判所の審理との並行調査の場合とは異なり、検察権の行使との並行調査は原則的に許容されるとした上で、本件国政調査は適法な目的、方法をもって行われたものと認めるべきだとしている。

第二は、内容上の限界である。すなわち、議院の国政調査は、内容面においても限界を超えたり、不必要な濫用がなされないように注意する必要がある。例えば純粋な私事に関することがらとか、国会の権能あるいは調査目的などに関係のないことがらなどについて調査、質問することは許されず、また、例えば思想・良心の自由、学問の自由、団体加入の自由等を侵害したり、あるいは自己の不利益な供述を強要するなど、国民の基本的人権を侵害するような調査は許されない。このような不適法な調査・質問に対しては、証言等の要求を拒絶することができると解されている。

そして、第三は、手段方法上の限界である。すなわち、証人に不当な心理的圧迫を加えるなど、証人喚問の方法がいきすぎないように配慮すべきことはいうまでもない。

第六節　国会議員の権能

一　国会議員の職務上の権限

（一）　臨時国会の召集要求権

衆議院、参議院いずれかの議院の総議員の四分の一以上の要求がある場合には、内閣は臨時会の召集を決定しなければならない（五三条）。これについては、すでに述べた。

（二）　発議権

議員は、原則として、その議院の議題となるすべての事項について議案の発議権をもち、また、議案に対する修正動議の提出権をもつ。ただし、予算（七三条五号）、条約（七三条三号）、皇室財産の授受（八条）については発議権は内閣だけにあるため、議員は発議できない。また、参議院の緊急集会においては、議員は、内閣が示した案件に関連あるものに限り議案を発議できる（国会法一〇一条）。

なお、発議および修正動議は単独では提出できず、衆議院では二〇人以上、参議院では一〇人以上の賛成を要する。また、予算を伴う法律案および予算の修正動議については、衆議院五〇人以上、参議院二〇人以上の賛成を要する（国会法五六条一項、五七条、五七条の二）。さらに、予算の増額修正や法律案の修正で予算額の増額を伴うもの、または伴うことに当るものについては、内閣に対して、意見を述べる機会を与えなければならない（同五七条の三）とする。この一定数以上の賛成者の要求は、発議の濫発とくに予算をともなう発議の濫発を抑制する意味で、昭和三〇年の法改正により付加されたものである。しかし、このような限定（すなわち、議員が一人では、発議や動議ができないこと）が、憲法上の趣旨からみて妥当かどうかは、問題がないわけではない。いずれにせよ、このような限定によって、実質的に国会の運営は政党その他の党派が中心となることになろう。

また、国会法上の明文の定めはないが、慣例上議員提出法案については議員二〇人以上の賛成があっても会派代表者の承認印がないと議院事務局によって受理されないものとされ、現実に法案が受理されなかった例がある（平成八年六月には社民党の「選挙制度見直しを図る有志の会」が連記制による中選挙区制復活をめざす法案を提出したが、社民党内で賛否が割れ、会派代表者の幹事長が印をおさなかったため議院事務局で受理されなかった）。しかし、実際に法案が成立するかどうかの問題は別として、このような規制は議員の発議権を不必要に制限するものとして違憲、違法の疑いがあるといわねばならない。また、かりに国会法の明文でこのような定めを置いたとしても、憲法が政党ないしは会派に対してそこまで強い位置づけを保障しているとは解されない以上、やはり違憲の疑いがあるというべきである。

（三）　質問権

議員は、内閣に質問することができる。質問とは、質疑とは異なり、現在の議題とは関係なく行われ、内閣の答弁を要求する行為である。これには、一般質問と緊急質問との二種類がある。一般質問は、簡明な主意書を作成し、議長または議院の承認を得て行われる（国会法七四条）もので、内閣は、主意書を受け取った日から七日以内に答弁しなければならない（同七五条）。ただし、質問が緊急を要するときは、議院の議決により口頭で質問することができる（同七六条）。これが緊急質問である。

（四）　質疑権

議員は、現に議題となっている議案について、国務大臣、委員長、少数意見の報告者、発議者などに対して説明を求めることができる（衆議院規則一一八条、参議院規則一〇八条）。また、通常、毎会期のはじめに行われる総理大臣その他の国務大臣の演説に対しても、これを行うことができ、この場合には国務の全般にわたることができる。質疑は口頭で行われる。

（五）　討論権

議員は、議題となっている議案について、賛否の討論をすることができる（衆議院規則一三五条、参議院規則一一三条）。討論に際しては、はじめは反対者を発言させ、次に賛成者および反対者をできるだけ交互に発言させる（衆議院規則一三五条、一三七条、参議院規則一一六条）。

（六）　表決権

本会議および委員会で表決に加わることは、議員の最も基本的な権限である。この場合、「出席議員の五分の一以上の要求があれば、各議員の表決は、これを会議録に記載しなければならない」（五七条三項）。これは、各議員の政治的所信を明らかにするためだとされている。ただし、後述するように、議員は議院で行った表決について院外で責任を問われない（五一条）。

採決は、まず修正案について行われる。同一議題について数個の修正案が提出されている場合には、原案に一番遠い修正案から順に行い、修正案がすべて否決されたときは、原案について採決する（衆議院規則一四五条、一四六条、参議院規則一三〇条、一三一条）。

（七）　少数意見の報告権

委員会において廃棄された少数意見で、出席委員の一〇分の一以上の賛成があるものは、少数意見者がこれを議院に報告できる（国会法五四条）。

二　不逮捕特権

（一）　不逮捕特権の意義

憲法は「両議院の議員は、法律の定める場合を除いては、国会の会期中逮捕されず、会期前に逮捕された議員は、その議院の要求があれば、会期中これを釈放しなければならない」（五〇条）とする。この不逮捕特権の保障の目的は、犯罪行為の被疑者の逮捕等を口実として、行政権力および司法権力が国会における国政の審議等に不当な圧力を加えるのを防止しようとすることにある。すなわち、この特権は、五一条の免責特権と相まって、国会議員の議会活動を最大限に保障することによって国会の機能を十分に発揮させようとするものである。歴史的には、この不逮捕特権は、君主が反対派の議員を逮捕することによって議会に圧力を加えたり、その審議を妨害したりするのを禁ずるためのものであったが、今日では、この特権は議会の多数派によって構成される政府が少数派の議員を不当に逮捕しようとするのを防止するためのものという趣旨に読むべきであるとされている。しかし、同時に犯罪行為とくに収賄罪を行った議員の過剰保護など、この特権の政治的濫用が行われて適正な刑事司法が阻害されるというような運用面での危険性があることも指摘されている。

ここでいう「逮捕」が、刑事訴訟法上の逮捕、勾引、勾留のみに限定されるのか、あるいは、ひろく公権力による身体の自由の拘束を意味すると解すべきかは問題である。国会法は、これを狭義に解し、刑事訴訟法上の逮捕、勾留を指すものと解している（国会法三四条、三四条の二）が、政治目的のための濫用の危険性があるという点では、どのような理由による身体の自由の拘束でも同じである点を考えると、例えば精神保健及び精神障害者福祉に関する法律による入院措置（同二九条一項）とか警察官職務執行法による保護措置（同三条一項）などのような行政上の拘束もそれに含まれると解すべきであろう。ただし、確定判決による自由刑の執行は、この不逮捕特権によって妨げることはできない。

なお、不逮捕特権には「不起訴特権」までは含まれないから、身柄不拘束のままの刑事訴追は可能である（例えば、第一次国会乱闘事件。東京地判昭和三七・一・二二判時二九七号七頁）。

この特権の保障は会期中に限られるため、国会の閉会中に議員が委員会の委員として継続審議しているとしても、この保障はない。ただし、参議院の緊急集会は厳密な意味では会期に含まれないが、本条との関係では会期に含まれる（国会法一〇〇条）とされ、学説もこれを支持している。

このほか、本条の不逮捕特権の保障は地方議会の議員には及ばないとする下級審判決（大津地判昭和三八・二・一二下刑集五巻一・二号六七頁）がある。

（二）　不逮捕特権の例外

憲法は、法律の定めによる例外を認めているが、それをうけて国会法は「院外における現行犯罪の場合」および「院の許諾」がある場合を、その例外としている（国会法三三条）。

ここで、院外における現行犯罪の場合を例外としたのは、この場合には犯罪事実および犯罪者が客観的に明白であるため逮捕権の濫用のおそれがないからである。なお、院内の現行犯については定めがないが、これは院内の問題については議院の自律にゆだねることにしたものだとされている。そこで、これについては、議院内の警察権は議長が行う（同一一四条）という定めを受けて、議院内部の現行犯人については、衛視または警察官がこれを逮捕して、議長の命令を請わねばならず、また、議場における現行犯人については議長の命令がなければ逮捕することができない（衆議院規則二一〇条、参議院規則二一九条）と定められている。国会議員による院内での現行犯についてはこの措置に従うべきことになる。

「院の許諾」に基づいて議員を逮捕しようとする場合には、所轄裁判所または裁判官は令状を発する前に内閣に要求書を提出しなければならず、内閣はその要求書の写しを添えて議院に許諾を求めなければならない（国会法三四条）。そこで、この院による逮捕の許諾はどのような基準によって行われるべきか、また、議院は逮捕を許諾するに際して、例えば期限のような条件をつけることができるかが問題となる。これは直接的には国会法三三条の解釈問題であるが、実質的には憲法五〇条の不逮捕特権の本質についての理解をめぐる憲法問題である。これについて、下級審の決定（東京地決昭和二九・三・六判時二二号三頁）は、「議院の逮捕許諾権は議員に対する逮捕の適法性及び必要性を判断して不当不必要な逮捕を拒否し得る権能である」とし（ただし、この必要性につき、すぐ後で「高度の必要性」を要するとしている点に注意）、さらに、「適法にして且必要な逮捕と認める限り無条件にこれを許諾しなければならない」とする。

これについては、不逮捕特権の本質を政治的な理由等に基づく不当な逮捕の拒否の保障としてとらえ、したがって、適法性および緊急の必要性を備えた正当な逮捕許諾請求がなされた場合にはそれを拒否できないとするのが通説である。そして、この説による場合には、逮捕の許諾請求が正当なものである時にはその許諾に条件や期限をつけることはできないことになる。これに対して、この不逮捕特権はまた議院の権能でもあるという側面を強調して、逮捕の許諾請求の理由の正当性が認められる場合であってもなお、国会の運営上高度の必要性がある場合には許諾を拒否しうるとする考え方もある。さらに、この説による場合には議院は逮捕を許諾するに際して条件や期限をつけることができるとされる。ただし、逮捕の許諾に期限を付しうるかについては、この後者の説を前提としながらも、期限付許諾は一度与えた許諾を後から取り消すのと同じ効果を持つことになり不当であるからこのような条件や期限を付することはできないとする見解があり、また逆に、右の通説的な立場を前提としながら、議院は逮捕許諾の要求を全面的に拒むことができる以上、許諾に期限または条件をつけることは必ずしも違法ではないとする見解もある。このように、右の決定は、結論的には学説の多数の支持を受けているが、その理由づけは必ずしも一様ではないことに注意すべきであろう。なお、右の決定では、衆議院が行った期限付の逮捕許諾の効力について期限の部分のみを無効としたが、学説もこれを支持している。

（二）　被逮捕議員の釈放要求

この被逮捕議員の釈放要求権は、憲法五〇条前段の不逮捕特権を補うものである。したがって、議院による釈放要求が認められる基準をどう理解すべきかについては国会法三三条における議院の逮捕許諾に関する場合と同様の問題がある。すなわち、通説的な見解によれば、会期前の逮捕が正当な理由によるもので、会期中に至ってもなおかつその身体の拘束を継続すべき必要性があると認められる場合には、議院が釈放要求をすることは許されない。これに対して他方の説によれば、会期前の逮捕の正当性とそれに基づく身体の拘束の必要性を承認してもなお、国政審議の重要性との比較衡量の結果、要求が必要であるとする場合には、議院による釈放要求ができることになろう。

なお、国会法では、議員が会期前に逮捕された議員の釈放の要求を発議するには、議員二〇人以上の連名でその理由を附した要求書をその院の議長に提出しなければならない（同三四条の二）とされている。

三　免責特権

（一）　免責特権の意義

憲法は、「両議院の議員は、議院で行った演説、討論又は表決について、院外で責任を問はれない」（五一条）とする。この免責特権の保障は、議員が、各議院においてその職務を十分に遂行することができるようにするために、議員の発言、表決の自由に関して、一般国民の場合以上の保障を与えたものである。すなわち、国民一般の言論については刑事、民事の責任（例えば、名誉毀損罪あるいは、それに基づく損害賠償請求）を追及されることがありうるが、ここでは、議員が議院で行った演説等の行為について院外で刑事責任、民事責任等を追及することはできないとして、より強力な保障を与えているのである（ただし、これとは別に、議院内部での懲罰を科されることはあり得る。五八条二項）。その意味では、五〇条の不逮捕特権が議員の活動の自由にかかわる手続面での保障であるのに対して、本条の免責特権はむしろ実体的な意味での保障であるということもできる。なお、この免責特権が議員個人に対する保障なのか、あるいは、議院自体に対するものなのかという点については見解が分かれているが、いずれに重点を置くにせよ、本条は議員の発言、表決等の自由を強く保障することによって、国会における国政の審議を十分に行わしめようとするものである。

また、この免責特権は、「国民代表」の理念とのかかわりではいわゆる「純粋代表」いいかえれば「非命令的委任」という考え方を前提とするものであると解する説もある。しかし、この免責特権は、すでに述べたように右の「純粋代表」あるいは「非命令的委任」の理念との関係での「免責」以上の内容をもち得るものである。その意味では、逆に、これらの理念のみによってこの免責特権の保障を根拠づけるべきでないことにも注意すべきである。

(二) 免責特権の主体

免責を受けるのは、両議院の議員に限られる。議員以外の政府委員、公述人、証人などには、この特権は与えられない。なお、内閣総理大臣その他の国務大臣については、「何時でも議案について発言するため議院に出席することができる」(六三条) ことから、免責を認めるべきであるとする考え方もある。また、議院に議席を有する国務大臣については免責を認めるべきであるとする見解もある。しかし、一般には議院に議席を有すると否とにかかわらず、国務大臣としての発言については、免責特権は与えられないと解されている。その根拠としては、免責特権が本来は政府による弾圧から議員を保護するために定められたものであること、および、議席を有する国務大臣とそれを有しない大臣との間に均衡が保たれるべきであることがあげられる。判例では、議院に議席を有する国務大臣でも、議員としてでなく国務大臣の立場においてした発言については、五一条の免責特権は認められない (東京高判昭和三四・一二・二六判時二一三号四六頁) としている。

(三) 免責される行為の範囲

五一条により免責を受けるのは、「議院で行った演説、討論又は表決」であるが、この特権の趣旨からみれば、この範囲は拡張的に理解されるべきだとされている。すなわち、まず、「議院で行った」とは、要するに議員が職務上行ったという意味であり、会期中であると会期外であるとを問わず、また、本会議とか委員会などといった活動に限らず、開会式のような儀礼的活動のほか、議事堂外の議院活動もそれに含まれる。そして、「演説、討論又は表決」も、あくまでも例示であり、その他の意見表明行為も含まれる。ただし、免責を受けるのは議院の正規の手続による言論であるから、いわゆる野次とか単なる私語などはこれに含まれないとされる。

なお、これをさらに進めて、免責の保障は言論のみにとどまらず、議員の職務行為に付随するいっさいの行為に及ぶとすべきか否かは、問題がある。法案審議に際して社会党の議員数名が委員長らに暴行を加えたことなどが公務執行妨害にあたるとして起訴がなされた、いわゆる乱闘国会事件（第一次および第二次との二件がある。ただし、結論的には、二件とも被害軽微などにより無罪とされた）で、この点が争われたことがある。これについて、学説としては、例えば質疑打ち切りその他議事進行の強行に対する抗議行動がとられるなど、さまざまな議会活動の現実にかんがみて、免責される行為の範囲をより広く認めようとする見解も少なくない。そして、この見解は、議院の自律権を重視する立場から、議員の職務行為に附随して自然犯的な行為が行われた場合でも議院の同意または告発がなければその行為について訴追することはできないとする。この説はまた、議院自体が、当該行為は本条による免責の範囲外であると認めて告発しないかぎりは、外部の政治権力はいっさい責任を追及することはできないとする。すなわち、議事手続の進行過程において生ずる行為は純然たる個人的行為とは異なるものであるから、その処理については議院の自律的判断に任せるべきだというのである。

判例は、それぞれ、基準は異なっているが、一定の程度、範囲に限っては、議員の職務行為に付随する行為について、免責特権が及ぶとしている。（第一次事件は、東京地判昭和三七・一・二二判時二九七号七頁。第二次事件は、東京地判昭和四一・一・二一判時四四四号一九頁、東京高判昭和四四・一二・一七判時五八二号一八頁。ここでは、免責特権の対象となる行為の範囲は、議員が職務上行った言論活動に付随して一体不可分的に行われた行為の範囲内のものでなければならないとする）。ただし、起訴には議院の告訴を要しないこと、および、免責されるべき行為か否かの認定権が裁判所にあることについては、判決の立場は一致している。その理由としては、告発を必要とすると議会内の多数派による犯罪行為の隠蔽が行われるおそれがあること、および、職務行為の範囲内外を審議決定する権能は現行憲法上国会には与えられていないことがあげられている。これは、主観的には付随行為であっても客観的（本質的）には職務執行とは無関係な行為を保護の対象から切り離して、議院による告発を不要なものとするのが本条の意図であると理解するものである。これに対して、このような場合でも、なお議院の自律性を尊重すべきだとする立場もある。

（四）　免責の意義

「院外での責任を問はれない」とは、刑事上の処罰、民事上の損害賠償責任のほか、公務員の懲戒責任などを問われないことを指す。ただし、政党、組合など議員の私的契約関係に基づく責任は、ここでの責任には含まれないとされている。しかし、そう解する場合には、その限りで、実際上命令的委任に近い効果を与えることになろう。もっとも、ここで例外とされる責任が単なる政治的・道義的責任を意味するのであれば、それは本条でいう「責任」とは性質が異なることになる。

なお、この免責の法的性質については、実体法的には当該行為は適法なものとなるわけではなく、ただ政策的考慮から処罰を差し控えるにすぎないとする説と、いっさいの表現は違法行為を構成しえないということであるとする説とに分かれる。また、前者によれば、その訴訟法的意味は、「何らの罪となるべき事実を包含していない」として公訴棄却（刑事訴訟法三三九条一項二号）すべきだということであり、後者によれば、「裁判権を有しない」として公訴棄却（同三三八条一号）すべきだということになる。ところで、この「責任を問はれない」の意義について、いわゆる昭和電工事件に関する東京高裁の判決（東京高判昭和三四・一二・二六判時二一三号四六頁）は、議員の院内における発言を証拠として、その議員の院外における犯罪行為を処罰することまでも禁止したものとは解することができないとしている。このほか、職務に付随して生じた自然犯的行為が議院の懲罰権に服する場合でも、議院の懲罰権と国家刑罰権とは競合するとされる（東京地判昭和三七・一・二二判時二九七号七頁）。また、本条の免責特権が地方議会の議員にも保障されるかにつき、最高裁の判決（最大判昭和四二・五・二四刑集二一巻四号五〇五頁）は否定的に解している。

なお、名誉毀損とかプライバシー侵害などにかかる民事責任については、絶対的免責特権説と相対的免責特権説との対立がある。絶対的免責特権説とは、議員は一切の職務関連行為について法的に免責されるとするものである。これに対して相対的免責特権説とは、議員の職務関連行為であっても例えば国民の名誉・プライバシーを悪意で侵害するような発言がなされ、かつそれが立証されるような場合には法的責任が免責されないとする。これについて、免責特権は、本来、国会議員としての職務にふさわしい発言等の行動が自由にできるようにするためのものであり、その趣旨からすれば例えば右に述べたような悪意ある行為はもともと国会議員としての職務にはあたらないものであり、したがって、その法的責任が免責される余地はないのだとする考え方もあり得る。しかし、実際には、国会議員の職務関連行為について右の趣旨に基づいて二分するということはかなり困難であろう。また、かりに二分できるとしても、そのこと自体が議員の発言等に対する萎縮効果をもつ可能性があり、それは憲法五一条の免責特権の趣旨に反することになるともいえる。この点を考えると、議員の悪意ある発言等から国民を保護しようとする意図は理解できるとしても、なお相対的免責特権説には問題があるといえよう。

（五）　国会議員の発言と国家賠償責任

衆議院の社会労働委員会での議員の質問により個人の名誉が毀損され、そのため自殺に追い込まれたとして、議員および国に対する国家賠償請求が請求された事例で、最高裁（最判平成九・九・九民集五一巻八号三八五〇頁）は、これを、公務員個人の責任は問われないとする国家賠償法一条一項の問題として取り扱い、そもそも議員の行為が憲法五一条にいう「演説、討論又は表決」として免責特権に該当するかどうかを論ずるまでもないとする。また、国の責任については、「質疑等においてどのような問題を取り上げ、どのような形でこれを行うかは、国会議員の政治的判断を含む広範な裁量にゆだねられている事柄とみるべきであって、たとえ質疑等によって結果的に個別の国民の権利等が侵害されることになったとしても、直ちに当該国会議員がその職務上の法的義務に違背したとはいえない」とした上で、その職務上の義務違反が認められるためには、「当該国会議員が、その職務とはかかわりなく違法又は不当な目的をもって事実を摘示し、あるいは、虚偽であることを知りながらあえてその事実を摘示する」などの特別な事情があることが必要だとしている。

ここでは、議員の発言等による賠償責任について公務員個人の責任は問われないという国家賠償法上の問題として処理しながらも、国の責任が認められるための職務上の義務違反の認定に際しては、実質的にすでに述べた相対的免責特権説に近い基準を打ち出していることに留意すべきである。ただし、このような基準によると議員の「職務上の」行為についての国の賠償責任を原則的に否定しながら、逆に国会議員が「その職務とはかかわりなく」違法又は不当な目的をもって行動した場合について国に賠償責任を負わせるということになる。しかし、これではむしろ公務員の公務執行に際して国民に与えた損害の賠償責任は国が負うべきだとする国家賠償法の本来の趣旨に反することにならないかという問題が生じるといえよう。

このような場合には、国会議員については免責特権による免責が認められると同時に、公務員である国会議員個人が法的責任を問われることはないが、国の責任については通常の故意・過失に基づく違法な損害が発生した場合には国に賠償責任が生ずるものと解するべきである。なお、かりに国会議員に故意または重大な過失があったとしても、この免責特権の規定の故に、国会議員個人が国家賠償法一条二項により国からの求償権を行使されることはないということになろう。

（六）　免責特権と立法行為に対する国家賠償請求との関係

なお、立法行為に基づく損害に対する国家賠償請求との関係で、在宅投票制度にかかわる最高裁判決は、国会議員の立法行為が国家賠償法一条一項の適用上「違法となるかどうかは、国会議員の立法過程における行動が個別の国民に対して負う職務上の法的義務に違背したかどうかの問題であって、当該立法の内容の違憲性の問題とは区別されるべきであり、仮に当該立法の内容が憲法の規定に違反する廉があるとしても、その故に国会議員の立法行為が直ちに違法の評価を受けるものではない」。憲法五一条が「国会議員の発言・表決につき、その法的責任を免除しているのも、国会議員の立法過程における行動は、政治責任の対象とするにとどめるのが国民の代表者による政治の実現を期するという目的にかなうものである、との考慮による」。「このように、国会議員の立法行為は、本質的に政治的なものであって、その性質上法的規制の対象になじま」ない。「国会議員の立法行為は、立法の内容が憲法の一義的な文言に違反しているにもかかわらず国会があえて当該立法を行うというごとき、容易に想定し難いような例外的な場合でない限り、国家賠償法一条一項の適用上、違法の評価を受けない」（最判昭和六〇・一一・二一民集三九巻七号一五一二頁）として、この免責特権を国の立法行為（不作為を含む）に対する国家賠償請求を原則的に否定する根拠の一つとしてあげている。ここでは、国家賠償に関する職務行為基準説を用いることによってかりに法律の内容が違憲であってもそれが直ちに国家賠償法上の違法とはならないとしつつ、国会議員の免責特権と国家賠償に関する代位責任説とを結合させることによって立法行為に関する国の責任を原則的には否定しようとするものである。また、この立法行為が違法となるための基準そのものは、その後の在外日本人の投票権に関する判例（最大判平成一七・九・一四民集五九巻七号二〇八七頁）によって実質的に変更されているが、その本質が変わったわけではない。しかし、いずれにせよ本条は、国会議員の活動の自由を保障するために議員個人の発言その他の行為責任を免除するための規定であり、これに基づいて国家賠償責任まで否定するためのものでないことはいうまでもない。その意味では、この判決の趣旨には疑問があるといわねばならない。

四　歳費請求権

(一)　歳費請求権

憲法は「両議院の議員は、法律の定めるところにより、国庫から相当額の歳費を受ける」(四九条)とする。本条は、両議院の議員が歳費を受けること、および、その歳費は国庫から支出されるべきことを定めるものである。

(二)　歳費の本質

歳費の本質をどのように理解すべきかについては説が分かれる。一つは、歳費は議員の勤務に対する報酬たる性質を有するとする説である。これによれば、歳費は議員の地位、職責にふさわしい生活を保障すべきものとされることになる。これに対して、歳費は議員の職務執行上要する出費の弁償であるとする説もある。これによれば、歳費は議員の職務の遂行より生ずる出費の弁償として受けるものであるとされるが、これは、議員をむしろ名誉職的なものとして理解することになろう。後述する沿革上の理由に加えて、国民の代表者たる議員の活動を全からしめる見地から見れば、報酬説が妥当である。

(三)　「国庫から」の意義

議員は「国庫から」歳費を受ける。裁判官の報酬については憲法上ことさらに「国庫から」という文言を定めてはいない(七九条六項、八〇条二項)。国会議員の歳費についてだけ「国庫から」受けると規定するのは、主として沿革上の理由による。すなわち、古く等族会議の時代には議員は等族の代表人と考えられたため、その費用は議員の選出母体たる等族が負担するものとされ、また、近代の初期においては議員の職は名誉職と考えられたため無報酬とされた。しかし、議員たる職務はその者の他の仕事に多くの犠牲を与え、また、これに全然歳費を与えないのは、実際には無産者が議員となるのを禁ずる結果となることなどから、次第に国庫からこれに歳費を与えるようになったとされている。そこで、現代では、国庫からの歳費支給が普通選挙制度を保全する機能をはたしているとされる。

本条がとくに「国庫から」とうたったのはこのためであり、また、この点からみても、歳費は報酬として理解すべきことになろう。

（四）「相当額」

両議院の議員は、「相当額」の歳費を受ける。報酬説によれば、ここでいう「相当額」とは、議員としての地位、職責にふさわしい生活を営むに必要な額となる。国会法三五条では、議員は一般職の国家公務員の最高の給与額より少なくない歳費を受けると定める。これは、一般職の公務員の給料額に歳費の基準をおくことによって、経済事情等の変動に対応できるようにするとともに、歳費について報酬説の立場をとることを示したものと解することができる。

歳費の額を法律で定めるに際して、議員によって金額を差別することは許されないが、議長や副議長のような特別の職務にある者に対し、その職務執行上の必要からみて一般の議員より多くの歳費を与えることは許されるとされる。現実に、「国会議員の歳費、旅費及び手当に関する法律」は、そのような定めを置いている（同一条）。これに対して、例えば参議院の議員の歳費と衆議院の議員の歳費との額につき差等を設けることは許されないとすべきであろう。なお、国会の召集に応じない者または欠席の多い者には歳費を与えないと規定しても、かならずしも本条に違反するものではないとする説がある。しかし、歳費を報酬として理解する場合には、これを全く与えないとすることはできないことになろう。ただし、いずれにせよ現行法にはそのような規定はない。

（五）「歳費」の支給方法

「歳費」とは、一年を基準としての金額を定める支給金をいう。ただし、必ずしも一年単位で支給しなければならないわけではなく、月割または一年を数期に分けての支給も許される。実際には、歳費は各月分にわけて支給されている（歳費法一条）。また、歳費請求権は、財産的な請求権であるから、これを訴訟によって請求することは可能である。

（六）　その他の給付

本条は、「相当額の歳費」以外の財産給付を許さない趣旨とみるべきではないと解されている。現実に、例えば公務派遣のための旅費（歳費法八条）、議会雑費（同八条の二）、通信手当（国会法三八条、歳費法九条）、期末手当（歳費法一一条の二）、弔慰金（同一二条）、公務上の災害に対する補償金（同一二条の三）、退職金（国会法三六条）などの定めがある。出費弁償説を前提とすると、これは二重の給付にならないかという疑問もある。しかし、歳費を報酬と考える場合には、これらの規定のうちのいくつかは報酬にあたるものとされ、また、他のものはむしろ出費に対する弁償の意義を有することになろう。

第七節　政党

一　憲法上の政党の地位

日本国憲法は政党に関する直接的な規定を何ら置いていない。そこで、まず、政党が憲法上承認され得るか否かが問題となるが、これについては一般的に憲法二一条で結社の自由その他の表現の自由が保障されていることから、政治権力への参加を通じて一定の政治理念を実現することをめざす政治的結社である政党の設立およびその活動の自由が認められることはいうまでもない。最高裁も、非拘束名簿式比例代表制を合憲とする判決の中で、「憲法は、政党について規定するところがないが、政党の存在を当然に予定しているものであり、政党は議会制民主主義を支える不可欠の要素」であるとしている（最大判平成一六・一・一四民集五八巻一号一頁）。

そして、このように政党が憲法上の根拠づけを有することを前提とした場合、さらに憲法の定める「国民代表制」

との関係でこの政党をどのように解すべきかとか、政党と議会制民主主義との関係をどのように理解すべきかなどが一つの問題となる。また、政党の自由がどの程度認められるべきか、いいかえれば、政党に対する法的規制がどこまで許されるかが問題となる。このほか、政党をめぐるいくつかの今日的な課題についても指摘しておくことにする。

二　国民代表制と政党

政党が憲法の定める国民代表制との関係でどのような意味づけをされるべきかについては、肯定的に理解する見解と、それを否定的に理解する考え方とに分かれる。前者によれば、憲法は国民主権を前提した上で公務員の選定罷免権を国民固有の権利と定め、普通選挙、平等選挙および秘密選挙を保障し（一五条一項）、とくに「国権の最高機関」たる国会の両議院の構成について「全国民を代表する選挙された議員でこれを組織する」（四三条）としているが、ここでいう国民とは政党によって統合され媒介される選挙人団を意味するとして、憲法は政党の存在を当然のことととして容認しているとされる。すなわち、これは、いわばさまざまな国民のグループの多様な政治意思が政党を媒介としてそれぞれの議員に代表されていくと考えるものである。その意味では、これはどちらかといえばむしろ命令的委任に近い代表概念を前提としている。そして、これによれば、政党のいわゆる党議拘束も肯定的に理解されることになる。また、憲法は議院内閣制を採用しているが、これは内閣と議会とりわけ衆議院の多数党との政治的同質性を前提とするものであるから、ここでも政党の承認が当然の前提となっているとされる。

しかし、これに対しては、議員が「全国民を代表する」とは、各議員が一定の地域あるいは利害関係グループの代表者としてでなく、あくまでも「全国民」の代表者として独立性をもって行動すべきことを定めたものだとする観点からの批判もある。この観点からすれば、現代における政党制の現実は議員が国民代表だとする性格づけとは相容れないことになる。このほか、公務員の中立性（一五条二項）とか議員の免責特権（五一条）などの規定もまた、政党の存在およびその地位の保障について消極的な判断をとらせるべき要因にあたるとされている。というのは、議会においては議員の自由な発言や活動が最大限保障されるべきだとする考え方からすれば、議員を拘束してその発言や表決に関して指示するような政党の存在はあまり好ましいものとはされないからである。そして、一般的にいえばわが国における政党のいわゆる党議拘束の強さは例えばアメリカの政党などに比べると格段に強いといわれているが、この観点からすればわが国の政党制のあり方は問題があるということになろう。

たしかに、独立かつ自由な議員の討論による政治こそ議会制の本来の姿であるとする伝統的な議会主義の考え方からすれば、右にあげたいくつかの憲法規定は反政党的な規定として理解できないこともない。こうしてみると、これはそもそも議会において議員や政党がどのような地位と役割をはたすべきかという議会制民主主義の本質論にかかわる問題を含んでいるということになる。すなわち、政党はもともとは議会内における同志的結束にはじまる議員の院内組織であったとされる（今日でも、例えば国会法上は「政党」の概念はなく、「会派」の概念が用いられていることに注意すべきである）。しかし、政党は次第に有権者をも党員として組織化するようになり、やがてそれは大衆の選挙組織となるにいたる。その意味では、選挙はもはやそれぞれの有権者が単に候補者個人を選択して、その後彼に一切を白紙委任するというのではなく、選挙に際して発表される政党の公約を有権者が選択した上でその実現を政党所属の議員に託するという大衆民主主義的性格をもつようになったといえる。そして、これによれば議員が各政党の公約に拘束されるのは当然となり、議員の独立性や議場における討論の重要性はその意義がうすれることになる。そこで、国の政治のあり方が自由主義的な古典的議会政型の民主主義から政党を中心とする議会の下での現代的な大衆民主主義的へと変化したのだともいわれている。そして、少なくとも日本国憲法制定後の国会の現実は、現代的な政党を中心とする議会制民主主義の下にあるということは否定できないのである。右に述べた最高裁判決もこのような理解を前提とするものだといえるであろう。

このように現代では政党が国民と議会とを媒介するものとしてきわめて重要な役割を果たしていることは否定できない現実である。そして、これによって、国民の代表たる議員は事実上その所属する政党の党議に拘束されているが、このこととの関係で、憲法五一条の議員の免責特権も、通説的には、政党の内部規律には適用されないと解されている。また、公務員の中立性（とりわけ政党的中立性）の規定についても、これは、議院内閣制という前提の下では、むしろ具体的な行政執行の段階での政党的影響の排除を意図するものと考えられているのである。このほか、憲法五一条との関係では、政党による議員に対する拘束はもともと「法的拘束」ではないから問題はないとする考え方もある。すなわち、例えば党議に反する表決をしても政党を「除名」されることがあり得るだけで、それが直ちに議員の資格の喪失というような法的効果と結びつくわけではないからである。

なお、この問題については、より積極的に議員の国民代表性の規定は政党民主政と矛盾しないばかりか、むしろそれを補強するものだとする考え方もある。すなわち、議員の所属する政党が国民全体を代表しようとしている限りにおいては、その政党の決定にしたがって行動しても議員は全国民の代表たる性格を失わない。したがって、国民による政党への委任および政党による党議拘束は、その政党の「公共性」が強ければ強いほど議員の国民代表性と一致することになるとされるのである。例えば、今日ではそれぞれ形がやや異なるが衆議院議員総選挙および参議院議員通常選挙の一部においてともに政党を基本的な単位とする比例代表制が採用されている。このことは、政党が「国民代表」との関係で法的にも明らかに重要な地位を認められていることを意味しているが、そこでは右に述べたような政党の「全国民の代表」への指向性が前提とされていることになろう。

三　政党の公的性格と政党の法的規制

すでに述べた最高裁の判決の中で示されているように、政党は議会制民主主義を支える不可欠の要素であるという公的機能をもつ。しかし、他面において政党は自らの党派的主張を有するという私的性格をもっているのであり、したがって、悪くすると、それは一部のものの利益のみを代弁する利益集団として、その公的機能をほとんど果たさずに政治権力を濫用することになるという危険性がないわけではない。その意味では、そのような弊害を避けるための法的規制をいかにはかるべきかが大きな課題となる。すなわち、まず、その重要な公的機能をはたすための前提として政党には民主的な組織と運営とが要求され、さらに政党が私的利益により支配されるのを避けるために政治献金その他の政治資金のあり方についての適正な規制がはかられる必要がある。

政党の腐敗を防止するための法的手段としては、具体的には例えばすでに述べたような選挙に際しての規制とか後述する政治資金に関する規制などがあげられる。ただし、この場合には逆に、憲法一九条、二一条に違反して、政党さらには国民一般の政治活動の自由を侵害することにならないように必要最小限の規制に止めるように注意しなければならない。例えば政党規制の法律を制定する場合に政党の要件などの定め方によっては政党としての成立要件が狭すぎて「政党としての結社の自由」を侵害することになったり、あるいは、その要件審査の中で実質的に思想・信条の選別をすることになりかねない。

ドイツのボン基本法では、他の一般の結社とは区別された特別の地位を政党に与え、政党の設立の自由を保障する反面で、その公的役割にかんがみその内部組織と資金について法的規制をうけるものとし、さらに違憲政党を排除する規定がおかれ、そして、これらについての詳細な定めは法律に委任されて政党法が制定されている。そこで、わが国でもこのような規制がなされるべきか、また、そもそもそのような規制をすることが許されるかが問題となる。しかし、これについては、例えば反民主主義政党の禁止については、民主主義とか憲法的秩序などが不確定概念であるため不当な制限が加えられる危険性があるとか、そもそも体制に敵対する政党の禁止というのはその考え方自体が自由民主主義の基礎原理と調和せず、したがって、手続的にも実体的にも濫用の危険が大きいなどの批判もある。その意味では、政党に対する法的規制のあり方については慎重な配慮が求められるというべきである。

そこで、わが国では政党の存在そのものを法的規制にかけるという形の政党法は定められずに、以下に述べるように政党に対する政治資金規正および公的助成という形での法的規律が定められている。なお、このほか国会議員や大臣など政治家個人の政治倫理にかかわる法的規制の形としては、一九八五年（昭和五〇年）に国会法の中に第一五章の二「政治倫理」（一二四条の二〜四）の定めが追加され、それに基づいて衆議院および参議院において「政治倫理綱領」と「行為規範」が議決され、各議院に政治倫理審査会が設置されている。また、一九九二年（平成四年）には、政治家の資産を公開するための国会議員資産公開法が制定されている。

四　政治資金規正法

政党など政治団体への政治資金は、それを出す（寄附する）側の利権とのかかわりで汚職その他の政治腐敗と結びつきやすい。そこで、政治資金については法的規制だけでなく、その管理の適正および収支の公開がはかられる必要がある。政治資金規正法は、政党その他の政治団体の政治資金の授受の規正や収支の公開などの措置をはかることによって政治活動の公明と公正を確保し民主政治の健全な発達に寄与するためのもの（同一条参照）として一九四八年（昭和二三年）に制定されたが、その後に生じた度重なる汚職その他の政治腐敗への批判を受けて一九七五年（昭和五〇年）には全面改正され、その後も何度かの改正が行われている。

（一）　政治資金規正法の対象となる政治団体

規正の対象となる政治団体は政党、政治資金団体、その他の政治団体である。政党とは、所属国会議員を五人以上有するか、あるいは、前回の衆議院議員総選挙、前回又は前々回の参議院議員通常選挙のいずれかにおいて全国を通じた得票率が二％以上あるかの、いずれかに該当する政治団体である（同三条二項）。政治資金団体とは、政党への資金援助を目的として政党が指定したものをいう（同六条の二）。その他の政治団体とは、後援会など政党、政治資金団体以外の政治団体をいう。これらの政治団体は一定の要件を前提として自由に設立できる（同三条一項参照）が、設立の届出をしない限り、寄附を受け、または支出をすることはできない（同六条、八条）。なお、平成二〇年一〇月から国会議員に関係する政治団体については国会議員関係政治団体の届出が必要とされることになった。

また、公職にある者、公職の候補者および公職の候補者となろうとする者は「公職の候補者」とされ、公職の候補者は、その者が代表をしている政治団体のうちから一の政治団体をその者のために政治資金の拠出を受けるべき政治団体（資金管理団体）として指定することができる（同一九条）。この資金管理団体への企業・団体献金は年間五〇万円に制限される。

（二）　収支の公開等

政治団体の会計責任者は毎年当該政治団体の収入、支出および資産の状況について報告しなければならない（同一二条）。このうち、年間五万円を超える寄附については寄附者の氏名等を、また、一件あたり五万円以上の支出については支出を受けた者の氏名等を、収支報告書に記載しなければならない。また、収支報告書の要旨は官報または都道府県の公報により公表され、収支報告書は総務省または都道府県選挙管理委員会で公表の日から三年間閲覧に供される（同二〇条、二〇条の二）。

なお、国会議員関係政治団体については、弁護士、公認会計士又は税理士による監査が行われなければならない。また、平成二一年一月からは、一円以上のすべての支出について領収書を徴収し保存することが義務づけられることになった。また、収支報告書のコピーを請求することが可能となった。

（三）　寄附の制限

会社・労働組合等は、政党、政党の支部および政治資金団体以外の者に対しては政治活動に関する寄附をしてはならない。また、会社・労働組合等に対して政治活動に関する寄附を勧誘し、又は要求してはならない（同二一条）。

何人も、公職の候補者の政治活動に関して金銭等による寄附をしてはならない（同二一条の二。ただし、政党がする寄附および政治団体に対する寄附は除く)。

政治活動に関する寄附については一定の量的制限がある(同二一条の三〜二二条の二)。これには、一の寄附者ができる年間の寄附総額の規制という総枠制限と、一の寄附者から一受領者への年間寄附総額の規制という個別制限とがある。これによって、企業献金など団体献金はその規模に基づいて限度額が設定されるなどして一定の抑制がはかられることになった。

また、政治活動に関する寄附には質的制限がある(同二二条の三〜二二条の六)。すなわち、国や地方公共団体から補助金等を受けている会社の寄附、赤字会社からの寄附、外国人・外国法人からの寄附、他人名義および匿名の寄附などは禁止される。

このほか、威迫等の方法による寄附のあっせんの禁止、寄附のための給与からの天引きの禁止、寄附への公務員の関与の制限などの定めが置かれている(同二二条の七、二二条の九)。

(四)　政治資金パーティの規制

政治資金パーティについては、開催主体(原則的に政治団体に限る)、収支報告、公開基準、対価の支払い金額の制限などの定めが置かれる(同二二条の八)。例えば、同一の者からの支払いでその金額の合計が二〇万円を超えるものは氏名等を公開しなければならない。同一の者による一五〇万円を超える支払いは禁止される。

(五)　罰則および公民権の停止

無届団体による寄附の受領・支出の禁止違反、収支報告書の不記載・虚偽記載、寄附の制限違反などについては禁錮、罰金などの定めがある(同二三条〜二七条)。

また、政治資金規正法違反で処罰された者は一定期間公民権(選挙権および被選挙権)を停止される(同二八条)。

（六）　政治資金規正法の課題

一般的に政治には金がかかるといわれる。もちろん、選挙における買収などは禁止されていて論外であり、また、選挙費用の限界も法定されてはいるが、現実には、その他さまざまな形での選挙に関する費用がかかるものとされ、また、選挙区対策のための費用も必要であるとされる。そして、その費用をどこから集めるかということになると一番金額が大きくなるのは企業からだということになる。また、企業の側としても、何らかの便宜を期待して政治献金を行うという誘惑にかられることになる。そして、ここに金権政治と政治腐敗の構造が生じるといわれるのである。これは、結局は、企業の金で国民の票を買い取るという構造になる。そして、この点についての批判は労働組合による献金に対しても向けられることになる。そこで、このような会社や団体の政治献金は国民の参政権の侵害であるという批判も出されるのである。政治資金規正法はこれらの批判に応えるために制定されたものであるが、しかし、これに対してはなお、さまざまな形での抜け道（脱法行為）がなされているとか、そもそも企業献金を全面的に禁止しない限りは政治腐敗はなくならないなどとする批判がなされている。

五　政党助成法

一九八八年（昭和六三年）のリクルート事件を契機として、政治腐敗を解消するとともに政治活動に必要な政党の財政基盤を強化するために、一九九〇年（平成二年）には第八次選挙制度審議会が補助金の使途を限定しない政党への公費助成の制度を新設すべきことを答申した。それを受けて、その後一九九四年（平成六年）には、政党助成法が制定された。

（一）　政党助成法の趣旨

国は、政党の要件、届出その他交付の手続を定め、「その使途の報告その他必要な措置を講ずることにより、政党の政治活動の健全な発達の促進及びその公明と公正の確保を図り、もって民主政治の健全な発展に寄与することを目的」として、この法律の定めに基づいて政党に対して政党交付金を交付する（同一条）。

（二）　政党の定義および資格要件

交付金の対象となる政党は、衆議院議員又は参議院議員を五人以上有するか、あるいは、衆議院議員又は参議院議員が一人以上存在し、かつ、前回の衆議院議員総選挙、前回又は前々回の参議院議員通常選挙のいずれかにおいて全国を通じた得票率が二％以上あるかの、いずれかに該当する政治団体である（同二条）。

交付金を受けるためには一定の資格要件が必要とされる。すなわち、まず、政党助成金の配分のためには「政党交付金の交付を受ける政党等に対する法人格の付与に関する法律」の定めにより法人となっていることが必要である（同三条一項）。また、政党交付金の交付を受けようとする政党は、毎年一回、政党の名称、所在地、代表者名などの必要事項を総務大臣に届け出なければならない（同五条）。この届出がない限り政党交付金は配分されない（実際には、日本共産党がこの制度に反対する立場から届出をしていないため、右に述べた実質的な要件は充たしているがこの助成金は交付されていない）。

（三）　交付金の配分

毎年の政党交付金の総額は、直近の国勢調査人口に二五〇円を乗じた額を基準として予算で決定される（同七条）。毎年の各政党への助成額は、そのうちの半分は議員数の割合で配分され、また、残りの半分は得票数の割合で配分される（同三条二項、八条）。

（四）　会計帳簿および収支報告

助成を受けた政党は、政治資金規正法に規定する会計帳簿とは別に、政党交付金に係る会計帳簿を備え、交付金の支出等について記載しなければならない。また、政党本部および支部の会計責任者は、その使途を明らかにした収支報告書および監査報告書を提出しなければならない（同一四条～二〇条）。そして、それらの要旨は公表され、また、閲覧することができる（同三一条、三二条）。

（五）　返還命令および罰則

政党が政党助成法の規定に違反した場合には、総務大臣は政党交付金の返還等を命じることができる（同三三条）。政党が偽りなどにより不正な交付を受けた場合や使途に関する報告書を提出しなかった場合などに関しては罰則の定めがある（同四三条～四八条）。

（六）　政党助成法の合憲性

この政党助成法については、そもそも政党は国家権力による介入を避けるために党員から徴収する党費や支持者の寄付・政治献金とか機関紙の発行等自らの事業などによって政治資金をまかなうべきだとする批判がある。しかし、政党の本来あるべき姿からいえば、そもそも政党が事業による収入に依存するということは必ずしも好ましいこととはいえない。また、寄付・政治献金に依存するというのも度が過ぎると贈収賄等の汚職や政治腐敗に結びつく危険がある。その意味では、一定程度の公的助成により政党の財政基盤を安定的なものとすることは望ましいといえる。なお、国家権力による介入への懸念については、政党への公的助成と政党に対する規制とが結合しないようにすればよいのであり、実際、この政党助成法は一応これらを切り離す形となっている。

また、このほか、国民にはさまざまな支持政党があるにもかかわらず国民の税金を各政党に配分するという点で、国民の思想・信条の自由を侵害するから違憲であるとする批判もある。これについては、例えば南九州税理士会政治献金事件判決（最判平成八・三・一九民集五〇巻三号六一五頁）では、税理士会は強制加入団体で脱退の自由が保障されていないとした上で、政党など政治団体に対する寄付をするかどうかは「選挙における投票の自由と表裏を成すものとして、会員各人が市民としての個人的な政治的思想、見解、判断等に基づいて自主的に決定すべき事柄である」

として、政党など政治団体への寄付を「多数決原理によって団体の意思として決定し、構成員にその協力を義務づけることはできない」としている。そこで、この判決の趣旨からすれば、政党助成法に基づいて国民の税金を政党に配分することは国民の思想・信条の自由を侵害することになるという批判もある。

ただし、この政党助成法では、すでに述べたように、特定の政党に対してだけ助成金が交付されているわけではなく、むしろ政党の議員数および得票率に応じた助成金の配分が行われるのであり、その意味では、国民の思想・信条に対応した税金の配分がなされているといえないこともない。もっとも、国会議員の数に応じた配分の点については、小選挙区制そのものが大政党に有利なしくみとなっていることを考え合わせると問題がないわけではない。南九州税理士会の最判の趣旨に表されているような国民の思想・信条の自由と公的助成との関係を重視するならば、立法論的には、むしろ政党の得票率だけに対応して助成金を配分する形の方が望ましいともいえるであろう。

六　政党をめぐる今日的課題

(一)　政権交代と選挙制度

(ア)　政権交代と二大政党制

憲法は政権交代が適宜行われるべきことを想定しているといえるか。おそらく、それはいえるであろう。わが国では、一九五五年（昭和三〇年）のいわゆる保守合同による自由民主党の結成から一九九三年（平成五年）の細川連立政権の誕生まで三八年間にわたって長らく自由民主党の単独政権が続いてきた。そこではむしろ自由民主党内部での派閥間のたらい回しが擬似的な政権交代とされてきた。その結果、立法府とくに与党たる自由民主党の議員と行政官僚との癒着が生じることになったとされる。また、国会での議決の結果がはじめから決まっていたため、議場での議論よりも議場外での与野党の国会対策委員同士の駆け引き（取り引き）が重視されるといういわゆる国対政治が当たり前となっていたとされる。さらに、違憲審査などにおける裁判所の「消極主義的」な姿勢も、自由民主党単独政権の継続により最高裁裁判官人事を通じての国会、内閣および最高裁の政治的な同質性・一体性が生じ、そのために憲法問題についての判断などに関して最高裁が国会や内閣に対して遠慮する傾向が生じたためであることは否定できないとされている。

これらの現象は憲法の「権力分立」の意義そのものを失わせるものである。その意味では、適宜に行われる政権の交代は不可欠であるといえる。もちろん、これには例えば経済的な「コスト」が必要となるかもしれない。また、政策面での不安定性というマイナスもある。しかし、それらは絶対的なデメリットともいえない。ただし、政権交代が行われるためには何よりも衆議院での変化が必要である。そこで変化が起きた時に政権交代や連立政権などという形の可能性が生じるのである。例えば平成五年の細川内閣などはその例である。

また、ここでは、政権交代を恒常的なものとするために、むしろ、さらに進んで、二大政党化した方がよいとする考え方もでてくることになる。さらに、この二大政党論というのは、選挙制度とくに小選挙区制の採用の是非をめぐる問題を含んでいる。いいかえれば、ここでは、憲法は例えばイギリスやアメリカのような二大政党政治を前提としているといえるかどうか。逆に二大政党政治にするためには小選挙区制度が必要なのかなどについての検討が求められることになろう。

（イ）　小選挙区制と比例代表制

小選挙区制はもともと二大政党制に相応しい形として作られている。その意味では、逆に、小選挙区制の採用によってたしかに二大政党化が促進される可能性もある。また、それによるメリットがあることも明らかである。しかし、問題もある。二大政党化すれば、国民の多様な意見の反映の可能性はその分だけ不可能となる。国民の多様な意見の反映のためには、むしろ比例代表制がすぐれている。また、そもそもドイツのような比例代表制を基本とする選挙制度の下での連立政権の形もありうる。いいかえれば、連立政権の組み替えによる政権交代という形もあり得るということである。

比例代表制の最大のメリットは、国会の議席が国民の意思の「縮小コピー」となるという点である。ただし、これはあくまでも「政党」という基準による代表を意味するにすぎない。そこでは、例えば職業的な代表という意味などはない。また、これは小党分立を招きやすいというデメリットをもつ。なお、この難点を解消するために例えばドイツの五パーセント条項のようなミニ政党排除の規定などを作ることも考えられるが、それはそれで問題がないわけではない。また、わが国では非拘束名簿式比例代表制を採用しているが、これはこれで問題だ（例えば、名簿登載者個人には投票したいが政党には投票したくないという投票意思を無視しているとか、名簿登載者個人への超過得票が他の候補者のために流用されるのは直接選挙の原則に反するなど）とする考え方もある。ただし、すでに述べたように判例は合憲とする。

ところで、現在の衆議院議員選挙における小選挙区・比例代表並立制というのはドイツの例とは全く違う。ドイツの選挙制度は基本は比例代表制である。わが国の小選挙区・比例代表並立制は、その両者の議員定数がほぼ半分ずつである。二大政党化の徹底を避けるという配慮があるともいえる。なお、小選挙区制が導入される際には、小選挙区制を採用すると派閥中心の選挙活動から政党単位の選挙活動の徹底へと変化することによって従来の大選挙区（実際は、中選挙区）制の下で存在したような政党内の派閥はなくなるといわれた。しかし、実際には必ずしも派閥が解消されたとはいえない状況である。むしろ、現実には政策を中心とするいわゆる「政策集団」と従来型の「派閥」との混合型といえるような形の派閥が相変わらず残っているとみるのが妥当かもしれない。

このように、かりに憲法は政権交代が適宜行われることを想定しているとしても、必ずしも選挙制度を二大政党政治型すなわち小選挙区制と想定しているわけではない。比例代表制に基づく政党分立を前提とする連立政権型でよいともいえる。いずれにせよ、この点については憲法の規定そのものからは決められないのである。その意味では、これはまさに国会の立法裁量に、いいかえれば政治家の英知にまかされているともいえる。

（二）　ねじれ国会と両院協議会の活動の実質化

二〇〇九年（平成二一年）二月一三日、アメリカ合衆国連邦議会は景気対策法を成立させた。これは、一九三〇年代の世界恐慌以来といわれる金融恐慌に起因する経済危機に対応しようとするもので、総額七八七〇億ドル（約七二兆円）にわたる。ところで、この法律はそもそも連邦議会の上院と下院とにおいてそれぞれ異なる内容の法案として通過したものが上下両院の協議を経て一つの法律にまとめられたものである。このような調整が成立するためには与野党の議員の中でいくつかの妥協がなされたようであるが、ともあれこれは歴史的な経済危機に対する大統領および連邦議会の危機意識による行動の成果の一つだともいえる。ただし、アメリカの連邦議会においては、このように上下両院での法案の食い違いを協議によって調整するというのはこれまでもしばしば行われていることである。

性質が異なるとはいえ同じく両院制をとるわが国の憲法でも、この調整の場にあたるものとして両院協議会という制度が置かれている（法律案については五九条三項。なお、予算については六〇条二項。条約の承認については六一条による準用）。しかし、わが国ではこの両院協議会はほとんど形式的な役割しか果たしてこなかったといえる。ただし、平成一九年七月の参議院議員選挙以来、衆議院と参議院のそれぞれの多数派が異なるという「ねじれ国会」が生じている。その意味では、この両院協議会はきわめて重要な意義を有するものとなった。にもかかわらず、わが国ではこの両院協議会は未だにあまり実質的な役割を果たしていない。これは、この「ねじれ国会」以後もたまたま与党側が衆議院で三分の二以上の多数を擁しているため、政府与党側が衆議院での出席議員の三分の二以上の多数による再可決を見込んだ交渉をしているからである。実際に、何度かこの再可決が行われてきている。このように両院協議会が未だに実質的に動いていないのは、まだ与野党ともにあくまでも国民のための政治の実現をはかる（政治の停滞を避ける）ということよりもいわゆる政局（政権争いその他の権力闘争）のための駆け引きを優先しているためだともいえる。

しかし、今後どのような政権（あるいは政権交代）のあり方が続くとしても、いずれわが国でもこの両院協議会が実質的な活動をすることが必要となる時期が到来することは間違いないといえる。政治の流動化が激しくなってきている今日では、かつての数十年にわたる与党単独政権（すなわち、衆議院および参議院ともに与党が多数を占めるという形）は望むべくもないであろう。また、衆議院で政府与党側が三分の二を占めるという形の「ねじれ国会」（したがって、政府与党側が衆議院での出席議員の三分の二以上の多数による再可決を見込んだ活動を繰り返すという形）もそれほど頻繁に生じることはないと思われる。二院制をとって同時に議院内閣制をとるわが国では、今後かりにわが国で政権交代のような形が行われていくとすれば、そのためには必然的にしばしば「ねじれ国会」という形が生じることにならざるを得ないはずである。そして、その際に国会が単に政局だけに走って国民のための政治が停滞することのないようにするためには、この両院協議会が実質的な活動をしていかなければならない。その意味では、今後は「ねじれ国会」において異なった法律案が通過したような場合（あるいは、予算において異なった議決がなされた場合）における両院協議会での手続や調整方法のあり方などがより積極的に検討されるべきであろう。

ただし、今後は、実際には両院協議会による公式の調整よりもむしろ与野党の間における非公式の協議によって法案を取りまとめるという形がとられるかもしれない。なお、比較的最近における政党間の協議による法制定（改正）の例としては、平成二〇年に議員立法として提案された政治資金規正法の改正の例がある。また、右に述べた経済危機後のわが国の対応の中では、例えば平成二一年三月に、いわゆる「派遣切り」によって雇用保険の適用対象から漏れる失業者に対して救済を拡大するための雇用保険関連法案の改正に関して与野党の調整が行われたという例がある。また、同年七月には自民党と民主党の合意によって新たな枠組みによる水俣病救済のための特別措置法が成立している。

（三）　党議拘束

右のような「ねじれ国会」のように衆議院と参議院との間での調整が必要とされる場合には、政党間の話し合いによる妥協のほか、すでに述べた二〇〇九年のアメリカの景気対策法の成立の例のように、党議拘束を緩めて個々の議員を説得することにより多数決を作り出すというのも一つの調整方法となる。

わが国のような議院内閣制の下では、議会の多数派が内閣を構成し、与党が政府案を提出して成立させるという責任をもつことになる。その意味では、党議拘束には政党の役割を強化するというそれなりの重要な意義があることは確かである。しかし反面で、そもそも党議拘束にはすでに述べたように「全国民の代表」（四三条）および「免責特権」（五一条）との関係をどう考えるべきかという問題がないわけではない。その意味では政党による党議拘束というのも絶対的に正当化できるわけではない。したがって、例えば政党間の対立により国会審議が止まってしまい国政が停滞するおそれがある場合とか、むしろ議員個々人の価値観（死生観、ライフスタイルなどを含む）によって判断することが望ましい場合などは、党議拘束を外して議員個人の判断にまかせる方がよいかもしれない。従来でも、例えば臓器移植法の制定の際にはその賛否の対応についてはいくつかの政党が党議拘束をはずして各議員の判断にまかせるものとしている。また、未だ法律改正は行われていないが選択的夫婦別姓制度のための民法改正などへの賛否についても同じような議論が行われたことがある。

（四）　国会の運営上の問題

（ア）　委員会中心主義の功罪

現在のような国会における委員会中心主義というのは、国会議員が専門分化して能率性、専門性が高くなるという点ではメリットをもつが、反面で、政治腐敗を招くおそれもある。具体的には、議員が専門分化した結果としての族議員が生じるという問題がそれである。族議員は、悪くすると、官僚と癒着し、また、利権にかかわる業者からの贈賄の標的となり、その結果、政治家と官僚および業界（財界）の癒着（「政・官・財の鉄の三角形」と呼ばれる）を生み出す。そして、これを避けるためにはとくに行政官僚の中立性が保持される必要がある。ただし、そのためには、やはり適宜の政権交代のあることが不可欠だといえる。

（イ）　国会自体のスタッフの充実

議員による国会審議の充実をはかり国会の存立意義を高めるためには、本来は議員個人の政治活動に対する国庫補助よりも、例えば委員会の調査費とかそのスタッフなどの充実の方が重要である。なお、平成六年には「主として議員の政策立案及び立法活動を補佐する秘書」としての政策秘書制度が創設された（国会法一三二条二項）が、これがどれだけの実質的な効果をもっているかが問題となる。実際には、従来の第一秘書、第二秘書と同様に従来の秘書業務を行う「第三秘書」にすぎなくなっているとの批判もある。もちろん、選挙区対策や政治献金集めなどにかなりのウエイトが置かれているという現在の秘書の使い方への反省も必要であるが、右に述べたような国会のスタッフの充実だけでなく、このような政策秘書の活用による議員の立法能力の充実が強く求められる。

第四章　内閣と行政権

第一節　内閣の地位と性格

一　議院内閣制

（一）　議院内閣制と大統領制

近代民主主義諸国は、社会主義諸国は別として、国家の権力を立法府、行政府および司法府のそれぞれに分立させるのが普通であるが、それらの三権の相互関係とりわけ立法府と行政府との関係については、従来は典型的には議院内閣型と大統領型との二つの形態があるとされてきた。すなわち、まず、議院内閣制（イギリス型）は、行政府を立法府の信任に依存させ、両者の相互依存関係を強めるものである。イギリスの例でいえば、内閣総理大臣は議会（とくに下院）によって選出され、内閣の半数以上は議員によって構成されねばならない。したがって、通常は議会における多数党が内閣を組織する。議会（下院）は、内閣の不信任を決議して、内閣を総辞職させることができるが、逆に、内閣は議会（下院）を解散することができる、とされる。次に、大統領制（アメリカ型）は、行政府と立法府を厳格に分立させるものである。この典型例たるアメリカ合衆国の例でいえば、大統領は国民によって選挙され、閣僚は議員以外から選ばれる。大統領は、一定の限度で法律案の拒否権をもつが、法律案の提出権をもたない。また、大統領は議会の解散権をもたず、逆に、議会も大統領の不信任決議をすることはできない、とされる。

ただし、現実には、それ以外の諸国において大統領と議院内閣制との混合形態にあたるものが採用されている例も少なくない。例えば、フランス、ドイツ、ロシア、大韓民国などが、それである。この中で実際上の政治的な権限をいずれが有するかという点についてはもちろん各国によって異なる。例えば国家元首としての地位をいずれが与えられているか、大統領が議会の解散権を有するか、首相の地位が実際上議会の多数派の支持を得ていることが前提となっているか等々さまざまな要因によって判断する必要があることはいうまでもない。ただし、一般的にいえば、フランス、ロシア、大韓民国においては大統領が国民の直接選挙によって選ばれているため、比較的大統領の政治的権限が強力だといえる。これに対して、ドイツにおいては大統領は憲法規定の上では国際法上ドイツ連邦を代表し、外国との間で条約を締結するものとされてはいるが、国民からの直接選挙で選ばれるわけではなく（連邦会議によって選挙される）、また、政府にも議会にも所属しないものとされるため実際上の権限は名目的なものに近いともいえる。

（二）　議院内閣制

わが国の権力分立制は、イギリス型の議院内閣制をとる。憲法の明文上の根拠としては以下の規定がある。すなわち、内閣総理大臣は国会議員の中から国会の議決で指名する（六七条）、国務大臣の過半数は国会議員でなければならない（六八条）、衆議院は内閣の不信任を決議できる（六九条）、内閣は衆議院を解散できる（同右）、内閣は行政権の行使につき、国会に対して連帯責任を負う（六六条三項）、国務大臣は議院に出席できる（六三条）等々をそれぞれ定めた規定がある。

ところで、この議院内閣制の本質的意義のとらえ方については、国会と内閣が相互にある程度の独立を保ちつつ、同時に相互に抑制と均衡をはかるという点を強調して自由主義的あるいは権力分立的な関係という側面を重視するとらえ方と、内閣が国会の信任に基づいて存立し、また内閣は国会に対して連帯責任を負うという形を通して、国民が行政権力を間接的にコントロールするという議院内閣制の民主主義的側面を重視するとらえ方とに分かれる。近代立憲主義の観点からいえば、本来は後者が重視されるべきだということになろう。しかし、そもそも民主主義の観点というのは選挙あるいは議会を重視するものであり、自由主義の観点というのは権力分立とか人権保障などを重視するものである。そして、今日では権力分立論というのも民主主義を当然の前提とするものである。その意味では、議会中心の民主主義を当然の前提としつつも、なお議院内閣制について権力分立的な観点を重視するということに今日的な意義を求めることは可能であろう。ただし、議院内閣制の意義をどのように理解するにしても、現実には、わが国でも国会が内閣（厳密にいえば、むしろ行政官僚を中心とする行政府）に従属するという「行政権の優越」とよばれる現象があり、その点からいえば別の意味で、なお民主主義の側面の方が重要であることに注意すべきである。そして、これについて今日では、政治主導（厳密にいえば、政治家主導）ということが大きな課題とされるようになり、国会議員とか内閣の閣僚などとの関係での行政官僚の優位という傾向は相対的には弱まっているともされるが、基本的には変化していないとするとらえ方もある。

なお、大日本帝国憲法下では、大正期から昭和初期（いわゆる大正デモクラシーの時期）にかけて、内閣が議会に基礎をおく「政党内閣」が慣行として行われ、議院内閣制が「憲政の常道」だとされたこともある。しかし、制度自体としては、あくまでも国務各大臣はひとしく統治権の総攬者である天皇によって任命され、それぞれ単独に天皇に対して責任を負うものとされた。すなわち、内閣制度自体は明文で規定されず、ただ、「国務各大臣ハ天皇ヲ輔弼シ其ノ責ニ任ス」（同五五条）とされたのである。これは、行政権が国会の信任に依拠し、国会が行政権をコントロールするという現在の議院内閣制の建前とは全く異なるものであった。

二　内閣と行政権

（一）　行政権の概念

憲法は、六五条で「行政権は内閣に属する」と定める。ただし、行政の意義をどのように定義すべきかは問題がある。これについて通説は控除説（消極説）をとる。それによれば、行政とは、国家作用の中から立法と司法を除いた残りのすべての作用をいうとされる。すなわち、ここでいう立法とは国民の権利義務その他法律関係に関する一般的抽象的な法規範の定立作用をいい、また、司法とは、具体的な争訟に関して裁判所が一定の手続の下にその法規範を適用・宣言する作用をいう。そして、行政は、それ以外の法規範の適用・執行作用を指すというのである。この説は、もともと国王（君主）の専権に属していた国家作用全般を行う権力から市民革命を通じて立法権（議会）と司法権（裁判所）とが分離され、その残りの作用が行政と呼ばれるようになったという歴史的沿革的な経緯をそのまま定義として用いたものだといえる。また、そのこともあって比較的支持されやすい面があるとされている。

しかし、これに対しては、右のような消極的な規定のしかたでは行政の本質をとらえることはできないとして、より積極的な定義を試みる見解もある。例えば、行政とは法の下で規制を受けながら国家目的の積極的実現をめざして行われる全体として統一性をもった継続的な国家活動であるとする見解などが、それである。このような定義づけは、たしかに行政の活動の特徴をいくつかの指標によって示しているというメリットはあるといえるが、反面で、この定義も必ずしも行政の作用のすべてを説明し尽くしているわけではないため、後述するように実際にはいくつかの境界部分で判断に迷う場面が生じる可能性がある。そこで、立法および司法以外の国家作用を行政として余すところなくとらえられるというメリットが重視されて一般に控除説が支持されているのである。

ところで、右の行政の観念は国家作用の活動の側面に注目するもので実質的意義の行政とよばれる。しかし、実質的には立法作用あるいは司法作用にあたるものが、憲法上、内閣の権限とされることもある。例えば、政令の制定（七三条六号）や恩赦の決定（同七号）がそれである。このように実質的には立法あるいは司法作用であっても、内閣がそれを行う場合には、それは形式的意義の行政とよばれる。これは国家作用を行う機関に注目した定義である。そして、いずれにせよ、内閣に属する「行政」にはこの両者が含まれることに留意すべきである。なお、形式的意義の行政とは、広義では、要するに内閣以下の行政機関が行う作用すべてをいうこともある。また、これとは別に、実質的意義では行政作用であるにもかかわらず、憲法上、はじめから内閣以外の機関の権限とされる場合もある。例えば、天皇の国事行為（六条、七条）、会計検査院による決算の審査（九〇条一項）、国会による内閣総理大臣の指名（六七条）、予算その他財政に関する議決（八三条以下）、最高裁による下級裁判所の人事（八〇条一項）などがそれである。

（二）　最高の行政機関

（ア）　内閣と行政委員会

行政権が「内閣に属する」とは、内閣の下に多数の行政機関が存在することは認めるが、しかし、あくまでも内閣がそれらの行政機関を統轄し、行政権の中の最高責任機関であることを意味する。したがって、例えば会計検査院のような憲法上の例外を別としては、内閣の外にあり全く独立した行政機関を設けることは許されないとされる。そして、この点からみると、例えば国家公安委員会、公正取引委員会、人事院などの行政委員会が、右の趣旨に反しないかが問題となる。というのは、これらの行政委員会の委員は、任命については「両議院の同意」を要し、原則として任期中はその意に反して罷免されないという身分保障をもち、また、その職務行使に際しての内閣からの独立性も一定程度前提とされているからである。

そもそも、憲法六五条が行政権は内閣に属するとし、また、六六条三項が内閣は行政権の行使について国会に対し連帯して責任を負うと定めるのは、行政権の行使については究極的には内閣を通じて国会が民主的コントロールをするという趣旨を含むものである。このことから、例えば右に述べた国家公安委員会、公正取引委員会、人事院などのような行政組織法上その権限の行使に関して一定の独立性を保障されている行政委員会を通じて行政が行われるという場合であっても、右の民主的コントロールの確保という観点からは、その行政委員会は、例えば委員の任命のような人事権などにみられるように、内閣からの一定の監督の下に服していなければならないとされるのである。

このように身分保障、機能などにつき強い独立性が与えられているため、例えば人事院は行政組織上内閣の下部部局とはいえず、また、内閣から全く独立にその職務を与えられているため内閣の指揮監督の下にあるとはいえないとして、これは憲法六五条に反する疑いがあるとする見解もある。しかし、一般に学説上は、例えば公務員の人事、争訟の裁決、技術的能力あるいは学力の認定など一定の行政作用については必ずしも国会によるコントロールを徹底することは適当とはいえないのであるから、むしろ一定の独立性をもった行政委員会にまかせる形にして政治的中立性とか公平性などを与えることが望ましいとして、これを合憲としている。なお、下級審でも、人事院は憲法六五条に違反しないとする判決（福井地判昭和二七・九・六行集三巻九号一八二三頁）がある。

（イ）　内閣と公法人

そして、この点は、国からは一応独立した法人格をもった各種の独立行政法人その他の公法人（例えば、日本銀行、日本原子力研究開発機構、水資源機構、都市再生機構など）が設立され、その公法人が業務を行うという形で行政が行われる場合であっても同様である。右の観点からは、これらの公法人に対しても内閣（政府）による一定の監督がなされることが必要とされる。ただし、今日では、行財政改革の観点から、これらの公法人の整理、統合さらには民営化が進められている。例えば日本道路公団は平成一七年に分割民営化され、都市再生機構の中でかつての日本住宅公団が行っていた分譲住宅の供給などは停止されている。また、例えば日本銀行などについては、より市場原理にそくしたものとするための金融制度改革の一環として、政府からの独立性の強化が課題とされ、平成九年には、その独立性を強化する日本銀行法の改正がなされている。ただし、それではこれをさらに徹底して、完全に民営化して独立性をもたせることが憲法上可能かどうかが問題となる。

ところで、ここでは、内閣が責任を負うべき「行政」の意義が問題となる。これについては、すでに述べたように大別して「形式的意義の行政」と「実質的意義の行政」とがある。形式的意義の行政とは、国その他の公法人ないしはその行政機関の行う作用が「行政」であるとする定義のしかたである。これに対して、実質的意義の行政とは、国あるいは公法人の行う作用の中でも実質的に「行政」というべきものがそれにあたるとするものである。しかし、後者の定義については、立法および司法以外の作用を行政とするいわゆる控除説のほかには、学説上も十分な議論がなされているわけではない。ただ、いずれにせよとくに行政委員会と内閣との関係にかかわる場合には、これは実際上問題とされることはない。すなわち、その内容がいかなるものであれ、行政委員会という行政機関の行う作用はすべて形式的意義の行政にあたるわけであるから、これらの行政は何らかの形で内閣の監督の下に服すべきであるという形で、行政委員会の独立性と内閣の監督権との関係が憲法上問題とされれば足りることになるのである。

また、公法人と内閣の関係についても、一定の公法人が存立し、その作用を行う限りは、それは形式的意義の行政という意味での「行政」を行っているのであるから、それについて何らかの形で内閣（政府）の監督権が及んでいなければならないとされる。ただし、その公法人がかりに完全に民営化されるならば、それが従来と同じような業務を行っているとしても、それはもはや「行政」作用ではないため内閣の監督責任もなくなることになる。そして、この点が行政委員会の場合とは異なっているのである。ただし、ここでは、現存する公法人がすべて民営化できるか、いいかえれば、その公法人の業務がそもそも「民営化」できるものなのかどうか、が問題として残ることになる。このように、公法人の民営化の可否については、むしろその業務が本質的に国とか地方公共団体などのような行政主体が行うべきものであるか否かという実質的意義の行政にかかわる問題まで含めて考えることが必要となる。

そして、その観点からいえば、例えば日本道路公団の民営化とか都市再生機構の中の住宅の供給の停止などについてはあまり問題はないであろう。すなわち、その業務の本質は権力的な行政ではなく、したがって、それらの業務を民営化したり、あるいは民間企業にまかせたりすることはさほど問題ではないからである。

これに対して、例えば日本銀行を完全に民営化することには問題があろう。すなわち、その業務の最も重要な内容は、通貨の発行であり、また、それを市中の銀行に貸し出す際の金利である公定歩合の操作など金融政策を通じて、物価の安定・インフレの防止などをはかることにある。そして、今日の積極国家ないしは社会国家（福祉国家）理念を前提とする限りは、これらの業務は実質的・本質的な意義での「行政」にあたるものだとされるべきである。いいかえれば、これらの作用はあくまでも実質的意義の行政にあたるのであるから、内閣（政府）から一定の独立性をもった公法人（日本銀行）がこれを行うという形にしてその活動にかなりの自由度を与えるということまでは可能であるとしても、逆に、これを全く民間にまかせて内閣（政府）がそれについて一切の責任を負わないとすることは許されるべきではないということになる。

もちろん、極端な自由国家理念を採用して、これらの作用も本質的には「行政」ではなく、完全民営化も可能であるとする議論が全くできないわけではない。また、今日では、社会国家観をある程度は認めつつも、なお、市場原理（自由競争原理）をできるだけ重視すべきであるとする考え方も強調されてはいる。しかし、国（政府）の経済政策に関する責任を最低限度でも認める限りは、右の作用は、本質的に国が行うべき「行政」であり、完全な民営化が可能だとすることはできないであろう。その意味では、この日本銀行については、これをあくまでも公法人として何らかの形での内閣（政府）さらには国会のコントロール権に服させる必要があるということになろう。

ところで、この例で見られるように、一定の業務が実質的意義の行政として国が責任をもつべきものであるのかどうかなどという問題を考えるに際しては、すでに述べた控除説にしても積極説にしても、一般論としての意義はあるとしても具体例を考える上ではいずれも必ずしもただちに有効な基準としては使えないということに留意しておくべきであろう。

三　天皇の補佐機関としての内閣

内閣は天皇の「国事に関する行為」に対して助言と承認を与える（三条、七条）。助言と承認の実質的な決定権は内閣にあるが、ただし、この補佐行為は天皇の国事行為に対応してほとんど形式的な行為にとどまる。また、補佐機関といっても、すでに述べたように最高の行政機関は内閣であって、日本国憲法下では天皇が最高の行政機関であり内閣がこれを補佐するという関係でないことは、いうまでもない。

第二節　内閣の構成と組織

一　内閣の構成

憲法は、「内閣は、法律の定めるところにより、その首長たる内閣総理大臣及びその他の国務大臣でこれを組織する」（六六条一項）と定める。このように、内閣は、首長たる内閣総理大臣及び一四人以内（ただし、特に必要がある場合には一七人以内）の国務大臣によって組織される（内閣法二条二項）合議体である。したがって、ここではまず、内閣総理大臣の地位が問題となる。

（一）　内閣総理大臣の地位

内閣総理大臣は、国会の議決で指名し、それに基づいて天皇が任命する（六七条一項、六条一項）。憲法は、内閣総理大臣に対して内閣の代表権（七二条）および行政各部の指揮監督権（七二条）を認め、さらに、国務大臣の任免権（六八条）および訴追同意権（七五条）を認めている。そこで、内閣総理大臣は内閣の首長である（六六条一項、内閣法二条一項）とされる。首長とは、内閣においては、他の国務大臣の上位にあり、対外的には内閣を代表することをいう。このため、総理大臣の実質上の地位は、大日本帝国憲法下での内閣総理大臣の地位（同輩中の首席）とは大きく異なりむしろ大統領の地位に近いとする見解もある。すなわち、大日本帝国憲法は、五五条一項で「国務各大臣ハ天皇ヲ輔弼シ其ノ責ニ任ス」とするだけで、内閣は憲法上の機関とはされず、内閣官制により内閣総理大臣を首班とし各国務大臣を以って組織される制度にすぎなかった。いいかえれば、各国務大臣がもっぱら天皇の信任に基づいて天皇に任命され、各個別に天皇の輔弼の責に任ずべきものとされたのであり、内閣は天皇を補助する行政機関の集合体にすぎなかったのである。したがって、内閣総理大臣も原則として他の国務大臣と対等であり、ただ、官制によって内閣の統一をはかり内閣を代表する首班いわば「同輩中の首席」としての地位を認められたにとどまる。これに対して日本国憲法では、右のように内閣総理大臣は内閣の「首長」である（六六条一項）とされているのである。

なお、内閣総理大臣は、それ自体が行政官庁（行政機関）としての地位を有することもある。すなわち、内閣府の長（内閣府設置法六条一項）が、これである。ここでは、主任の大臣（内閣法三条一項、内閣府設置法六条二項、国家行政組織法五条一項）として、行政事務を分担管理する。また、自ら各省大臣となることもできる（国家行政組織法五条二項但書）。

（二）　国務大臣の地位

国務大臣は、内閣総理大臣が任命する（六八条一項）。国務大臣は内閣総理大臣とともに合議体である内閣を構成する（六八条一項）。

国務大臣は内閣の構成員であると同時に、後述するように、通常は主任の大臣（各省大臣）としてそれぞれ行政事務を分担管理する（内閣法三条一項、国家行政組織法五条一項・二項）。各省大臣は、国務大臣の中から内閣総理大臣がこれを命ずる（国家行政組織法五条二項）。内閣府設置法二条および国家行政組織法三条、同法別表一によれば、内閣府、総務省、法務省、外務省、財務省、文部科学省、厚生労働省、農林水産省、経済産業省、国土交通省、環境省、および防衛省が設置され、これらの府および省の長が、主任の大臣（内閣総理大臣及び各省大臣）とされる。ただし、行政事務を分担管理しない大臣（無任所大臣）も認められる（内閣法三条二項）。なお、このほか国務大臣が内閣府におかれる委員会および庁（例えば国家公安委員会、金融庁など）の長となることもある。ただし、この場合は行政事務を分担管理するから無任所大臣ではないが、しかし「主任の大臣」とはよばれない。すなわち、この場合には主任の大臣にあたるのは内閣府の長たる内閣総理大臣だとされるためである。このほか、内閣の重要政策に関して行政各部の施策の統一を図るために特に必要がある場合には、内閣府において内閣総理大臣を助けるために国務大臣の中から特命担当大臣を置くことができる（内閣府設置法九条一項、二項）。

なお、内閣総理大臣および国務大臣の代理については憲法には規定がなく、内閣法により定められている。まず、内閣総理大臣については、内閣総理大臣に事故あるとき、または内閣総理大臣が欠けたときは、その予め指定する国務大臣が臨時に内閣総理大臣の職務を行う（内閣法九条）。この、予め指定された大臣は副総理とよばれることもある。この代理者がどの範囲まで内閣総理大臣の権限を代行できるかについては法律には規定はないが、これについては、例えば国務大臣の任命権は内閣総理大臣に専属するもので代理にしたしまないものであるから代理権の外にあるとする説がある。ただし、代理をおく以上特別の規定のない限り内閣総理大臣の職務のすべてを代理させるのが当然であるとする反論もある。また、国務大臣の代理については、内閣法は、主任の大臣に事故のあるとき、または主任の国務大臣が欠けたときは、内閣総理大臣またはその指定する国務大臣が、臨時にその主任の国務大臣の職務を行う（同一〇条）と定めている。

二　内閣構成員の資格

（一）　国会議員であること

憲法は、「内閣総理大臣は、国会議員の中から国会の議決でこれを指名する」（六七条一項）とする。この国会議員であるべきことという要件は、単に指名に際しての選任要件にとどまらない。就任後に国会議員たる地位を失った場合には、総理大臣たる地位も当然に失う、すなわち、在任要件であると解されている（通説）。ただし、任期の満了又は解散により議員たる地位を失った場合には、新国会の召集時までは在職できると解すべきである。

また、憲法は、「内閣総理大臣は国務大臣を任命する。ただし、その過半数は、国会議員の中から選ばれなければならない」（六八条一項）とする。これは、議院内閣制の趣旨を徹底させるためのものであり、この要件も、同様に、選任要件にとどまらず在任要件である。いいかえれば、これは、内閣の存続要件でもある。ただし、選任後に議員たる資格を失った国務大臣が何人かいたとしても、なお内閣総理大臣を除く国務大臣全体の過半数の要件をみたしていれば問題はない。また、かりに一時的にこの要件を欠いたとしても、直ちに内閣が行為能力を失うものでなく、内閣総理大臣がすみやかにこの要件を充たす義務を負うにとどまるとされている。ただいずれにせよ、従来は国務大臣のうちの大半が国会議員から選任されてきているため、現実にこれが問題となったことはない。

（二）　文民であること

憲法は、「内閣総理大臣その他の国務大臣は文民でなければならない」（六六条二項）とする。文民とは、本来は「軍人でない者」を意味する。すなわち、「文民優位」とか「文民統制」など、軍事に対する政治の優位を意味している。大日本帝国憲法下では、陸軍省官制および海軍省官制により、陸軍大臣および海軍大臣は軍人（大将又は中将）でなければならず、これは、軍部大臣武官制とよばれた。そして、これが軍部による政治介入のための一手段となっていたのである。自衛のための戦力（自衛隊）の保持が憲法九条に反しないのであれば、右の歴史に対する反省として、憲法はいわば軍部大臣文民制を定めたものと解すべきことになろう。しかし、従来大多数の学説は、憲法九条は陸海空軍その他の戦力を一切保持しないとするものだと解してきたため、わが国には軍隊および軍人は存在しえないのであるから、「文民」を単に軍人でないものと解したのではこの規定の意味はあまりないことになるとして、例えば過去において職業軍人の経歴を有する者は文民ではないとする説が主張されてきた。これは、この規定は軍国主義の排除を主目的とすることを強調するものである。これによれば、この規定は、平和主義の徹底のための一種の経過規定として、また「職業軍人の経歴をもった者」を排除するということは憲法一四条の平等原則と抵触するという論議の生ずる余地をなくすために、明文化されたとされる。

しかし、現実には、昭和二五年の警察予備隊の設置を経て、昭和二九年には、憲法九条は自衛権を否定しておらず、また自衛のための必要最小限度の戦力の保持を禁止していないとする政府見解の下で、自衛隊法に基づいて自衛隊が置かれ、また、防衛庁が設置されてその長官は国務大臣を以て充てるとされることになった。さらに、平成一九年には防衛庁が防衛省に変更され防衛大臣が置かれることになった。このような現状の下では、本条の「文民」とは、むしろ現に自衛官である者および過去において職業軍人であった者以外の者をいうと解すべきであろう。ただし、これに対して自衛隊違憲論の立場からは、このような解釈は、既成事実としての自衛隊の存在を前提とする場合に文官優位の原則を自衛隊に対して適用するという意義はあるが、そもそも九条の憲法解釈として妥当ではないとする批判もある。

三　内閣総理大臣の職務と権能

（一）　国務大臣の任免

憲法は、「内閣総理大臣は、国務大臣を任命する」（六八条一項）とし、さらに、「内閣総理大臣は、任意に国務大臣を罷免することができる」（同条二項）と定める。これは、内閣総理大臣の権限を強化することによって総理大臣による内閣の統一を確保させようとするものである。この任免は、内閣総理大臣の専権に属するもので閣議にかける必要はない。国務大臣の任免の認証（七条五号）についても、総理大臣が単独で助言、承認を行う。なお、ここでいう罷免とは本人の意思に反して一方的に国務大臣を退任させることをいう。本人の意思に基づく辞職は依願免とよばれる。後者については、憲法に規定はないが、内閣総理大臣の承認を得て当然行われうるとされる。そして、従来、国務大臣の進退が政治問題とされた場合、実際には依願免となるのが大部分で罷免の例は少ない。

（二）　国務大臣の訴追に対する同意

憲法は、「国務大臣は、その在任中、内閣総理大臣の同意がなければ、訴追されない。但し、これがため、訴追の権利は、害されない」（七五条）とする。これは、沿革的には、行政府（とくに、実際は政治家）に対する検察機関による不当な介入、圧迫を防止するためであり、また、その問題に関して総理大臣の閣内における首長としての地位を確保するためであるとされる。訴追とは、本来は刑事訴訟法による公訴の提起をさすが、身体拘束により内閣の職務の正常な執行が妨げられることは明らかであるから、国務大臣の身体の自由を保護するという憲法の趣旨を考えると、学説の多くは、それを前提とした身体の拘束（逮捕、拘留）をも含むと解している。しかし、昭和二三年の昭和電工事件に関する先例では、内閣総理大臣の同意なしに国務大臣が逮捕され、判例（東京高判昭和三四・一二・二六判時二一三号四六頁）もこれを支持している。ただし、現行法制下では、公訴の提起や逮捕なども含めて検事総長に対して法務大臣に指揮権（検察庁法一四条）が認められ、また、検察一体の原則（同七条）がとられているため、それに基づく措置がとられるならば、この同意権の実際的意義はほとんどなくなってしまうことになろう。

内閣総理大臣の同意は有効要件であり、同意なき訴追は無効となる。また、同意を与えるか否かは内閣総理大臣の裁量に属し、裁判所の審査権は及ばないとされる。また、「訴追の権利は害されない」とは、同意が拒否されて訴追できなくなると、その時から公訴時効の進行が停止することをいうと解されている。

なお、内閣総理大臣そのものを訴追できるかについては、七五条の国務大臣の中には内閣総理大臣も含まれるとし、訴追するためには総理大臣自身の同意を要するとする説、内閣総理大臣については七五条の適用はないが、皇室典範二一条の「摂政は、その在任中、訴追されない。但し、これがため、訴追の権利は、害されない」と同じ特典が認められ、在任中訴追されないとする説、および、総理大臣は自由に訴追できる（同意を要しない）とする説とがある。このうち、最後の説は、他の国務大臣に対して与えられる保障との関係で均衡を失するため、採用しがたい。

（三）　内閣の代表

内閣総理大臣は「内閣を代表して議案を国会に提出し、一般国務及び外交関係について国会に報告……する」（七二条）。ただし、内閣総理大臣が内閣を代表するのは右の七二条の場合に限られず、すでに述べたように、一般に内閣の首長として対外的に内閣を代表することになる。

（四）　法律及び政令の署名・連署

「法律及び政令には、すべて主任の国務大臣が署名し、内閣総理大臣が連署することを必要とする」（七四条）。すでに述べたように、これは法律の成立要件ではなく、あくまでも行政の執行責任を明らかにするためのものである。

（五）　行政各部の指揮監督

「内閣総理大臣は、内閣を代表して……行政各部を指揮監督する」（七二条）。なお、「内閣を代表して」について、内閣法は「閣議にかけて決定した方針に基いて」（同六条）としている。

（六）　両議院への出席、発言

「内閣総理大臣その他の国務大臣は、両議院の一に議席を有すると有しないとにかかはらず、何時でも議案について発言するため議院に出席することができる。また、答弁又は説明のため出席を求められたときは、出席しなければならない」（六三条）。

（七）　内閣法による権限

このほか、内閣法は、以下のような権限を定めている。

内閣総理大臣は閣議を召集し、議長となる（内閣法四条二項）。主任の大臣間における権限についての疑義は、内閣総理大臣が閣議にかけてこれを裁定する（同七条）。内閣総理大臣は行政各部の処分または命令を中止せしめ、内閣の処置を待つ（同八条）。内閣総理大臣および主任の国務大臣の臨時代理を指定する（同九条、一〇条）。

（八）　その他の法律による権限

内閣総理大臣は、その他の法律によりさまざまな権限を与えられている。例えば、緊急事態の布告および警察の統制（警察法七一条、七二条）、自衛隊の防衛出動および治安出動の下命（自衛隊法七六条一項、七八条一項）、公益事業の労働争議での緊急調整の決定（労働関係調整法三五条の二）、裁判所による行政処分の執行停止の決定に対する異議（行政事件訴訟法二七条一項）などである。ただし、裁判所の執行停止決定に対する内閣総理大臣の異議権は司法権を侵害し、裁判官の職権行使の独立性を害するものとして違憲の疑いがある。

四　国務大臣の権能

（一）　法律および政令への署名

国務大臣は、法律及び政令に主任の大臣として署名する（七四条）。

(二) 両議院への出席・発言

国務大臣は、両議院に出席して、発言する(六三条)。

(三) 内閣法による権限

内閣法による国務大臣の権限としては、以下の定めがある。

閣議に列席する(内閣法四条一項)。案件のいかんを問わず、内閣総理大臣に提出して、閣議を求める(同四条三項)。

(四) その他の法律による権限

国務大臣については、このほか、まず、国家行政組織法により主任の大臣として、事務の総括および職員の服務の統督(国家行政組織法一〇条)、政令の制定等の閣議への提案(同一一条)、命令(府、省令)の制定(同一二条)、告示、訓令、通達などの発布(同一四条)、関係行政機関の長に対する資料の提出・説明要求等(同一五条)などの権限が認められている。また、その他数多くの行政作用法により、各種の権限(例えば、許可、認可など)が与えられている。ただし、厳密にいえば、これらは内閣を構成する国務大臣としての権限ではなく、あくまでも国家行政組織法上の主任の大臣としての権限である。

五 内閣の総辞職

内閣は、内閣総理大臣を首長とする統一体であるから、内閣総理大臣の辞職はつねに内閣の総辞職となる。内閣総理大臣が自ら辞職する場合、および死亡または失格(除名、資格争訟または選挙訴訟などによる)によって内閣総理大臣が欠けた場合のほか、以下の場合に内閣は総辞職する。まず、衆議院で内閣不信任案が可決され、または信任の決議案が否決された場合(六九条)である。つぎに、衆議院議員総選挙の後に初めて国会の召集があった場合(七〇条)である。これらは、不信任あるいは改選による衆議院の構成の変化によって内閣はその存立の根拠を失ったのであるから、信任の基礎を新たにすべきであるという趣旨に基づくものである。

総辞職後の措置としては、国会は、他のすべての案件に先だって、すみやかに内閣総理大臣の指名を行わねばならない（六七条一項）。ただし、「内閣は、あらたに内閣総理大臣が任命されるまで引き続きその職務を行ふ」（七一条）。新内閣総理大臣が任命された時は、旧内閣の閣僚は、当然にその地位を失う。

六　内閣と国家行政組織

（一）　内閣以下の国家行政組織

国の行政を現実に行うためには、内閣の下にさらに行政組織が整備されなければならない。内閣府設置法二条および国家行政組織法三条、同法別表第一によれば、内閣府、総務省、法務省、外務省、財務省、文部科学省、厚生労働省、農林水産省、経済産業省、国土交通省、環境省および防衛省という一二の府および省が設置され、内閣総理大臣および国務大臣が主任の大臣としてこれらの府および省の長となり、それぞれの行政事務を分担管理する（内閣法三条一項、国家行政組織法五条一項・二項）。また、府または省の外局として、公正取引委員会、国家公安委員会（以上、内閣府）、公害等調整委員会（総務省）公安審査委員会（法務省）、中央労働委員会（厚生労働省）、運輸安全委員会（国土交通省）という六の委員会が設置され、さらに、金融庁、消費者庁（内閣府）、消防庁（総務省）、公安調査庁（法務省）、国税庁（財務省）、文化庁（文部科学省）、林野庁、水産庁（以上、農林水産省）、資源エネルギー庁、特許庁、中小企業庁（以上、経済産業省）、観光庁、気象庁、海上保安庁（以上、国土交通省）という一四の庁が置かれている（内閣府設置法四九条・六四条、国家行政組織法三条二項・三項、同法別表第一）。

内閣府および各省の長は、それぞれ内閣総理大臣および各省大臣とし、内閣法（三条一項）にいう主任の大臣として、それぞれ行政事務を分担管理する。各省大臣は、国務大臣の中から内閣総理大臣が任命する（国家行政組織法五条一項、二項）。委員会の長は委員長とし、庁の長は長官とする（同六条）。委員長または庁の長官は国務大臣の中から任命されることもある。これらの行政機関の内部組織とか所掌事務の範囲などは、国家行政組織法のほか政令で定められる（同七条）。また、必要がある場合には、法律の定めるところにより地方支分部局（例えば、税務署、法務局、財務局、労働基準監督署など）を置くことができる（同九条）。

（二）　官僚制と官僚主義

右に述べたような行政組織およびそれを担う公務員は、また、官僚制あるいは行政官僚とよばれることもある。官僚制とは、最広義においては一定の団体・組織における階層組織をさすものとして用いられることもあるが、一般的には、国家の活動とくに行政を遂行するための人的組織、すなわち、国家の行政機構およびそれを担う各種の官吏の総体をいう。この官僚制は、とくに一八、九世紀ヨーロッパ大陸の近代国家の成立にともなって生じたものである。

例えばマックス・ウエーバーは、官僚制が近代国家におけるいわゆる「合法的支配」の核心になりつつあるとして、主として以下のような、近代官僚制の特質をあげた。すなわち、①各官庁では、法規によって明示された権限の分配が行われる。②官庁間の上下関係の体系が明確化される。③文書と各種の官吏によって役所（事務所）が形成される。④職務および財産に関して公私が分離される。⑤専門的訓練に基づく職務執行がなされる。⑥専従の職員による職務遂行がなされる、などである。このように、官僚制は、それ自体が組織的に完結した専門家集団として、また、合理的規則に従って形式的に行政を遂行するものとして、いわば計算可能性、機能的合理性、政治的（政党的）中立性・公平性などの長所をもっているということもできるとされる。

近代国家の成立から今日にいたるまで、国家が社会的な諸々の権力を国家に集中し、また、国家がさまざまな役割を引き受けていく中で、この官僚制の発達は必然的ななりゆきであったともいえる。もちろん、政治制度の違いによってその発達の程度が異なることはいうまでもない。ただし、一般論として、この官僚制は、一面で、その公平性・中立性という外見によっていわゆる合法的支配の一つの根拠となると同時に、反面で、議会政に対立する官僚による支配の危険性を常に内包しているのである。とくに現代国家においては、行政の運営の上で膨大な官僚群を必要とする。もとより、官僚が行政の執行のために専門技術的能力をもつことは好ましいことであるが、しかし、同時に、その能力が独占的に官僚に蓄積されることによって、官僚は実質的に政策決定者の地位を獲得し、内閣でさえこれを十分にコントロールできなくなることにもなりかねない。そして、その結果、現代国家は、議会による統制の及ばない官僚制行政国家となる危険が高まっているとされるのである。したがって、これに対する議会のコントロールをいかにして可能とするかが課題となる。

また、官僚制は、官僚主義とよばれる弊害を生じやすい。すなわち、一定の階層組織に属する者の同僚意識は一定の行動様式を生み出しやすいのであるが、とくに国家権力を与えられた官僚組織における同僚意識は、その存立自体が自己目的化され、また、その公共性が忘れられたような場合には、本来の長所よりもその弊害の方が目立つものとして批判を受けるようになる。その弊害として批判されるような行動様式の例として、一般的には、形式主義、画一主義、先例・慣行の固執、権威主義、独善、不親切、秘密主義、セクショナリズム、保身、責任回避などが、あげられている。

とくにわが国では、例えば大日本帝国憲法下での天皇制の支配原理の下での官僚制が基本的に引き継がれたため、権威主義、不親切、秘密主義など官尊民卑の姿勢や極端なセクショナリズムなどが問題となってきた。そして、官僚主義にかかわる今日的な課題としては、わが国の行政官僚のセクショナリズム（タテ割り行政）があげられる。すでに述べたように各主任の大臣が行政事務を分担管理することから生ずる摩擦を避けるために、現行法では当然各大臣の権限の範囲を限定的に分けている。また、日本国憲法下での官僚制は、大日本帝国憲法下での各官庁単位の分業体制を基本的には引き継いだといえる。その結果、わが国では、国家行政はその権限がいわゆるタテ割りの形で各省庁に分割されてきている。このこと自体はいちがいに悪いことではないが、逆に、今日ではこれが行きすぎて、いわば各省庁の独り歩き、あるいは、縄張争いなどが生じているといわれているのである。例えば「わが国には省益あって国益なし」という言葉があるが、これなどはこのあたりの問題点を端的に表現したものである。したがって、憲法的観点からいえば、ここでは、逆に、行政官僚のセクショナリズムを排して、国政全体を総合調整するための内閣ないしは内閣総理大臣の指導力が発揮できるような条件を考えるべきことが必要であるということになろう。これが実現できない限りは、後述する行政権の優位というものの実態は官僚制の優位となるだけでなく、さらに各省庁の官僚の優位を意味するものとなる。

なお、内閣ないしは内閣総理大臣の指導力の発揮というのは、立法府である国会との関係で主張されることもある。そして、この意味での指導力の強調については、憲法の定める権力分立制度のあり方そのものにかかわる問題であるから、なお慎重に検討する必要があろう。しかし、右のような行政官僚に対する内閣ないしは内閣総理大臣の指導力の確保・発揮というのは、議院内閣制の下では結局は議会による行政官僚のコントロールの問題に結びつくものであるから、これとは意味が異なっており、むしろ議会制民主主義に適合するものであるともいえる。例えば平成一一年に制定された内閣府設置法により「内閣の重要政策に関する内閣の事務を助けることを任務」として内閣府が設置され（同三条一項）、また、「内閣の重要政策に関して行政各部の施策の統一を図るために特に必要がある場合」には国務大臣としての特命担当大臣を置くことができるとされた（同九条一項、二項）のは、右に述べたような課題に対応するために官僚に対する政治（内閣および国会）の指導力を強めるための試みだといえる。

また、このほかわが国に固有の問題としては、例えば、平成五年八月のいわゆる非自民連立政権の誕生までの三八年間にわたって自由民主党政権による一党支配が続いたため、官僚の意識がいつしか国民の官僚から自民党の官僚へと変質してしまったと指摘されるような状況があげられる。もちろん、その後政権交代を経てさまざまな形の政党の再編成が行われたため、このような状況にも若干の変化の兆しはあるが、基本的な傾向は変わってはいないといえよう。

（三）　行政国家現象

また、より一般的な権力分立にかかわる今日的課題としていわゆる行政国家現象があり、したがって、また、そのような状況の下でいかにして国会および国民による民主的コントロールを確保すべきかという課題がある。すなわち、そもそも現代国家においては、三権の中で行政権が担う役割そのものがますます増大してきている。すでに述べた官僚制の発達はその一面をあらわしているにすぎない。この原因は、基本的には、資本主義が発達する中で国家のはたすべき役割が経済・社会の全面にわたって拡大すべきだとされるようになったことにある（積極国家観）。すなわち、経済的には独占資本主義段階に至り、また、国際的にはいわゆる帝国主義戦争を経た今日では、国家権力とくに行政府の影響力は、国内的にもまた国際的にも、多様な経済政策および社会政策を通じて経済・社会の中に深く浸透せざるを得なくなっているとされるのである。

そして、このことは、憲法との関係では、現象的には以下のような問題を生じさせている。すなわち、①立法過程における行政府（実質的にはそれを支える行政官僚）の実質的な役割が増大した。②委任立法が増大し、内容的にも白紙委任に近いものが多くなった。③複雑多様な行政活動を根拠づける法律の規定の中で、行政府の裁量的判断を認める部分が増大し、行政に対する法律による拘束がゆるめられた。④例えば通達とか要綱など、国民に対する法的拘束力をもたず本来は行政内部の基準にすぎないものが、実質的に行政執行の中で実効性をもつものとなっている。⑤法令の根拠に基づかずに国民の自発的な協力を求めて行政目的を達成するという行政指導が、さまざまな形で多用されている（これは④と併用されることも多い）。⑥従来、法律による行政の原則は国民の権利・自由を制限する規制・侵害行政に適用されるものとして考えられてきたが、今日では、社会保障、教育、補助金交付などの給付・授益行政の分野が拡大している。そして、この分野での行政活動に対する法律による拘束は相対的にゆるやかなものとなっている。これらの現象は、国会が中心となって行政をコントロールするという憲法四一条以下の立法国家思想を実質的に崩すものである。そこで、これは行政権の優位とか行政国家現象などとよばれているのである。

（四）　行政の民主的統制のための課題

右に述べたように、今日では、膨大な官僚群を擁し、かつ、権力の肥大化した行政府をいかにして民主的にコントロールするかが、一つの課題となる。そして、これに関しては例えば以下のような対応策が提示されている。

（ア）　情報公開制度

官僚制の弊害の一つである秘密主義を打破し、また、いわゆる政・官・財の癒着（政治腐敗）を防止するためには、可能な限り政府の保有する情報が開示されることが必要である。情報公開制度を求める憲法上の根拠として、国民には「知る権利」があることは、すでに確立している。従来、地方公共団体のレベルでの情報公開条例が先行し、国のレベルでの制度化は遅れていたが、平成一一年にはようやく情報公開法（行政機関の保有する情報の公開に関する法律）が制定されている。

（イ）　行政手続法

例えば、許可取消、不許可など各種の行政処分が行われる行政過程において国民の側の言い分、要望などが十分に反映され、公正な行政上の決定がなされるようにするためには、行政手続法が制定されねばならない。これについても立法化が遅れていたが平成五年には国の事務に関する行政手続法がようやく制定されるに至った。さらに、平成一七年の法改正では、後述するような政令その他の命令の制定に関する一般原則が定められ、また、命令制定機関は命令等を定めるに先立ってこれについての意見公募手続を踏まなければならないとするいわゆるパブリック・コメントが制度化されている。これは、右に述べたような課題に対応するために命令制定手続における透明性および公正性を高めようとするものである。

（ウ）　委任立法に対する国会の監督

今日においては委任命令（委任立法）が増大せざるを得ないとしても、右に述べた一般国民向けのパブリック・コメント制度とは別に、国会は委任を受けて行政府が制定した行政立法の内容を何らかの形で独自に事後的に監督、統制する工夫を考えるべきであり、それがまた、立法府たる国会の責任であるともいえよう。

（エ）　裁判所による行政裁量の統制

今日、裁判所は自らの自制的判断によって行政府の裁量的判断（とくに、いわゆる専門技術的判断および政策的判断）を尊重する傾向が強いが、右に述べたような事情を考えれば、むしろ、裁判所はできるだけ行政裁量の統制の強化をするための工夫をすべきである。

（オ）　オンブズマン制度の設置

オンブズマン（ombudsman）とは、行政を監視し、違法ないし不当な行政活動から非司法的な手段を用いて市民を守る役職をいう。その具体的な活動としては、例えば一般の市民からの苦情に基づいて、あるいは、職権により行政の活動を調査し、改善を勧告し、それらを公表することなどがあげられる。本来の典型的なオンブズマンは、行政の監視のために議会におかれる議会型オンブズマンをいう。もともと、これは一八世紀以降スエーデンで創設されたものであるが、現在では欧米の各国で、さまざまな形で採用されてきている。ただし、今日では、苦情処理とか行政救済などをはかるために行政府に付置される行政府型オンブズマンという形もある。

わが国でも、近時、両議院の国政調査権（六二条）を国会による行政統制のための憲法上の根拠として、議会型オンブズマンの設置を主張する声も強まってきている。ただし、実際の動きとしては、例えば総務庁行政監察局オンブズマン制度研究会の報告（昭和六一年）で、行政府型のオンブズマンの構想が示されるにとどまっている。そして、平成二年七月には川崎市で「川崎市市民オンブズマン条例」が制定されている。ただし、これは行政府型オンブズマンである。すなわち、わが国の地方自治法では、議会には事務局以外の附置機関の設置が予定されていない（同一三八条）ため、この条例では、市民オンブズマンは市長等の執行機関の附属機関（同一三八条の四第三項）として設置されている。ここでは、市民オンブズマンの定数は三人であり、このうちの一人が代表オンブズマンとなる。市民オンブズマンは市長が議会の同意を得て委嘱し、任期は三年である。その職務としては、苦情を調査すること、非違の是正等の措置を講ずるよう勧告すること、制度の改善を求めるための意見を表明すること、それらの内容を公表することなどがある。このほか、民間レベルで市民団体などが自主的にオンブズマンを設置して活動するという形も現れている。ただし、その後は議会型、行政型ともに公的制度としてのオンブズマンの設置はあまり進んでいない。

第三節　内閣の職務と権能

一　内閣の権能

内閣の行う権能は、形式的には、憲法七三条に列挙されている権能、七三条列挙以外の一般行政事務に関する権能、憲法の他の条文によって授権された権能の三種がある。ただし、これを実質的にみると、行政に関する権能、国会との関係での権能、司法に関する権能、天皇の国事行為に対する助言と承認、という四種に分けることができる。ここでは、後者の分類に基づいて説明する。

二　行政に関する権能

（一）　法律の執行及び国務の総理（行政一般）

憲法は七三条で「内閣は、他の一般行政事務の外、左の事務を行ふ」として、「法律を誠実に執行し、国務を総理すること」（一号）とする。法律の執行は行政の本質であり、法律にもとづく行政は、行政一般の原則である。一般に国務とは、立法、司法、行政のすべてを含むものであるが、通説は、ここでいう国務とは行政事務をいい、国務の総理とは、最高の行政機関として、行政事務を統轄し、行政各部を指揮監督することをいうとする。これに対して、「国務」の意義を字義通りに解して、内閣は国政全般について配慮する権利と義務をここにあたえられているとする説もある。ただし、この説による場合でも、内閣が一般的に立法行為あるいは司法行為をすることを認めるものではなく、また逆に、通説も行政の意義に関する控除説をとるため、実質的には両者にはあまり差はないとされている。いずれにせよ、ここでいう「国務の総理」は、憲法四一条および本号前段の「法律を誠実に執行し」と関連づけて、あくまでも広い意味での「法律による行政」の原則の下にあることを確認しておくべきである。

なお、内閣は自ら違憲と考える法律の執行を拒否できるかが問題となる。憲法尊重擁護義務（九九条）を根拠として、これを肯定する考え方もある。しかし、国会の最高機関性（四一条）および裁判所の違憲立法審査権（八一条）との関連からみても、内閣には法律の合憲性についての実質的な審査権および法律の執行の拒否権は認められないとすべきであろう。いずれにせよ、これをめぐる問題については、法的な処理ではなく、内閣不信任とか衆議院の解散などのような政治的な処理による解決にまかせるべきことになろう。

このほか、自衛隊法では、自衛隊に対する最高の指揮監督権は内閣を代表する内閣総理大臣にあるものとしている（同七条）。自衛隊法も広い意味でいえば行政法に属するため、これも法律に基づく内閣総理大臣の行政に関する権限だということになる。ただし、このような軍事的な権限は内容的には一般行政とはいえず、また、本来ならば憲法規定として明示すべきものだともいえる（いいかえれば、このことは、憲法がこのような権限を少なくとも当初は予定していなかったということを意味している）。

（二）　外交に関する事務

「外交関係を処理すること」（七三条二号）は内閣の所管とされる。日常の外交事務は外務大臣の主管としてもよいと解されている。ただし、外交使節は内閣が任免し、全権委任状や大使、公使の信任状や解任状その他の外交文書は内閣が作成し、外交文書の受理、外交使節の承認および信任状の受理は内閣が行う。

また、内閣は条約を締結する。「ただし、事前に、時宜によっては事後に、国会の承認を経ることを必要とする」（七三条三号）。条約とは、協定、協約、議定書、憲章など名称のいかんを問わず国家間の文書による合意（実質上の条約）をいう。条約の締結とは、内閣の任命する全権委員の調印（署名）および内閣によるその批准をいう。すでに述べたように、国会の承認は批准の前になされることを原則とする。ただし、国家および国民の権利・義務その他実質的な法律関係にはかかわらない細目的・技術的な定め（条約を実施するための、いわゆる行政協定）については、国会の承認を要しない。

なお、このように、内閣が外交権限を独占し、対外的に日本国を代表していることから、日本国の元首は内閣（あるいは、それを代表する内閣総理大臣）であるとする考え方もある。ただし、あえてこのように「元首」の定義をするとしても、「国民主権」主義の下では、それは対外的な意味しかもたないことに注意すべきである。

（三）　官吏に関する事務

内閣は、「法律の定める基準に従ひ、官吏に関する事務を掌理する」（七三条四号）。この規定は、歴史的には大日本帝国憲法下の天皇の官制大権を否定して、官吏に関する事務を法治主義の下に置くことにしたという点に意義がある。官吏に関する事務の掌理とは人事行政事務を行うことを意味するが、これが官吏の任免権をも意味するかについては、積極説、消極説の両者に分かれる。実際は、憲法および法律の規定により任命権者が内閣でない場合も多い。ここで、官吏とは国家公務員をいい、その給与・分限・服務・懲戒等に関する基準として国家公務員法が定められている。また、人事行政事務を掌理させるため、同法により、人事院が内閣の所轄の下におかれている（同三条以下）。

なお、権力分立の見地からみて、国会職員および裁判所職員は、この「官吏」から除外されるとする説もある。しかし、右に述べた歴史的意義からすれば、まず、官吏に関する事務全体を法治主義の下に置いた上で、右のような問題については「法律の定める基準」によって適切な処理をなすべきであると解される。いずれにせよ、現実には、国家公務員法で、裁判官、裁判所職員、国会議員、国会職員、その他の行政府の職員が特別職として同法の適用を除外されている（同二条三項、五項）。

（四）　政令の制定

（ア）　命令と政令

内閣は、「この憲法及び法律の規定を実施するために、政令を制定する」。「但し、政令には、特にその法律の委任がある場合を除いては、罰則を設けることができない」（七三条六号）。従来、行政機関が制定する法は「命令」とよばれてきているが、その中でも、内閣が制定する命令が「政令」である。また、一般に、この命令は、執行命令と委任命令とに分けられる。執行命令は、法律を実施するための施行細則にあたり、ここでは、国民の権利を制限し、義務を課し、あるいは、罰を科すること（このような内容を定めたものを「実質的意義の法律」あるいは「法規」と呼ぶ）を内容とすることができない。ただし、法律の委任がある場合には、命令の中でこれらの内容を定めることができる。これを委任命令という。これについては右に述べた罰則に関する定め以外については憲法上の明文の規定はないが、七三条六号但書の趣旨からみて許されると解されている。そこで、内閣法でも「政令には、法律の委任がなければ、義務を課し、又は権利を制限する規定を設けることができない」（同一一条）とする。ただし、この委任命令の背景および問題点については項を改めて後述する。

ところで、大日本帝国憲法下では、このほか代行命令と独立命令とがあった。代行命令とは、法律に代わって規定を設けるもので、法律と同等の形式的効力をもつ命令（同位命令）をいう。独立命令とは、法律と無関係に制定される命令をいう。大日本帝国憲法は八条で「天皇ハ公共ノ安全ヲ保持シ又ハ其ノ災厄ヲ避クル為緊急ノ必要ニ由リ帝国議会閉会ノ場合ニ於テ法律ニ代ルヘキ勅令ヲ発ス」、「此ノ勅令ハ次ノ会期ニ於テ帝国議会ニ提出スヘシ若議会ニ於テ承諾セサルトキハ政府ハ将来ニ向テ其ノ効力ヲ失フコトヲ公布スヘシ」として、代行命令を認め、また、九条で「天皇ハ法律ヲ執行スル為ニ又ハ公共ノ安寧秩序ヲ保持シ及臣民ノ幸福ヲ増進スル為ニ必要ナル命令ヲ発シ又ハ発セシム但シ命令ヲ以テ法律ヲ変更スルヲ得ス」として独立命令を認めていた。しかし、日本国憲法の下では、国会は国の唯一の立法機関である（四一条）という基本原則から、これらの代行命令および独立命令は認められない。

なお、憲法の規定を実施するための政令を制定できるかが問題となるが、このような政令は一般に認められないと解されている。すなわち、四一条との関係からみれば、法の執行は憲法・法律・政令という段階を順次経た上で行われるというのが憲法の趣旨であるから法律を実施する政令だけが認められるべきだとするのが通説である。しかし、昭和三〇年には、褒章条例が政令で改正されて新しい種類の褒章が設けられている。この政令は法律の規定を実施するものでもなく、また、法律の委任に基づいたものでもなかったため、これは憲法を直接に実施するための政令として違憲であると批判されている。

（イ）　政令以外の命令

権力分立制の下での立法府と行政府との間の権限の分配関係というのは、形式的にいえば、本来、とくに行政の執行を含む国家作用を行うに際しての一般的・抽象的な基準としての意味をもつ法律の制定は立法府たる国会が行い、内閣以下の行政府はそれを個別的・具体的に適用・執行するということを意味している。とはいえ、実際上は、行政の各種の作用の基準となるような内容のすべてを法律の中に定めるということはきわめて困難である。そこで、法律ではより一般的・抽象的な重要事項にあたる内容のみを定め、より細目的な基準を定める権限を行政府に委ねざるを得ないことになろう。右に述べたように、憲法七三条六号は「政令」という法形式（通常は、〇〇法施行令という名称が付されている）において、行政府たる内閣が立法行為を行うことを認めたものである。そして、この趣旨を受けて、現実には法律でさらにいくつかの行政府による立法的行為の形式が定められている。

例えば、内閣総理大臣および各省大臣が制定する内閣府令および各省の省令（内閣府設置法七条三項、国家行政組織法一二条一項。これは、通常は〇〇法施行規則という名称が付されている）、各委員会および各庁の長官が制定する規則（内閣府設置法五八条四項、国家行政組織法一三条一項）、人事院規則（国家公務員法一六条）などがそれである。その他、地方公共団体の行政機関については、例えば、地方公共団体の長および委員会が定める規則（地方自治法一五条）、教育委員会規則（地方教育行政法一四条）、などがある。

このような行政府が定める立法形式は、憲法の認める政令も含めて、講学上、「命令」（あるいは、法規命令、行政立法など）とよばれている。このように、法律によって行政権に対して立法的な権限を付与することは、いわば、憲法七三条六号の趣旨を拡大解釈するものであり、憲法四一条に反するのではないかという問題がないわけではない。これについては、右に述べたような実質的な事情に加えて、憲法四一条が実質的意味の法律（法規）を国会が独占するという趣旨と、形式的な意味の法律の制定権を独占するという趣旨をもつにとどまり、「法律」以外の形式的な意味での立法行為までをも独占するものではないと解されることによって、合憲であるとされるであろう。ただし、右の実質的意味の法律については国会が「唯一の立法機関」であるという原則との関係で、いわゆる委任命令については厳格なチェックが必要となる。

（ウ）　執行命令と委任命令

すでに述べたように、憲法四一条の「法規独占」の原則との関係でいえば、国民の権利を制限したり、国民に義務を課したり、あるいは、国民に罰を科したりするような内容の定めは、原則として、立法府たる国会に専属する権限とされているのであり、これは「法律による行政の原則」（侵害留保説）ともよばれている。したがって、行政立法（命令）によって定め得る内容の範囲は、原則的には、右のような国民の権利・義務に直接かかわりをもつことがら以外のものに限られるということになる。このような行政立法は執行命令とよばれている。

しかし、現実には、行政立法の内容をこのように執行命令に限定せずに、行政府に対して右に述べたような国民の権利義務にかかわる内容を含む立法権を委任することが必要な場合も生ずる。例えば一定の品目に関する輸出入の規制を行う場合のように、経済的、政治的な状況の変化に迅速に対応する必要があるため、すべての事項に関して法律の定めに基づくべきものとするのは困難であるというような場合がこれにあたる。そこで、法律の委任に基づいて行政府が右のような国民の権利・義務に直接かかわりをもつような内容の定めをすることができるものとされることもある。これは、憲法（七三条六号但書。なお、内閣法一一条も参照）自体が認めた例外であり、そして、この趣旨が拡大されて、法律（内閣府設置法七条四項・五八条五項、国家行政組織法一二条三項・一三条二項）でも、府・省令および規則に関してこれを認めている。これについては、その合憲性が問題とならないわけではないが、このような定めは本質的には憲法七三条六号但書の趣旨の範囲内にあると解せないことはない。このような内容の定めをする行政立法は委任命令（委任立法）とよばれている。また、このように、実質的な意味での法律（法規）にあたるような内容の定めをすることができるという意味で、これらの命令は「法規命令」とよばれることもある。

このような委任命令（委任立法）は、一般的にいえば、二〇世紀の積極国家観の下で行政の内容が複雑多様化し、かつそれが高度に技術化したため、それらの分野については専門的な知識・経験を蓄積した行政府に委ねる方が好ましいということに、その主たる実質的な根拠があるとされている。また、このほかにも、制定手続が法律よりも比較的容易な行政府の定める命令であれば、社会経済的な変化に時宜に応じて対応しやすいことがあげられる。現実には、例えば、各種の許・認可に関する基準の設定とか給付行政にかかわる基準の設定など、かなり重要な事項が命令に委任されている。

ただし、このような形で委任命令が増大するということは、反面で、立法府たる国会の存在意義が低下し、その分だけ行政官僚の国政での主導権が強まり、いわゆる行政国家現象がさらに進められることになる。また、このことは、国政に関する実質的な決定が行政機関内部の狭い範囲内で行われることを意味するため、国会内の「族議員」と行政官僚および業界との癒着の可能性をさらに強めるものとなる。これらの点を考えると、後述する政令その他の命令についてのパブリック・コメント制度のほかに、委任命令の内容に対する国会による事後的な監督を制度化するなど、何らかの工夫が必要であるとする考え方もある。

（エ）　白紙委任の禁止

そして、右の趣旨からすれば、法律による委任はあくまでも個別的・具体的になされねばならず、一般的・包括的な委任あるいは白紙委任は許されない。すなわち、その法律（条項）の主要事項は法律自体で定められていなければならず、また、委任の範囲も限定されていなければならない。例えば犯罪構成要件の白紙委任などは法律（条項）の主要な内容の定めを委任するものであり、したがって、罪刑法定主義（三一条）にも反するものであり、違憲となる。そこで、例えば公務員の政治的行為を規制する国家公務員法一〇二条は、一定の行為類型の禁止を定めるほか、禁止されるべき具体的な「政治的行為」の定義を全面的に人事院規則一四―七に委任しているが、これは右に述べた白紙委任にあたるものと解される。ただし、最高裁は、「人事院規則には国家公務員法の規定によって委任された範囲を逸脱した点も何ら認められず、形式的にも違法ではないから、憲法三一条違反の主張はその前提を欠く」として合憲としている（最判昭和三三・五・一刑集一二巻七号一二七二頁）。この判決では、実質的な理由づけは示されていないが、ここでは、制限を受けている権利が表現の自由という重要な権利であり、これはもともと法律によっても安易に制限することが許されないこと、また、人事院規則の定めが詳細であるのに比して国家公務員法一〇二条の定めが簡単にすぎることなどを考慮するならば、右の委任は白紙委任にあたるというべきであろう。いずれにせよ、このような場合の委任の合憲性については、制限される権利の性格、委任の趣旨・目的、委任を受けた命令の種類など、それぞれの要素の相互関係を考慮して判断されるべきである。

なお、例えば一九三三年にワイマール憲法下のドイツで制定された「授権法」(政府に法律制定権とか憲法改正権などを与えたもの)のようなものは、ここでいう白紙委任にあたり違憲であるともいえるが、むしろ、そもそもこのような形の授権は、ここでいう委任命令の概念をはるかに超えるものであり、その意味ではじめから制定不能であるというべきであろう。

(オ) 再委任の可否

法律によって命令(例えば政令)に対して委任された事項についての定めを、より下位の命令(例えば省令とか規則など)にさらに委任することが許されるかについては問題がある。これは「再委任」とよばれるが、判例は二つの型の再委任について合憲としている。一つは、法律により委任を受けた政令では一定の枠を定めるにとどめ、その範囲内で、さらにその他の命令が必要な規定を定めることを法律が委任した例(最大判昭和二六・一二・五刑集五巻一三号一四六三頁)である。もう一つは、法律による委任を受けた政令が、さらに罰則の構成要件の一部についての定めを、下級行政機関(税務署長の指定)に委任した例(最大判昭和三三・七・九刑集一二巻一一号二四〇七頁)である。ただし、このような再委任は、限定的でかつ、法律の趣旨に照らして必要やむを得ない理由がある場合に限り許されるものと解すべきであろう。また、後者については、かりに再委任そのものは正当化しうるとしても、本来、法律によって行政立法の法形式として認められていない形式(税務署長の指定)にまで法規たる内容の定めを委任するのを許容したという点には問題がある。

（カ）　委任の趣旨に反する命令の効力

法律による委任の趣旨に反する命令は無効とされる。政令および省令の効力が問題となった最近の判決として は、児童手当法施行令の規定の一部（括弧書）だけが、法の委任の趣旨に反して無効とされた例（最判平成一四・一・三一民集五六巻一号二四六頁）、および、監獄法施行規則の規定が法の委任の趣旨を越えて無効だとされた例（最判平成三・七・九民集四五巻六号一〇四九頁）がある。

（キ）　命令の制定に際しての意見公募手続等

平成一七年の行政手続法の改正によって、命令の制定に関する一般原則および意見公募手続が追加されている。すなわち、まず、行政手続法三八条は「命令等を定める機関（閣議の決定により命令等が定められる場合にあっては、当該命令等の立案をする各大臣。以下『命令等制定機関』という。）は、命令等を定めるに当たっては、当該命令等がこれを定める根拠となる法令の趣旨に適合するものとなるようにしなければならない」（一項）とし、また、「命令等制定機関は、命令等を定めた後においても、当該命令等の規定の実施状況、社会経済情勢の変化等を勘案し、必要に応じ、当該命令等の内容について検討を加え、その適正を確保するよう努めなければならない」（二項）として、命令等を定める場合の一般原則を定めている。そして、それに続いて同法では、命令等制定機関は命令等を定めようとする場合には、当該命令等の案およびこれに関連する資料をあらかじめ公示し、意見の提出先および意見の提出のための期間を定めて広く一般の意見を求めなければならない（同三九条一項）とし、それに関する意見公募手続（パブリック・コメント）を定めている（同三九条～四五条）。

これは、右に述べたような課題に対応するために命令制定手続における透明性および公正性を高めようとするものである。

（ク）　行政規則

なお、このほか、国民に対して向けられた法規範たる性質を有せず、行政内部の行為基準として行政内部の拘束力のみを有する一種の立法的行為として、例えば各大臣、各委員会および各庁の長官が制定する告示および訓令、通達（内閣府設置法七条五項・五八条六項、国家行政組織法一四条一・二項）がある。これらは「行政規則」とよばれることもあるが、これらのほかに、例えば規程、要綱、要領等の名称で各種の行政内部の行為基準が定められることも多い。

ここで注意すべきことは、これらの行政規則たる通達等の形式は、国民に対して向けられた法規範である法規命令としての内容をもつことはできないということである。その意味では、例えば「告示」という法形式などは、国家行政組織法の規定の位置からすればあくまでもこの公示をともなう行政規則にあたるにとどまると解されるにもかかわらず、実際には「委任命令」に近い内容をしばしば含むことがあるという点で問題がある。例えば学習指導要領（文部科学省告示。これは、教科書検定の基準としても用いられる）とか、生活保護基準（厚生労働省告示。これは、実質的な生活保護の内容を定める）などは、実質的に国民の権利・義務にかかわりをもつものである。このように、この告示に法規命令としての役割を果たさせることには、本来なら「違法」の疑いがある。また、すでに述べたように、犯罪構成要件の再委任における「税務署長の指定」への委任についても、本質的にはこれと同様の問題が含まれているのである。

（五）　財政に関する事務

内閣は、「予算を作成して国会に提出する」（七三条五号）。また、内閣の責任で予備費を支出する。予備費の支出については、事後に国会の承諾を得なければならない（八七条）。さらに、国の収入支出の決算につき会計検査院の検査を受け、次の年度にその検査報告とともに、これを国会に提出する（九〇条）。このほか、国会及び国民に対し、定期に少なくとも毎年一回国の財政状況について報告する（九一条）。なお、これらについての詳細を定めるものとして財政法がある。これについては、後述する。

（六）　その他の一般行政事務

内閣は右のいずれにも属さない一般行政事務（七三条本文）を処理する。なお、「行政」の意義については、すでに述べたように通説では、国家作用のうちで「立法」および「司法」を除いたものとする「控除説」がとられている。

三　国会に対する権能

国会に対する権能としては、すでに述べたように、臨時会の召集の決定（五三条）、衆議院の解散（六九条、七条三号）、参議院の緊急集会の開催の要求（五四条二項）、法律案、予算、条約など議案提出の決定などがある。

これらの中で内閣の議案提出権については、とくにその中に法律案の提出権が含まれるとすべきかが問題となる。これについては、例えば予算については七三条五号および八六条によって、また、条約については七三条三号によって明らかであるのに対して、法律案については憲法上何らの定めもないこと、および、四一条により国会は唯一の立法機関であるとされている（国会単独立法の原則）のにかんがみると、内閣に法律案の提出権を認めるのはこの原則に反するとして、この提出権を否定する説もある。しかし、学説の多くは、例えば七二条の「議案」の中には法律案も含まれると解されること、予算についての定めは内閣のみが提出権をもつという趣旨を定めたにすぎないと解すべきこと、実質的にみても法律案が内閣から提出されても国会はこれを修正あるいは否決できるのであるから、内閣の法律案の提出は国会単独立法の原則に反するわけではないこと、また、国会内の多数の党派が内閣を形成する議院内閣制の下では、内閣に提出権を認めてももともと理論上も国会単独立法の原則に反するおそれはないといえること、などを根拠としてこれを肯定する説が多い。

アメリカの大統領制のように厳格な三権分立をとっている場合とは異なり、わが国のような議院内閣制の下では、内閣に法律案の提出権を認めるべきであろう。これを否定するということは、法律制定に関する国会の主導権を主張するという精神的な意義はたしかにないわけではないが、議院内閣制の下では理論的にも現実的にもその実益はあまりないというべきである。現実に、今日では、法律案の大部分は内閣提出によるものとなっている（実際、内閣法五条では、内閣の法律案の提出権を明文化している）。

なお、このほか、さらに内閣は憲法改正案の提出権を有するかが問題となる。議院内閣制の下では、実質的にはこれを否定する実益に乏しいことは同様である。ただし、わが国のように憲法改正についてはとくに国民を代表する国会に発案権を限定すべきであるとする考え方、および、憲法改正手続は法律の制定手続よりも厳格なものとされていることから法律と憲法改正とは区別すべきであるとする考え方も有力である。そこで、例えば法律案の提出権を肯定する立場に立ちながらも憲法改正案の提出権についてはこれを否定するという説もある。法律の制定のように国政の運営の上でいわば日常的に必要なものに関しては、議院内閣制の下では内閣提出のものが中心となることも実際上は当然であり、したがってそれが常態であるということはできるとしても、憲法改正というのはもともと例外的なことがらである。その点からいえば、この問題に関しては議院内閣制はそれほど強い根拠とはなりえないというべきであろう。

四　司法（裁判所）に対する権能

司法に対する権能としては、以下の二つがある。

（一）　恩赦の決定

内閣は「大赦、特赦、減刑、刑の執行の免除及び復権を決定する」（七条六号）。恩赦の種類は恩赦法によれば以下のものがある。大赦は、政令で罪の種類を定めて、一般に刑を免ずる（恩赦法二条）。すなわち、有罪の言渡を受けた者については、その言渡の効力を失わせ、また有罪の言渡を受けていない者については公訴権を消滅させる（同三条）。特赦は、有罪の言渡を受けた特定の者に対して、言渡の効力を失わせる（同四条、五条）。減刑は、刑の言渡を受けた者に対して政令で罪もしくは刑の種類を定めて、または刑の言渡を受けた特定の者に対して、刑の減軽などを行う（同六条、七条）。刑の執行の免除は、刑の言渡を受けた特定の者に対して、刑の執行を免除する（同八条）。復権は、有罪の言渡を受けたため、法令の定めるところにより、資格を喪失し、または停止されたものに対して、政令で要件を定めて、または特定の者に対して、資格を回復させる（同九条、一〇条）。

なお、恩赦の具体的な実施方法としては、政令で対象となる罪などを決めて一律に行う政令恩赦と本人からの申請を受けて行う個別恩赦とがある。さらに後者には、日常的に行われる常時恩赦と特別な場合に行われる特別恩赦とがある。いいかえれば、国や皇室の慶弔時に行われる恩赦としては、一律に行われる政令恩赦と個別になされる特別恩赦とがあるということである。例えば、平和条約発効、国連加盟、即位の礼などに合せて行われた大規模な恩赦は平成五年七月までに一二回あるが、その中で一〇回が政令恩赦であった。ただし、この政令恩赦は対象者が大量であり、また、その中で選挙違反のために選挙権・被選挙権を停止されている者を復権させることも少なくないため、政治的な濫用であるとの批判がくり返しなされてきている。

かつては恩赦は君主の恩恵としてなされたものであり、また、これは司法権の行使の効果（判決）を内閣が変更するものであるため、この制度そのものに対する批判もある。今日では、この恩赦に根拠を求めるとすれば、例えば社会状況や国民の意識変化などに対応するためとか、裁判所による画一的な法律の適用から生ずる不合理を是正するためなどがあげられるとされる。しかし、右のような批判を考えると、とくに特例的な恩赦については、客観的で説得性のある基準が設定されるように留意する必要があろう。

（二）　裁判官の指名および任命

内閣は最高裁判所の長たる裁判官を指名し（六条二項）、その他の裁判官についてはこれを任命する（七九条一項、八〇条一項）。

これは、すでに述べたように内閣が公務員の人事行政に関する最終責任を負うという趣旨に加えて、内閣による裁判官の指名ないしは任命を通じて最終的には司法権を一定程度は国会による民主的コントロールの下に置くという意味もある。なお、最高裁判所の裁判官の任命資格については裁判所法四一条の定めがある。また、下級裁判所の裁判官の任命は最高裁判所の指名した者の名簿によって行われる（八〇条一項）。

五　天皇の国事行為に対する助言と承認

すでに述べたように、内閣は天皇の国事行為に対する助言と承認を行う（三条、七条）。この権能をどのように意味づけるべきかは、天皇および天皇の国事行為の位置づけにかかわってくる。ただ、いずれにせよ憲法の定める象徴天皇制の下では、この権能は単なる一般行政に関する権能の一種とはいいきれないことになろう。

第四節　内閣の活動と責任

一　内閣の運営

（一）　閣議

内閣は自らその行政事務を行うほか、各主任大臣の管理の下で行政各部がその事務を行う。しかし、いずれの場合も最終的な責任は内閣に帰属する。合議体たる内閣は、その構成員たる各国務大臣の合議によってその意思決定をなさねばならないが、それを閣議といい、内閣法は「内閣がその職権を行うのは、閣議によるものとする」と定める（同四条一項）。なお、このほか、例えば主任の大臣間の権限の疑義についての裁定（同七条）、行政各部に対する指揮監督の方針の決定（同六条）など、具体的に閣議を開くべきことを定める場合もある。

閣議は内閣総理大臣が招集し、主宰する。この場合、内閣総理大臣は、内閣の重要政策に関する基本的な方針その他の案件を発議することができる（同四条二項）。また、各大臣は閣議を求めることができる（同四条三項）。閣議には、定例閣議および臨時閣議という通常の閣議のほか、持ち回り閣議とよばれる形もある。これは、閣議書をもち回って各大臣の個別の同意又は了承の押印を得てゆく方法をいい、案件の重要性がそれほど高くなく、かつ緊急を要する場合に行われる。また、閣議の意思決定の形式としては、内閣としての意思決定が必要な場合になされる閣議決定のほかに、本来は行政各部の主任の大臣の決定事項であるがことがらの重要性から他の大臣の見解を求める場合の閣議了解、および、その他各種の報告がなされる場合の閣議報告という形がある。

閣議の議事および議決方法については、憲法および法律には何の定めもない。実際には、閣議の議事の進行は、「閣議順序ヲ定メル件」（明治二三年）に従ってなされ、議事の整理は内閣総理大臣に代って内閣官房長官が行う。また、これまでの慣行によれば、閣議の議事は非公開で、会議録もとらない。これは、内容上高度の秘密が要求されるためであるとされる。また、議決方法は多数決でなく全会一致主義がとられるべきだとするのが従来の慣例および通説であるとされてきた。

（二）　閣議の決定方法

全会一致説の根拠として通常あげられるのは、内閣の一体性と連帯責任である。すなわち、内閣は国会に対して連帯責任を負うことから、内閣には一体性が求められる。そして、その一体性を保つためには、閣議の決定方法は全会一致でなければならないとするものである。逆にいえば、かりに多数決説によると、反対意見の国務大臣は自己の意思に反する決定につき連帯責任を負わされることになり、これは不合理であるとすることになろう。また、内閣総理大臣は国務大臣を自由に罷免する権限を与えられている（六八条二項）のであるから、全会一致の意思決定をすることが可能だとする主張もある。これは、いわばこの罷免権を全会一致のための手段としてとらえるものである。

これに対して、多数決説は、何よりも多数決は合議体においてはむしろ通常の意思決定方法であるとして、全会一致説を以下のように批判する。まず、一体性については、かりに多数決であっても、これにより意思決定がなされた以上それは内閣の一体としての意思であり、このことは、例えば国会の場合でも同様である。つぎに、連帯責任についても、もし憲法が全会一致の方法を予定しているとすれば「連帯責任」という明文を置く必要はない。というのは、自己の賛成した意思決定の結果について全員責任を負うべきことは当然だからである。これを逆に言い直せば、そもそも全会一致説というのは、さかのぼれば大日本帝国憲法下での、内閣としての補弼責任ではなく各国務大臣の天皇に対する単独の補弼責任の定め(同五五条)に合わせて成立したということである。すなわち、大日本帝国憲法下では、天皇に対する輔弼内容を協議するため内閣が構成されたが、他方で各大臣の単独責任が原則であったため、多数決によって内閣の意思を決定し、各大臣に連帯責任を負わせることはできなかったのである。この意味では、むしろ逆に、日本国憲法の内閣の「連帯責任」の規定は、多数決制を前提とした上で、多数決による意思決定であっても、あえて内閣が「連帯責任」を負うべきであると定めたものとして特有の意義があることになる。

さらに、内閣総理大臣による国務大臣の罷免権とのかかわりについても、全会一致説と罷免権とを結合すると、特定の政策に反対する閣僚がいる場合に、その閣僚が自ら辞職するか、または内閣総理大臣により罷免せられるかのいずれかによらない限りは内閣の意思決定ができないことになる。しかし、このように、特定の政策への賛否がただちに閣僚の退職と結合させられることが妥当かどうかは疑問もある。これに対して、多数決説によれば閣僚は必ずしも退職する必要はなくなる。むしろ、多数決による決定についてなお不満があり「連帯責任」を負えないとする閣僚に限り、自ら辞職するか、あるいは内閣総理大臣により罷免されるかのいずれかを選ぶべきことになる。すなわち、この説によれば、この罷免権は、全会一致のための手段なのではなく、あくまでも内閣の「一体性」保持のための手段であるとされるのである。

ところで、国の行政組織の改革は近時の大きな課題となっており、その中で平成九年には国の行政組織の再編成を論議する行政改革会議の集中審議において、内閣の機能強化および内閣総理大臣の主導権の強化のために内閣法を改正して、閣議における総理大臣の発議権を明記するほか、従来、全会一致が原則となっている閣議の慣行を見直して、多数決制を導入する提言をすることで一致したとされる。そして、前者の内閣総理大臣の発議権については、すでに述べたように、法改正によって内閣法に盛り込まれている。ただし、後者の多数決制についてはまだ法改正は行われていない。たしかに、閣議を多数決制とすれば、それによって、かりに一部の閣僚が反対したとしても内閣総理大臣の主導権の下に閣議の決定をすることが可能となる。ただし、これは、従来の慣例および学説の通説が全会一致説をとっていたこととの関係で異論があるかもしれないというだけでなく、そもそもかりに多数決説をとるとしても、内閣における従来の慣例と異なる決定方法についての定めを国会が法律により規定することが内閣の自律権を侵害することにならないかという問題が生じる。従来、内閣の自律権に関しては、閣議における決定方法などについて裁判所の審査権が及ぶかどうかという司法権との関係が問題となっていたが、ここでは、むしろ内閣と国会との関係が問題となるのである。

例えば、国会における定足数・表決数とか法律案および予算の議決方法などについては、憲法自体が定めている（五六条、五九条、六〇条）。このこととのバランス論でいけば、内閣の意思決定方法は本来は憲法で定めるべきことがらであり、憲法にそれがない以上は内閣の自律権に委ねられているとする考え方もあろう。現実に、裁判所法でも、合議制の裁判所の意思決定方法についての定めまでは置かれていない。もちろん、これに対しては、国会が国権の最高機関であること、および、憲法六六条一項が「法律」で内閣の「組織」を定めるという規定を置いていることから、内閣法で内閣の意思決定方法について定めることは当然であるとする考え方もありうる。ただし、いずれにせよ、この自律権との関係でいえば、内閣自体の判断によって従来の慣例である全会一致説をやめて多数決説を採用することについては問題はないということになろう。

（三）　裁判所による審査の可否

裁判所との関係では、従来学説上は、閣議の決定に関しては裁判所の審査権は及ばないとされていた。しかし、衆議院解散の効力が争われた苫米地訴訟の下級審判例では内閣の全会一致による閣議決定がなされたか否かについて、事実審査が行われている。一審判決（東京地判昭和二八・一〇・一九行集四巻一〇号二七六頁）は、持ち回り閣議において全員の署名を得ているが「全閣僚一致の閣議決定」がなされていないとし、逆に、二審判決（東京高判昭和二九・九・二二行集五巻九号二一一九頁）では、全会一致による閣議決定が行われたとされている。しかし、いずれにせよこれに対しては、内閣の自律判断権の尊重の立場から裁判所による審査そのものに否定的な考え方も強い。

二　内閣の責任

（一）　連帯責任

「内閣は行政権の行使について、国会に対し連帯して責任を負ふ」（六六条三項）。ここでの責任の範囲は、およそ内閣の権能に属するすべての事項に及ぶというのが通説であり、例えば法律案の提出についても責任を負う。また、天皇の国事行為に関して内閣が行う助言と承認についての責任（三条）も、これに含まれると解され、あるいは、含まれないとする場合には、三条にいう「責任」はここにいう「責任」と全く同じ内容のものだとされる。すなわち、いずれにせよこれは天皇に代わっての責任でなく、自己の行為についての責任なのである。さらに、行政組織法上内閣の権限とされているものだけでなく、内閣の下にある行政機関の行政作用のすべてについて、内閣が責任を負わねばならない（通説）。

ここでの責任の性質が問題となるが、まず、衆議院で内閣不信任決議が可決され、内閣が衆議院の解散か総辞職かの二者択一をせまられる場合（六九条）は、法的責任である。しかし、それ以外の場合は、内閣は国会に対して、政治上の責任を負うにとどまる。

また、責任の態様は連帯責任である。すなわち、内閣の統一性・一体性の保障という観点から内閣は「連帯して」責任を負うのであり、この点は、大日本帝国憲法下の「国務各大臣」の単独責任の原則とは、全く異なっている。ただし、個々の国務大臣がその個別的責任を負うという形で辞職することは可能である。もっとも、その政治上の責任のとり方の現実として、大日本帝国憲法下の国務各大臣の単独責任制の下で実際上内閣が連帯責任を負ったこともかなりあったのに対し、現行憲法下ではむしろ閣議で決定された重要問題についてでも主任の国務大臣の単独責任として閣僚の入れ替えですませることが多くなったという批判もある。

（二）　内閣不信任決議あるいは信任の否決

責任の相手方は、民主政治の当然の帰結として内閣が国民の代表たる国会に対して責任を負うというものである。国会による問責の仕方としては、質疑、質問、国政調査のほか、最も強力なものとして、衆議院による内閣不信任の決議がある。すなわち、「内閣は、衆議院で不信任の決議案を可決し、又は信任の決議案を否決したときは、一〇日以内に衆議院が解散されない限り、総辞職をしなければならない」（六九条）。ここで、不信任（信任）の決議であるためには、内閣を信任しない（信任する）との意味が明確に表示されていることを要する。また、衆議院は、内閣にではなく、個々の国務大臣に対しても不信任の決議をすることができるが、しかし、それは本条の不信任決議にはあたらず、したがって本条の定める効果は認められない。ただし、不信任の決議をされた個々の国務大臣が辞職したという先例はある。なお、信任の決議案を内閣から提出することができるかについては、通説は積極に解している。また、内閣不信任または信任の決議案が提出されたときは、衆議院は、先決問題としてすみやかにこれを議決することを要する。そして、右のいずれかの議決（不信任決議か、または信任の否決）があった場合には内閣は一〇日以内に衆議院を解散するか、総辞職するかいずれかを選ばねばならない。総辞職は、内閣がその旨の意思を表示すれば直ちにその効果を発生する。

(三) 国務大臣の署名および内閣総理大臣の連署

また、憲法は、「法律及び政令には、すべて主任の国務大臣が署名し、内閣総理大臣が連署することを必要とする」(七四条)とする。この署名および連署は、あくまでもそれぞれの大臣の法律の執行の責任を公証するための形式であり、したがって、これを欠いたとしても法律の効力には関係がないとされる。なお、この署名および連署は法律の形式的成立要件であるとする説もある。しかし、国会は国の唯一の立法機関であり(四一条)、また、法律案は両議院で可決したとき法律となる(五九条一項)とされることからすれば、署名および連署を法律の形式的要件に昇格させることは右の趣旨に合わないといわねばならない。むしろ、主任の国務大臣および内閣総理大臣は、署名および連署を拒むことはできないと解すべきである。

第五章　裁判所と司法権

第一節　総　説

一　裁判所と司法権

（一）　裁判所への司法権の帰属

憲法七六条一項は「すべて司法権は、最高裁判所及び法律の定めるところにより設置する下級裁判所に属する」とする。

司法とは、一般的には、具体的な争訟事件について法を適用し、あるいは、宣言することによってこれを裁定する国家の作用であるとされる。そして、ここでは、最高裁判所および下級裁判所によって構成される普通裁判所に司法権が帰属すると定めたものである。なお、それを受けて裁判所法三条一項は「裁判所は、日本国憲法に特別の定のある場合を除いて一切の法律上の争訟を裁判し、その他法律において特に定める権限を有する」としている。ただし、司法権の意義および司法権の対象たる事件の定義をめぐる問題については後述する。

（二）　行政事件の裁判

また、ここでいう司法権とは、民事および刑事事件の裁判権のみにとどまらず行政事件の裁判権をも含む。すなわち、大日本帝国憲法下では当時ヨーロッパ大陸諸国で発達していた行政国家的な裁判制度が採用されたため、大審院以下の普通裁判所の権限は民事裁判と刑事裁判のみに限られ、行政事件の裁判は別に設置される「行政裁判所」（大日本帝国憲法六一条）の権限とされていた。また、例えば軍法会議などのようなその他の特別裁判所の設置も可能とされていた（同六〇条）。これに対して、憲法七六条は「すべて司法権は」最高裁判所および下級裁判所に属する（一項）とし、また、特別裁判所の設置を禁止し、さらに行政機関による終審裁判を禁止（二項）している。そこで、本条はむしろ英米法的ないわゆる司法国家制を採用したものであり、ここでいう司法権とは行政事件の裁判も含めたすべての争訟についての裁判権を意味するものと解されている。

二 「裁判所」としての司法権と「司法権」としての裁判所

（一） 法的紛争の解決者としての裁判所の役割

裁判所は民事、刑事および行政事件における法的紛争に対して法を適用することによってそれを解決するという意味での司法権を行使する。ここでは、何よりもまず「裁判所」としての司法権の役割が強調される。すなわち、立法権および行政権が単に法の制定とか法の適用・執行だけでなく、政策の立案その他各種の事実行為をも含めて、国の政治全般を積極的に行うという役割をはたすのとは対照的に、司法権は憲法・法律などの法を公平かつ適正に適用することを主たる任務とする。

その意味では、国家の権力機関の中でも裁判所の活動のしかたには一定の限定があるといえる。すなわち、裁判所による司法権の行使は、一定の法的紛争が存在してそれにかかわる当事者がその紛争に関する解決を裁判所に対して求めることを前提としている。いいかえれば、司法権はこのような訴訟が提起されてはじめてその活動を開始するといういわば受動的立場を原則とする点で、立法権および行政権の活動のしかたとは基本的に異なっているのである。このような「裁判」機関としての司法権という本質論は、その権限の発動の機会を制約するという意味をもっているといえる。例えばかりに行政の違法行為があったとしても、そのすべてが必ず裁判所の審査にかかるわけではない。それはあくまでも「法律上の争訟」の「解決」という形を通してなされるにとどまるのである。そこで、後述するように「司法権の範囲」とか「法律上の争訟」などの意義が大きな問題となるのである。

（二）　三権分立制の中での司法権としての裁判所の役割

また、裁判所は右のように主として国民との関係で各種の裁判を行うだけでなく、その裁判を通じて三権分立制度の中での司法権の担い手として他の権力機関に対する一定の積極的な役割をはたすことになる。すなわち、「司法権」としての裁判所の役割も強調されなければならない。これは、司法権という形で権力を分立させることにより立法権および行政権との間で相互の抑制・均衡をはかるといういわゆる自由主義原理に基づくものである。

具体的にいえば、一つは行政権との関係での役割であり、これは行政行為の適法性の審査という形で行われる。これは通常は取消訴訟など行政事件の裁判をする中で本来の裁判作用と同時に自動的にはたされることになるが、このほか例えば国家賠償請求訴訟などの民事裁判の形で行われることもある。そして、これは「法律による行政の原則」を裁判所の適法性の審査によって担保するという意義をもつ。その意味では、裁判所はこのような形で民主主義の実現に寄与しているということになる。もう一つは、とくに立法権との関係における司法権の役割であり、憲法八一条の定める法律の合憲性の審査権がそれである。これは厳密にいえば立法権だけを対象とするものではないが、この権限によって裁判所は国民の基本的人権を保護すると同時に、憲法の定める民主主義的な諸制度を保障するのである。その点からみれば、この権限は単なる権力機関相互の抑制・均衡をはかるという三権分立論の趣旨だけから派生するものではなく、それ以上の意義をもっているのである。ただし、逆に、この裁判所の司法権としての本質が制約原理として働くこともある。例えば権利侵害などにかかわる要件をみたしているにもかかわらず、ある訴訟が議院の自律権とか統治行為論などを理由として訴え却下となることもありうる。

三　裁判の公開

（一）　公開原則の意義

憲法は、裁判の対審および判決は公開法廷でこれを行う（八二条一項）として、裁判の公開原則を定める。公開とは、一般の傍聴を許すことをいう。「対審」とは、裁判官の面前で行われる事件の審理および原告と被告との弁論をいい、民事訴訟による口頭弁論手続および刑事訴訟における公判手続がこれにあたる。当事者による自由な弁論、論争にもとづく裁判官の判断は訴訟手続の本質であり、すべての訴訟手続にはその核心として必ずこの意味の対審がなければならず、そして、これを公開させるのが憲法の狙いであるとされる。すなわち、この公開原則の趣旨は、裁判を公開することにより訴訟当事者にとってはより公平で公正な裁判が行われることを保障し、さらに、公開によって裁判過程そのものを国民の民主的統制の下におくことができるようにすることにある。

ただし、この公開の原則には憲法上の例外がある。すなわち、裁判所は、裁判官の全員一致で公の秩序または善良の風俗を害する虞があると決した場合には、対審は公開しないでこれを行うことができる（同条二項本文）、とされている。しかし、これにはさらにその例外として、政治犯罪、出版に関する犯罪又はこの憲法第三章で保障する国民の権利が問題となっている事件の対審は常にこれを公開しなければならない（同条二項但書）とされる。これは、そもそもの公開原則の趣旨からして、右の例外に対する歯止めを定めたものである。また、この公開原則にもかかわらず、設備の関係上傍聴人の数を制限すること、および、法廷の秩序の保持のために特定の者に退廷を命ずることは許される（裁判所法七一条など）。また、判決にいたるまでの評議は公開しない（同七五条）。このうち、後者はむしろ裁判官の職権行使の独立性の保障の観点からの配慮であるといえよう。

（二）　公開原則と傍聴人のメモの自由

なお、この公開原則は、傍聴人が法廷においてメモをとる自由までをも保障するものかどうかが問題となる。これについて、いわゆる法廷メモ訴訟の最高裁判決（最大判平成元・三・八民集四三巻二号八九頁）は、憲法八二条一項は、公正な裁判を担保するための制度的保障にすぎず、各人が傍聴する権利や、傍聴に際してメモをとる権利を認めたものではないとする。なお、傍聴席でのメモについては、判決は、まず、さまざまな意見、知識、情報に接し、これを摂取する自由は憲法二一条一項の派生原理として当然に導かれ、これを補助するものとしての筆記行為の自由は憲法二一条一項の規定の精神に照らして尊重されるべきであるとする。そして、傍聴人が法廷でメモを取ることは尊重されるべきであるが、公共の利益を確保する必要から一定の合理的制限を受け、それについては表現の自由一般に必要とされる厳格な基準が要求されるものではないとしつつ、公正かつ円滑な訴訟の運営は傍聴人がメモを取ることに比べればはるかに優越する法益であるとする。ただし、傍聴人のメモ採取が訴訟の運営を妨げることは通常はあり得ないのであって、特別の事情のない限り、これを傍聴人の自由に任せるべきであり、それが憲法二一条一項の規定の精神に合致するとしている。そして、この判決を受けて最高裁事務総局は、今後のメモの取扱いはこの趣旨に従うよう通知を出している。判決は、実質的にはメモの自由をかなり認めるものとなっている。

ここでは、つきつめていえば、裁判の公開原則が単に裁判所に対する憲法上の義務を定めたものではなく、同時に、訴訟当事者（例えば民事訴訟における原告および被告、刑事訴訟における被告人など）の権利を保障し、また、より広げて国民一般の傍聴の権利までをも保障しているものと解すべきかどうかが問題となる。そして、このようにこの原則が国民の権利の保障までをも含むものと解するならば、例えば退廷の命令、法廷内での写真撮影の禁止、メモの禁止などは、あらためて国民の権利に対する公共の福祉のための制限として正当化されるだけの合理性を有しているかどうかが問われることになる。

㈢　非訟事件と公開原則

例えば家事審判とか会社の整理・清算とか借地非訟事件などはいわゆる「非訟事件」とされ、形式的には裁判所における裁判（決定）の形式で処理されるが、ただし、その対審は当事者主義が原則とされず、また、非公開が原則であり、さらに当事者処分権主義に職権主義が加味されている。そこで、これらの手続は、公開・対審の訴訟手続による裁判を保障した憲法三二条の裁判を受ける権利を侵害すると同時に、この憲法八二条の裁判の公開原則に違反しないかどうかが問題となる。

従来、一般的には、訴訟と非訟との差異は以下のようないくつかの点に求められてきている。第一は、訴訟は私人間の紛争に関して裁判所が法規を適用して下す判決によって解決するのに対して、非訟は私人間の生活関係に裁判所が介入するもので、国家の後見的・監督的役割を実現するための手続であるという本質的な違いである。第二は、それを反映して、訴訟は具体的な権利義務を認定・確認するものであるのに対して、非訟は本来は非紛争的な事件を扱うもので、国が後見監督的に私人間の法律関係を創造・形成するものであるという対象事項の違いである。ただし、今日では、例えば家事審判事件とか借地事件などのように、従来訴訟事項とされていた多くのものが非訟事項の中に取り込まれるようになってきていることを考えると、この区別は必ずしも絶対的なものとはいえないとする考え方もある。そして、第三は、これらの違いを前提として、訴訟は当事者主義が支配し、審理は口頭弁論主義に基づいて行われる（公開・対審構造）のに対して、非訟では職権探知主義が正面に出され、裁判所が自由な裁量により裁判資料を収集し、審理も非公開が原則であるという手続の違いである。ただし、少なくとも憲法上の問題として重要なことは、右に述べた第一の非訟事件の本質論および第二の対象事項の特殊性論という二つの点を根拠として、第三の手続の相違を合憲化できるかということである。

これについては、訴訟と非訟との区別はもともと事件の適切な解決のためにはどのような手続がとられるべきかといった技術的観点から決められているのであるから、非訟事件においてもできる限り右の憲法上の原則が保障されるようにすべきである。それに加えて、そもそも裁判を受ける権利それ自体が「裁判の公開の原則」、「当事者主義」、「対審構造」、「適正手続保障」など一定の手続保障的側面を有していることを前提にするならば、むしろ原則的にはすべての裁判に対して右の手続的保障が及ぶとした上で、一定の類型ごとに個別的な正当化事由が認められる限りにおいて、公開とか対審手続などの要求をゆるめることができると解すべきであろう。具体的にいえば、例えば家事審判における対審非公開の理由は、それらが「訴訟事件」ではないという理由によるのではなく、あくまでもプライバシー保護という実質的な理由に基づいて正当化されるべきである。もちろん、憲法八二条の「公開原則」の例外を安易に認めることは好ましいとはいえないため、現在の各種の「非訟事件」の非公開などの手続には、それぞれに実質的な理由があるか否かが改めて検討されねばならない。

四　裁判所と司法権の独立

（一）　裁判所の独立性を保障する憲法規定

司法権の独立とは、一般的には、司法権の組織・構成が立法権および行政権という政治部門からの独立性を保障されるという裁判所（司法府）の独立性の保障と、裁判官は具体的な訴訟事件を裁判するに際して憲法および法律にのみ拘束され、他の国家機関などによる外的な圧力、干渉などを受けないという裁判官の独立性の保障とをいうとされる。例えば国会および内閣による裁判への干渉が禁止されるだけでなく、上級裁判所の裁判官による具体的な裁判についての指揮命令も禁止され、また、それを担保するために裁判官に対する身分保障がなされるべきことを意味する。具体的に裁判所の独立性を保障する憲法規定としては、司法権の帰属（七六条一項）、特別裁判所の禁止（同条二項）、最高裁判所の規則制定権（七七条）があげられる。また、裁判官の独立性を保障する規定としては、裁判官の職権行使の独立性の保障（七六条三項）、裁判官の身分保障（七八条、七九条、八〇条）があげられる。ただし、最高裁判所の長官および裁判官は内閣によって指名あるいは任命される（七九条一項）ものとなっており、そして、その限りにおいて内閣との関係における最高裁判所の裁判官の独立性には事実としての限界があるともいえる。また、下級の限りにおいて裁判所内部における独立性についても事実としての限界がないわけではない。裁判所の裁判官は最高裁判所が指名した者の名簿によって内閣が任命する（八〇条一項）ものとなっており、また、そ

（二）「司法権の独立」の意義

ところで、以上のような具体的な諸制度の他に、さらに一般的な「司法権の独立」の保障が問題となることもある。例えば国会により行われる国政調査あるいは裁判官の訴追（弾劾）が、この原則との関係でどのような限界を有するかとか、司法権の内部における司法行政権の行使がこの原則によってどのような制限を受けるべきかなどという事例で、それが問題となるのである。議院の国政調査権の行使との関連では、具体的事件の判決における刑の量定の当否にまで及んだ参議院の法務委員会の国政調査をめぐって、国会と最高裁判所との間で意見の対立が生じた昭和二三（～二四）年の浦和事件がある。このほか、例えば裁判官が黙禱を認めた訴訟指揮に関して、衆議院の裁判官訴追委員会が現に訴訟として係属中の事件についての調査をしたことに対して、最高裁判所が司法権の独立を侵害するおそれがあるという申入れをした昭和二八（～二九）年の吹田黙禱事件がある。

ただし、このような事例において常に「司法権の独立」が国会の国政調査権に優先すべきであるとすることが妥当かどうかは問題もある。むしろ、国民を直接に代表する国会の権限の方が尊重されるべきだとする考え方もあり得るのである。その意味では、このような場合については、むしろ立法権（ここでは、国政調査権）と司法権との相互の干渉が生じる場合の調整の問題としてそれぞれの事例に応じて個別的に考えれば足りるともいえる。いいかえれば、ここでは、あえて特別な憲法上の原則としての「司法権の独立」があるものとした上で、それが侵害されたという形で問題を論ずべきだともいえないということである。憲法が三権分立の制度を採用している以上、もともと国会、内閣および裁判所が、それぞれの権限を相互に独立して行使すべきことは当然のことであり、その意味では、このような形で相互の権限が干渉し合う場合には、まず、例えば裁判官の職権行使の独立性（七六条三項）のような憲

法上の規定に従い、そして、憲法上の定めがない時にはそれぞれの事例の中で何が憲法上本質的に重要かを考えるべきであろう。

（三）　裁判所と民主主義

右に述べたように、裁判所は一定の独立性を保障された上で司法権および違憲審査権という重要な権限を行使するものであるため、逆に、裁判所が独善的になったときの弊害は大きいといわねばならない。その意味では、国民に対して開かれた裁判所とすること、および、裁判所に対する民主的統制を確保することが必要である。

そこで、憲法は、まず、裁判の公開の原則（八二条）を定めて、裁判所の活動が常に国民からの監視を受け、国民に対して開かれたものとなることを保障している。これは単に裁判所への国民の信頼を確保することに資するというだけでなく、このこと自体が人権保障および民主主義の促進にとって重要な意義をもつものであることはいうまでもない。また、憲法は裁判官に対する身分保障をすると同時に公の弾劾の制度を定め（七八条）、国会に弾劾裁判所を置くものとした（六四条）。さらに、最高裁判所の裁判官については国民審査の制度を定めている（七九条二、三項）。これらの規定によって、憲法は裁判所に対する国民の側からの民主的統制を予定したのである。

このほか、国民が裁判そのものに参加する一つの形式として、例えば陪審制の裁判などが考えられるが、憲法はこれについて何らの定めも置いていない。このように規定がないことから憲法は陪審制を認めない趣旨であるとする見解もないわけではないが、一般には、憲法は陪審制をとるかどうかを立法政策にまかせたものであると解されている。そこで、例えば裁判所法は刑事事件における陪審裁判の可能性を認めている（同三条三項）。なお、後述するように、平成一六年五月には裁判員制度を実施するための法律が制定されている。この裁判員制度も、いわゆる司法制度改革の一環として、国民に対して開かれた裁判所、国民の裁判への参加、裁判所に対する民主的統制などをめざして創設されたものである。

第二節　裁判所の組織と構成

一　最高裁判所および下級裁判所

（一）　最高裁判所

最高裁判所は東京に置かれる。最高裁判所は一五名の裁判官の合議体からなる大法廷と、それぞれ五名の裁判官の合議体からなる三つの小法廷とに分けられる。各合議体のうち一人を裁判長とする。審理及び裁判をするためには、大法廷は九人、小法廷は三人の出席を要する（裁判所法九条）。ただし、合憲性についての審査（とくに、違憲の判断をする場合は必ず）と、判例の変更については大法廷で行われなければならない。すなわち、当事者の主張に基づいて法律、命令、規則または処分が憲法に適合するかしないかを判断するとき（意見が前に大法廷でした、その法律、命令、規則または処分が憲法に適合するとの裁判と同じであるときを除く。同一〇条一号）、前号以外に、法令または処分が憲法に適合しないと認めるとき（同条二号）、憲法その他の法令の解釈適用について意見が前に最高裁判所のした裁判に反するとき（同条三号）である。

なお、裁判所法では「裁判書には、各裁判官の意見を表示しなければならない」（同一一条）と定めている。これは、一般的にいえば最高裁判所の裁判官の活動をつねに国民に周知させるためであるとされるが、とくに多数意見とは異なる少数意見（反対意見あるいは補足意見として示される）の記載が重要である。というのは個々の裁判官の意見は少数意見としてはじめて明確に表示されるものだからである。

（二）　下級裁判所

下級裁判所は、高等裁判所、地方裁判所、家庭裁判所および簡易裁判所とされる（裁判所法二条）。

高等裁判所は全国で八か所（札幌、仙台、東京、名古屋、大阪、広島、高松、福岡）に設置される。高等裁判所は、長官および相応な員数の判事で構成される。三人の裁判官の合議体で裁判するのを原則とする（同一五条、一六条、一八条）。地方裁判所は、各都府県に一つづつ設置される（ただし、北海道については四か所に設置される）。地方裁判所は、相当な員数の判事及び判事補で構成される。一人制または三人の合議制で裁判を行う（同二三条、二四条、二六条）。また、地方裁判所の下にさらに簡易裁判所が設置されている。これは、いわば比較的軽微な事件を処理するために設置されるものであり、各都道府県内に複数置かれている。簡易裁判所は、相応な員数の簡易裁判所判事で構成される。裁判は一人制で行われる（同三二条、三三条、三五条）。

さらに、家庭事件および少年事件の処理については、とくにそれを任務とする家庭裁判所が設置されている。家庭裁判所は、相応な員数の判事および判事補で構成される。原則として一人制で裁判が行われる（同三一条の二、三一条の四）。

（三）　審級制

右のような裁判所の構成の中で、通常は地方裁判所が第一審となり、高等裁判所および最高裁判所がそれぞれ第二審（控訴審）および第三審（上告審）となる。これがいわゆる審級制（三審制）である。これは、裁判を重ねて慎重に行うことによって適正な法の適用をはかり、かつ、国民の権利の保護を期するためである。ただし、この制度の下では最高裁判所への上告が集中して最高裁判所の審査が困難となるため、上告が許される場合（上告理由）が制限されている（民事訴訟法三一二条および三一八条、刑事訴訟法四〇五条および四一一条）。なお、上級審の裁判所の裁判における判断は、その事件について下級審の裁判所を拘束する（裁判所法四条）。

(四) 裁判官

(ア) 最高裁判所

(a) 最高裁判所裁判官の任命

最高裁判所は、その長たる裁判官および法律の定める員数のその他の裁判官でこれを構成し、その長たる裁判官以外の裁判官は内閣でこれを任命する(七九条一項)。最高裁判所の長官については、内閣の指名に基づいて天皇がこれを任命する(六条二項)。

ここで、裁判官の員数を法律で定めるものとしたのは、裁判官の任命権および指名権をもつ内閣の恣意を抑え、最高裁判所の裁判官の任命を民主的コントロールの下におこうとするためであるとされる。なお、裁判所法では、最高裁判所はその長たる裁判官(最高裁判所長官)および一四名の裁判官(最高裁判所判事)によって構成するものと定める(裁判所法五条一、三項)。また、最高裁判所の裁判官は、識見の高い、法律の素養のある年齢四〇歳以上の者の中から任命する。ただし、そのうち少なくとも一〇人は、一定期間(一〇年あるいは二〇年)、法律専門家(裁判官、検察官、弁護士、大学の法律の教授または助教授)としての経歴を有する者でなければならない(同四一条一項)とされる。

(b) 最高裁判所裁判官の国民審査

最高裁判所の裁判官の任命は、その任命後初めて行われる衆議院議員総選挙の際国民の審査に付し、その後一〇年を経過した後初めて行われる衆議院議員総選挙の際更に審査に付し、その後も同様とする(七九条二項)。この場合において、投票者の多数が裁判官の罷免を可とするときは、その裁判官は罷免される(同条三項)。審査に関する事項は法律でこれを定める(同条四項)。

これは、最高裁判所に対する国民からの民主的統制を保障するためのものであり、憲法が例外的に採用する直接民主制の一種にあたるという点で理念の上では注目すべきものである。すなわち、ここでは、裁判官はもともと公選によって任命されたわけでなく、また、国民審査の実施も国民の発議によるのではなく、むしろ一定の要件の下に定期的に行われるものではあるが、この制度は憲法一五条に定める国民の公務員の選定・罷免権の具体化の一つとしての国民解職（リコール）にあたるとされているのである。なお、このほかに、この制度は、適任ではないと認められる裁判官を民意にもとづいて罷免すると同時に、他面で適任と認められる者を民意によってその地位を強化するという最高裁判所裁判官の任命の適否の事後的な審査としての意義があるとする見解もある。

ところで、最高裁判所裁判官国民審査法によれば、審査は衆議院の議員の選挙権を有する者の投票によって行われる（同四条、六条）。投票には、審査に付される裁判官の氏名を中央選挙管理会がくじで定めた順序によって印刷した投票用紙を用い、審査人は罷免を可とする裁判官についてはその名前の欄に×の記号を記載し、罷免を可としない裁判官については何らの記載もせずに投票しなければならない（同一四条、一五条）。×記号以外の記載をした投票は無効になる（同二二条）。有効投票中、罷免を可とする投票が罷免を可としない投票より多い裁判官は、罷免を可とされたものとされる（同三二条。ただし、棄権者がきわめて多数の場合には、この効力が発生しないとする例外の定めがある）。しかし、これでは、とくに積極的に意見をもたず白票として投ぜられた票は罷免を可としない票として計算されることになるため、このような投票方法には批判がないわけではない。とくに、国民審査は任命の可否を事後的に国民に問うためのものであるとする立場からは違憲だとする批判もある。しかし、判例（最大判昭和二七・二・二〇民集六巻二号一二二頁）は、この制度はあくまでも解職の制度であるとして、「罷免する方がいいか悪いかわからない者は、積極的に『罷免を可とするもの』に属しないこと勿論だから」そのような投票は、罷免を可としない票に入るのが当然であるとする。学説も一般にこれを支持するが、立法論として考慮の余地があるとの批判もある。いずれにせよこの制度は実際上は国民の投票により信任・不信任を決めるというものではなく、あくまでも裁判官を積極的に罷免すべきか否かを投票で問うにとどまるものである。そこで、これまでの運用ではこの制度は必ずしも十分に機能していえないとの評価もある。

（c）定年

最高裁判所の裁判官は、法律の定める年齢に達した時に退官する（七九条五項）。法律によれば、最高裁判所の裁判官は年齢七〇年に達した時に退官する（裁判所法五〇条）ものとされている。

（d）報酬

最高裁判所の裁判官は、すべて定期に相当額の報酬を受ける。この報酬は、在任中、これを減額することができない（七九条六項）。報酬の相当額とは、地位にふさわしい生活を営むに足る額をいう。これについては法律で定める（裁判所法五条一項）とされる。なお、財政上の理由などから、公務員全体の給与を引き下げる際に、裁判官全体の報酬を減額することができるかについては争いがある。これについては、個々の裁判官の報酬を減額するものでないから可能とする肯定説と、結局は個々の裁判官についても報酬が減額されることになるのであるから本条に反するとする否定説とに分れる。

（イ）下級裁判所

（a）下級裁判所裁判官の任命

下級裁判所の裁判官は、最高裁判所の指名した者の名簿によって、内閣でこれを任命する。その裁判官は、任期を一〇年とし、再任されることができる（八〇条一項）。この定めは、任命権は内閣に属するが人事に関しては司法権の意向を尊重しようとする趣旨に基づいている。したがって、内閣は名簿にのせられていない者を任命することはできない。逆に、名簿にのせられている者の任命を内閣が拒否できるか否かは問題であるが、通説は拒否権があるとする。ただし、従来は内閣がこれを拒否した例はない。なお、この内閣による任命は「官」（裁判所法五条）につかせる行為であり、一定の裁判所の「職」につかせる行為（補職）は、最高裁判所がこれを行う（同四七条）ものとされている。ところで、このような形で司法権の独立が保障されるのはよいのであるが、逆に、最高裁判所の事務局による裁判官の人事権の行使のしかたによっては、かえって司法権の内部において裁判官の独立性の保障の面が侵害されるおそれがないともいえない。これまでにも、思想・信条を理由として裁判官の任用を拒否されたのではないかと疑われた例がある。例えば昭和四五（〜四六）年には、青年法律家協会という団体の会員であることを実質的理由として下級裁判所の裁判官の任官拒否（不採用）および再任拒否（再任指名簿不登載）がなされたのではないかとの批判を受けた事例が生じている。

（b）　定年

下級裁判所の裁判官は、法律の定める年齢に達した時には退官する（八〇条一項）。法律によれば、高等裁判所、地方裁判所または家庭裁判所の裁判官は年齢六五年、簡易裁判所の裁判官は年齢七〇年に達した時に退官する（裁判所法五〇条）ものとされている。

（c）　報酬

下級裁判所の裁判官は、すべて定期に相当額の報酬を受ける。この報酬は、在任中これを減額することができない（八〇条二項）。

（ウ）　裁判官の身分保障

（a）　裁判官の身分保障（裁判官の罷免）

憲法七八条は「裁判官は、裁判により、心身の故障のために職務を執ることができないと決定された場合を除いては、公の弾劾によらなければ罷免されない」とする。

裁判官の職権行使の独立性および裁判の公正を確保するには裁判官の身分の安定を保障する必要があるため、裁判官は原則としてその意に反して免官、転官、転所、職務の停止、または報酬の減額をされないという保障が与えられている。ただし、憲法の定めにあるように例外もある。すなわち、心身の故障のために職務を執ることができないと裁判で決定された場合、公の弾劾によって罷免の裁判の宣告を受けた場合、最高裁判所の裁判官が国民審査により罷免を可とされた場合（裁判所法四八条）である。なお、このほか、憲法の定めにより、下級裁判所の裁判官について一〇年の任期が満了した場合（ただし、再任できる。八〇条）、定年に達した場合（七九条五項、八〇条一項、裁判所法五〇条）にも、その身分を失うことになる。

なお、執務不能の裁判による罷免については、裁判官は回復の困難な心身の故障のために職務を執ることができないと裁判された場合には罷免される（七八条、裁判所法四八条、裁判官分限法一条）。これについては、最高裁判所および各高等裁判所が裁判権を有する（裁判官分限法三条）。

また、公の弾劾による罷免については、裁判官は「公の弾劾」によって罷免される（七八条、裁判所法四八、裁判官弾劾法二条）が、罷免の事由は、職務上の義務に著しく違反し、または職務をはなはだしく怠ったこと（裁判官弾劾法二条一号）、その他職務の内外を問わず裁判官としての威信を著しく失うべき非行があったこと（同二条二号）である。いずれも、罷免に値する重大な事由にかぎられ、より軽度の義務違反、職務怠慢または非行は、別に懲戒の事由となることはあるが罷免の事由とはならない。訴追の請求については、何人も、裁判官について弾劾する罷免の事由があると思料するときは、訴追委員会に対し罷免の訴追をすべきことを求めることができる（同一五条一項）。最高裁判所長官が訴追の請求を行う場合もある（同一五条二、三項）。訴追は訴追委員会が行う（国会法一二六条一項）。弾劾裁判は弾劾裁判所がこれを行う（六四条二項、国会法一二五条）。裁判官は、罷免の裁判の宣告により罷免される（裁判官弾劾法三七条）。

（b）　裁判官の懲戒

裁判官の懲戒とは裁判官としての身分関係の秩序を維持するために裁判官の非行に対して科される制裁をいい、

いわゆる懲戒罰の性質を有するとされる。これは、右に述べたような身分保障があることとは関係なく、裁判官についても行われ得ることである。ただし、憲法七八条は「裁判官の懲戒処分は、行政機関がこれを行ふことはできない」としている。これは司法府に対する行政府の不当な侵害がおこなわれないようにしたものであり、したがって、同様の意味で立法機関が懲戒処分を行うことも本条により禁止される。懲戒の事由は、職務上の義務に違反し、もしくは職務を怠り、または品位を辱める行状があったとき（裁判所法四九条）であるが、いずれも罷免の事由よりも軽度のものをさす。したがって、弾劾裁判所で罷免事由なしとされても、なお懲戒されることはありうる。懲戒の種類は、戒告または一万円以下の過料（裁判官分限法二条）である。ただし、右に述べた裁判官の身分保障の趣旨からすれば、懲戒処分として罷免を設けることは許されないと解すべきであろう。なお、この分限裁判については、最高裁判所および各高等裁判所が裁判権を有する（同三条）。

二　特別裁判所の禁止

（一）　特別裁判所の禁止と憲法上の例外

憲法七六条は二項で「特別裁判所は、これを設置することができない」として、特別裁判所の設置を禁止している。特別裁判所とは、特定の人または特定の性質の事件について裁判するために設けられるもので、七六条一項にいう最高裁判所以下の通常裁判所の組織体系から全く独立した裁判所をさす。例えば、大日本帝国憲法下における行政裁判所のほか、軍法会議、皇室裁判所などがそれにあたる。この禁止の趣旨は、主として右に述べたように司法権を最高裁判所以下の普通裁判所に統一させることにある。なお、このほかに、特定の人・性質のみについて管轄権をもつ特別裁判所を設置するというのは、例えば平等原則（憲法一四条）に反するとか、裁判所による法の解釈の統一という観点からみて好ましくないなどの問題があるからだとする根拠づけもある。

ところで、弾劾裁判所（六四条）はここでいう特別裁判所に該当するが、これは憲法それ自体がはじめから例外として認めていることになる。また、議員の資格争訟の裁判（五五条）も裁判権を裁判所から奪うことになるが、これも憲法が議院に与えた権能であるため、右と同様に考えるべきことになる。これに対して、家庭裁判所は特定の人または特定の性質の事件のみを取り扱う裁判所であるともいえるが、これは最終的には最高裁判所の系列下に属するものであるから、ここでいう特別裁判所にはあたらない。また、このほか、例えばかりに下級審として行政事件専門とか労働事件専門などという裁判所を設置したとしても、右と同様に違憲ではないとされる。

(二)　陪審裁判と特別裁判所の禁止

法律の専門家ではない一般市民を陪審員として、例えば刑事裁判における有罪・無罪の判定など裁判においてそれらの陪審員に一定の判断権を与える陪審裁判の制度は、憲法上許されるかが問題となる。これについては、「裁判を受ける権利」の保障（三二条）とか本条の特別裁判所の禁止などに違反しないかどうかが問題となる。しかし、例えば三二条は職業裁判官だけの裁判を保障しているとは限らず、また、最高裁判所以下の通常裁判所の体系の中で行われる限りにおいては、その中で実施される陪審制度は特別裁判所にはあたらないとして、陪審裁判の実施は憲法上可能であるとされている。なお、後述するように、平成二一年から陪審制とは異なる裁判員制度の導入が進められることになった。

(三)　行政機関による終審裁判の禁止

憲法七六条二項後段では、また、行政機関が終審として裁判を行うことを禁止する。もともと終審としての行政裁判所を設けることは本項前段の特別裁判所にあたるものとして禁止されるが、ここではさらに、行政機関が終審として裁判を行うことも禁止しているのである。ただし、これは、逆にいえば行政機関が一定の裁判作用を行うことができるということを前提とするものである。そこで、この規定は、終審でなく前審として行政機関が裁判を行いることを許しているものと解されており、裁判所法でも、行政機関が前審として審判することを妨げないとしている（裁判所法三条二項）。そもそも、行政機関が司法権を行うというのは、一般的にいっても権力分立の原則に反するものであり、また、すでに述べた一項の「すべて司法権」は裁判所に属するという規定にも反するものである。しかし、各種の実際的な必要があることを考慮して、また、行政事件についても「終審として」は裁判所が司法権を行うということであれば一項の趣旨を保持することが可能であるということで、とくに憲法は例外として行政機関が前審として裁判することを許容し、終審としての裁判のみを特別裁判所にあたるものとして禁止したということになる。

現実には、例えば特定の行政機関が特定の案件のみを取り扱うものとして、特許庁の「審決」、海難審判所の「裁決」、公正取引委員会の「審決」、公害等調整委員会の「裁定」、選挙管理委員会、人事院、国税不服審判所の「裁決」あるいは「決定」などがある。また、行政機関一般が行う裁判作用について定めたものとしては、行政不服審査法における不服申立てがある。これは、国民の側からの「審査請求」あるいは「異議申立て」（これらをあわせて、一般には「不服申立て」とよぶ）に対して行政機関が「裁決」あるいは「決定」を行う手続を定めたものである。

なお、憲法は、「立法機関」が終審として裁判を行うことをとくに禁止してはいない。しかし、これについては、一般には議員の資格争訟の裁判（五五条）のように憲法に特別の例外が認められている場合のほかは許されないものと解されている。

三　裁判官の職権行使の独立性の保障

すでに述べたように裁判官には一定の身分保障が定められているが、また、憲法七六条三項では「すべて裁判官は、その良心に従ひ、独立してその職権を行ひ、この憲法及び法律にのみ拘束される」として、裁判官の職権行使の独立性についても保障している。

（一）　裁判官の良心

ここでいう「良心」のとらえ方については争いの余地がある。一つは、ここでいう「良心」とは法の中にある客観的な意味を裁判官として公正に理解する職業的良心すなわち「裁判官としての良心」をいうのであり、個々の裁判官の個人としての主観的な政治的、宗教的、道徳的意見ないし信念をさすものではないとする。そして、もう一つは、ここにいう良心とは一九条（思想、良心の自由）のそれと同じく、個々の裁判官の個人的主観的良心をさすものであり、したがって、「良心に従ひ」とは個々の裁判官が自ら道徳的に正しいと信ずるところに従ってということを意味するという考え方である。これについて、一般的には、ここにいう良心とは前者の「裁判官としての良心」をさすと解されている。すなわち、本項は、裁判官がその職権を行使するに際して他の何人の指揮命令にも拘束されず、ただ「憲法及び法律にのみ拘束される」とすることを強調する趣旨であり（例えば、最大判昭和二三・一一・一七刑集二巻一二号一五六五頁）、「その良心に従ひ」という文言には、むしろあまり特別の意味をもたせるべきではないとされている。

（二）　職権行使の独立性

本項ではまた、裁判官がその職権を行使するにあたって、それを規律する法規範にのみ拘束され、何人の指揮命令も受けないことを保障する。すなわち、「独立して」とは字義通り裁判官が自己の自主的な判断に基づいて裁判を行うことをいうのであって、他の何人の指示にもよるべきではないことを意味する。これは、裁判官が立法機関や行政機関はもとより、他の裁判官の命令にも服しないということである。その意味では、この原則はいわゆる「司法権の独立」の一つの核心をなしているということもできる。また、ここでいう「法律」とは実質的意味の法律をいい、したがって、形式的意味の「法律」のほか、条例、命令、規則さらには慣習法も含むと解すべきである。

なお、憲法は弾劾裁判所（六四条）の設置の権限を国会に与えて司法権に対する一定のコントロール権を保障している。しかし、その権限の行使も本項を侵害することができるわけではないことはいうまでもない。この点に関して問題が生じた例もある。昭和二八年のいわゆる吹田黙禱事件で、国会における訴追委員会の活動が裁判官の職権行使の独立性を侵害するのではないかと批判された例が、これである。これは、大阪地裁における吹田事件の公判中に被告人たちの黙禱および拍手を裁判長が許したという訴訟指揮の当否が国会で問題となり、当該訴訟事件が係属中であるにもかかわらず、国会が訴追委員会の調査権（裁判官弾劾法一一条）の行使として事情聴取のためにその裁判長を喚問しようとした事例である。これに対しては、このような場合には国会は本項の保障する公正で自主的な裁判に対する干渉を避けるために自制をすべきであったとの批判もなされている。

さらに、職権行使の独立性は、国会による侵害のみでなく司法権内部からの侵害にさらされる可能性もある。例えば「先輩」裁判官の「助言」による事実上の裁判干渉が問題となった例もある。すなわち、札幌地裁の所長が具体的事件を担当する裁判長に対して当該訴訟事件に関する意見を詳細に記した書簡を送り、それが公表されるにいたった昭和四四（～四五）年の平賀書簡事件が、それである。

（三）　裁判員制度と裁判官の職権行使の独立性との関係

平成一六年五月には裁判員制度を定めるための法律が制定され、平成二一年からこの制度が実施されはじめている。裁判員制度というのは、重大な刑事裁判に裁判官だけでなく一般の市民が裁判員として参加するというもので、この裁判は裁判官三名および裁判員六名の計九名の合議体で行われる。評決は過半数によるが、裁判官、裁判員のうち少なくともそれぞれ一名がその過半数の中に入っていなければならない。裁判員の権限は広く、事実認定だけでなく、法令の適用や量刑までをも行うことになる。この制度が適用されるのは、死刑または無期懲役（禁固）の法定刑があるか、または、短期一年以上の懲役（禁固）の定めのある罪のうち、故意の犯罪行為により被害者を死なせた事件である。殺人、強姦致死、強盗致死、危険運転致死などは、その例である。被告には、裁判官だけの裁判を選ぶ権利はない。ただし、暴力団やテロにかかわるもののように、裁判員に危害が及ぼされるおそれのあるときなど一定の場合には裁判官だけで裁判できることもある。国民は一定の例外を除いて裁判員を辞退することはできない。

そして、このこととの関係で、ここでは裁判官の意義が問題となる。すなわち、憲法七六条三項にいう「裁判官」とは単に官職をいうのか。裁判官としての立場に立つ者すべてをいうのかである。後者の意味であれば、右の裁判員もここでいう裁判官にあたることになる。そして、その意味では、裁判員にはすでに述べた裁判官に対する身分保障の規定は適用されないが、ここでいう職権行使の独立性は保障されることになる。

四　司法行政権

裁判所は、主として自己の権限内の事項にかかわって、行政権（ここでは、実質的意義の行政権をさす）を有する。憲法上は、裁判官の分限の裁判および裁判官の懲戒処分（七八条）とか下級裁判所の裁判官の指名（八〇条一項）などの裁判所内部の人事権に関する定めが置かれているにとどまる。ただし、右の規定のほか、憲法七七条の規則制定権とか六四条の弾劾裁判など憲法の定める三権分立の趣旨からいえば、その他裁判所内部の事項に関してはとくに憲法上の規定はないが、裁判所には右に述べた権限に属さないもので実質的意義の行政にかかわる権限が認められると解されている。

裁判所法は、最高裁判所に最高裁判所の職員ならびに下級裁判所およびその職員の監督権を与えている（同八〇条一号）。具体的には職員および下級裁判所の監督（同八〇条）、下級裁判所の裁判官の補職（同四七条）、職員の任免（同六四条）などの権限が定められている。なお、司法行政事務は裁判官会議の議によるものとされる。裁判官会議は全員の裁判官でこれを組織し、長官がその議長となる（同一二条）。大日本帝国憲法下では、裁判所に対する司法行政監督権は司法大臣に属していたことに比すると、この司法行政監督権は司法権の独立の一つの内容となるものであり、重要である。ただし、逆に、この最高裁判所の司法行政監督権の名の下に裁判官の職権行使の独立性が害されることがあってはならない。そこで、この監督権は、裁判官の裁判権に影響を及ぼし、またはこれを制限することはない（同八一条）とされる。

第三節　司法権と法律上の争訟

一般的にいえば、裁判所は国民相互間あるいは国家対国民との間で生じた法的紛争で裁判所に持ち込まれたものを解決するという任務を負い、また、その権限を有している。しかし、国民が法的紛争とみられるものについてその解決を求めて紛争を裁判所に持ち込んだとしても、国民はそのすべてについて裁判所による解決を与えられるわけではない。というのは、裁判所は例えば一定の事件は「法律上の争訟」にあたらないとして訴えを受け付けないことがあり、また、一定の場合には「司法権の限界」であるとして審理を拒否したりすることがあるからである。ここでは、それらの点について説明しておく。

一　司法権の意義

（一）　立法、行政および司法の相互関係

憲法七六条一項は「すべて司法権は、最高裁判所及び法律の定めるところにより設置する下級裁判所に属する」とする。そこで、まず、そもそも司法権とは何かが問題となる。ただし、司法権を定義するといっても簡単ではない。ここでは、まず、実質的意義の立法権、行政権および司法権と形式的意義の立法権、行政権および司法権との関係について留意点だけ指摘しておく。すなわち、実質的な意義の司法権とは立法・司法・行政という国家作用の中で司法（裁判）作用を行う権限をいう。また、形式的な意義の司法権とは、主としてその司法権を行う機関（裁判所）をいう。そして、これらの二つはすべてが重なるというわけではない。例えば、形式的な意義での立法権である国会が司法作用（議員の資格争訟の裁判とか弾劾裁判など）を行うこともある。また、すでに述べたように行政権（行政機関）も一定の範囲で裁判作用を行うことが認められている。逆に、形式的な意義での司法権である裁判所も、本来の作用である司法（裁判）だけでなく、立法（規則制定）とか行政（司法行政）などの作用を行う権限を与えられているのである。

（二）　司法権とは何か

以上のことを前提とした上で、わが国の司法権の特徴をいくつかあげておく。

（ア）　まず、実質的な意義の司法権にかかわるものとしていえば、法を制定すべき権限である立法権と区別する意味で、司法権とは国家作用の中でも法の適用・執行にあたる作用を行う権限だということである。

（イ）　同じく実質的意義の司法権にかかわるものであるが、司法権と同様に法を適用・執行する作用を行う行政権と区別する意味で、司法権とは何らかの法的紛争の存在を前提として、それを解決する作用（通常は、これを裁判という）を行う権限だということである。この法的紛争の存在を前提とすることとの関係で、後述する「一切の法律上の争訟」および「その他法律において特に定める権限」の意義が問題となるのである。

以上の二つは権力分立制を採用する立憲主義国家においてほぼ共通する定義であるといえるが、さらに憲法の規定上わが国固有のものとしてつぎの三つの要素があげられる。

（ウ）　まず、主体としては、最高裁判所および下級裁判所という体系をもった通常裁判所が、その作用を行うということである。ただし、これはむしろ形式的意義の司法権にかかわるものである。

（エ）　つぎに、行政権とのかかわりであるが、「法律による行政の原則」（四一条および七三条）および特別裁判所の禁止（七六条二項）から明らかなように、裁判所は行政の行為の適法性についての審査権を有するということである。

これは、実質的意義の司法権（裁判権）の中に行政事件の裁判に関する権限が含まれることをさす。

（オ）さらに、司法権の中には違憲立法審査権（八一条）も含まれる、あるいは、少なくとも最高裁判所以下の通常裁判所が違憲立法審査権を有するということである。

右の二つは、単に司法権の定義にかかわるだけでなく、わが国の権力分立のあり方にもかかわるものだといえる。そして、これらの中で裁判所の行う司法権の対象にかかわるものは右の（イ）にあたるが、実際上はこれだけでは対象の特定はできない。そこで、これは憲法七六条の解釈問題として残されることになるが、これについては次に述べることにする。

二　司法権と法律上の争訟との関係

（一）司法権と「法律上の争訟」および「法律上の争訟」の二要件

右に述べたように、憲法七六条一項は「すべて司法権は、最高裁判所及び法律の定めるところにより設置する下級裁判所に属する」とし、また、これを受けて裁判所法三条一項は「裁判所は、日本国憲法に特別の定のある場合を除いて一切の法律上の争訟を裁判し、その他法律において特に定める権限を有する」とする。

これによれば、最高裁判所以下のわが国の裁判所は基本的には「一切の法律上の争訟」を「裁判」するという形で司法権の行使をすることになる。なお、この場合「その他法律において特に定める権限」の中には「法律上の争訟の裁判」以外の裁判（あるいは、それに準ずる作用を含む）が含まれるか、それとも、これはあくまでも裁判以外の作用を意味するのかについては争いの余地があるが、本書では後者の考え方をとる。

ところで、判例上は、ここでいう「法律上の争訟」と認められるためには、問題の紛争が、①当事者間の具体的な法律関係ないし権利義務の存否に関する争いであること、および、②それが法律の適用により終局的に解決しうべきものであること、の二要件が必要だとされてきている（例えば、最判昭和四一・二・八民集二〇巻二号一九六頁）。一般には、この要件は、わが国でいえば刑事事件、民事事件および行政事件のすべてを通じての「法律上の争訟」性を認めるための要件であるとされ、学説の多くもこれに従っている。

ここでは、憲法の定める司法権の概念が実際上はまず裁判所法の定める「法律上の争訟」の概念へと転化され、さらに、その「法律上の争訟」が判例上の右の二要件へと転化されることになる。また、少なくとも従来の通説・判例の立場によれば、それらの二度の転化によって実際上は司法権の概念がますます限定される方向に動いていることに留意すべきである。しかし、そもそもこの裁判所法三条一項でいう「一切の法律上の争訟の裁判」および「その他法律において特に定める権限」が、憲法七六条一項にいう「司法権」とどのような関係にあるのかについては争いの余地があり、また、「法律上の争訟」に関する判例上の二要件が司法権および「法律上の争訟」に関する定義として一般的に妥当性をもつものといえるかどうかについても疑問がないわけではない。

これまでにもいくつかの法的紛争がこの「法律上の争訟」にあたらないとして訴え却下とされてきたが、その際、この二要件に問題があるとの批判がなかったわけではない。また、例えば行政事件訴訟の中の民衆訴訟とか機関訴訟などは従来この「法律上の争訟」にはあたらず「法律において特に定める権限」にあたるとされているため、とくに違憲審査との関係ではそこで違憲審査ができるのかが問題となる。また、どのような形でこれらの訴訟を認めるかは全くの立法裁量にまかされるということでよいのかどうかについても疑問がないわけではない。そこで、ここでは憲法上の「司法権」の行使と裁判所法でいう「一切の法律上の争訟の裁判」とがどのような関係にあるのかが問題となるのである。

右に述べた「法律上の争訟」に関する判例上の二要件は、従来むしろ主としてこの要件を充たしていないとして訴えを却下するための要件として示されてきたものである。しかし、右に述べたような問題を考慮すれば、これは単に訴えを却下するための消極的な要件という形だけで論じられるべきものではなく、むしろより積極的に「法律上の争訟」に関する一般的要件として、現実に法定されているさまざまな訴訟類型および訴訟要件（とくに行政事件のそれ）との関係一般の問題を含めて論じられるべきだともいえる。そして、その観点からこの二要件をみると、それは狭すぎないかという問題がでてくる。

そこで、本書では、以下に述べるように、基本的には憲法七六条の「司法権」の対象たる事件と裁判所法三条一項にいう「一切の法律上の争訟」とをほぼ同じ範囲のものと解し、また、判例による①、②の二要件は、あくまでも民事裁判における「法律上の争訟」性についての一つの基準を示したにとどまり、例えば行政事件を考える場合にはこれをそのまま適用すべきではないものとして理解することにしている。

(二)　司法権と法律上の争訟との関係についてのいくつかの考え方

右に述べたように、司法権と法律上の争訟との関係をどのように理解すべきかが問題となるが、これについてはいくつかの考え方がある。

(ア)　第一説は、憲法七六条一項にいう司法権の対象たる「事件」は、裁判所法三条一項にいう「一切の法律上の争訟」に限られ、例えば民衆訴訟とか機関訴訟などのような「その他法律において特に定める権限」は憲法七六条一項の「司法権」以外の権限として法律によってとくに創設されたものであるとする。したがって、この説によれば、例えば現行の民衆訴訟とか機関訴訟などについての定めは国会の立法政策に依存することになり、これらの制度を廃止したとしても違憲の問題は生じないことになる。

また、この説をつきつめると、少なくとも違憲立法審査権は司法権の中に含まれるとする説を前提とする以上は、民衆訴訟とか機関訴訟などのような「その他法律において特に定める権限」にかかわる事件については、それは司法権の範囲内のものではないから違憲審査ができないということになる。

ただし、この説をとった場合には、そもそも憲法七六条一項にいう「司法権」以外の権限を法律によって裁判所に付与することができるとする根拠は何かが問題となる。そして、これについては、形式的には、国会は国権の最高機関であるから裁判所に特別の権限を付与することができるのだということになると思われるが、実質的にいえば、結局、この権限を裁判所に付与するのは、一定の法的紛争についての解決の権限は裁判所に付与するのが望ましいからであるということになろう。しかし、このようにいうならば、むしろ、もともとこれらの訴訟は裁判所の司法権の範囲内のものではあるが、従来の司法権の中核部分からやや離れた周縁の部分の権限に属するもので裁判所の権限のあり方としては問題が生じる余地もあるから、その点を国会が法律で明確に整理したものだと考える方が妥当であろう。というのは、憲法が国家機関の権限を形式的に立法、行政、司法として分立させる以上は、できるだけ国家作用ははじめからこれらの三権の中に位置づけられるように整理すべきであって、逆にそうではなく、法律によってこれらの権限の中に属さないとされる特別な権限を作り出すというのはあまり望ましくないと思われるからである。第二説および第三説は、このような考え方に基づくものである。

（イ）　第二説は、「司法権」の概念そのものを広げて、右の「法律上の争訟」および「その他法律において特に定める権限」の両者が憲法七六条一項の司法権の中に含まれるとするが、ただし、この場合でも、司法権の対象たる「事件」の中核部分は「法律上の争訟」であり、例えば民衆訴訟とか機関訴訟などのような、とくに「その他法律において特に定める権限」については、司法権の中に含まれるものではあるが、それにかかわる訴訟類型を認めたり廃止したりすることについては立法政策に委ねられるとする。そして、この説によれば、違憲立法審査権は司法権の中に含まれるという前提に立っても民衆訴訟とか機関訴訟などにおいて違憲審査ができることになる。例えば、本来的司法権を核としつつ、その周辺には例えば住民訴訟や機関訴訟などの客観訴訟の創設とか非訟事件での裁判権の付与などという政策的に決定されるべき領域があり、そこでは違憲審査権は排除されないが、ただし、このような本来的司法権とはいえない権能を法律で裁判所に付与するためには、そのような作用が裁判所による法原理的決定の形になじみやすいもので、また、その決定には終局性が保障されなければならないとする見解は、これにあたる。

しかし、このように、「法律上の争訟」と「その他法律において特に定める権限」とが、結局は「司法権」の本質による拘束を受けるという一つの基準によってくくられるのであれば、もともと「法律上の争訟」と「その他法律において特に定める権限」(ここでは、例えば「民衆訴訟」などを念頭においている)とをあえて区別する必要がなくなってくるのではないかとの疑問も生ずる。また、この説では、裁判所による法定外の民衆訴訟とか機関訴訟などの拡大・創出はできないことになる。しかし、これは最高裁判所が例えば議員定数違憲訴訟の判決(最大判昭和六〇・七・一七民集三九巻五号一一〇〇頁)で事実上民衆訴訟の新しい類型を創出していること(少なくとも、従来の選挙無効訴訟を事実上拡大していること)とは矛盾する。すなわち、この判決は実際上は公職選挙法が予定している単なる選挙の無効確認訴訟の枠を超えた訴訟を是認しているのである。これは、本来ならば適用が除外されているはずの「事情判決」を「法の一般原則」にあたるものとして適用していることからも明らかである。

そこで、広い意味で「司法権」の中に含まれるものはすべて「法律上の争訟」の中に一本化してしまおうとする考え方が出てくることになるのである。

(ウ)　第三説は、憲法七六条一項にいう「司法権」は裁判所法三条一項にいう「法律上の争訟」と同じであり、「その他法律において特に定める権限」というのは、例えば司法行政権などのような本来の司法権以外の権限をさすと解しながらも、この「法律上の争訟」いいかえれば「司法権」の概念を広く解し、例えば、民衆訴訟とか機関訴訟などは、もともとこの「法律上の争訟」の中に含まれるとする考え方である。

この方が、裁判所法三条一項が、裁判所は「一切の法律上の争訟」を「裁判」すると定める規定の文言上も、わかりやすいといえる。すなわち、この説によれば、実質的意義の「司法権」と「裁判権」とが一致することになる。

また、例えば民衆訴訟とか機関訴訟などの判決は明らかに「裁判」にあたるが、この説によればその点もわかりやすい形になるであろう。また、例えば民衆訴訟とか機関訴訟などをすべて廃止(禁止)することは、憲法七六条一項違反の問題を生ずることもありうることになる。いいかえれば、民衆訴訟とか機関訴訟などを法定の場合のみに限定する行政事件訴訟法四二条は、かりに「限定」の方に重点を置いて考えるならば違憲問題を含むということもできる。さらに、この説によれば、現行の訴訟法に定められていない訴訟形態を、憲法七六条一項の「司法権」の範囲内あるいは裁判所法三条一項の「法律上の争訟」にあたるものとして、裁判所が実際の運用の中で創設することも、理論上は可能となる。なお、これは、あくまでも現時点での解釈であって、立法当初はこのようなとらえ方はできなかったという反論もあるかもしれない。しかし､逆に､その当時は現時点のような問題意識は鮮明にはなかったはずであり、その意味では、その当時の立法者意思というものは、あくまでも参考にしかならないと考えるべきである。

また、この説によれば、民衆訴訟とか機関訴訟などにおいて違憲審査ができるのは当然とされる。いいかえれば、違憲審査との関係では本来ならば、例えば行政事件たる「民衆訴訟」とか「機関訴訟」などがこの八一条および七六条一項にかかわる事件性の要件を充たしているかどうかを考える場合には、すでに述べた判例上の①、②の要件に基づいて判定すべきではなく、むしろ直接的に、これらの訴訟が七六条一項にいう司法権の範囲内のものであるかどうかとか、あるいは、同じく直接的に、それらの訴訟が裁判所法三条一項にいう「法律上の争訟」にあたるといえるかどうかなどという形で問題とされるべきなのである。

このように、ここでは、前二説における「法律上の争訟」の概念よりも、この説における「法律上の争訟」の概念の方が実質的に広いという点に注意すべきである。すなわち、そもそもこの①、②の要件は、民事事件の要件としてならばそれなりに適用可能であるが刑事事件に適用するにはあまり適切とはいえず、また、行政事件についても行政事件訴訟法による特有の訴訟要件の定めが別に存在しているため、もともとこの①、②の要件が必要かどうかという点についても疑問があったのである。いいかえれば、本来ならばすでに述べた①、②の要件は「法律上の争訟」そのものの要件としてこれを一般化せずに民事事件のみに特有のものとして切り離すべきだったのである。

そこで、本書はこの第三説の立場でこの問題を考えることにする。というのは、一般的にいっても、司法権の概念それ自体からすべてが定まるのではなく、やはりさまざまな事件のタイプを見ることによって、それぞれのタイプ毎にそれが司法的救済にふさわしいものであるか否かを判断するという考え方をとるべきであると思われるからである。また、後述するように、司法権の範囲とか「法律上の争訟」の要件などについての基準を考えるに際しては、いずれにせよその中で司法政策的な判断の余地が含まれざるを得ないのであり、さらに、それらの基準もわが国の特有の訴訟制度、社会的事実状況などに対応して現実的な説得力がなければならないことを考えると、司法権の範囲とか事件性の要件などについてはある程度弾力性をもたせる必要があるのではないかと思われるからである。

三　裁判の対象としての「法律上の争訟」

（一）　法律上の争訟の要件の意義

そもそも現行法の訴訟類型および訴訟要件が社会の必要に対応して全く過不足なく法定されていれば、この法律上の争訟の要件を一般的に論ずる必要はない。しかし、実際には訴訟要件を全く過不足なく法定することは困難であるし、また、十分に法定したつもりでいても法定の要件の中ではもともと予想していなかったような新しい事件が提起されることもある。

そこで、（i）ある事件が法定の要件をみたしているかどうかが問題となることがある。また、（ii）従来法定されてきた訴訟類型あるいは訴訟要件にはのらないような事件が提起された場合に、それを裁判所が認めるべきかどうかが問題となることがある。さらに、(iii) 法定の訴訟類型のうちのあるものがそもそも司法権の対象たる事件なのか、いいかえれば、その事件は憲法八一条の違憲立法審査権の対象たる事件といえるのかが問題とされることもある。

そして、いずれにせよこれらの場合には、結局司法権の対象たる事件の要件いいかえれば法律上の争訟の要件についての一般的な基準が、これらの問題に答えるための判断基準とされることになるのである。すなわち、(i) の場合には、この一般的基準が法定の要件の解釈に際しての基準としてはたらくことになる。また、(ii) の場合には、法定外の訴訟として提起された事件を裁判所が認めるべきかについて、この一般的要件に基づいて個別の判定をすることになる。さらに、(iii) の場合には、この一般的要件に照らして問題の訴訟類型あるいは訴訟要件の合憲性についての吟味をする必要がある。すなわち、それが立法裁量の範囲内のもので司法権の範囲内のものといえるか、あるいは、例えばそれは裁判権ではなく、むしろ行政権の付与に当たると考えるべきか、さらに、それが違憲だとすべきか等々である。ただし、これについてはまだ実例はない。

そこで、従来の学説および判例を考慮しながら、「法律上の争訟」の要件を構成すると思われる要因について検討すれば、およそ以下のような点が問題となる。

(a) 事件の中に裁判するだけの実益等が存在すること

ここでは、基本的には権利・義務の存否、権利利益の侵害の有無など法的紛争が存在すること、および、救済すべき当事者がいることなどが問題となる。

具体的には、権利・義務その他法律関係にかかわる事件であること、権利・義務に準ずる法的利益にかかわる事件であること、権利・利益にかかわり当事者性があること、個人の権利ではないが、団体・国民等の権利・利益にかかわること、個人の権利・利益等ではないが、行政機関の権限の行使の違法性等にかかわる問題が存在すること、当事者が対立的であること、などが問題となる。

（b）事件が裁判するにふさわしい状況にあるかどうかなどが問題となる。ここでは、基本的には事件としての成熟性があるかどうかなどが問題となる。

この成熟性の問題が典型的にあらわれるのは、むしろ行政事件とくに取消訴訟における処分性の問題にかかわる事例である。ここでは、権利・義務関係その他法律関係にかかわる問題がむしろまだ抽象的なレベルにとどまっていてその具体化にまで至っていないため、次の段階での具体化まで待てという形で訴えが却下されるという形の事例が少なくない。例えば通達など行政の立法的行為に対する取消訴訟、行政上の計画に対する取消訴訟、用途地域指定など一般処分に対する取消訴訟、行政指導に対する取消訴訟などにかかわる事例が、これである。ここでは、国民の側の実質的な権利・利益の救済をはかるという観点からは、この要件をできるだけ緩和する方向で検討がなされることが望ましい。

（c）事件が法律を適用することによって解決できること

ここでは、かりに（a）および（b）の要件がみたされたとしても、一定の事項については法律を適用することによって解決できないとされるべきかどうかが問題となる。

一般には、まず、事件が法律の適用で解決できる種類のものではない場合には、訴えは却下される。例えば問題の争点については宗教上の教義で決めるべきことだという場合などが、それである。ここでは、争いとなっている問題そのものが宗教上の教義にかかわるものである場合（例えば、誰がほんみちの甘露台かが争われた事件。大阪高判昭和四〇・七・一二判時四二五号三一頁）にあたる。このほか、例えば問題の争点が学問上の争いにかかわるという場合も、同じである。

(d) 司法権の限界にあたらないこと

ここでは、(c) と同様に、(a) および (b) の要件がみたされていても、一定の事項については司法権の限界として裁判の対象とはされないかどうかが問題となる。

一つは憲法上の明文による制約である。例えば議員の資格争訟の裁判(五五条)、弾劾裁判(六四条)などが、それである。また、基本的人権の保障との関係で裁判所による判断ができない場合がありうる。例えば、思想・信条、信教、表現・結社の自由などにかかわる事項である。具体的には、宗教団体の中での制裁とか教義の正統性に関する争いなど内部的な自治にかかわる問題とか、政党の制裁処分など内部的な自治にかかわる問題について裁判所は判断できないとされる場合が、それである。

さらに、権力分立論との関係で裁判所による判断ができない場合がありうる。例えば国会の自律判断権あるいは内閣の自律判断権を尊重すべき事項が、それである。また、法律問題ではあるが裁判所の判断になじまない事項というものもある。例えば立法裁量論および行政裁量論が、これである。ただし、これらはすでに行われた判断に対する裁量権の尊重にかかわる場合である。このほか、むしろ司法消極主義的な配慮を加えて、裁判所としては判断を差し控えたいとすることもありうる。例えば統治行為論などがこれである。

なお、このほか、部分社会論ないしは団体の内部自治論という主張が司法権の限界として主張されることもある。これは、自律的な法規範をもつ社会ないしは団体における内部問題についてはその紛争は裁判所の審査権の外におかれるとして、この「部分社会」においては「一般市民法秩序にかかわる問題」のみを訴訟の対象とすることができるのであって、それに至らないような「内部問題」については訴訟の対象とすることができないとする理論である。また、紛争の解決のための前提問題として裁判所が判断すべき争点が内部の自治的措置に委ねるべき部分社会にかかわる問題として裁判所の審判に適さないものである場合には結局その紛争全体が裁判所による終局的解決には親しまないとされる。ただし、この「部分社会」あるいは「団体の内部自治」が論じられた例をみると、結局それらは例えば信教の自由、結社（政党）の自由、教育の自由、労働組合の組合活動の自由などへの司法権の介入の限界の問題として、あるいは、例えば権力分立の原則および地方自治の保障の観点からの国会あるいは地方議会の自律権の尊重の問題としてそれぞれ個別の問題として分けて考えることができる。その意味では、部分社会論を司法権の限界の一つの内容として独立して取り上げる必要があるかどうかは疑問である。

（二）　これらの要件の意義

右に述べた（a）〜（d）の要因は、相互に関連・重複している部分があるが、ここでは一応それぞれ別のものとして区別をしたものである。なお、すでに述べたように、本書では「法律上の争訟」の概念を広くとっているため、ここでは例えば民衆訴訟とか機関訴訟など通説・判例上は「その他法律において特に定める権限」にあたるとされる訴訟類型も含めている。

また、ここでは、法定の訴訟形式と法定外のものとをともに含む。すなわち、（a）および（b）の要因が問題となる訴訟としては、

（A）　すでに訴訟形式が法定されているか、あるいは、法定されてはいないが判決によって認められているもの（例えば、民事の給付訴訟や確認訴訟、人格権に基づく差止め訴訟、行政事件の取消訴訟、義務付け訴訟、差止め訴訟など）と、

（B）　まだ、訴訟形式が法定されておらず、判決による訴訟類型の創出も未確認であるか、あるいは、まだ認められていないもの（例えば、行政事件の中の無名抗告訴訟とか実質は民衆訴訟や機関訴訟であるがまだ法定されていないものなど）との、

二つに大別できる。

そして、この場合、（a）あるいは（b）の要因についての吟味は、（A）については、どのような場合にはその

要件がないとされるか、をチェックすればよい（認められない例を挙げればよい）。いいかえれば、これは、はじめに述べた（i）の場合に対応するものである。これに対して、（B）の場合には、例えばこのような場合には裁判所による訴訟類型の創出を認めてもよいのではないか、という積極的な条件提示が必要となる（認められるべき要件、場合を提示する）。いいかえれば、これは、はじめに述べた（ii）の場合に対応するものである。また、（c）および（d）は、一定の場合には裁判が受け付けられないとされるべきかどうかが問題となるという点で、むしろ「法律上の争訟」性を否定する消極的な要因だといえる。

第四節　規則制定権

一　裁判所の規則制定権

（一）　規則制定権の意義

憲法七七条一項では「最高裁判所は、訴訟に関する手続、弁護士、裁判所の内部規律及び司法事務処理に関する事項について、規則を定める権限を有する」とする。

これは、国会との関係で裁判所の自主性および独立性を確保すること、および、司法権の内部における最高裁判所の統制、監督権を強化することをめざして定められたものである。このほかに、そもそも裁判の実務に通じた裁判所が実際に即した手続を定めることが望ましいという意味もあるとされる。なお、規則は、最高裁判所が裁判官会議によって制定することになっている（裁判所法一二条）。

また、憲法七七条二項では、「検察官は、最高裁判所の定める規則に従はなければならない」と定める。ただし、これは検察官の資格、身分などに関する定めを規則の所管事項とする趣旨だと解されてはいない。現実に、検察官は究極的には法務大臣の指揮監督下に置かれている（検察庁法一四条）。その意味では、この定めは、訴訟手続においては検察官も裁判官と共に公正な裁判に向けて協力すべき義務を定めたものであり、そして、その限りでは、むしろ行政権との関係での裁判所の自主性および独立性を保障する意味を含むものであるともいえる。さらに、憲法七七条三項では「最高裁判所は、下級裁判所に関する規則を定める権限を、下級裁判所に委任することができる」とするため、下級裁判所も規則制定権をもつことになる。

ところで、この規則の内容は単に裁判所の内部の事項にかかわって裁判所の職員を拘束するだけのものではなく、弁護士とか訴訟当事者その他の一般国民などをも義務づけることがある。その意味で、この「規則」は一種の立法であり、したがって、本条は国会が国の「唯一の立法機関」であるという原則（四一条）に対する例外を定めたものとなる。

（二）　規則制定権の及ぶ範囲

ここでいう「訴訟に関する手続」とは、民事、刑事および行政事件の訴訟手続に関する一切の事項をいう。例えば刑事裁判における起訴前の捜査手続も、この「訴訟に関する手続」の中に含まれるとされる。ただし、例えば訴訟の基本構造とか、逮捕、捜索および押収のように国民の権利・義務にかかわる実体的な要件の定めなどは、本来、憲法および法律によるべきであるため、そのこととの関係での問題が生じる。さらに、裁判所の組織、構成、管轄など国家の基本的な権力機構の定めにあたるものは、憲法および法律で定めるべきである。すなわち、ここではすでに存在する裁判所を前提とした上でそれに対して提起された訴訟事件の処理に関する手続を対象とするにとどまる。

「弁護士に関する事項」というのは、すでに弁護士になった者が裁判所および訴訟事件にかかわる場合にそれに関係する事項に限られる。例えば弁護士の資格要件などについては、職業選択の自由の制限にかかわるものであるから法律で定めるべきである。「裁判所の内部規律に関する事項」とは、裁判所の内部における事務処理に関する事項、例えば裁判官その他の裁判所職員の職務および服務に関する定めなどがこれにあたる。また、「司法事務処理に関する事項」とは、裁判事務そのものでなく、むしろ司法行政事務の処理に関する事項をいう。司法行政事務は大日本帝国憲法下では政府の権限とされていたものであり、これが最高裁判所規則の所管とされたことは、裁判所の独立性の保障という観点からは、下級裁判所の裁判官に関する指名権（八〇条一項）および右の「裁判所の内部規律に関する事項」の規則制定権の定めと相まって、重要な意義をもっている。

（三）　法律による規則への委任

なお、法律で本条所定の事項以外のことがらについての定めを最高裁判所規則に委任することができるかどうかが問題となる。例えば、現在では、最高裁判所の小法廷の裁判官の員数は、裁判所法九条二項の委任を受けるという形で最高裁判所規則で定められている（同二条）が、この事項は本来的には本条の定める規則の所管事項の中に含まれるとは解しがたいため、そもそもこのようなことが可能かどうかが問題となる。しかし、これについて一般には、司法権に関係のある事項であるかぎりは、憲法七七条ではじめから最高裁判所規則の所管事項とされている事項以外の事項についても、法律で規則に委任することは許されると解されている。

二　法律と規則との関係

（一）　権限の競合関係

ここでは、まず、憲法七七条で定める規則制定事項は、規則だけの専属的所管に属するのか、それとも法律によっても定めることができる（すなわち、いわば法律と規則との競合的所管事項となる）のか、が問題となる。これについては、一般的にいえば後者が通説である。そして、その根拠としては、本条の趣旨はここで掲げる事項についてはとくに法律の委任がなくても直接に規則で定めることができることにあるが、ただし反面で、本条はそれらの事項について法律で定めることをとくに禁止する趣旨も定めてはいない、ということがあげられている。そして、このように競合的所管事項を認める場合には、両者の効力関係が問題となることになる。ただし、司法権の独立性・自主性を保障しようとする本条の趣旨からすれば、例えば裁判所の内部規律や司法事務処理にかかわる事項については、むしろ規則の排他的な管轄を認めるべきだとする考え方もありうる。

また、逆に、例えば刑事裁判における手続保障のように、憲法が法律事項に指定している事項であるが同時に規則制定事項にもあたると思われる場合に、その事項について規則を定めうるかが問題となる。これについては、被疑者あるいは被告人の重要な権利・利益にかかわらないような訴訟手続の技術的、細目的な事項についてだけ規則を制定することが許されるとする説と、そのような制限はなく、法律で定めていない限りは一般的に規則でも定めることができるとする説とに分れる。憲法の定める刑事手続保障の趣旨からすれば、本来ならば例えば逮捕のための要件とか証拠法則など国民の権利・義務にかかわる実体的な要件については憲法のほかに法律による定めが置かれるべきことはいうまでもない。その意味では、かりにそのような事項について法律と規則との競合が生じた場合には、法律が優先されるべきだということになる。

(二)　両者の効力関係

つぎに、右に述べたように法律と規則との競合関係が認められるような一定の事項について、かりに法律の定めと規則の定めとが矛盾した場合の両者の形式的効力関係が問題となる。これについては、法律の形式的効力の方が規則のそれよりも強いとする法律優位説と、両者は形式的効力において等しいとする両者同位説と、規則の形式的効力の方が強いとする規則優位説との三説に分れる。法律優位説は、法律は国権の最高機関であり、国の唯一の立法機関である国会が制定するものであることから、法律が規則に優位すべきであるとする。これに対して規則優位説は、むしろ司法権の独立性・自主性を強調し、また、司法権の行使についてはそれに関する知識・経験の豊富な裁判所にまかせることが好ましいとする。また、両者同位説は、憲法はこれについて何らの定めも置いていないとする。なお、この説によれば、両者が矛盾する場合が問題となるが、そこでは、効力関係は「後法は前法を廃する」の原則によるとされる。

これについては、法律優位説が通説であり、判例（最判昭和三〇・四・二二刑集九巻五号九一一頁）も、この立場をとる。ただし、例えば裁判所の内部規律や司法事務処理にかかわる事項について規則の排他的な管轄を認める立場からすれば、かりに法律と規則との競合関係を認めるとしても、この場合については規則が優越すべきだとされることになろう。また、逆に、例えば刑事手続保障の重要な部分については、かりに法律と規則の競合があったとしても当然に法律が優先されるべきである。こうしてみると、この形式的効力の問題は、むしろ法律および規則の所管事項の範囲についての理解と関連させて考えるべきであろう。

第五節　違憲審査権

一　違憲審査権の意義と性格

（一）　違憲審査権の意義

憲法八一条は「最高裁判所は、一切の法律、命令、規則又は処分が憲法に適合するかしないかを決定する権限を有する終審裁判所である」とする。ここで定められる権限は、一般に違憲立法審査権あるいは違憲法令審査権とよばれている。これは、法律等が適法な手続で成立したか否かを審査するという、単なる形式的審査権にとどまるものではなく、それらの内容が憲法に違反しているか否かを審査する権限、すなわち、実質的審査権をさしている。このような立法の合憲性審査に関する実質的審査権が最高裁判所（および、後述するように、下級裁判所）に与えられる根拠としては、以下の理由があげられている。すなわち、一つは、憲法は最高法規であるからこれに違反する法律、命令、規則、処分等の国家行為は無効とされるべきであるという憲法の最高法規性である。また、一つは、法の解釈および適用は裁判所の権限に属し、したがって裁判所は当然に憲法を解釈し、法律等がその憲法に違反するかどうかを判断すべきであるという裁判所の任務である。さらに一つは、憲法上保障された基本的人権を擁護するのは裁判所の重要な任務であるから、違憲な法律によって基本的人権が侵害されようとしているときには裁判所はそれを無効としなければならないという基本的人権を擁護すべき裁判所の役割論である。そして、この根拠づけがより一般的に拡大されると、権力分立の観点からみて国会あるいは内閣が憲法に違反した場合には最高裁判所がそれを是正するという役割が期待されているという憲法保障論（あるいは、「憲法の番人」論）となる。ただし、この考え方を徹底して最高裁判所がいわゆる抽象的審査まで行う憲法裁判所として位置づけられるべきかどうかについては、後述するように争いがある。なお、これらの根拠づけである基本的人権の擁護とか権力分立論などは、いずれもその根底に自由主義的理念があるという点ではそれらは共通しているといえる。

なお、この規定をうけて、裁判所法一〇条一、二号によれば、法令審査は原則として大法廷で行うものとされ、また、最高裁判所裁判事務処理規則一二条によれば、法令が違憲であるとの裁判をするには八人以上の裁判官の意見が一致することを要するとされる。

（二）　違憲審査権の性格

ところで、この規定がいわゆる司法審査型の違憲立法審査を意味するのか、あるいは、いわゆる憲法裁判型の違憲立法審査をさすものであるかについては争いがある。

第一説は、八一条は司法審査型の違憲立法審査権だけを認めたものだとするものである。このような違憲審査の行使のしかたは、前提的審査型あるいは付随的審査型の違憲審査ともよばれる。この説によれば、裁判所は民事、刑事、行政事件などの具体的な事件に基づく訴訟が提起された場合にだけ、いいかえれば具体的な権利・義務とか法律関係などをめぐる紛争を解決するに際してだけ、その裁判の前提としてその事件に適用すべき法律等の合憲性について判断できるにとどまるとされる。そこで、このような形での裁判所による違憲審査権の行使のための要件は「事件性」（あるいは「具体的事件性」）の要件とよばれている。そして、この説が通説であるといってよい。

このように解すべき根拠としては、以下のような理由があげられている。すなわち、本条は憲法第六章の「司法」の中で規定されているが、司法とは沿革的には具体的な争訟の解決作用を意味するのであるから、違憲立法審査権を認めるというのは最高裁判所に通常の権力分立を超えた強力な権限を認めるということになり、そのこと自体も裁判所のそのような権限の行使の範囲内で行使されるべきである。また、最高裁判所に憲法裁判所としての役割を認めるというのは最高裁判所に通常の権力分立を超えた強力な権限を認めるということになり、そのこと自体も問題となるが、そもそもそのような大きな問題についてとくに憲法上の明文の定めなしに憲法解釈だけでそれを認めるというのは無理がある。さらに、本条が最高裁判所に憲法裁判所的権限を認めるものであるならば、通常の司法権の権限とは異なるものとしてその趣旨が明示されるだけでなく、例えば提訴権者、裁判手続、判決の効力など、その主要部分に関する規定もおかれていなければならない。これについては法律に委ねられているとする考え方もあるが、しかし、このような重大な権限についての手続規定がとくに明文の規定もなしにすべて法律に委任されていると解するのは無理がある。なお、この説によれば、後述するように下級裁判所も違憲審査権をもつことになり最高裁での審査にいたるまで時間がかかることになるが、これについてはむしろ下級審での合憲・違憲についての判断に対する反響などを考慮した上での慎重な審査が期待できる、とするものである。

第二説は、憲法裁判所型あるいは抽象的審査型の違憲審査も憲法上認められているとする説である。これによれば、最高裁判所は具体的事件性の有無にかかわらず一般的・抽象的に法律の合憲性について審査することもできるとされる。これは、本条は最高裁判所に対して右の具体的事件の解決のためになされる司法審査型の違憲立法審査権とは別に、憲法裁判所としての抽象的な違憲立法審査の権限をも与えたものだとするものである。なお、ここでは、司法審査型の違憲審査についてはもともと裁判所がそれを当然に行うことができるとされていることに注意すべきである。その意味では、わが国の違憲審査の本質に関する議論の中での第一説と第二説との間の対立は、あくまでも司法審査型に加えて憲法裁判所型の違憲審査まで可能だと認めるかどうかに関する対立にとどまるものであり、司法審査型と憲法裁判所型とのいずれを認めるべきかという二者択一的なものではない。

ところで、この第二説の論拠は以下の通りである。すなわち、単なる司法審査型の法令の違憲審査権は司法権の本質から引きだせる権限であり八一条の規定をまつまでもないのであるから、本条は憲法裁判型の審査権を根拠づけるものと解すべきである。また、法律が合憲か否かは公的で、かつ、社会的に重大な問題であるから、それが一個人の権利・利益にかかわる私的な訴訟が提起されないかぎりは最高裁によって判断されないというのは不合理である。さらに、司法審査型の違憲立法審査のみによる場合には、ことがらによっては具体的事件性の要件がなかなか充たされず、その間に違憲な既成事実が積み重ねられてしまう危険性がある、とするものである。

なお、第三説として両者の中間説がある。これは、同じく憲法裁判所型の違憲立法審査も認められるが、ただし、法律の定めが必要だとするものである。すなわち、これは、少なくとも八一条の文言からは最高裁判所が憲法裁判所の性格をあわせもつことを否定するものではないとして、法律により特別な憲法裁判の手続を定めた場合には最高裁判所は一般的・抽象的な違憲立法審査ができるとするものである。ただ、現在のところ法律上の特別の規定は存在しないため、最高裁判所は抽象的な違憲立法審査を行使する余地はないことになる（なお、住民訴訟をめぐる問題については後述する）。

この問題に関する初期の判例としては、警察予備隊の設置ならびに維持に関する一切の行為の無効確認が直接最高裁に対して訴求されたいわゆる警察予備隊違憲訴訟（最大判昭和二七・一〇・八民集六巻九号七八三頁）において、最高裁判所が訴えを却下した例がある。判決は、「わが裁判所が現行の制度上与えられているのは司法権を行う権限であり、そして司法権が発動するためには具体的な争訟事件が提起されていることを必要とする。我が裁判所は具体的な争訟事件が提起されないのに将来を予想して憲法およびその他の法律命令等の解釈に対し存在する疑義論争に関し抽象的な判断を下すごとき権限を行い得るものではない。けだし最高裁判所は法律命令等に関し違憲審査権を有するが、この権限は司法権の範囲内において行使されるものであり、この点においては最高裁判所と下級裁判所との間に異なるところはないのである」。「わが現行制度の下においては、特定の者の具体的な法律関係につき紛争の存する場合においてのみ裁判所にその判断を求めることができるのであり、裁判所がかような具体的事件を離れて抽象的に法律命令等の合憲性を判断する権限を有するとの見解には、憲法及び法令上何等の根拠も存しない」。そして、「原告の請求は右に述べたような具体的な法律関係についての紛争に関するものでないことは明白である」としている。この判決の後半の文言からは第三説のニュアンスが読みとれないでもないが、この判決は一般には右の第一説の立場を宣言しているものと解されている。

具体的な訴訟事件が裁判所に提起されてはじめて法律等の違憲審査が行われるというのでは、おそらく最高裁判所における憲法判断がなされるまでに多くの日時を要することになるというのは、第一説の最も重大な難点である。そこで、裁判所による違憲審査権の行使の可能性をできるだけ拡充すべきであるという問題意識が近時において高まってきていることも確かである。しかし、第二説および第三説のように、憲法裁判所ないしは抽象的違憲審査権のような重大な権限に関する手続規定が憲法に全く定めがない状態で、それがすべて法律に委ねられていると解するのは、国家機関の基本的な権限の配分を定めるべき憲法の規定のあり方からすれば無理があるといわざるを得ない。その意味では第一説を正当とすべきであろう。なお、右のような第一説の難点をカバーするためには、次に述べるように「事件性」の要件を広く理解することが望ましい。

（三）　司法権と違憲立法審査権との関係

憲法以下の法体系全体を前提として裁判所が一定の法的紛争の解決のために法を適用するという作用を行うに際して、下位法である法律が上位法である憲法に違反することを裁判所が発見した場合には問題のある法律の方を違憲無効とするのは裁判所の職責であり、憲法八一条はこれを明文で確認したものである。ただし、裁判所がこの職責をはたすのは一定の法的紛争があって裁判所がその解決をするのに必要な限りにおいてである。その意味では、裁判所の違憲立法審査権は司法権をはなれて行使できるわけではない。そこで以下においては、このことと八一条の事件性の要件との関係について述べておく。

（ア）　違憲審査における事件性の要件と司法権の対象たる「事件」の要件との関係

右に述べたように違憲立法審査権の権限の行使は司法権の権限の行使を前提とすると解するならば、八一条の違憲立法審査権の行使に際して問題となる「事件性」の要件は、七六条一項の司法権の対象となる「事件」の要件いいかえれば裁判所法三条一項にいう「一切の法律上の争訟」の要件と重なることになる（なお、本書では、すでに述べたように司法権の対象たる「事件」と裁判所法三条一項にいう「法律上の争訟」とは一致するものとしているが、これについては争いの余地もあるため、ここでは「法律上の争訟」とせずに、あくまでも憲法七六条の司法権の対象を「事件」とよぶことにする）。いいかえれば、違憲立法審査権はこの法律上の争訟の解決に必要な限りで行使されるということになるのであるから、八一条の「事件性」の要件についてはそれ自体としてその範囲を決定する必要はなく、むしろ七六条一項の司法権の対象たる「事件」の要件についての解釈に依存すればよいということになる（これを、かりに「共通基準説」とよぶ）。

ただし、この説をとった場合で、なおかつ、すでに述べた裁判所法三条一項の「法律上の争訟」の要件を狭くとった場合には、例えば民衆訴訟とか機関訴訟などのいわゆる客観訴訟はこれに該当せず、したがって、憲法七六条一項にいう司法権の対象たる「事件」には当たらないということになるため、そのような訴訟の場において違憲審査ができるのかについて疑問が生じることになる。そこで、むしろ八一条の事件性の要件を拡大する説（これを、かりに「別基準説」とよぶ）が主張されることになるのである。

これは、同じく付随的審査説をとって違憲立法審査権の行使のためには具体的な争訟事件が存在することを前提とし、なおかつ裁判所法三条一項の「法律上の争訟」の要件を狭く理解するが、この八一条における「事件性」の要件についてはそれを拡大するものである。すなわち、この説は、八一条の事件性の要件を七六条一項における司法権の対象となる「事件」すなわち法律上の争訟とは別個のものと考え、むしろ七六条一項の司法権の対象となる「事件」である「法律上の争訟」以外の他の案件（通常は事件とよばれるが、ここでは区別するために、あえて案件とよぶ）をも含むものとするのである。

従来は、論者によってそれぞれニュアンスが異なるが、およそこの別基準説のような考え方が通説的見解であったといえる。そして、これは、例えば民衆訴訟とか機関訴訟などのいわゆる客観訴訟は「法律上の争訟」にはあたらず、むしろ「その他法律において特に定める権限」に属するものだとしつつ、その裁判の場での違憲審査は可能であるとするための論拠として用いられてきている。いいかえれば、これは、右のような裁判の場での違憲審査は抽象的審査を認めることにならないか（八一条にいう事件性の要件を充たしていないのではないか）という批判に対する反論として用いられる。すなわち、通説は、法律の効力をその公布とともに直接に違憲審査の対象とする典型的な抽象的違憲審査制は認めていないが、民衆訴訟とか機関訴訟などのような客観訴訟の場で具体的な国家行為に関連して行われる違憲審査は抽象的審査にはあたらないから許されるとするのである。

すでに述べたように司法権とか法律上の争訟などの定義づけの困難さを考えると、この別基準説のように、七六条一項の「司法権」の対象たる「事件」と八一条の「事件性」とを切り離してしまった方がかえってすっきりするともいえるが、ただし、この説に通説的見解が徹底しているわけでもない。というのは、右のような客観訴訟の場での違憲審査を認める学説でも、そのような客観訴訟の法定が全く立法裁量にまかせられているとするわけではないとし、そのような訴訟が認められる場合というのは、事件性を認めるだけの実質的な要件を備え、裁判的解決にふさわしい性質をもっている場合に限定されるべきだとする見解などもあるからである。これは、結局のところ八一条の「事件性」を考えるに際して、なおそれを「司法権の対象たる事件」あるいは司法権の観念と全く切り離して割り切ることはできないとするのである。

この中で本書は共通基準説をとり、なおかつ、すでに述べたように「法律上の争訟」の要件をできるだけ広くとる（すなわち、例えば民衆訴訟とか機関訴訟などのような客観訴訟も「法律上の争訟」の中に含まれるとする）考え方を採用している。すなわち、ここでは、違憲立法審査権の対象たる「事件」と司法権の対象たる事件すなわち法律上の争訟とは一致するとする立場を前提として議論を進める。というのは、通説である付随的審査説のいうように、そもそも違憲審査権を裁判所に係属した具体的な訴訟事件における紛争の解決のための前提として行うものとして位置づけるとか、そのような具体的な事件の解決に付随して行うものとして位置づけるなどとする以上、違憲審査の対象たる事件と司法権の対象たる事件とが別個のものであるとするのは無理があると思われるからである。ただし、ここで述べた説の違いはあくまでも説明のしかたの違いにすぎず、違憲審査権の行使の可能性をできるだけ広げようとしているという点では、これらは実質的には同じ方向を目指していることに留意しておくべきである。

（イ）　警察予備隊違憲訴訟判決の意義

右に述べたような七六条一項の司法権の対象たる事件である「法律上の争訟」と八一条の「事件性」との論理的な関係を前提とするならば、すでに述べた警察予備隊違憲訴訟判決は、本来ならば、このような訴えは七六条一項の「司法権の対象たる事件」（法律上の争訟）の要件をみたしていないから、八一条の「事件性」の要件をみたしていないとすべきであった。しかし、ここでは、むしろ付随的違憲審査説の立場を明らかにするために、より直接的に違憲審査権の発動のための要件すなわち八一条にいう「事件性」の要件として語られているという意味あいが濃いといえる。要するに、この事件では最高裁は原告側があえて実質的に抽象的な違憲審査を求めていたということに対応して、それまで学説上議論が分かれていた違憲立法審査権の性格に関して付随的違憲審査説の立場をとることを明らかにするために、「司法権の対象たる事件」(法律上の争訟)の問題を直接八一条の「事件性」と結びつけて判示したものと解すべきである。

(四)　抽象的違憲審査と民衆訴訟における違憲審査

ところで、例えば地方自治法二四二条の二で定める住民訴訟とか公職選挙法二〇四条の定める選挙無効訴訟などのような、いわゆる民衆訴訟(行政事件訴訟法五、四二条)の中で実際上しばしば違憲審査が行われていることを、むしろ抽象的違憲審査が行われているものと理解すべきかどうかが問題となる。すなわち、これらの訴訟での違憲審査は、すでに述べたようないわゆる抽象的違憲審査を特別に定める法規定だと解すべきかどうかである。しかし、これについては、このようにこれを憲法裁判所型の抽象的違憲審査を認めたものであると解するのは、少し大袈裟ではないかと思われる。というのは、これらの訴訟はたしかに個人の権利義務などに直接かかわるものではないが、決して法律それ自体の抽象的違憲審査を行うものではなく、あくまでも具体的な訴訟事件の中で法律とか行政処分などの合憲性の審査が行われているからである。また、かりにこのように解するならば、例えば民衆訴訟での違憲審査は最高裁が第一審にしてかつ終審でなければならないはずであるが、規定上はそのようになってはいないのである。

(五)　下級裁判所の審査権

なお、下級裁判所が違憲立法審査権を有するかについては、二つの問題がある。まず、憲法裁判所型の違憲審査については、八一条の規定およびすでに述べた第二説、第三説のいずれの趣旨からも、その権限は最高裁判所に限られることは明らかであり、下級裁判所は審査権をもたない。しかし、逆に、司法審査型の違憲審査権については、いずれの説によっても下級裁判所の違憲立法審査権は認められている。最高裁判所の判例も、憲法が最高法規であること、裁判官は憲法に拘束されること、および、裁判官の憲法尊重擁護義務から「裁判官が、具体的訴訟事件に法令を適用して裁判するに当り、その法令が憲法に適合するか否かを判断することは、憲法によって裁判官に課せられた職務と職権であって、このことは最高裁判所の裁判官であると下級裁判所の裁判官であることを問わない」として、これを認めている（例えば、最大判昭和二五・二・一刑集四巻二号七三頁）。ただし、八一条にいう「最高裁判所は」という文言との関係が問題となるが、これに関しては、八一条は、終局的にはかならず最高裁判所の判断を求めるべきことを定めたものであると解されている。

なお、これとは逆に、例えば下級審で憲法問題が生じた場合には審理を中断して直ちに事件を最高裁に移送しなければならないとする考え方をとることもできないわけではないが、ただし、これに対しては、この解釈では右とは逆に「最高裁判所は……終審裁判所である」とする文言に反することになり、また、結果的にこの説は最高裁判所を憲法裁判所にしてしまうことになるという点で問題がある。また、このほか、立法権および行政権に対しては下級裁判所もあくまでも司法権としての本質を有しているのだから、下級裁判所に違憲審査権が認められることは別段おかしなことではないとする考え方もある。

二　司法消極主義と司法積極主義

ここでは、裁判所が違憲立法審査権を行使するに際してのいくつかの段階での課題を示した後に、そのそれぞれの段階での裁判所の違憲審査にかかわる姿勢をめぐる議論について紹介しておく。

（一）　憲法訴訟におけるいくつかの段階での課題（分かれ道）

例えば法律の違憲判決が求められている裁判（憲法裁判）にかかわる訴訟が、裁判所によって受け付けられてから違憲判決が出されるまでには、次に述べるようないくつかの段階での課題を通過しなければならない。それらをすべて通過してはじめて立法の違憲判決が下されることになる。

（ア）　訴訟そのものが受け付けられること

まず、はじめに訴訟そのものが受け付けられなければならない。すなわち、裁判所に提起された訴訟は刑事事件、民事事件あるいは行政事件の裁判としての訴訟要件をそれぞれ充たしていなければならない。これを充たさないときには「訴え却下」（刑事事件の場合には「公訴棄却」）とされ、訴訟事件そのものにならないことになる。そして、これらをひとことでいえば、ここではまず事件性の要件が充たされているかどうかがチェックされるということである。すなわち、とくに民事事件の場合にはそれは「法律上の争訟」にあたるかどうかという形で問題となる。行政事件の場合には、例えば取消訴訟ではより具体的に「処分性」とか「訴えの利益」などがあるかどうかという形で問題となり、また、法定外の訴訟が提起されたような場合にはむしろ一般的な形でそれが「法律上の争訟」にあたるかどうかという形で問題とされることになるのである。

そして、この場合重要なのは、とくに民事事件とか行政事件などの場合には例えば「法律上の争訟」とか「訴えの利益」などを認めるかどうかについて、とくに境界線上の事例については、積極的に訴訟を受け付けていこうとするか、逆に消極的な姿勢をとるかという裁判所による政策的判断の余地が少なくないということである。

（イ）　憲法上の争点の主張（違憲の主張）ができること

訴訟が成立したとしても、訴訟当事者は必ずしも常に問題の法律についての違憲性の主張ができるというわけではない。かりに刑事事件で問題の法律に違憲の疑いがあり、その適用範囲の中に合憲的な適用と違憲的な適用との二つの可能性があるというような場合で被告に対してその法律が適用される限りでは合憲であると解されるというときには、その被告による法律の違憲の主張は他の者への仮想的な法律の適用での違憲問題の主張であり、いわば第三者の権利の主張にあたるから許されるべきではないとする考え方もありうる。これは、いいかえれば、違憲の疑いのある法律の違憲審査はあくまでもその適用ごとに行われるべきか（適用上審査）、あるいは、あらゆる適用を考慮した上で行われるべきか（文面上審査）という問題でもある。そして、例えばこのような場合に憲法上の争点の主張の適格性を認めるべきかどうかという点についても、やはり、それを積極的に認めようとするか、逆に消極的な姿勢をとるかという裁判所による政策的判断の余地が残るのである。

（ウ）　憲法判断そのものに入ること

訴訟が成立し、当事者が違憲の主張をすることができるような場合であっても、裁判所は必ず憲法判断を行うとは限らない。例えばかりに刑事事件で問題の法律に違憲の疑いがあり、被告に対するその法律の適用は違憲の疑いがあるとしても、そもそもその法律の解釈の仕方によっては被告に対してその法律を適用しない（無罪）ですませることができるという場合には、裁判所はむしろそのような解釈を採用して裁判を終わらせるかもしれない。これはその限りでは憲法判断を回避することになるが（「判断回避」とよばれる）、アメリカの最高裁の判例中の裁判官の意見の中ではこのような場合にはむしろ判断回避ができるような解釈の方を採用するのが原則であると表明されたこともある（ブランダイス・ルールの中の第四準則ともよばれる）。わが国では、これについては学説上さまざまな見解があるが、いずれにせよ、ここでも裁判所が積極的に憲法判断を行うか、逆にそれに消極的な形での選択をするかについて裁判所による政策的判断の余地が残るのである。

（エ）　司法権あるいは違憲審査権の限界とされないこと

なお、一見すると訴訟要件が充たされていると思われる事件であっても、そこでの本質的な法律上の論点が例えば団体の内部自治にかかわるとか統治行為にかかわるなどいわゆる司法権の限界あるいは違憲審査権の限界にかかわるとされる場合には、結局裁判所による違憲審査が行われないで終わることもある（ただし、この場合、訴え却下とされるときと、請求棄却とされるときとの二つの形がある)。そして、この「限界」の判断に際しても、裁判所の役割を積極的に位置づけるか、あるいは消極的なものと考えるかという政策的な判断のとり方によって差異が生ずる余地が残るのである。

(オ) 違憲判断をすること

右に述べたようないくつかの障害を乗り越えた上で当事者の違憲の主張に応えて裁判所が憲法判断を行うことになったとしても、問題の法律が違憲であると判断されるとは限らないことはいうまでもない。この場合に合憲の判断が下されるか、逆に違憲の判断が下されるかは、裁判所による違憲審査に対する姿勢が決定的な役割をはたすことになる。例えば公共の福祉を根拠として人権を制限する人権規制立法に対する違憲審査基準として裁判所が厳しい基準を設定するか、あるいは緩やかな基準を設定するかという違いが、それである。前者によれば問題の法律が違憲とされる可能性が高まることになり、逆に、後者によればその可能性は低くなるのである。そして、これについてもやはり裁判所による政策的判断が決定的な違いをもたらすのである。この違憲審査基準にかかわる議論については後述する。

(カ) 違憲判決をすること

かりに裁判所が、ある法律について例えばその適用範囲が広すぎるために憲法上保障されているはずの表現行為までもが禁止・処罰されることになるため、その法律は違憲の疑いがあるという判断をもったとしても、それが直ちに違憲判決として表現されるとは限らない。その場合でも、裁判所はその法律の適用範囲を狭くするような解釈を加えて、そのような解釈をすればあくまでも法律は合憲であるという判決をすることもありうる。これは制限的合憲解釈とよばれるが、ここでは実質的には法律についての裁判所の違憲判断が含まれているにもかかわらず判決の形式上はあくまでも合憲判決とされていることが特色である。いいかえれば、かりに裁判所の実質的な違憲判断があったとしても、その際裁判所が制限的合憲解釈をせずにあえて法律そのものを違憲とする決断をしない限りは違憲判決が下されないということになるのである。そして、この点でどのような選択をするかについても、また裁判所による政策的判断の余地が残るのである。この制限的合憲解釈をめぐる問題については後述する。

このように、憲法訴訟においては訴訟の提起から違憲判決に至るまでにいくつかの分かれ道が存在しているのであるが、そのそれぞれにおいて裁判所がそもそも憲法裁判への対応としてどのような姿勢をとるべきかといういわば一種の司法哲学が大きな影響力をもっているのである。そして、それは一言でいえば司法消極主義と司法積極主義という二つの対立する考え方として表現されてきている。

（二）　司法消極主義と積極主義

（ア）　司法消極主義と司法積極主義の意義

司法消極主義とは、一般的には、裁判所は違憲審査権を行使する際に立法府、行政府という政策決定機関の判断に対して最大限の敬意を払うべきだとする立場をいうとされる。これを具体的に違憲審査の場面にそくしていえば、この立場はそもそも憲法判断に立ち入るべきかどうかに関してはできるだけ憲法判断をせずにすまそうとし、また、法律の合憲性について判断すべき場合においてもできるだけ立法府の裁量権を尊重すべきものとし、さらにかりに法律について違憲の疑いがあるとの判断をもったとしても実際に違憲判決を下すかどうかに関してはできるだけ違憲判決を下さないようにする等々、という姿勢をとるべきだとすることになる。そこで、これに対しては裁判所は違憲審査を積極的に行使することにより人権保障その他の憲法保障機能を適正に果たすべきであるとする批判もあり、これは逆に司法積極主義とよばれる。そして、この二つの立場にかかわる議論は、そもそもアメリカの連邦最高裁における違憲審査制の成立と展開の中で進められてきたものである。

（イ）　わが国における問題状況

基本的にはアメリカの司法審査型の違憲審査制を採用するわが国の憲法訴訟においても、とくに学説のレベルでは、このような問題意識はほぼ同じような形で持ち込まれているといえる。すなわち、例えば表現の自由を中心とする精神的自由、選挙権、平等権など、民主主義の政治過程による保障よりもむしろ裁判所による人権保障が強く期待される分野については司法積極主義的な姿勢をとることが妥当であり、逆に民主主義の政治過程にある程度まかせることが望ましく、また、それによる妥当な解決の可能性が期待できる分野については司法消極主義的な姿勢をとるべきであるとするのが、比較的有力な考え方であるといえるかもしれない。ただし、わが国の最高裁の判例の傾向は、これとは必ずしも一致しているわけではない。

わが国の違憲立法審査制はアメリカにおける司法審査制を継受したものであるが、とくにわが国では、それが憲法八一条において制度として明文化されたものである。このような形での違憲審査制の確立は、人権保障その他の憲法保障に関して裁判所が多大な期待を寄せられるようになったということを示している。とはいえ、第二次世界大戦の敗戦の後にはじめて民主主義の憲法が制定されたわが国においては、憲法制定後の社会状況がそもそも民主主義そのものの未成熟とか基本的人権の保障を支えるべき人権感覚の乏しさなどアメリカとはかなり異なるところから出発したという点で、当然アメリカにおける状況とは異なる形で右の問題が現れることになったといえる。また、例えば最高裁の裁判官の任命のしくみとの関係でも違いが生じる。すなわち、アメリカの場合には第二次世界大戦後のこの六〇年についてみても、いわゆる二大政党による政権交代を何度も経験していることとか、大統領制のために議会の多数派を占める政党と大統領の属する政党とが常に一致するわけではないことなどによって、法律を制定する議会とそれを審査する最高裁との間には必ずしも政治的同質性が保たれているわけではない。そこで、そのような緊張状態の中で時には違憲判決が下されることになるのである。これに対して、わが国は基本的には保守系の政党による長期政権が続いていることとか、議院内閣制のために内閣と国会との間では政党レベルでの同質性が当然の前提となっていることなどから、国会、内閣および最高裁の政治的同質性が顕著に現れているといえる。そして、このような傾向が実際上は違憲審査のあり方に影響を与えていたことは否定できないのである。

ところで、わが国の最高裁はひとことでいえば比較的徹底して司法消極主義の立場を通してきたといってよい。これまでのおよそ六〇年間においてわが国の最高裁判所が下した法律の違憲判決は八件にとどまる。このことは、これまでに人権を侵害するものとして批判を浴びてきた法律が数多く挙げられてきたこと、および、地方裁判所段階での違憲判決は決して少なくないこととあわせ考慮すると、近時ときには積極主義的な面をみせることはあるが、違憲審査に関する姿勢としてはやはり消極的にすぎたといわざるを得ないであろう。とくにわが国の最高裁は表現規制に対する厳格な審査基準の適用をはかるということはほとんどないに等しいといってよいのであり、実際にこの分野での違憲判決は下されたことがない。そして、この点はとくに学説の傾向と明確に食い違っているといえる。

三　違憲判決の効力

違憲判決の効力については、違憲と宣言された法律の効力はどうなるか、当該事件以外の事件についての事後処理をどうするべきかという問題があるが、このほか、違憲審査権の性格づけとの関係はどうか、他の国家機関すなわち立法府および行政府がその判決に法的に拘束をうけるか否かなど、いくつかの論点がある。

（一）　違憲宣言を受けた法律への効果

いわゆる立法違憲（法令違憲）の判決が下された場合、その判決による法律（ここでは、命令も同様である。以下、同じ）の無効化の範囲および程度がいかなるものかについては、大別して一般的効力説と個別的効力説との二説に分かれる。

まず、一般的効力説によれば、ある法律の全部または一部が憲法に違反すると判決されたときには、その法律は客観的・対世的にすべての人に対して無効となるとされる。この説によれば、このように解することによってはじめて憲法九八条の最高法規性および八一条の違憲立法審査権の趣旨が十分に活かされることになるとされる。また、この説によれば、違憲判決によってただちに一般的に法律の無効が確定するため、国民に対する法適用上の不公平が生ずるのを避けられる、いいかえれば、このように解しないと憲法一四条の趣旨に反するとされる。

つぎに、個別的効力説によれば、法律が違憲とされた場合には、それはその訴訟事件に関してのみ無効となるとされる。すなわち、この説によれば、司法審査型の違憲審査は具体的な訴訟事件の解決の前提として行われるのであるから、その効果も当然に当該事件に限られるべきであるとされる。また、法律の改廃はあくまでも立法者がなすべきであり、法律を客観的・対世的に無効にするのは消極的立法作用にあたるから裁判所の権限とされるべきではないとされる。さらに、不公平のおそれについても、違憲判決が出された場合には同種の事件についてはそれ以後同じような処理がなされ、また、立法府および行政府もこれを尊重するであろうから、この説によっても支障はないとされる。

なお、このほかに両者の折衷説がある。すなわち、これによれば、八一条は右のいずれの結論をとるかは法律の定めに任せているのであり、したがって、法律でいずれの説をとっても本条の容認するところであるとされる。裁判所の判決が法律廃止の効果をもつためには特別の法律を制定しなければならないとする見解も、この説を一部前提とするものだといえる。その意味では、例えばかりに立法府が個別的効力説を具体化する規定を定めたとしても、それは、国会がそのような憲法解釈（立法的解釈）を採用したというにすぎないことになる。

これについては、わが国の違憲審査は前提的審査型の違憲審査であるということから、やはり個別的効力説をとるべきだと思われる。ただし、例えば法律によって最高裁判所の違憲判決が確定すると同時にその法律（の条項）はただちに無効となるとする規定を置くことは可能であろう。というのは、それが立法府たる国会の意思であればそれを無視する必要はないからである。

（二）　他の事件についての事後処理

これと関連して、法律の無効化以外のことがらについての事後処理の問題が生じる。従来は、個別的効力説と一般的効力説との対立に関する議論の中で法律の効力がどうなるかという問題と、その適用をめぐる事後処理の問題とが混合されてきているが、一応これは分けて考えるべきである。

まず、個別的効力説を前提とすると、この説による適用上の不平等の発生のおそれという問題については、現実には最高裁の違憲判決が出された場合には以後の同種の事件については同じような処理がなされ、また、立法府はこれにしたがって法改正を行い、また、法改正がなされるまでの間は行政府もこれを尊重するであろうから不公平のおそれはないとされている。例えば尊属殺人罪規定（刑法二〇〇条）の件でいえば、その規定が違憲とされた場合には検察側はこの規定がないものとして普通殺人罪として起訴をすることになる。また、この説によれば判決には当然遡及効がないとされることになろう。したがって、すでに判決が下されたものについては効力には影響がない。ただし、平等原則の観点からはこれは望ましくないため、例えば刑事事件に関しては非常上告（刑訴四五四条）とか恩赦などによる救済がはかられることが望ましい。ただし、これらの処理をすべきことが法的な拘束力をもつかどうかは問題である。すなわち、違憲判決が立法府と行政府のそれぞれに対して法的な拘束力を有するのかという問題が残る。

つぎに、一般的効力説によれば、理論上は最高裁の違憲判断がなされた以上違憲の法律はそれ以後は当然対世的に無効とされ、適用の余地がなくなることになる。そして、それだけでなく、その法律は当初に遡って対世的に無効となると解すべきかもしれない。しかし、現実にはすでにその法律が施行されて種々の法効果が生じているはずであり、その場合に右のように解することは重大な混乱を生ぜしめるおそれもある。そこで、一般的効力説をとりながらも、判決の効力は過去に遡及せず、判決以後において一般的に無効となると解する説もあり得るであろう。ただし、その場合でも全く遡及的な救済を否定するのではなく、例えば刑事事件に関しては右に述べた非常上告とか恩赦などによる救済がはかられることが望ましい。そして、この点に関しては個別的効力説による場合との差異はなくなることになる。その意味では、右のような限定された一般的効力説をとる場合には、これら二説の主たる対立点が生じるのは、判決以後の法律そのものの取扱い方の違いという問題だけとなる。

(三) 他の国家機関に対する拘束力

一般的効力説は、要するに違憲判決によって法律はそれ自体が存在しなくなるとするものである。したがって、この説を前提とするならば、他の国家機関すなわち立法府および行政府はともにその判決の趣旨にしたがって行動すべき法的義務を負うということになろう。すなわち、立法府たる国会は確認的な意味で違憲無効とされた法律の条項を廃止ないしは改正すべき法的義務を負い、また、行政府は違憲無効とされた法律の条項は存在しなくなったものとして各種の事務処理をすべき法的義務を負うということになる。

これに対して、個別的効力説は、要するにその法律は事件との関係で効力をもたない、いいかえれば、裁判所は問題の法律をその事件に適用できないとするものである。そして、この説を前提とする場合には、他の国家機関はその判決の趣旨にしたがうべき法的義務があるか否かについては、法的義務ありとする説と事実上の義務にとどまる（法的義務なし）とする説とに分かれることになろう。そして、これは個別的効力説の根拠づけとの関係でやや違いが生じることになる。すなわち、まず、個別的効力説の実質的な根拠の一つは、事件性の要件との関係であくまでも判決の効力を当該事件に限られるとする考え方である。そして、この根拠を重視する場合には、その事件をこえて判決が立法府および行政府を法的に拘束するという考え方はとりにくいであろう。つぎに、個別的効力説のもう一つの根拠は、権力分立の原則との関係で一般的効力説をとることはいわば消極的な立法作用を裁判所が行使することになるからそれは認めるべきでないとするものである。そして、この根拠にもとづく場合には、右の第一の根拠とあわせて、他の国家機関は法的義務を負わないとする説をとることもできる。ただし、他面で、違憲判決は法律そのものを対世的に無効とするものではないが、裁判所の判決に対する権力分立の原則からくる制限はそこまでに止めるべきであり、立法府および行政府はその判断にしたがうべき法的義務を負うと考えることも可能である。そして、これによれば国会は違憲と判決された法律をすみやかに廃止ないしは改正すべき法的義務を負い、また、行政府はその法律を適用してはならないという法的義務を負うことになるのである。公平の原則の観点を加味して本書はこの説をとる。

なお、かりにこの法的義務説をとったとしても、憲法上裁判所はそれを強制すべき手段をもたないため、立法府ないしは行政府がその義務を無視したとしても当面それをとがめることはできないことになる。しかし、このことは、この義務が事実上の義務にとどまるということを決して意味するものではない。というのは、この説によれば、例えば国会がその義務を無視して問題の法律の廃止ないし改正を怠ることによって国民の権利・利益が侵害された場合とか、行政府がその法律をあえて適用して国民の権利・利益が侵害されたという場合には、場合によっては（訴訟提起のための条件がみたされるならば）、例えば国家賠償請求が提起され、そして、その中で国会あるいは行政府の作為ないしは不作為の違法（ここでは、同時に違憲）性が認められることもあり得るからである。

（四）　違憲判決後の手続的課題

右にのべたように、学説上は個別的効力説が通説であるが、わが国の違憲審査が司法審査型（前提的審査型）を前提としたものであることにかんがみれば、この説が妥当であろう。ただし、この場合、立法府あるいは行政府はこの判決の趣旨に従ってただちに法令の改廃措置をとらねばならず（なお、最高裁判所事務処理規則一四条により、法令等が違憲であるとの判決をしたときは、裁判所はその要旨を官報に公告し、裁判書の正本を内閣に、法律を違憲とした場合には国会にも、送付するものとされている）、また、これは法的義務であると解すべきである。

なお、すでに述べたように、これまで最高裁により法律の規定が違憲とされた例は八件ある。これらの違憲判決のその後についてみておくと、憲法二二条に違反するとされた薬事法六条（薬局等の距離制限）については、判決（一九七五年）後ただちに法改正の措置がとられた。憲法一七条に違反するとされた郵便法六八条、七三条の一部（国家賠償責任の免除、制限の規定）についても、判決（二〇〇二年）後ただちに法改正の措置がとられている。一九八七年に憲法二九条に違反するとされた森林法の規定も、同年に削除されている。また、昭和六〇年に憲法一四条および一五条の選挙権の平等保障に反するとされた公職選挙法の別表第一（議員定数配分）は、判決（一九八五年）から一年後に改正された。さらに、在外投票に関する違憲判決（二〇〇五年）によって憲法一五条、四三条および四四条に違反するとされた公職選挙法の附則八項も翌年に法改正されている。最近では、平成二〇年六月に違憲とされた国籍法三条一項が同年中に法改正されている。なお、昭和五一年に憲法一四条および一五条の選挙権の平等保障に反するとされた公職選挙法の別表第一（議員定数配分）は、判決当時（一九七六年）にすでに改正を受けていた旧法であったため、その事後処理は問題にはならなかった。

これに対して、一九七三年の刑法二〇〇条（尊属殺人罪）の違憲判決の場合には、憲法一四条の趣旨に反するとされた刑法二〇〇条がかなり長期間にわたって国会で削除ないし改正の措置がとられずに、ようやく平成七年（一九九五年）の法改正で削除されている。もちろん、刑事裁判の実務においては、右の判決が出された以後は刑法二〇〇条に基づく訴追は行われなかったため現実的な弊害はあまり生じてはいない。しかし、このような国会における怠慢は、すでに述べたような法的義務に違反しているだけでなく、憲法の最高法規性および法的安定性を政府（内閣、国会）みずからが損なうものとして許されないことはいうまでもない。

四　違憲判決以外の判決の手法

裁判所による違憲審査が行われた場合には、端的にいえば法律が合憲か違憲かのいずれかの判決が出されることになるはずであるが、実際には、その判決までの過程とか判決そのものの出し方などについていくつかの変種（いわば、一種の判決技術）がある。とくに、ここでは制限的合憲解釈を中心として述べておきたい。

（一）　制限的合憲判決

制限的合憲解釈とは、法律の文言を字義どおりに解釈するとその法律の規定の合憲性に疑問が生じるという場合には、その規定の適用範囲を憲法の趣旨に適合するように狭く限定して解釈することによって、法律そのものについて違憲判決を下すのを回避するという判決技術をいう。例えば人権規制立法に関していえば、その法律による規制の範囲が広すぎて、そのままではそれは憲法上保障されているはずの権利・自由を不必要に侵害するものとして違憲とされるべきであるという場合に、裁判所が違憲判決を出さずに、むしろ問題の条項の適用範囲を限定するような解釈を加えて法律を合憲としてしまうというものである。

この制限的合憲解釈をおこなった最高裁の判決としては、まず公共企業体等労働関係法一七条の合憲性が問題となった全逓東京中郵事件判決（最大判昭和四一・一〇・二六刑集二〇巻八号九〇一頁）がある。そこでは、争議行為を禁止する規定そのものは合憲とした上で、刑事罰が科せられるべき場合を限定的（政治的目的の争議行為の場合、暴力を伴う場合、社会通念に照らして不当に長期に及び国民生活に重大な障害をもたらす場合）に解釈した。また、地方公務員法三七条の合憲性が問題となった都教組事件判決（最大判昭和四四・四・二刑集二三巻五号三〇五頁）では、「地方公務員法は、地方公務員の争議行為を一般的に禁止し、かつ、あおり行為等を一律的に処罰すべきものと定めている」が、「これらの規定の表現にかかわらず、禁止さるべき争議行為の種類や態様についても、さらにまた、処罰の対象とされるべき、あおり行為等の態様や範囲についても、おのずから合理的な限界の存することが承認されるはずである」として、争議行為およびそのあおり行為の両者について強度の違法性を要するという二重のしぼりをかけることにより事実上組合内部の指導者の刑事免責をはかっている。

なお、ここでは、この制限的合憲解釈は実質的には法律についての違憲判断を含んでいるという点に注意する必要がある。そこで、これは黙示の違憲判断の方法であるともよばれる。しかし、反面でこのような技術を認めると、それは本来なされるべき法律そのものについての違憲判決が下される余地をかなり狭めることになるという問題点をもつことになる。とくに、回避のためになされる解釈が法の文言の通常の意味を著しく逸脱するものであるような場合には、違憲判決の回避だけを目的とするというその不当性が強い批判を受けることにならざるを得ないであろう。その意味では、この制限的合憲解釈は司法消極主義の立場からと司法積極主義の立場からとの両面からの批判を受けることになる。すなわち、前者の立場からは、これは一種の司法立法いいかえれば裁判所による法律の「書き直し」であるという批判が加えられる。そして、後者の立場からは、違憲判断を有していながら無理に「違憲判決」を回避するものだと批判されるのである。こうしてみると、現実的具体的になされる合憲解釈がどれだけの説得力をもっているかが問題となる。このことは逆にいえば、制限的合憲解釈の限界がどこにあるかということでもある。

制限的合憲解釈の限界については二つの考え方がありうる。一つは、あくまでも法律の文言についての通常の解釈（いわゆる文理解釈）を超えることはできないとするものである。これによれば、法律の文言そのものからは通常読みとれないような何らかの憲法上の限定のための「基準」を作り出して、それに基づいて制限的合憲解釈をするということは否定されるべきことになろう。例えば法律の文言と明らかに矛盾したり、立法目的を大きく損なうような限定解釈は許されないとする見解がこれである。そして、もう一つは、かりに法律の文言そのものからは通常は導き出されないような何らかの「基準」がうち出されたとしても、それが一定の憲法解釈としての妥当性をもつものであると解されるならば認められるべきだとするものである。ここでは、結局のところ「法律」の解釈の当否という名目の下に実質的には一定の「憲法」解釈の当否が争点とされることになる。このように、後者の基準による場合には、合憲解釈の具体的妥当性、いいかえれば、その限界の問題というのは、裁判所の憲法解釈そのものについての当否の判断にかかるものとなる。

比較的単純な文言で人権を包括的全面的に規制しているわが国の法律を一面で合憲としつつ、他面でその法律の適用範囲を限定して人権救済もはかろうとするわが国の合憲解釈のあり方からすれば、その正当性の基準として右の前者の基準を貫くことは困難である。少なくともこのような合憲解釈のあり方を認めるとするならば、その限界についての基準は後者によるべきであろう。しかし、他面で、もともと法律が「違憲」であるならば「違憲判決」を出すべきであるということからすれば、この合憲解釈の妥当性というのは単に憲法解釈として成り立ち得るものであればよいというだけのものであってはならない。例えばそれが妥当とされ得るのは、その限定の「基準」が憲法解釈として成り立ちうるというだけでなく、あえて立法違憲としなくてもその「限定」によって十分に違憲性の部分が除去できるという場合であろう。

また、この合憲解釈はむしろその中に「立法違憲」の判断を内包しながらも違憲判決を出すこと自体は回避するための判決技術としての性格を有する。ここでは、違憲審査に際してむしろ厳格な審査基準が採用され、それにもとづく事実上の法律の違憲判断が内包されているのであり、その意味では緩やかな審査基準を採用することにより法律を全面的に合憲・有効とすることに比すればいく分なりとも司法積極主義的なニュアンスをもっている。したがって、裁判所がより消極主義的な立場をとる場合には、これは否定されることになる。そこで、右に述べた東京中郵判決および都教組判決は、その後最高裁みずからの手によって覆されている。すなわち、前者については名古屋中郵事件判決（最大判昭和五二・五・四刑集三一巻三号一八二頁）によって、また、後者については全農林警職法事件判決（最大判昭和四八・四・二五刑集二七巻四号五四七頁）によって、それぞれの制限的合憲解釈が否定されているのである。ただし、これは最高裁が合憲解釈という判決技術を否定したということではない。すなわち、判例変更をしたこれら二つの判決は、いずれも争議行為禁止等の規定が全面的に合憲であるとする実体判断をしているため、問題の規定について限定解釈をする必要がないとしたにすぎないのである。実際、例えば右にあげた名古屋中郵事件判決では、単純参加者の刑事処罰を避けるために全く別の意味での制限的合憲解釈（単純参加者の超法規的処罰阻却）を加えているのである。そこで、最高裁は、別の事例ではこの制限的合憲解釈の手法をなお採用している。例えば税関検査事件の合憲判決（最大判昭和五九・一二・一二民集三八巻一二号一三〇八頁）、青少年保護条例事件の合憲判決（最大判昭和六〇・一〇・二三刑集三九巻六号四一三頁）、市民会館の使用許可にかかわる条例の合憲判決（最判平成七・三・七民集四九巻三号六八七頁）などは、その例である。また、最近の例としては、「暴走族」の定義について限定的に解釈して条例を合憲とした上で被告人を有罪とした広島市暴走族追放条例事件判決（最判平成一九・九・一八刑集六一巻六号六〇一頁）がある。

ところで、この制限的合憲解釈は法律を合憲とするという動機づけが強く先行しているわけであるが、それだけに、とくに刑罰法規においては国民の権利保護との関係でいくつか考慮すべき点がある。一つは、都教組事件判決のように制限的合憲解釈の結果国民が無罪とされるのであれば国民の側には一応救済という結果が与えられることになるが、例えば青少年保護条例事件および徳島市条例事件の場合のように、制限的合憲解釈の結果として国民が有罪とされる場合には、これは法律あるいは条例の救済の意味をもつだけで国民を救済する意味はもたない。人権救済のためにだけ制限的合憲解釈が用いられるべきだとする立場からいえば、このような用い方には疑問があるということになる。また、全農林事件判決とか名古屋中郵判決などのように後続の判決によってそれに先行する判決での制限的合憲解釈が否定ないし変更されることについても問題がある。最高裁判所の判例に対する国民の側の一定の信頼を前提にするならば、制限的合憲解釈を加えた判決によって一度適用範囲の限定を受けた刑罰法規が、その限定解釈を否定ないし変更する後続の判決によって再びその適用範囲を拡大され国民が処罰を受けるというのは、実質的には憲法三九条の事後処罰の禁止の趣旨に反することになる。したがって、刑罰法規に対する制限的合憲解釈の否定ないし変更をともなう判例変更には制約がかかるとすべきである。

（二）　適用違憲判決

適用違憲とは、例えば刑罰法規などの適用範囲が広汎なため、その法律の適用が合憲となる場合もあるが同時にその法律を一定の事件に適用する場合には、違憲となるという場合に、法律そのものを違憲とせずに当面問題となっている事件への法律の適用だけを違憲無効とするものである。

この適用違憲の判決としては、例えば第三者所有物の没収に関する違憲判決（最大判昭和三七・一一・二八刑集一六巻一一号一五九三頁）があげられている。これは、第三者所有物を没収する場合においては「その没収に関して当該所有者に対し、何ら告知、弁解、防禦の機会を与えることなく、その所有権を奪うことは、著しく不合理であって、憲法の容認しない」ところであるとして、そのような規定のない関税法一一八条一項により第三者の所有物を没収することは憲法三一条、二九条に違反する（直接的には、「本件貨物の没収の言渡は違憲である」としている）、としたものである。これは、法律の規定のうち第三者の所有物を一定の手続保障なしに奪うことについてだけは違憲であるとする趣旨が前提になっているものと思われるが、とすると、やはり一定の制限的合憲解釈がなされており、ただし、それを適用違憲の形で表明したものであると解することもできる。

ただし、両者は全く異なる点もある。すなわち、制限的合憲解釈の場合には、判決である一定の基準を示して違憲な適用の部分を削り取ることになるため、例えば刑罰法規については国民の側からいえば憲法上保障された行為として処罰されない行為の範囲が一定程度は予測可能となる。これに対して、適用違憲判決ではそのような基準を必ずしも示さずに個々の適用での審査を行うことになるため、国民の側からいえば自分がこれから行いたいと思っている行為が罰せられるかどうかの予測はつかず、結局はそれを差し控えるという萎縮効果（chilling effect）は残ることになるのである。

また、この適用違憲は、立法そのものの違憲判決を回避しようとする点では制限的合憲解釈と同じ趣旨をもつものである。その意味では、これもまた法律そのものに対する裁判所の違憲審査権の適正な行使を妨げるものであることは否定できない。極端にいえば、この形が原則とされるならば立法違憲（文面上無効）判決を出す必要がなくなってしまうであろう。そうなると、右に述べたように国民の憲法上保障されているはずの行為についての萎縮効果の問題が広く生じることになってしまうのである。その意味では、この適用違憲という形は、かりに用いるとしてもごく例外的な場合に限定される必要があろう。

なお、国家公務員法による政治的行為の禁止・処罰の合憲性が問題となったいわゆる猿払事件の一審判決（旭川地判昭和四三・三・二五下刑集一〇巻三号二九三頁）は、この法律はこの事件に適用される限りにおいて違憲であるとしたが、しかし、この判決は、そのような政治活動の禁止・処罰は全面的に合憲であるとする上告審判決（最大判昭和四九・一一・六刑集二八巻九号三九三頁）によって否定されている。その上告審判決の中では、この適用違憲判決の形は「これは、法令が当然に適用を予定している場合の一部につきその適用を違憲と判断するものであって、ひっきょう法令の一部を違憲とするにひとしい」とされている。ただし、これは適用違憲判決の形そのものを否定する趣旨であると解すべきかどうかについては、なお問題が残る。少なくとも合憲な法律の中核部分ではなく、いわば周縁部分での裁量権の濫用にあたる部分を適用違憲とする余地はあるかもしれない。例えば、教科書検定制度そのものは合憲としつつ、本件での検定不合格処分は教科書執筆者の思想内容の事前審査にあたるから憲法二一条二項の検閲禁止に違反するとした第二次家永教科書裁判一審判決（いわゆる杉本判決。東京地判昭和四五・七・一七判時六〇四号二九頁）は、このタイプにあたるといえよう。もっとも、これらの場合にはあくまでも法論理のレベルでいえば、例えば行政事件では裁量権の濫用による処分等の違法の問題として、また、例えば刑事事件の場合には罪刑法定主義に基づく厳格解釈による無罪の問題として、それぞれ処理すれば済むことであるという考え方もできる。実際、第三次教科書検定訴訟の上告審判決（最判平成九・八・二九民集五一巻七号二九二一頁）では、検定制度を合憲としつつ、いきすぎた修正意見についてはあくまでも裁量権の濫用による違法を認めるにとどまっているのである。

五　違憲審査基準論

ここでは、裁判所の違憲審査基準論を、それぞれの歴史的背景をぬきにして、とりあえずは価値中立的な技術論として説明しておく。

（一）　法律の合憲性についての判断基準

法律の合憲性についての判断に際して用いられるべきものとされる基準としては、緩やかな審査基準と厳格な審査基準との二つに大別される。

（ア）　緩やかな審査基準

これは、基本的には、立法府である国会の裁量権を尊重して、国会が制定した法律の合憲性についてはあまり厳格には審査しないとするものである。したがって、この緩やかな判断基準が採用される場合には、その前提として必ず何らかの形で立法裁量論が語られることになる。しかし、その立法裁量論の実質的な根拠とされることがらの内容は事件の性質によって異なっている。

（a）　合理性の基準

これは、ひとことでいえば法律の内容が著しく不合理でない限りは違憲とすべきではないとするものである。これは、立法目的およびそれを実現するために採用された手段の両者について用いられうる。すなわち、前者の立法目的に関する合理性の基準とは、例えば人権規制立法でいえば、その法律の規制目的である「公共の福祉」の具体的な内容が憲法の人権保障の趣旨からみて著しく不合理なものでない限りは、それを合憲とすることになる。そして、後者の規制手段に関する合理性の基準は、その立法目的たる「公共の福祉」の内容の実現のために現実に法律で採用された規制手段が立法目的との関係で著しく不合理といえない（逆にいえば、一定程度の合理的な関連性がある）限りは、それを違憲とはしないとすることになる。

（b）　明白性の原則

明白性の原則とは、法律が違憲無効であると宣言されるのは、問題の法律が著しく不合理であることが明白である場合に限られるべきであるとするものである。この明白性の原則も本質的には合理性の基準とほぼ同じものであるが、それよりもより緩やかな基準であるといえる。すなわち、この場合には「著しく不合理であることが明らかでない限り」、あるいは、「憲法に違反することが明らかでない限り」は、問題の法律を違憲とはしないとするものだからである。

（イ）　厳格な審査基準

これは、例えば公共の福祉のための人権規制を行う法律についていえば、立法目的が重大ないしは重要であることを求めるという目的審査にかかわるものと、その立法目的を実現するための手段が必要最小限であることを求める手段審査との二段階に分かれる。

まず、立法目的の審査においては、その規制目的たる「公共の福祉」の内実が規制対象となっている人権（例えば、表現の自由）の規制を正当とするほどに真に必要なものであるかどうかが吟味されるべきことになる。アメリカでは、例えば人種差別など平等権に関する厳格審査基準が行われるべきときには、立法目的は止むにやまれぬというほどに重大な利益を実現するためのものでなければならず、また、男女差別など厳格な合理性の基準による審査が行われるべきときには、立法目的は重要な利益を実現するためのものでなければならないなどとされている。わが国の違憲審査では、少なくとも厳格な判断基準という形で、このように立法目的たる公共の福祉の内容の重要性そのものが問題とされることはあまりない。むしろ、立法目的たる公共の福祉の内容に照らして、その実現のために採用された規制手段が妥当といえるかどうかという点への関心が強いといえよう。ただし、例えば尊属殺人罪の違憲判決が下された事例などでは、そもそも尊属殺人罪が置かれる根拠は尊属の尊重・報恩といういわば封建道徳にあるのだからこの規定は立法目的それ自体が違憲であるとする主張がなされたこともあり、これなどは立法目的それ自体の妥当性が批判された例にあたるであろう。

つぎに、手段審査においては、法律によって採用されている規制手段が右の立法目的たる「公共の福祉」を実現するために真に必要なものに限定されているかどうかが審査される。ここでは、そもそも公共の福祉のための人権の規制は必要最小限度であるべきだとする原則があることが大前提となっている。これは、かりに何がしかの公共の福祉のために人権制限が必要であるとしても、その規制はそれぞれの公共の福祉の内容に対応して必要な範囲のものに止められるべきだとするものである。これは比例原則とよばれている。

ただし、このように問題の法律の規制はその必要最小限度を超えているから無効だという形の判断をするには、それを手助けするためのより具体的な審査基準が併用される必要がある。必要最小限度の規制に止めるという要求を超えているというためには、多くの場合さらに何らかの手掛かりとなる基準が必要なのである。

以下においては、その典型的な例とされるものをあげておく。

（a）　あいまいさの故の無効

これは、適正手続違反を理由として法律を無効とするためのものである。すなわち、これは、ある法律の条項で使用されている文言があいまい（不明確）であるために、その条項は国民に対してどんな行為が禁止され、処罰されるのかということについての適正な告知を与えていないとして、裁判所がそれを無効とする際に用いられるものである。あいまいさの故の無効の理論が、これにあたる（これは、漠然性の故の無効とか不明確性の故の無効などともよばれる）。したがって、この基準による場合には、実際上は法律の用いている文言そのものの明確性の程度の評価のしかたが問題となる。

（b）　過度の広汎さの故の無効とあいまいさの故の無効

これは、ある法律の文言はあまりに広汎な規制対象をふくんでいるため、例えばこれこれの行為のように明らかに憲法上保障されているはずの表現行為まで処罰することになってしまうから違憲無効であるとする場合とか、同様に、ある法律の文言はあいまいであるために、例えばこれこれの行為のように明らかに憲法上保障されているはずの表現行為まで処罰することになってしまうから違憲無効であるとするものである。ただし、多くの場合、これらの理論は次に述べるＬＲＡの基準とか危険原則などと結合して用いられる。

ところで、この意味での過度の広汎さの故の無効の理論というのは、内容的には、あいまいさの故の無効の理論との間で共通する部分をもっていることに注意すべきである。というのは、問題の法律による規制の範囲が広すぎるためにそれが憲法違反だとされるのは、明確な文言を用いている場合だけでなく、あいまい不明確な文言が用いられているために規制範囲が広すぎることになるという場合も含むからである。逆にいえば、あいまいさの故の無効は、すでに述べた適正な告知を要求する手続的意味での役割だけでなく、このような実体的な意味での審査基準としての役割をも併せ持っているということである。

（c）　検閲禁止ないしは事前抑制の禁止

検閲禁止ないし事前抑制の禁止というのは、とくに表現の自由とのかかわりで用いられる。すなわち、これは、たとえ公共の福祉のためであっても発表されようとしている表現の内容を公権力が事前に選別し抑制することは禁止されるというものであり、いわば規制手段にかかわる絶対的な禁止、あるいは、少なくともそれに準ずるものにあたる。わが国では、これは憲法二一条二項で明文の定めが置かれている。ただし、この検閲禁止ないしは事前抑制の禁止の意義をどのようにとらえるべきかについては争いがある。

（d）　ＬＲＡの原則

ＬＲＡの原則というのは、一定の立法目的（規制目的）を実現するための規制手段・方法のあり方に着目する審査方法であり、かりに人権に対する制限の程度のより少ない別の規制手段でも同じ立法目的が達成できるという場合には、問題の法律の定める規制手段は違憲とされるべきだというものである。いいかえれば、これは規制の手段・方法の相対的な比較論を通じて規制が必要最小限度のものといえるかどうかを検討するものである。そして、この審査方法それ自体は、とくに表現規制立法の違憲審査だけにかかわるものではなく、経済規制立法の違憲審査とか差別立法の違憲審査などにも使用され得る。

（e）　明白かつ現在の危険の原則などの危険原則

明白かつ現在の危険の原則のような危険原則というのは、規制手段ではなく、むしろ規制対象の定め方に注目するものである。すなわち、これは、立法目的（規制目的）が何らかの社会的に放置できないような害悪（弊害）の発生の防止を目指しているというような場合に、それを実現するための法律が禁止・処罰しようとしている行為と、立法目的が発生防止を目指している害悪との関係に着目するものである。いいかえれば、これは規制対象となっている行為が本当に問題の害悪を発生させる危険性をもっているのかどうかを吟味することによって、その規制が必要最小限度といえるかどうかを検討するものである。そして、この審査方法それ自体も、とくに表現規制立法だけにかかわるわけではない。ただし、危険原則の中でも例えば「明白かつ現在の危険の原則」などは、最も厳格な審査基準であるため、その適用の場面は表現規制立法の違憲審査に限定されている。

（二）　法律の基礎となる立法事実の存在の立証責任

そもそも人権を制約する法律の制定は、それを支える社会的基礎事実に根拠づけられていなければならない。いいかえれば、その立法目的の設定およびそれを実現するための手段の選択に関する議会の価値判断には合理的な社会的事実の基礎づけが存在していることが要求される。「目的と手段との合理的な関連性がある」とか「手段が著しく不合理である」などという主張は、現実に生起する諸事実に基づいてなされることが必要である。例えば現実にどのような弊害が生じているのかとか、それに対してどのような対応が求められているのか、などといった社会的諸事実の主張が必要なのである。したがって、例えば法が禁止しようとしている行為を放置しても何の弊害も生じないとか、立法時に存在した規制の必要性が現在においては存在しなくなったなどということを示す社会的事実が証明された場合には、その法律は権利・自由に対して不必要な禁止・規制を加えるものとして違憲とされるべきだとされる。このような社会的基礎事実の主張・立証にかかわる議論は、立法事実論とよばれる。これは、立法目的の宣言だけを無条件に受け入れる安易な形での合憲判決を避けて、裁判所の下す憲法判断に説得力をもたせるという重要な意義をもっている。ただし、ここでは、このような立法の背景に存在するものとして主張されるべき社会的諸事実（これを「立法事実」という）が実際に存在すること、あるいは、存在しないことについての立証責任が国側にあるのか、それとも法律の違憲性を主張する国民の側にあるのかが問題となる。そして、これについては対立する二つの立場があり得る。

なお、立法事実を考慮に入れて違憲判断が示された典型例としては薬事法違憲判決（最大判昭和五〇・四・三〇民集二九巻四号五七二頁）があげられている。これは、薬局等の開設の許可基準の一つとしての適正配置規制（距離制限）条項を違憲としたものである。ここでは、適正配置規制が立法目的の実現のために必要であるとするための根拠づけとして主張された、薬局等の偏在→競争激化→薬局の経営不安定→不良医薬品の供給という論理について、判決は、それは単なる観念上の想定にすぎず、確実な根拠に基づく合理的な判断とはいいがたいとしたのである。そこでこの判決では、健全な常識からは合理的根拠をもつとは思われないような立法事実の主張に対しては、それを支える特段の資料が示されないかぎりはその主張の合理性が認定できないとする手法がとられたものだとされている。また、より踏み込んで、ここでは合憲性を主張する側に立法事実の真実性の証明責任が負わされているとする考え方もある。このように、立法事実についてどの程度の立証がなされればよいのかとか、いずれの側にその証明責任が負わされるべきかなどというのは、裁判所による合憲・違憲の判断に際してはかなり大きな影響力のある問題だといえる。

（ア）　立法事実論における合憲性推定の原則

これは、国会が法律で一定の立法目的を設定し、それに対応する規制手段を定めた場合には、それを支えるような立法事実は原則的には存在するものと推定され、したがって、違憲を主張する者がこの推定をくつがえすためには、自らの責任で積極的に反対の事実を主張・立証しなければならないとする原則である。したがって、このような立証が不十分な場合には、裁判所はこの推定原則に基づいて法律を合憲とするという形で事件の処理ができることになる。しかし、この原則は司法消極主義に基づくものであるため、これを全面的に認めるべきではないとの批判もあり、例えば表現の自由など憲法上重要な権利にかかわる場合には、裁判所は職権により立法事実の審理を進めなければならないとか、さらには、この推定の原則そのものを否定したりすべきであるとする考え方もある。

（イ）　立法事実論における違憲性の推定の原則

これは、右とは逆に、例えば人権制約立法については、国の方がその規制の必要性を支持するような立法事実の存在を積極的に主張・立証しない限りは、その法律を違憲とするというものである。これは厳格な審査の考え方を徹底した場合の原則にあたる。

（ウ）　合憲性推定の原則の意義と判断基準との関係

右に述べたように、立法事実との関係での合憲性推定の原則とは、「法律の基礎となる立法事実の存在の推定の原則」を意味しているが、これはいわば合憲性に関する挙証責任の問題における司法消極主義の発現形態を表しているといえる。これによれば、法律の合憲性が問題となった事件においては、違憲の主張はその法律の合憲性を攻撃する側が行わねばならず、その場合、憲法についての一定の憲法解釈を前提として、問題の法律が合憲であるということが社会的事実によって基礎づけられていないという主張がなされなければならない。例えば憲法上保障された権利に対して規制を加えている法律の合憲性が問題となっている場合に、その法律の立法（規制）目的が「公共の福祉」にあたるといえるか否かは憲法解釈の問題であるが、現実にそのような規制目的を設定して法律を制定すべき社会的必要性があるといえるか、例えば現に弊害が生じていたり、あるいは、そのおそれがあるといえるかどうかが、この立法事実の問題となる。

また、かりに右の二つの条件がみたされているとした場合に、そのような規制目的を実現するための規制手段は目的達成のための必要最小限度のものでなければならない（比例原則）とされるべきか、あるいは、それ程までに厳格である必要はなく、例えば規制目的と法律において定められた手段との間で著しく不合理とはいえないような関連性が認められれば十分である（合理性の基準）とされるべきかというのは、すでに述べた合憲性についての判断基準としていずれを採用すべきかという問題であり、これはやはり憲法解釈の問題である。そして、かりに比例原則の採用を前提とした場合に、採用された手段がその基準をみたしているということが事実によって基礎づけられているか否かというのは、立法事実の問題なのである。

したがって、例えば比例原則の採用を前提とした場合には、法律の違憲性を主張する者は、例えば人権規制立法については、その規制目的の設定が社会的な事実に基づいた正当性を有しないとか、あるいは、採用された手段が社会的事実によって比例原則の要求をみたすような根拠づけを与えられていない、などという反証をしないかぎりはその主張は認められないことになる。

また、かりに合理性の基準が採用される場合には、法律の違憲性を主張する者は、その規制目的の設定とか規制手段の採用などが社会的事実に照らして著しく不合理であるという反証をしない限りは、その主張は認められないということになるのである。

こうしてみると、この合憲性推定の原則はすでに述べた法律の合憲性についての判断基準とはレベルの異なるものであり、緩やかな判断基準あるいは厳格な判断基準のいずれとも結びつきうるものである。いいかえれば、従来この原則は「合理性の基準」と結びついたものとして説明されることが少なくないのであるが、むしろ原理的には、この合憲性推定の原則は、いわゆる「合理性の基準」だけでなく厳格な判断基準である「比例原則」とも結びつきうることに留意しておく必要がある。

(三)　価値選択に基づく技術論としての審査基準論

右のように、審査方法のモデルとしては、両極端な方法がある。ただし、実際に裁判所がどのような基準を採用するかについては、以下のように、いくつかの立場の可能性が存在している。すなわち、

A　全面的に緩やかな審査方法（緩やかな判断基準と合憲性推定の原則）を採用する立場

B　全面的に厳格な審査方法（厳格な判断基準と違憲性推定の原則）を採用する立場

C　問題の性質に対応して、部分的にそれらを組み合せる立場

である。

しかし、AあるいはBの立場を一貫して採用すべきであるとするものは存在せず、実際には、右のCの立場の中で、さまざまな組合せの仕方があるにとどまる。本書も、Cの立場の中の一種である。すなわち、本書では、少な

くとも人権制約立法の違憲審査については、審査基準としては厳格な判断基準の採用を原則とするが、経済的規制立法に関しては一部で緩やかな判断基準を用いるべきであるとし、また、制約を受ける人権の性質および規制の目的などに対応して、適宜審査基準の厳格さを緩めるべきであると考えている。そして、人権制約立法以外の違憲審査については、緩やかな判断基準の採用を原則とする。ただし、いずれせよ、立法事実の立証責任についてはむしろ合憲性推定の原則の採用を基本とする。このように立法事実論に関して本書が合憲性の推定原則を基本の位置におく根拠は、そもそも憲法は国会に立法権を与えており、裁判所は立法府による政策選択に対する「事後的な」審査をするものとした権力分立の趣旨を考慮したことにある。また、人権制約立法の違憲審査の問題ではなく、純然たる統治機構に関する憲法問題については、そもそもそれ自体が民主主義論とか権力分立論などを基本とするのであるから、それに関する議論そのものが裁判所の機能論になじむものであることは否定できない。したがって、本書では、人権に関する審査基準と統治機構に関する基準論とを区別することは可能であると考えている。

いずれにせよ、こうしてみると、この審査基準論というのは、一面で、たしかに技術論であるが、他面では、人権に関する一定の価値選択を含む議論であるということに留意しておく必要がある。なぜならば、例えば本書のように人権制約立法の違憲審査については厳格な判断基準の採用を原則とするという場合には、何故にそのような原則を設定するかという議論のところは、裁判所に関する理念論にかかわるだけでなく、人権に関する一定の価値判断をともなっているからである。すなわち、まず、そもそも緩やかな判断基準および合憲性推定の原則は司法消極主義（いいかえれば、裁判所の自制論）を反映した技術論であり、また、厳格な判断基準および違憲性推定の原則はむしろ司法積極主義論を反映した技術論であることはたしかである。したがって、右のAあるいはBの立場をとる場合には、その立場は徹底しており、話は簡単であるが、右のCの立場をとるという場合には、これらの二つの理念を場合によって適宜使い分けるということになるのである（これは、一般に「二重の基準論」とよばれる）。そして、そうである以上、その使い分けのための根拠を何らかの他の憲法上の価値観（例えば、人権一般の尊重とか表現の自由の重大さの強調など）によって実質的に説明しなければならないことになる。これについて学説は一般的に表現規制立法の違憲審査については厳格な審査基準によるべきものとし、逆に、経済規制立法の違憲審査についてはより緩やかな審査が行われるべきだとする。ただし、経済規制立法の違憲審査については最高裁はさらに二段階の審査基準をとる（規制二分論ともよばれる）ようにも見えるため、これに関する学説の評価は分かれている。本書では、憲法の保障する基本的人権の尊重という観点を最も重視する立場を前提として、人権制限はそもそも必要最小限度のものであるべきことは当然である（憲法一三条は、基本的人権が「最大限の尊重」を受けるべきことを定めている）から、裁判所もその観点から立法の合憲性のチェックをなすべきであるとして厳格な判断基準の採用を原則とし、ただし、そうすべきでないような特段の事情がある場合にだけ、そのチェックを緩めることができるとする。具体的には、表現規制立法については原則の位置での厳格な審査を行うべきであるが、さらに経済規制立法の消極規制、経済規制立法の積極規制の順に審査基準を緩やかなものとしていくべきであると考えている（これについて、具体的には、私の『憲法と人権Ｉ』および『憲法と人権Ⅱ』を参照されたい）。

そして、この点は、平等原則に対する例外としての「合理的な差別」のための差別立法の違憲審査でも同様である。この差別の「合理性」の問題については、すでに学説上も、いわば「平等原則における二重の基準論」として、厳格な審査がなされるべき場合とより緩やかな審査がなされる場合とを区別しようとしてきている。そして、これらの両者の区別について、まず、厳格な審査が行われるべき場合というのは一四条一項後段の列挙事由にかかる差別立法に対してだけでなく、重要な人権にかかわる差別立法一般に対してまで広げられるべきであると解する傾向が強い。そして、その場合、差別立法に対する「合憲性推定の原則」が否定され、挙証責任が国の側に負わされるとし、さらに、差別の「目的」およびその「差別の程度」に関する審査についても裁判所が厳格に吟味すべきであるとする。ただし、厳格でない審査基準の内容に関しては見解が分かれている。すなわち、ある見解は、厳格でない審査として緩やかな審査基準としての「合理性の基準」を認めている。これは国会の立法裁量を尊重すべきであるとし、したがって、法律の定める差別が「著しく不合理」なものと認められない限りは「不合理な差別」とはしないとする立場である。これに対して、厳格な合理性の基準が採用されるべきものとする見解もある。これは、差別立法については、緩やかな審査が行われる場合であっても、なお一定程度の厳格な吟味が要求されるとするのである。

このように、差別立法の合憲性審査に関する「二重の基準」論も学説上はほぼ固まりながら有力な見解となりつつあるといえる。ただし、問題があるとすれば、それはこれらの見解が、どちらかといえば「厳格な審査」がなされるべき場合についてまず画定する（それ以外は「緩やかな審査」を行う）という考え方をとっているという点にある。しかし、本書では、最も基本的な裁判所の姿勢というのはやはり「厳格な審査」という立場でなければならないものと考える。というのは、第一に、権利保障の確保という側面から考えた場合、この平等原則の保障は基本的人権保障の中でも中核的な重要性を有しており、「合理的な差別」はあくまでも必要やむを得ない例外として位置づけられているからである。そして、第二に、少なくとも一般論としては、裁判所がこの平等権保障の問題に関して立法府の政策的判断に敬意を払って、その審査を自制すべきであるとすべき根拠は何ら存在しないからである。むしろ、ここでは、例えば少数者への差別など政治過程における過誤の裁判所による是正こそが期待されているのである。したがって、かりに裁判所が審査を緩めるべき場合があるとしても、それはあくまでも差別立法の類型に即した個別の根拠がある場合にかぎられるべきである。

いずれにせよ、以上に述べたような観点からすれば、例えば経済的自由の規制にかかわる最高裁の判例のように、社会国家理念から生じるいわゆる積極規制にかかわる法律の合憲性の審査基準を全面的に緩めるというのは、人権規制は必要最小限度であるべきであるという理念よりも、社会国家理念およびそれを実現すべき国会の政策的な判断権の方を優先するという価値判断があることを示しているとみることができる。また、例えば税に関する最高裁の判例に見られるように、税に関する裁量論のみを根拠として、一三条、一四条、二二条あるいは二九条にかかわる問題のすべてに「合理性の基準」をかけるというのは、そもそも、裁判所による人権保障よりも税に関する権限についての立法府と裁判所との間の責任の分担関係の問題の方を重視するという価値判断があることを示している。その意味では、違憲審査基準論は単なる技術論にとどまるものではなく、よりさかのぼっていえば、人権に関する一定の価値評価および国会との関係での裁判所の機能論に関する一定の価値評価をふまえた上での、違憲審査のあるべき姿に関する議論となるのである。

したがって、緩やかな判断基準とか厳格な判断基準などの具体的な適用のしかたを論じるに際しては、法律の合憲性の判断基準の問題を単なる技術論として説明するだけでなく、例えば表現の自由に関する規制はどこまで許されるべきかとか、経済的自由に対する規制についてはどう考えるべきかなど、最低限必要な範囲内で人権の実体論にかかわる議論にも立ち入ることになる。また、このように人権にかかわる実体論と結びつくことによって、この判断基準は裁判所が違憲審査を行うに際しての単なる技術論にとどまるのではなく、さらに進んで、立法府たる国会および行政府たる内閣が遵守すべき行為基準としての意味をもつことになるのである。

六　違憲審査の対象と違憲審査の限界

ここでは、違憲審査の対象からの除外にかかわる議論をとりあげておく。

(一)　条約

(ア)　八一条の文言との関係

まず、八一条の規定する違憲審査の対象の中には「条約」が明示されていないため、条約が違憲審査の対象とされるべきかどうかが問題となる。消極説は条約は違憲審査の対象とならないとする。すなわち、例えば条約は八一条の明文による列挙からはずされているとか、条約は国家間の合意という特質をもち、しかもきわめて政治的な内容を含むものが多いため、憲法は形式的締結手続の審査は別として実質的審査については裁判所の審査に適しないとして裁判所の権限外においている、などとするのがそれである。

これに対して、積極説は条約も違憲審査の対象となるとする。例えば条約は八一条にいう「規則」の中に含まれるとか、少なくとも民主主義体制や基本的人権を侵害するような条約の国内法的効力だけは否認されるべきであり、かりにそれを認めないならば国の独立性も憲法の最高法規性も失われることになるとか、八一条の条文における条約という言葉の除外は国際性を有する条約の扱いを慎重にするためであるとか、条約の承認に関する規定は予算の承認とならんでいわば法律案の議決の特例の位置にあるものと読みとることが可能であり、この違憲審査に関しては条約は「法律」の中に含まれていると解すべきであるなどとするのが、それである。

（イ）　憲法と条約との間の効力関係

また、この問題を実質的に考えようとする場合には、まず、論理的には憲法と条約とが内容上矛盾する場合にいずれが優越するものと解すべきかが問題となる。そして、これについては憲法優位説と条約優位説とが対立している。条約優位説の根拠としては、例えば、憲法前文第三項では国際協調主義を重視していること、憲法九八条二項では日本国が締結した条約および確立された国際法規はすべての国家機関が尊重すべきであるとしていること、憲法九八条一項および同八一条が「条約」を挙げていないのは憲法が条約その他の国際法規に対しては「最高法規」でないのを示すこと等がある。

これに対して憲法優位説の根拠としては、例えば、条約締結権は憲法によって認められたものであるから条約はその根拠となる憲法よりも下位にあること、憲法九九条の国家機関の憲法尊重擁護義務からみても内閣と国会は違憲の条約を成立させられないこと、憲法の改正は憲法の定める手続によることを要し、条約によって憲法を変更できないこと、憲法九八条二項はあくまでも有効に成立した条約の国内法的効力を認め、その遵守を求めるものであること、憲法九八条二項が条約を除外したのは第二項で条約を別に扱っているからであり、また、同八一条で条約を除外しているのは、条約は国家間の合意であり、その中には裁判所の審査に適しないものもあると考えたからであること等がある。

　これについては、まず、国会の議決における特別多数とか国民投票など憲法の改正のための手続の方が条約の締結・承認の手続よりもはるかに困難なものとされていることを考慮すると、少なくとも国内法の法体系という観点からみれば、成立手続のより容易な条約の方を上位に置くことは許されるべきでないことはいうまでもない。すなわち、もし条約優位説を徹底すれば、条約と矛盾する部分についてはわが国に憲法の改正義務が生じるということになる。しかし、これは、成立手続の容易な条約によって手続のより困難なはずの憲法改正が強要されるということになり、この手続面での矛盾が顕著な形であらわれることになる。

　さらに、国際協調主義の観点からみても、少なくとも立憲主義国家間においては憲法の最高法規性は当然の原則とされているものと解されるから、条約が最高裁判所において違憲であると宣言された場合には、その条約がわが国において無効とされるとしても相手国との関係で必ずしも常に国際協調主義に反するとはいえない。なお、この憲法違反の条約の問題は、条約の締結・批准などの手続が憲法に違反する場合と、条約の実体的な内容が憲法に違反する場合とに分けられる。そして、前者の違反（とくに客観的に明白な手続規定の違反）については、右に述べた立憲主義国家間においては、その条約が無効とされることに問題はないものといえよう。また、後者の違反については、例えば条約の実体的な内容が憲法の明文に明確に違反するような場合には、右と同様に考えることについてそれほど不都合があるとはいえないであろう。

（ウ）　違憲審査のあり方

かりに憲法優位説をとるとしても、この問題についてはなお説が分かれうる。ひとつは、この前提の下に条約そのものの違憲審査を認める説である。これによると、条約が直接的に国内法として適用される場合にはその条約そのものの違憲審査が行われることになるが、それだけでなく例えば直接的には条約を実施するための国内法の合憲性が問題となった場合でも、問題の条約の違憲性を認定した上で法律自体の違憲無効の宣言ができることになろう。ただし、この場合には違憲とされた条約の効力をどのように解すべきかという問題が残る。というのは、かりに条約が違憲無効とされるべきであるとしても、多くの場合はその条約を実施するために国内法が制定され、現実の裁判事件で直接に違憲無効が争われているのはその法律であり、条約が違憲無効とされるのはその法律の合憲性を判断するための前提問題として判断されるにすぎないと思われるからである。また、それだけでなく、かりに条約が直接的に違憲の判断を受けてその国内での適用を拒否されたとしても、いずれにせよ条約は相手国との関係があるため裁判所の違憲判断だけでただちに条約そのものを無効とすることはできないと思われるからである。そこで、この場合には、例えば問題の条約を国内法的にのみ無効と解し、内閣はその条約を廃止する交渉をすべき法的義務を負うにとどまるとする考え方もあろう。

そして、もうひとつは、憲法優位説をとりながらもなお裁判所は条約それ自体の違憲審査はできないとする説がある。ただし、その場合でも、条約を実施するための国内法の合憲性が問題となった場合については、その法律の内容が憲法に違反すると判断されるならば法律のみを違憲無効とすることができるとする説はありうる。

（エ）　砂川事件上告審判決の考え方

最高裁は、日米安全保障条約の合憲性が争点となった砂川事件上告審判決（最大判昭和三四・一二・一六刑集一三巻一三号三二二五頁）において、その条約は、「主権国としてのわが国の存立の基礎に極めて重大な関係をもつ高度の政治性を有する」として、「一見極めて明白に違憲無効であると認められない限りは、裁判所の司法審査権の範囲外のもの」であるとした上で、この条約は「一見極めて明白に無効」ではないとする。この判決は、条約は違憲審査の対象とはならないとするものではなく、むしろ内閣および国会の自由裁量的判断を尊重して、よほどの場合でなければそれを違憲とはしないとする趣旨であると解すべきであろう。

ここでは、違憲審査の可否について、八一条に「条約」という文言があるか否かという形式的な理由によらずに、むしろ条約の内容の重大性という実質的理由による根拠づけがなされていることに注意すべきである。また、判決はこれに続いて「このことは本件安全保障条約またはこれに基づく政府の行為の違憲なりや否やが、本件のように前提問題となっている場合であると否とにかかわらない」とする。これは、条約とそれを実施するための国内法とを切り離さないとする立場である。ただし、この判決のように、一面で条約に対する違憲審査を全く否定するわけではないとしながらも、同時に条約を違憲とすることについて極めて慎重な姿勢を前提として両者の切り離しを否定した場合には、かえって法律に対する違憲審査の範囲を狭める立場となってしまうことに注意すべきである。

（二）　統治行為論

（ア）　統治行為論の意義

統治行為論とは、国家機関の行為のうち高度の政治性を有する重大な国家行為については、それに対する法的判断が可能であってもその高度の政治性を理由に裁判所による審査から除外すべきであるとする考え方である。そして、右に述べた「高度の政治性を有する重大な国家行為」すなわち「統治行為」に対して裁判所の違憲審査権が及ぶかどうかが問題であるとするならば、これは違憲審査の「対象」の問題であるということになる。しかし、反面で裁判所の側からみればこれは違憲審査権の限界の問題であり、より一般的にいえば司法権そのものの限界の問題であるということになる。

この統治行為の具体的な内容としては、これを広くとれば以下のような事項があげられる。まず、①対外的ないし外交的行為である。例えば条約の締結、新国家または新政府の承認、交戦団体の承認、戦争状態の存在の認定、その他国境、公海に関する事項などがこれである。つぎに、②議院（国会）の自律に委ねられている事項である。例えば資格争訟の裁判、議員の懲罰などである。そして、③国会または両議院と内閣との関係に属する事項である。例えば衆議院の解散、内閣総理大臣の指名などがある。さらに、④憲法の規定上、国会、内閣および内閣総理大臣の政治的決定に委ねられた事項である。例えば内閣総理大臣による国務大臣の任免、国務大臣の訴追についての同意などが、これである。

（イ）　統治行為論の根拠

この統治行為論の根拠は、内在的制約説と自制説とに大別される。内在的制約説とは、右に述べたような一定の国家行為は本来立法権とか行政権などに最終決定権が委ねられているのであり、その当否についての判断は、選挙その他の一般世論などによる批判というようないわば国民の政治的なコントロールによるべきだとするもので、また、このことは三権分立の原則のなかで司法権に内在する本質的な限界と考えるべきだとするものである。

これに対して、自制説は裁判所による司法審査の権限には本質的な制限はないとするが、右に述べたような高度の政治性を有する国家行為に関しては、その事柄が重大であるために国会とか内閣など政治部門の行為についてその当否を裁判所が判断することは適当でないと考える場合には裁判所は司法審査を自制することができるとするものである。

（ウ）　苫米地事件判決

憲法六九条に基づかない衆議院解散の有効性が争点となった苫米地事件の上告審判決（最大判昭和三五・六・八民集一四巻七号一二〇六頁）は、事実上この統治行為論を採用したものと解されている。そこでは、直接的には「統治行為」

という概念は使用されてはいないが、判決は「直接国家統治の基本に関する高度に政治性のある国家行為のごときは、たとえそれが法律上の争訟となり、これに対する有効無効の判断が法律上可能である場合であっても、かかる国家行為は、裁判所の審査権の外にあり、その判断は主権者たる国民に対して政治的責任を負うところの政府・国会等の政治部門の判断に委ねられ、最終的には国民の政治判断に委ねられているものと解すべきである。この司法権に対する制約は、結局、三権分立の原則に由来し、当該国家行為の高度の政治性、裁判所の司法機関としての性格、裁判に必然的に随伴する手続上の制約等にかんがみ、特定の明文による規定はないけれども、司法権の憲法上の本質に内在する制約と理解すべきである」としている。そして、衆議院解散の合憲性を争点とする歳費請求の訴えそのものを却下したのである。

ただし、それ以外の最高裁判例では、この統治行為論を採用したものはない。そこで、最高裁の判例の中には統治行為論を発展させようとする傾向は見いだせないとする見方もある。

（エ）　統治行為の限定説

苫米地事件の最高裁判決以後、学説は、これを支持するものもあるが、この統治行為論そのものへの批判をする学説も少なくないし、また、かりに認めるとしてもその範囲の限定を主張すべきだとする考え方も有力である。例えば重要な基本的人権の制限にかかわる場合であるとか、基本的人権の侵害が問題となっていて人権の確保のためには国家行為の合憲性審査が不可欠であるときなどには、統治行為論は適用できないなどとする議論は、その典型例である。また、例えば「高度の政治性」を有する事項とは国家存在の基礎や国家統治の基本に密接な関係を有する事項に限るとか、あるいは、国内法については高度の政治性を有するものでも審査を受けるとすべきであるなどとするものがある。

（オ）統治行為論を認めるべきか

（a）権力分立論によって根拠づけられるか

まず、権力分立論によって統治行為論を根拠づけられるかについては、そもそも権力を「分立」させる目的は司法審査を通じて裁判所という権力機関の干渉によって法を実現する（自由主義の論理）ことにあるが、これに対して、統治行為論というのはむしろ一定の事項については例外的に政治部門に一元的に委ねて一方的に処理しようとする権力統合の論理であり、むしろ権力分立の原理とは本質的に相反するとの批判が加えられている。

また、権力分立論といっても、そもそも具体的な権力分立論の中身は各国の憲法により異なるものである。そして、違憲立法審査権の性質をどのように理解するにせよ、憲法八一条が裁判所に「一切の」法律、命令等に関する合憲性の審査権を認めている以上、いわばそれがわが国の憲法の定める権力分立の内容を構成していると解すべきである。だとすれば、それに対して、ふたたびより抽象的な権力分立の原則をもち出して、それに基づいて違憲審査の対象からの除外を認めるということには問題があろう。ここでは、一体どのような内容の「権力分立」論が前提とされているというのであろうか。

こうしてみると、統治行為論は権力分立論というような形式的な理由に基づくのではなく、むしろ「高度の政治性」を有することがらについては国民の政治的な判断に委ねるのが望ましい、さらに言えば、少なくとも裁判所がそのように判断した場合にはそれに関する違憲審査をひかえるべきである、というその実質的理由にもとづいて理解すべきである。そして、そうだとすれば、統治行為論の終局的な根拠は司法消極主義的な配慮にもとづく司法権の限界論だということになろう。したがって、ここでは、まず、司法消極主義という姿勢そのものが一般的に是認されうるか、また、国民は裁判所に対して違憲立法審査権という職責の遂行をどれほど期待しているか、裁判所はその問題に関する政治的な役割あるいは責任をどれだけ果たせるか、さらに、このことについて裁判所は技術的にどれだけの調整ができるか、などが検討されなければならない。

（b）　司法消極主義（自制説）によって根拠づけられるか

裁判所は国会、内閣という政治的意思決定機関の判断に対しできるだけ敬意を払うべきであるとする司法消極主義については、たしかにこれを一方的に否認することはできない。というのは、これ自体は直接・間接に国民を代表する機関である国会および内閣を重視すべきであるという民主主義についての一定の配慮を根拠とするものだからである。もちろん、司法消極主義と司法積極主義とのいずれが望ましいかは、例えば国民の意思が国会にどれだけ反映されているかとか、国会が基本的人権の保障その他憲法の趣旨をどれだけ尊重しているかなど、民主主義の現実のあり方についての評価によって異なってくる。しかし、この六〇年を越える憲法史および最高裁判所の判例をふり返ってみた場合には、少なくともわが国では一方的に司法消極主義論だけを肯定することはできない。

憲法問題の多くは同時に重要な政治問題としての性格をもっているということからすれば、統治行為論というのは、むしろ八一条の違憲立法審査権の行使が当該事件において重要な意義を帯びれば帯びるほどその権限を行使するなと強調するという矛盾をもつといえる。また、この統治行為論に基づいて裁判所が合憲性についての審査を自制するということは、問題となっている重大事項の現状をそのまま維持するということであり、その意味では裁判所それ自体が重要な政治的役割を果たすことになる。要するに、裁判所の態度は、違憲判決であれ、合憲判決であれ、また、この統治行為論による合憲性についての判断の回避であれ、いずれにしても、それなりに大きな政治的影響力を行使することになるのである。だとすれば、裁判所はむしろ本来の合憲性についての法的審査という職責を果たして、国民のその後の政治判断および政治的意思表示に対する適正な判断資料を与えるように努めるべきであるともいえる。

（c）　統治行為論の適用上の問題点

さらに、かりに限定的な意味でこの考え方の採用を認めるとしても、この統治行為論はいわば審査権の放棄を意味することになるのであるから、その適用についてはできるだけ限定すべきである。すなわち、まず、事項的にいえば適用されるべき事項を限定する必要がある。その意味では、はじめに挙げた「統治行為」のリストの中からは、②の「自律権」にかかわる事項は「自律権」そのものとして除外すべきである。また、④の事項は基本的には裁量（統治裁量）の問題であると考えるべきである。そして、③は当面する政治的な争いの中に裁判所がまき込まれるおそれがあるものとして場面によっては自己抑制すべき場合もありうるであろう。しかし、それでも場面によって裁判所の審査はできるし、また、なされるべきであると思われる。そして、この点は①についても同様である。そして、いずれにせよ、すでに述べた限定説の中に見られるように、例えば重要な人権の制限の合憲性の問題にかかわるような事例における統治行為論の適用は認めるべきではない等の厳格な歯止めが考慮されるべきである。

つぎに、技術的な観点からも、裁判所はこの統治行為論による「解決」以外に他に手段がないかどうかを厳格に考慮すべきである。すなわち、まず事件性の要件および個別的効力説を前提とする限りにおいては、違憲判決によって直接的に生ずる混乱とか政治的影響などを過大視すること自体が問題である。例えば苫米地事件の最判に対しても、この事例のように統治行為論が事件の解決のための先決問題として主張されているような時には、現在の通説によればそのような先決問題についての判断そのものは対世的効力をもたないのであるから、そのような審査により何ら「混乱」は生じないとの批判もある。さらに、例えば「事情判決」の法理などという判決手法を採用することにより判決の政治的な影響の波及がある程度回避できるという場合には、裁判所は統治行為論による違憲審査権の放棄の方をあえて選択することは許されないとすべきである。

（三）　国会および内閣の自律権

（ア）　国会および内閣の自律権の意義

国会（あるいは議院）または内閣の組織とか議事手続などに関する事項については、従来からいわゆる自律権が認められ、かりにそれらのことがらに関する有効性の判定が問題となったとしても、その場合にはそれぞれの機関が自ら下した判断が最終的なものとされるべきであると解されてきている。そもそも憲法の明文で定める議院の自律事項としては、例えば国会議員の懲罰、資格争訟の裁判、議院における議長その他の役員の選任、国会議員の不逮捕特権および免責特権などがある。そして、このほか違憲審査との関係では、例えば定足数とか表決数などの認定、閣議の召集および閣議決定の手続に関する自律判断権などがあげられている。これらの自律権の基本的な根拠は各機関の相互の独立性（自律性）の尊重の要請にあることはいうまでもなく、したがって、このような形での司法権の限界は権力分立制から必然的に生ずるものとされている。その意味では、この国会・内閣の自律権というのは、違憲審査の限界というよりもむしろ司法権そのものの限界というべきであろう。

（イ）　自律権と違憲審査

もっとも、右の事項については国会、内閣が自ら決定するという意味での自律権が保障されているということと、それらの事項に関する国会、内閣の行為に対して裁判所による司法審査とくに違憲審査が及ばないということとは、別のことであるということもできる。あるいは、また、ことがらによっては違憲審査がおよぶべきであるとする考え方もありうる。ここでは、あくまでも違憲審査との関連についてだけ考えておく。

まず、右の自律判断事項にあたるとされることがらの中でも、とくに議院における議決手続が憲法八一条による合憲性審査の対象として問題とされている場合にも、この自律権が違憲審査を限界づけると解すべきか否かが問題となる。というのは、例えば五八条二項の議員の懲罰についての定めは、特別に違憲審査を排除するという明文の規定を有するわけではないし、また、かりに右の自律権が憲法の明文の定めのほか一般論としては権力分立論から根拠づけられるとしても、八一条の法令等の合憲性審査権はそれに対する例外を憲法自らが定めたものと解することもできるからである。そして、このように解するならば、例えば憲法の定める議決手続（五九条）に基づかないで法律が制定された場合とか、特別多数の要件（五八条二項）をみたさない議決によって議員の除名が決定された場合などにおいては、前者については法律の合憲性に関する形式的審査の問題として、また、後者については除名処分の合憲性に関する形式的審査の問題として、裁判所の審査権が議決手続に対しても及ぶべきものとされることになる。

ところで、警察法改正案に関する参議院の議決の有効性の前提問題として衆議院の会期延長の議決の有効性が問題となった昭和三七年のいわゆる警察法改正無効事件において、最高裁判決（最大判昭和三七・三・七民集一六巻三号四四五頁）は「同法は両院において議決を経たものとされ適法な手続によって公布されている以上、裁判所は両院の自主性を尊重すべく同法制定の議事手続に関する所論のような事実を審理してその有効無効を判断すべきでない」として、裁判所は議院の自律判断権を尊重すべきであるとした。

議院の議決に対して違憲審査権がおよぶかどうかについては、まず、各議院の議決には原則として裁判所の審査権はおよばず、これについては各議院の自主的解決を終局点とし、それ以上は選挙を通じての国民のコントロールに任せるという消極説がある。これに対して、法律や議院規則に定める手続については司法審査は及ばないが、国会の召集、定足数、多数決、両院関係など憲法自ら規定を設けていることがらについては裁判所は審査すべきであるとする積極説がある。また、裁判所は法律が内容的に憲法に抵触するかどうかについての実質的な審査だけでなく、形式的に憲法の定める要件を具備しているかどうかの形式的審査権を有するが、衆議院の定足数がみたされていたかとか出席議員の過半数の同意があったかなどという点については裁判所が事実審理をすることはできないという折衷説もある。いずれにせよ、さまざまな立場があるが本件については最判の見解を支持する学説が多い。

しかし、このように解した場合にはとくに法律の合憲性に関する形式的審査権は実質的に作用する場を失うことになるし、また、より一般的にいえば権力行使に関する憲法上の手続規定について裁判所が憲法保障機能を果たすことはできなくなるであろう。そこで、むしろ逆に合憲性審査との関係では右の自律権は制約を受けると考えてみることも必要ではないかと思われる。すなわち、どのような違法の審議や採決をしても裁判所は絶対に関与できないとするわけにはいかないのであるから、少なくとも一見きわめて明白に違憲無効と認められる場合には裁判所の司法審査がおよぶとすべきであろう。なお、この考え方を広げた場合には自律権一般の限界を論じることになるかもしれない。すなわち、立法裁量および行政裁量の場合と同様にこの自律権にも限界があり、一見して明らかに無効と思われるような場合には司法権による適法性（合憲性）の審査が及ぶとするものである。

なお、この違憲審査の問題を考えるに際しては、やはり事項的な分類をする必要がある。例えば役員の選任、懲罰などは、その内容自体において本質的な議院の内部問題（自律事項）といえる。そして、地方議会の議員の除名に関する判例と対照すると明らかなように、国会および内閣はいわば最高裁判所と同格の機関であるから、権力分立の趣旨からみてそれぞれの内部の自律権は尊重すべきであるとして、それらの事項に関する違憲審査は排除されるということはできるであろう。これに対して、例えば法律案の議決とか予算の議決などは内容的には国民生活に直接かかわるものであり、本質的に内部事項であるとはいえない。その意味では、裁判所による憲法保障の観点からみても、少なくともこれらの「議決」の合憲性に関する審査権は否定すべきではない。このような区別をすることはとくに裁判所の本質論からいっても根拠のないことではない。というのは、例えば右に述べた内部問題とは異なり、法律の合憲性に関する形式的な審査権を行使して、憲法の定めに従わずに制定された法律を無効としてその適用を拒否するなどということは裁判所の本来の任務に適合しているということができるからである。そして、右のように考える以上は、例えば法律の合憲性に関する形式的な審査においては定足数および表決数については司法審査ができないなどとして、その審査権を限界づけるべきではない。ただし、定足数および表決数の充足については、議院側はそれらが充足されていたと主張するのが通常であろうと思われるため、もちろんその手続の違憲性の主張・立証は困難であろうと思われる。したがって、実際上はそれが覆されるのはいわば「一見きわめて明白」な場合に限定されることになろう。

また、このほかに、衆議院解散の有効性が問題となった苫米地事件の一審判決（東京地判昭和二八・一〇・一九行集四巻一〇号二五四〇頁）は、閣議の決定手続にまで立ち入った審査を加え、本件では内閣の全員一致の閣議決定による助言があったとはいえず、したがって本件解散は七条に違反するとしている。閣議決定をどのように行うかは原則として内閣の自律権に委ねられているものとされているが、すでに述べた考え方を前提とした場合には、衆議院の解散の決定というのは単なる内部問題にすぎないといえないことは明らかであるから、閣議の決定手続についても裁判所の形式的審査権が及び得るとする理解は正当化され得るであろう。ただし、閣議決定を無効とする判旨の具体的な結論は疑問である。すなわち、持ちまわり閣議という決定方法をとること自体は、閣議決定に関する自律権（ここでは、むしろ裁量権というべきであろう）の範囲内に含まれるとしてよいのではないかと思われる。なお、この控訴審判決（東京高判昭和二九・九・二二行集五巻九号二一八一頁）は、有効な閣議決定があったとしている。

第六章　財　政

第一節　財政処理の基本原則

一　財政処理と国会の議決

憲法は、「国の財政を処理する権限は、国会の議決に基いて、これを行使しなければならない」（八三条）と定める。財政の処理は行政権の作用に属するが、行政機関の恣意的な処理を厳に排除するため、これをすべて国会の監督の下に置こうとする趣旨である。なお、ここにいう「国会の議決」には、税法の議決のように一般的抽象的なものと、国の債務負担行為の議決のように個別的具体的なものとの両者が含まれる。

財政に関するこの規定のねらいは、ひと言でいえば財政民主主義ということになるが、その内容は次の二つを含んでいるとされる。すなわち、一つは、国の財政は主権者たる国民に由来するものであるから、それは国民の意思に基づいて処理され、また国民全体の利益、幸福のために運営されねばならない（国民財政主義）。したがって、現行憲法においては、大日本帝国憲法下に比して、財政に関する国会の権能は著しく拡大強化され、逆に、政府の権限は縮少されている。例えば大日本帝国憲法下における皇室財政自律主義（同六六条）、緊急財政処分（同七〇条）、前年度予算施行主義（同七一条）などは、日本国憲法では認められていない。さらに右の原則を確実なものにするために、国会および国民に対して国の財政状況は公開されねばならない（財政状況公開の原則）。憲法の諸規定はこのような基本原則に基づいているのである。

二　財政の概念

憲法八三条にいう「財政を処理する権限」とは、租税の賦課徴収など統治権に基づく財力取得のための命令強制の作用である財政権力作用と、収入および支出を管理する作用である財政管理作用の両者を含む広い概念（広義の財政）を意味している。なお、これについては別の観点からの定義として、広義の財政のうち国家および国民の経済の実体にふれる部分が狭義の財政であり、形式的経理の手続に関するものが会計であると区分する説もある。ただし、本条はその両者を含むものであるから、いずれにせよ適用範囲にかわりはない。

三　地方公共団体の財政

八三条は「国の財政」としているが、地方公共団体の財政についても本条の適用があるものと解されている。すなわち、地方公共団体の財政も国および国民に対して重大な影響を及ぼすものであり、また地方公共団体の（財政）権限は国の授権に基づく権限であり（後述するように、地方自治の本質論としては伝来説が通説である）、それを前提とすれば、地方公共団体の財政を処理する権限も法律によって規律され、国の監督に服するというのである。しかし、反面で、憲法九四条は地方公共団体の自主財政権を認めているのであるから、その点を重視すべきだとする地方自治の本質論に関する固有説的な考え方もあり得る。そして、その観点からいえば、むしろ八三条の財政民主主義の原則は、地方公共団体（例えば都道府県）の財政は地方議会（都道府県議会）のコントロールに服するという意味での財政民主主義を要求するものと解すべきである。そして、地方公共団体の財政権限に対する法律および条例による規律の根拠はあくまでも八三条および九四条に求めるべきだとされる。

なお、地方税法四八九条一項、二項による特定産業の電気消費に対する課税免除の定めが、地方公共団体の自主財政権を侵害するとして争われた事件で、下級審の判決（福岡地判昭和五五・六・五判時九六六号三頁）は、地方自治制度の保障は制度的保障を意味し、自治権（課税権を含む）の内容と具体化は立法政策の問題である。したがって、税源などについての定めは憲法自体から結論を導き出すことはできず、その具体化は法律等の規定にまたざるを得ない。電気ガス税についての課税権は地方税法により初めて与えられるものであり、したがって、地方自治体は本件非課税措置によって除外される以外の電気の使用についてのみ課税権を有する、としている。ただし、これに対しては、本来、法律は憲法九二条の「地方自治の本旨」に反することはできないのであるから、自治体の固有の課税権を侵害するような地方税法の規定が無効とされるべきだとする考え方もある。この問題については、第七章（地方自治）を参照されたい。

第二節　租税

一　租税の議決（租税法律主義）

憲法は「あらたに租税を課し、又は現行の租税を変更するには、法律又は法律の定める条件によることを必要とする」（八四条）と定める。この原則は、租税法律主義とよばれている。元来、国民の権利を制限し、義務を課するという立法に関する権限は国会に属する（四一条）こと、および、八三条の財政民主主義の基本原則からすれば、本条の規定がなくても租税法律主義の原則は導き出せるものである。しかし、歴史的には、立法権と課税同意権とは別個に発展してきたということ、および、国家作用の中でも租税の徴収はきわめて重大なことがらであることから、ここで改めてこの原則が宣言されたものだとされている。

二　租税の意義

租税とは、狭義では、国または地方公共団体が、特定の役務に対する反対給付としてではなく、その経費にあてる目的で国民から強制的に賦課徴収する金銭（貨財）を意味する。しかし、通説は租税の意義について広義説をとる。広義説は、憲法八四条は公権力が国民に対し金銭債務を一方的に定め、国民に対して強制的に賦課、徴収する場合には必ず国会の議決によるべきことを保障する趣旨であるとして、租税の意義をより広く解する。本条の趣旨にかんがみると後者が妥当である。ただし、それをより具体的に定義するための基準をどのようなものにするかについては争いがある。なお、財政法三条は「租税を除く外、国が国権に基いて収納する課徴金及び法律上又は事実上国の独占に属する事業における専売価格若しくは事業料金については、すべて法律又は国会の議決に基いて定めなければならない」と定めているが、この規定が憲法の趣旨に基づくものと解すべきか、あるいは、あくまでも立法政策的判断に基づくものと解すべきかについては争いがある。

例えば国民健康保険制度ではその経費の徴収方法として保険税方式と保険料方式との選択制をとっているが、ここでは保険料が租税にあたるかどうかが問題となる。これについて、保険料条例の不明確性が問題となった旭川市国民健康保険料条例事件判決（最大判平成一八・三・一民集六〇巻二号五八七頁）では、「国又は地方公共団体が、課税権に基づき、その経費に充てるための資金を調達する目的をもって、特別の給付に対する反対給付としてでなく、一定の要件に該当するすべての者に対して課する金銭給付は、その形式のいかんにかかわらず、憲法八四条に規定する租税に当たる」とした上で、市町村が行う国民健康保険の保険料は「保険給付を受け得ることに対する反対給付として徴収されるものである」。「市における国民健康保険事業に要する経費の約三分の二は公的資金によって賄われているが、これによって、保険料と保険給付を受け得る地位とのけん連性が断ち切られるものではない」。「したがって、上記保険料に憲法八四条の規定が直接に適用されることはない」としている。本判決は「反対給付」性を根拠として国民健康保険料は租税にはあたらないとしたものである。しかし、これに対しては、国民健康保険の強制加入制度は弱者保護のための社会保障の原理に基づくものであるから保険料はやはり租税の性格を有するとか、国民健康保険では租税に基づく国の資金が総額の三分の二に達していることを軽視すべきでないなどの批判もある。いずれにせよ、ここでは保険料の性質をどうみるかという実質論に基づく判断がなされている。ただし、この判決は同時に、国民健康保険税は目的税であって反対給付として徴収されるものであるが、形式が税である以上は、憲法八四条の規定が適用されるとする。その意味では、ここでは税という形をとるかどうかという形式的な基準も併用されていることになる。

三　租税法律主義の意義

租税法律主義は、また、国民に対する公正な告知の保障および行政裁量の排除という手続法的な狙いをもつ。したがって、租税法律主義の概念には、課税要件法定主義（すなわち、税に関する法律による行政の原則）と課税要件明確主義との二つが含まれるとされている。前者の具体的な内容としては、納税義務者、課税物件、課税標準、税率などの実体的な課税要件のほかに、租税の賦課、徴収の手続が法律で定められていなければならないとするものである。また、後者は、さらにこれらの課税要件が明確であることを求めるものである。

右にあげた最判でも、「憲法八四条は、課税要件及び租税の賦課徴収の手続が法律で明確に定められるべきことを規定するものであり」、「国民に対して義務を課し又は権利を制限するには法律の根拠を要するという法原則を租税について厳格化した形で明文化したもの」としている。そして、この判決はすでに述べたように保険料は租税ではないとしながらも、右の判示に続けて、「したがって、国、地方公共団体等が賦課徴収する租税以外の公課であっても、その性質に応じて、法律又は法律の範囲内で制定された条例によって適正な規律がされるべきものと解すべきであり」、「市町村が行う国民健康保険は、保険料を徴収する方式のものであっても、強制加入とされ、保険料が強制徴収され、賦課徴収の強制の度合いにおいては租税に類似する性質を有するものであるから、これについても憲法八四条の趣旨が及ぶ」としている（ただし、結論的には本件条例は憲法八四条の趣旨には反しないとする）ことに留意すべきである。

また、それ以前の下級審判決でも、地方税に関しては八四条は「租税条例主義」を定めているとして、一義的明確さを欠いた課税要件によって国民健康保険税の賦課徴収を定めた条例は憲法八四条に違反するとした例（秋田地判昭和五四・四・二七判時九二六号二〇頁、控訴審判決は、仙台高秋田支判昭和五七・七・二三判時一〇五二号三頁）がある。

四　永久税主義

この規定の文言は、間接的に永久税主義を認めているものと解される。すなわち、ひとたび国会の議決を経たのちは毎年ひきつづきそれに基づいた賦課徴収が許されるのであり、毎年国会の議決を必要とする（これを一年税主義という）ものではない。ただし、憲法は一年税主義を採用することを禁止してはいないと解されている（通説）。一年税主義は、租税に関して毎年国会の議決を必要とするため、国会の権限を強化する意味をもつが、行政府の立場からいえば安定性、能率性に難点があるためわが国ではこれまで採用されていない。

五　租税法律主義の例外

この原則には法律でいくつかの例外が認められている。

（ア）　条例への委任

地方税については、地方自治法が課税権の根拠を定め（同二条二項、二二三条）、地方税法が税の種類および課税標準を定めているが、税率などの定めは各地方公共団体の条例に委ねている（同二条、三条）。

（イ）　条約による特定の定め

関税の賦課徴収は、関税法および関税定率法によってなされているが、外国との条約により、いわゆる協定税率など関税についての特別な定めがなされている場合には、その規定により関税を課する（関税法三条）。

（ウ）　命令への委任

関税については、関税定率法により、一定の物品について政令で関税を決定することができるとする（同五条〜二〇条の三）。

これらの例外は本条の「法律の定める条件による」ものと解することにより正当されうるが、実質的にみた場合、理由づけはそれぞれ異なっている。

すなわち、（ア）の地方税については、「地方自治の本旨」（九二条）および自治財政権（九四条）の中に課税権を含めて考えることができること、および地方公共団体に条例制定権が認められている（九四条）ことなどから、これを憲法上の例外とみることができる。ただし、この点をどのように理解すべきかについては議論の余地がある。すなわち、そもそも地方税法などに基づき各自治体の条例によって地方税が課されている場合に、法律と条例との関係をどのように理解すべきかが問題となるということである。第一説は、地方税法およびそれに基づく条例の定めが憲法八四条にいう「法律の定める要件」にあたるとする。第二説は、財政民主主義の観点からは条例も同条の「法律」の中に含まれるとして、法律による条例への包括的な委任の定めが許されるとする。第三説は、地方自治体による課税はそもそも地方財政権の中に含まれるとして、この場合には憲法八四条は「租税条例主義」と読み替えられるべきだとする。

なお、すでに述べたように、地方税に関しては八四条は「租税条例主義」を定めているとして、一義的明確さを欠いた課税要件によって国民健康保険税の賦課徴収を定めた条例は憲法八四条に違反するとした下級審判例（秋田地判昭和五四・四・二七判時九二六号二〇頁、控訴審判決は、仙台高秋田支判昭和五七・七・二三判時一〇五二号三頁）があるが、これによれば、本条でいう「法律」とは地方公共団体では「条例」と読み替えるべきことになり、これが本来の原則であるという考え方となる。そして、かりに固有説的な観点を入れてさらに徹底すると、地方税法は、課税要件を条例に委任するというよりも、むしろ「標準法」ないしは「枠法」として課税条例主義を制限する規定にあたるとされることになる。

また、(イ)の条約については、法形式の点でそれは法律よりも上位にあること、および条約は国会の承認を経て成立することなどから、これも憲法上の例外と認めることができる。

これに対して、(ウ)の政令による定めについては、わが国の産業の保護・育成などといった経済政策と外交上の配慮とのバランスをとることについて時宜に応じた対応をとることを行政府にまかせる必要があるということにその実質的根拠を求めるほかはなく、その意味では、実質的にはこれだけが本条の趣旨に対するやむを得ざる例外にあたる。ここでの委任の形式的な憲法上の根拠は七三条六号但書に求めるべきであり、この場合には当然に委任は個別・具体的でなければならないことになる。

六　租税法律主義と通達課税

通達とは、上級機関から下級機関に対して出される行政機関内部の命令・示達をいい、その中でとくに税法との関係で税務行政の統一をはかるために法令の行政解釈とか法令の運用に際しての基準などを示すことも少なくない(これが解釈通達とよばれる)。したがって、この通達は法的には行政内部の効力しかもたず、国民を拘束する力をもたない。しかし、複雑な税法の分野においては、とくにこの通達の果たす役割が大きい。例えば法人税における所得計算については、法律は単に基本的な原則を定めるにとどまり、その具体的な細目については通達の定めに委ねられているなどというのが実情であるとされる。そのため、現実には、国民の側も一つの課税基準としてこの通達に依存する傾向が強くなっている。そこで、このことは、法律による課税でなく「通達による課税」といわれることもあるが、これは本来あるべき姿とはいえないものである。その意味では、通達の制定過程に対する民主的統制と、通達の内容それ自体に対する司法的統制とが必要である。

これについては、例えばとくに従来まで非課税とされてきたものが通達による法解釈の変更によって課税物品とされることになったというような場合には、このことの弊害は明らかである。従来、長期にわたって非課税だった物件が一片の通達によって課税対象となったという事例に関するいわゆるパチンコ球遊器事件判決（最判昭和三三・三・二八民集一二巻四号六二四頁）は、単に通達の内容が法の解釈として正当であるか否かという観点からだけでこの問題を論じて、「本件の課税がたまたま所論通達を機縁として行われたものであっても、通達の内容が法の正しい解釈に合致するものである以上、本件課税処分は法の根拠に基づく処分と解するに妨げがな」い、としている。本条の趣旨からすれば、このように一定期間行政庁の通達による法解釈が国民の間でも通用し信頼されていたものを後に行政庁の一存で勝手に課税することを禁止し、国会を通じての民主的コントロールをかけるべきだとするものだというべきであろう。要するに租税法律主義の趣旨は不利益変更するという場合には、むしろ法改正によってこれを行うべきであろう。要するに租税法律主義の趣旨はいうことからすれば、このような形での行政庁の解釈による不利益変更（非課税から課税への変更）は許されないとすべきである。

第三節　国費の支出および国の債務負担行為の議決

憲法は、「国費を支出し、又は国が債務を負担するには、国会の議決に基づくことを必要とする」（八五条）と定める。国費の支出とは、「国の各般の需要を充たすための現金の支払」をいう（財政法二条一項）。元来、政府が国費を支出すべき権能および義務は別に法律によって定められるのであるが、そのような権能および義務に基づく国費の支出についてさらに国会の承認を要するとしたものである。なお、国費の支出に対する国会の議決は予算の形式でなされる。ただし、予備費の議決はあくまでも予備費を設けることについての議決であり、予備費の支出についての議決ではない。そこで、この支出については、さらに国会の承諾を要する（八七条）とされている。

国の債務負担とは、国が財政上の需要を充たすために必要な経費を調達するために債務を負うことをいう。国の債務負担は最終的には国民の負担となるため、憲法はこれについて国会の議決を要するとしたものである。憲法は、債務負担行為についての国会の議決形式を特に定めてはいないが、財政法上はその債務の種類によって議決の形式が異なっている（同一五条）。まず、法律に基づくものがある。これは、国が財政上の目的のために負担する債務（財政公債）で、その償還期が次年度以降にわたるため固定公債とか長期公債などとよばれる。公債の発行については財政法で一定の制限が定められている（同四条～六条）。もう一つは、歳出予算の金額もしくは継続費の総額の範囲内の債務負担で、財務省証券や一時借入金によるものである（同七条）。これは、当該年度で返済されるため流動公債とか短期公債などとよばれる。そして、それ以外の債務負担行為は、あらかじめ予算によって国会の議決を経なければならない（同一五条一項）とされる。さらにこのほか、災害復旧その他緊急の必要がある場合においては毎会計年度、国会の議決を経た金額の範囲内で債務を負担する行為をすることができる（同条二項）とされる。そして、財政法上はこの中でも後の二つをとくに国庫債務負担行為と定義している（同条五項）。

第四節　公の財産の支出または利用の制限

一　政教分離原則からくる制約

憲法は、「公金その他の公の財産は、宗教上の組織若しくは団体の使用、便益若しくは維持のため……これを支出し、又はその利用に供してはならない」（八九条）とする。

ここでいう「宗教上の組織若しくは団体」については、一般に「組織」と「団体」とを特に区別する意味はないとされているが、その範囲をどの程度広げるべきかについては争いがある。箕面忠魂訴訟の最高裁判決（最判平成五・二・一六民集四七巻三号一六八七頁）は、これについて「宗教と何らかのかかわり合いのある行為を行っている組織ないし団体のすべてを意味するものではなく、国家が当該組織ないし団体に対し特権を付与したり、また、当該組織ないし団体の使用、便益若しくは維持のため、公金その他の財産を支出し又はその利用に供したりすることが、特定の宗教に対する援助、助長、促進又は圧迫、干渉等になり、憲法上の政教分離原則に反すると解されるものをいうのであり、換言すると、特定の宗教の信仰、礼拝又は普及等の宗教的活動を行うことを本来の目的とする組織ないし団体を指すものと解するのが相当である」として、遺族会はこれに該当しないとしている。ただし、これに対しては、本条の趣旨はあくまでも政教分離原則を財政面において徹底しようとするものであるから、必ずしも宗教的活動を行うことを「本来の目的」とはしない組織ないし団体の活動に対する公金支出等であっても、それが政教分離原則の趣旨に反するような場合には、やはり禁止されるべきであるとの批判もある。いいかえれば、この規定は単に宗教団体等に対する便益等の供与を規制するという趣旨だけでなく、国の財政行為に対する政教分離原則の観点からの規律を図るという趣旨があることも忘れてはならないということである。その意味では、ここでは単に「組織若しくは団体」だけを基準とするのではなく、公金支出等の実質的な内容についての審査も補充的に用いられるべきであろう。

ただし、反面で、この八九条前段は、あくまでも二〇条の政教分離の趣旨を財政（公金等の支出等）の面から確保しようとしたものと解される。したがって、本条はおよそ宗教団体等に対しては一切の公金等の支出を許さないというのではなく、外形上宗教団体等に対する公金等の支出にあたるとしても、それが政教分離の趣旨に反せず、しかも十分に合理的な理由にもとづく場合には補助金の支出等も許されると解されている（通説）。例えば国宝や重要文化財にあたる寺社の建物とか、そこに存する美術品などの保存、修復のための補助金などがそれにあたる。なお、ここでいう「政教分離の趣旨に反せず」というのは津市地鎮祭判決（最大判昭和五二・七・一三民集三一巻四号五三三頁）の多数意見の「宗教的中立性」および「目的・効果基準」に基づいていると解されている。ただし、その判決の少数意見の「非宗教性」という基準に基づいた場合でも右のような補助金の支出が根拠づけられないわけではない。

また、この条項との関係では、宗教系学校法人に対する私立学校法五九条に基づく学校法人への助成が憲法二〇条および八九条前段に違反しないかが問題となる。これについては、政教分離原則を徹底して解する違憲説、八九条前段の「宗教上の組織もしくは団体」を「宗教活動を本来の目的とする一般の団体」というように狭く解して学校法人は後者にあたらないとする合憲説と、「宗教団体等」の定義だけに依存せずに「助成の目的、目的と効果、宗教団体による支配の程度」を考慮して「私立学校への助成が宗教団体への公金支出の実質を有するに至った場合には違憲とする」という折衷説とがある。そして、これについては、目的・効果基準、あるいは、過度のかかわり合いの基準などによって具体的に問題を検討しているアメリカの判例理論が参考になるとの考え方もある。

ただし、この場合には、もともと後述する八九条後段での「公の性質」すなわち「公の支配」のチェックを経ているのであるから、むしろここでは、非宗教系の学校法人との間の平等保障、とくに学生・生徒の平等の立場から、宗教系・非宗教系ともに一律に考えるべきではないかと思われる。もっとも、私立学校における宗教教育の自由は認められるという点を考慮すると、何らかの形での目的・効果基準による実質的なチェックの余地を残す必要はあろう。

また、同様に、私立学校振興助成法附則二条による宗教団体を設置者とする幼稚園などへの経常費の補助が違憲でないかが問題となる。そして、とくにこれについては、例えば宗教法人などは宗教活動の延長として幼稚園を経営することに本来の意義があると考える場合も少なくないことから、その意味では経常費補助は憲法八九条前段に違反する疑いも強いとの見解もある。そこで、この場合には、まず、そこではあくまでも子供を受益者とする形式で補助費の具体的な支払がなされるべきであるとされる。ただし、この場合でも、宗教団体を設置者とする幼稚園等が宗教団体の宗教活動と分離できないものと見られる場合には、この支出が違憲となる余地が残されるというべきであろう。

このほか、宗教団体を一種の公益的非営利法人として免税措置をとることが許されるかどうかも問題となる。これについては、公益法人に対する免税措置が一般的に行われる以上は公権力による干渉のおそれも少ないからできるとする肯定説と、免税措置はその税額に相当する公金の支出と同じことになるから、とくに政教分離原則からは許されないとする否定説とに分かれる。ここでは、免税の理由（公益性が根拠か、宗教性が根拠か）によって判断すべきであろう。

なお、明治初期に無補償で国有地とされた寺院の境内地などを寺社に対して無償もしくは、それに近い価格で譲渡することを定めた「社寺等に無償で貸しつけてある国有財産に関する法律」（昭和二二年）は、本条に違反しないかが問題になったが、判例（最判昭和三三・一二・二四民集一二巻一六号三三五二頁）は、かつて無償で取り上げて国有としたのを返還したものであるという主として沿革上の理由から、これを本条に違反しないとした。このほか、合憲説の根拠としては、既得権説、連合国の命令に基づく超憲法的効力（管理法体系）説、政教分離を貫くための過渡的措置説などがある。たしかに、これは沿革からいえば、憲法二〇条のための実質的な保障措置であるといえる。その意味では、むしろこれは、ことがらとしては本来は二九条三項の問題に近いと考えることもできる。

二　慈善、教育、博愛事業に対する制約

憲法は、「公金その他の公の財産は、……公の支配に属しない慈善、教育若しくは博愛の事業に対し、これを支出し、又はその利用に供してはならない」（八九条）とする。

これは、慈善、教育、博愛等の名目の下に国費が濫費されるのを防止しようとする趣旨であるとされる。また、

このほか、教育等の事業が特定の宗教や信条に左右され易いという性質をもつことから、本条は、これらの事業の中立性を要請するものだとする見解もある。これについては、さらに、八九条後段が第七章「財政」の中に位置し、しかも八九条前段と同一条文の中にあることを考えると、これは財政民主主義の原則と政教分離原則を立法趣旨とするものと解すべきであるとし、とくに政教分離との関係では教育等の事業への宗教的信念の浸透の防止に必要な「公の支配」がない限り財政援助をすることを禁止するだけではなく、宗教以外の特定の思想信条についてもそれが教育等の事業に浸透するのを防止するに必要な「公の支配」の成立を求めていると解すべきだとする見解もある。ただし、教育、慈善等の事業の自由・自主性を尊重すべきであるという見地も考慮すれば、ここでは、それらの特定の傾向性の強い事業に対して「中立性」そのものを求めるというのではなく、むしろ、あまり特定の傾向性の強い事業に対しては国が助成しないということを意味するにとどまるとすべきであろう。このほか、本来ならば教育、慈善等の事業は国の責任で実施すべきものであるから、これらの事業に対して公金を支出する以上は国の責任で公平に行うべきだとする趣旨もあるとされる。

また、「公の支配」の意義については諸説に分かれる。一つは、人事、予算、事業の執行について、組織、運営の自主性を失うとみられるほどの強い監督を国または地方公共団体から受けるものが「公の支配に属する事業」だとする。また、公の支配とは、その事業の予算を定め、その執行を監督し、さらにその人事に関するなど、その事業の根本的な方向に重大な影響を及ぼすことのできる権力をいう、とする説もある。これに対して、八九条の前段と後段との差異を強調する学説もある。これによれば、前段においては国家と宗教の厳密な分離が規定されているが、後段の慈善、教育、博愛事業などは国家との間の厳密な関係（ここでは、むしろ逆に、強い「公の支配」の関係）を本質的に必要とするわけではないとされる。ただし、いずれの説でも、そもそも本条後段の立法趣旨そのものに問題があるとしている点は注意すべきである。とはいえ、憲法規定が現実にある以上はそれを前提とした上でその問題意識についてはそれをあくまでも憲法解釈として反映すべきである。そこで、一般には「公の支配」の意義は緩やかに解されるべきだとされている。

ところで、個別の問題としてみれば、現実には私立学校法五九条により国または地方公共団体から一定の場合に学校法人に対して補助金や貸付金などの助成がなされ、そして、これについて所轄庁は私立学校振興助成法一二条により助成に関して「報告を徴し」たり「勧告」をするなどの権限が与えられている。また、社会福祉事業法や児童福祉法もまた、類似の規定（助成および監督）を定めている。そこで、これらの助成と「公の支配」との関係が問題となる。これについては、このような「勧告」程度の監督では公の支配とはいえない（したがって助成は違憲の疑いがある）とする説、学校法人および私立学校の設置それ自体等についての規制があり、また、助成を受けた学校法人に対する業務・会計等についての監督などが行われることにより「公の支配」があるとする説、私立学校はそもそも教育基本法や学校教育法などによって法的規律を受けているのであるから「公の支配」に属するとする説などがある。

さらに、これは単に憲法八九条だけの問題ではないとする考え方もある。すなわち、これによれば、とくに私立学校に対する助成は、授業料負担を軽減し、私立学校の教育条件を整備するという学生・生徒の教育を受ける権利の保障のために行われるもので、憲法二六条から生ずる国の義務であること、また、憲法二三条の学問の自由ないし教育の自由に基づく私立学校の教育の自由を考慮すれば、教員の人事や具体的教育内容に国が介入してはならず、学生・生徒の信教の自由および思想良心の自由も侵害してはならないとされる。そして、これらの点を考えると、本条の「公の支配」は現行法による私立学校に対する財政監督の程度にとどめるべきだということになろう。

第五節　予算および決算

一　予算

（一）　予算についての国会の承認

憲法は、「内閣は、毎会計年度の予算を作成し、国会に提出して、その審議を受け議決を経なければならない」（八六条）とする。

（二）　予算の概念

予算とは、一会計年度における国の歳入歳出の予定準則を内容とする国法の一形式である。そして、予算の対象は会計年度における国の財政行為、主として歳入歳出である。ただし、財政法は、予算の内容として歳入歳出のほかに、予算総則、継続費、繰越明許費および国庫債務負担行為を含めている（同一六条）。

また、予算の効力としては、予算は単なる歳入歳出の見積り、予測ではなく、政府の行為とりわけ歳出を規律する法規範であることに注意すべきである。すなわち、予算は歳出の目的、時期および金額の最高限を定める。これによって、例えば目的外使用が禁止され、予算の移用、流用が制限され年度内の支出が要求される。なお、予算は法律とは別個の国法の一形式である（通説）。予算は、国家機関の行為のみを、しかも一会計年度内の行為を規律するという点において、一般国民の権利義務に関する規律を定める法律とは異なる。この点については後述する。

予算の時間的効力として、以下のような原則がある。すなわち、①予算は、毎年四月一日に始まり、翌年三月三一日に終る一会計年度の間のみ通用する。これは、年度区分の原則とよばれる。②各会計年度における経費はその年度の歳入で支出するを要する（財政法一二条）。これは、年度独立の原則とよばれる。③ただし、継続費・特定の事業につき、特に必要がある場合において、二会計年度以上（五カ年度以内）にわたって支出される費用（同一四条の二）が認められることがある。これは、年度区分の原則に対する例外である。

なお、財政の健全性を保持し、民主的統制を容易ならしめ、財源当局者の非違を防止するために、一般に、次のような予算作成上の諸原則があるとされている。すなわち、国の歳入、歳出のすべてを予算に編入する（財政法一四条）、いわゆる総計予算主義の原則がとられる（ただし、現在では一般会計とは別枠の特別会計が膨大となり、実際にはかなり空洞化しているとされる）。また、支出については、その目的を分類、明記する個別費目主義の原則がとられる。このほか、健全財政のための収支均衡の原則と節約の原則とか民主的コントロールをめざした公開の原則などがある。

また、大日本帝国憲法では、継続費について明文の規定（同六八条）が存在したが、日本国憲法にはそのような明文の規定はない。そこで、継続費については、これを否定する見解もある。すなわち、継続費は一度議決された後、多年にわたって国会を拘束するため、その分だけ逆に国民のコントロールを免れることになり、濫用された場合の弊害は重大だからである。しかし、継続費を全く否定した場合には、国家の長期計画に基づく事業などに支障をきたすことになるなど実際上の必要性からみて、一般に憲法は継続費を否定していると解すべきではないとされている。財政法も当初はこれを認めていなかったが、昭和二七年の改正によって、一定の制限の下でこれを認めるに至っている。ただし、今日では、例えば防衛費等についていわゆる後年度負担という形でこれが多用されて、予算に対する国会のコントロールを不明瞭なものとしているという問題も指摘されている。

（三）　予算の審議

予算の発案権は内閣にのみ属する（七三条五項、八六条）。すなわち、予算の作成は、財務大臣がその事務を所管し、内閣がこれを決定し（財政法二一条）国会に発議するのである。ただし、「予算は、さきに衆議院に提出しなければならない」（六〇条一項。衆議院の予算の先議権）。そして、その審議については、各議院とも予算委員会に付託され、その審議を経て本会議に付される（国会法五六条二項）。

（四）予算の議決

予算は、両議院で可決したときに成立する。ただし、衆議院の優越が認められている。すなわち、予算が衆議院で可決された後、「参議院で衆議院と異った議決をした場合に、法律の定めるところにより、両議院の協議会を開いても意見が一致しないとき、又は参議院が、衆議院の可決した予算を受け取った後、国会休会中の期間を除いて三〇日以内に、議決しないときは、衆議院の議決を国会の議決とする」（六〇条二項）とされるのである。

（五）予算の修正

修正には、減額修正と増額修正の二者があるが、財政についての国会中心主義の原則からすれば、両者ともに原則として可能であると解される（通説）。なお、この場合、減額修正は原則として自由になしうるとされるが、法律で定めた事項を執行するための歳出である法律費（例えば生活保護費）、および、法律に基づいて国が負担する債務である義務費（例えば公債の利子）を減額修正できるかについては、積極説・消極説の対立がある。前者をとると法律と予算との間の矛盾が生じる。また、増額修正については否定的見解もあるが、一般には肯定されている。ただし、肯定説も、例えば「全面的修正」は許されないとして、限界を認めている。なお、国会法は、予算修正の動議を議題とするには衆議院では議員五〇人以上、参議院では議員二〇人以上の賛成を要するとし（同五七条の二）、また、増額修正については、内閣に対して意見を述べる機会を与えなければならないとする（同五七条の三）。

二　予算と法律

（一）予算と法律との関係

予算と法律とは、その制定手続、形式、内容および効力についてそれぞれ異なるが、両者は相互に依存する関係にある。すなわち、法律の実施には予算の裏づけが必要な場合が多く、逆に、予算の執行のためには、収支を根拠づける法律の成立が必要である。その意味では、両者は常に一致することを要するが、現実には種々の事情により不一致をきたすことがあり得る。これに関して次の二つの問題がある。

まず、国費の支出を伴う法律が制定されている場合、内閣は予算の作成に際して、その法律を実施するために必要な経費を予算に計上する義務があるか。これについて、一般には、内閣は「法律を誠実に執行する」義務を負う（七三条一項）のであるから国会の意思に優位が認められ、内閣は法律を執行するための予算措置を講ずる義務があるすなわち、法律は予算を拘束するとされている。ただし、これに対して、法律の中にも当然に政府の予算措置を義務づけるものと、予算措置の講ぜられることを条件としているものとがあり、後者については法律自体は政府の予算措置を法的に義務づけていないとする見解がある。

次に、国会の予算審議に関して、国会は法律と予算とを一致させる義務を負うか。これも、原則的には肯定されるべきであろう。すなわち、法律と予算とは本来一致させられるべきものであるから、国会が法律を執行するために必要な予算を削減する以上は同時に法律をも廃止、変更すべきであり、法律を存続させる以上はその執行のために必要な費用は予算に認めるべきである。しかし、現実には、種々の事情（例えば、議員立法の場合、国会による予算の修正がなされた場合、衆議院の優越により衆議院の意思のみで予算が成立した場合など）により、両者の不一致が生ずることがある。この場合には、再び内閣の法律執行義務の問題、すなわち、内閣は補正予算の作成あるいは予備費の支出を義務づけられるか否かという問題が生ずることになる。これについては、後述する。

（二）　議決手続の違い

法律案の議決および予算の議決はともに国会の権能に属するものであるが、その議決手続は若干異なっている。すなわち、原則として両者ともに両議院により可決されることを要するのはいうまでもないが、両議院の議決が一致しない場合、および、参議院による議決がない場合について異なった定めがおかれているのである。まず、法律案については、両議院の議決が一致しない場合、衆議院は特別多数（出席議員の三分の二以上）で再可決することにより法律を成立させることができる（五九条二項）。また、一定の場合には、衆議院は参議院がその法律案を否決したものとみなすことができる（同条四項）。これに対して、予算については、衆議院に予算の先議権が与えられ（六〇条一項）、また、両議院の議決が異なった場合、あるいは、参議院が衆議院の可決した予算を受け取った後、国会休会中の期間を除いて三〇日以内に議決しないときは、衆議院の議決が国会の議決となる（同条二項）。なお、発案権についても両者には相違がある。すなわち、法律案については、各議院（議員および委員会）のみならず、内閣にも発案権があるとされているが、予算については、内閣だけが発案権をもつ（七三条五号、八六条）。

㈢　予算の法的性質

右のような両者の差異が、ことがらの性質からくる単なる手続上の差異にとどまるものか、あるいは、より本質的な差異をあらわすものかについては、予算の法的性質の理解に関連して議論の余地がある。

一つは、予算法形式説（あるいは、国法形式説、法規説）である。これは、予算は一会計年度における国の歳入および歳出に関する予定を定めた準則であり、形式的な意味での法律とは異なる国法の一形式であるとする。すなわち、予算は国家機関の行為のみを規律するもので、国民の権利・義務に関する規律を定めるものではないのである。この説によれば、予算と法律の議決手続における差異は両者の本質的な相違を規定したものだとされる。これが今日の通説である。

もう一つは、予算法律説である。これは、予算を法律そのもの（予算法）あるいは「予算」と呼ばれる法律の一種と考える。これによれば、議決手続の差異は本質的なものではなく、地方自治特別法（九五条）の場合と同じく、憲法五九条一項の「憲法に特別の定のある場合」にあたることになる。なお、このほか、予算は行政行為であるとする予算行政行為説（あるいは、承認説）がある。しかし、これは、財政民主主義の原則（八三条および八六条）の趣旨からすれば、今日では採用できないことは明らかであろう。

（四）　予算の法的性質に関する議論の意義

右のような見解の相違は、以下のような問題を考える場合に影響が出るとされる。そこで、その点を考えておこう。第一は、予算修正権の限界の問題である。まず、予算法形式説によれば、財政民主主義の原則から国会は予算の減額および増額の修正権を有するが、ただし、内閣の予算作成・提出権をとくに尊重する趣旨から、予算の同一性を否定するような大きな修正はできないとされる。これに対して、予算法律説による場合には、国会の予算修正権は内閣が提出する法律案についての修正権と同じ本質をもち、予算修正権には制限がないとされる。もっとも、予算法律説をとりながらも、節度のある修正がのぞましいとする考え方もあり、逆に、予算法形式説をとりながらも、無制限の予算修正権を認めるものもある。その意味では、両説の差異はあまりないともいえる。

第二は、法律と予算との不一致の場合である。かりに両者の不一致が生じた場合には、予算法形式説によれば、具体的には以下のような調整がなされなければならない。まず、法律があって予算が成立していない場合には、内閣が暫定予算を提出すべきことになろう。また、法律があるが必要な予算措置がなされていない場合には、内閣は補正予算を提出するか、あるいは、予備費を支出すべきことになろう。さらに、法律が存在するが、国会によって予算が否決された場合が問題となる。これについては、内閣は衆議院を解散するか、あるいは、総辞職しなければならないとする考え方もあるが、補正予算の再提出の余地もないわけではない。

逆に、予算が成立しているが、それを執行するための法的根拠を与えるべき法律が遅れているような場合には、内閣は法律の成立をまって予算を執行すべきことになる。また、予算が成立しているが法律がない場合には、その予算を執行するための法律案を、国会が議員立法として提出するか、あるいは、内閣が法律案を提出するかの、いずれかがなされるべきことになろう。さらに、予算が成立したが国会が法律案を否決した場合には、内閣はその予算を執行すべき義務はないことになろう。

いずれにせよ、右のようなことがらについての決着は、いわば政治的な解決に委ねられるほかはない。これに対して、予算法律説によれば、法律と予算との不一致が生じた場合には、例えば「後法は前法を廃する」などのような法律相互間の矛盾を解決する一般理論にしたがって処理されるべきことになるとされる。そして、この点に、この予算法律説の最大の意義（メリット）があるのだとされる。

しかし、予算法律説をとったとしても、なお、所管事項の問題が残る。例えば法律の定めなしに予算のみによって国民に対して課税をしたり、あるいは、予算のみによって国民の一定の権利に対する規制とそのための歳出とを一括して定めることができるかどうかが問題となる。もし、これを認めると、通常の法律よりも容易な制定手続で課税とか人権制限などをすることが許されることになる。これは、同時に、このような形で参議院を無力化することにより、両院のバランスを大きく失するという問題を生ずる。しかし、このような重大なことがらは憲法がもともと前提とはしていないものと考えるべきであろう。すなわち、予算には、国民の権利を制限し、あるいは、国民に義務を課するような行為規範を含めることはできない。いいかえれば、予算の中には実質的意味の法律を盛り込むことは許されないということである。

実際には、予算法律説も、単に、予算も予算法として法律と同等の効力をもつとすることが主眼なのであって、例えば憲法三一条（適正手続保障）とか八四条（租税法律主義）などにおける「法律」の中に「予算」が含まれるということまでも主張するものではないようである。ただし、このように予算の所管事項を限定的に解すると、逆に、予算法律説をとっても、法律と予算との「ずれ」の問題が結局は解消できなくなることになろう。というのは、基本的に所管事項が異なる以上、例えば「後法は前法を廃する」といっても、もともと法律と予算との内容が重ならないことになってしまうからである。

三　予備費の議決および予備費支出の承諾

（一）　予備費の議決

「予見し難い予算の不足に充てるため、国会の議決に基づいて予備費を設け、内閣の責任でこれを支出することができる」（八七条一項）。これは、予算の見積りを超過した支出（予算超過支出）、または、予算の費用にない新たな支出（予算外支出）に備えて計上するものである。

（二）　予備費支出の承諾

「すべての予備費の支出については、内閣は、事後に国会の承諾を得なければならない」（八七条二項）。これは、内閣の責任においてなされた支出の当否について国会が事後審査するものであり、国会が承諾したときは、内閣の責任は解除される。ただし、いずれにせよ、この責任は、政治責任の問題にとどまるものとされている。

（三）　暫定予算、補正予算および予備費

暫定予算とは、一会計年度のうちの一定期間に係る予算（財政法三〇条一項）をいう。すなわち、予算は毎会計年度の始まる前に成立するのが原則であるが、予算案の否決とかあるいは国会の解散などにより新会計年度がはじまってもまだ予算が成立していないこともある。大日本帝国憲法ではこのような場合には前年度の予算が施行されることになっていた（同七一条）が、現行憲法は、国会の権限を保障する意味で、そのような制度はみとめていない。ただし、これに関して憲法は何らの規定も置いていないため、財政法が右に述べたような一定期間に係る暫定予算を内閣が作成し、これを国会に提出することを認めたものである。したがって、暫定予算は当該年度の予算が成立したときは失効する（財政法三〇条二項）。

また、予算成立後、予見しがたい事情のため、支出の必要が生じて予算の不足をきたしたような場合に、財政法（二九条）は、内閣が補正予算を作成し、これを国会に提出することを認めている。補正予算には追加予算と修正予算の二種がある。前者は、「法律又は契約上国の義務に属する経費の不足を補うほか、予算作成後に生じた事由に基づき特に緊急となった経費の支出……又は債務の負担を行うため必要な予算の追加を行う場合」（財政法二九条一号）に作成され、また、後者は、「予算作成後に生じた事由に基づいて、予算に追加以外の変更を加える場合」（同二九条二号）に作成される。

これに対して、予備費は、時間的余裕その他の理由から、右の補正予算を提出できない場合の便法として、予備費から支出するために予算の中に計上されるものである。ただし、予備費は憲法の明文（八七条）に基づくものであるが、補正予算は財政法によって認められるものである。なお、予備費は、形式的には予算の一部であるが、予算の不足に充てるためのもので、その支出の内容については国会の承認を得ておらず、したがって、予備費の支出それ自体は予算によらない支出にあたる。

四　決算の審査

（一）　国会への提出

「国の収入支出の決算は、すべて毎年会計検査院がこれを検査し、内閣は、次の年度に、その検査報告とともに、これを国会に提出しなければならない」（九〇条一項）。

（二）　決算の法的性格

決算は予算とは異なり法規範性をもたない。

（三）　国会の審査の意義

国会の審査は、政治的見地からの批判であり、実際になされた収入支出の法的効力には影響を及ぼさない。

（四）　国会の審査と会計検査院の審査

国の会計行為は、事後的に決算を通して、会計検査院および国会の審査という二重の監督に服する。そして、この場合、会計検査院による検査は法的見地から、決算内容の合法性を検討、確認するために行われるのに対し、国会による審査は政治的見地から決算内容を精査し、内閣の責任を明らかにするために行われる。したがって、それに対する国会の判断（議決）は、実際に行われた収支の法的効果には影響を及ぼさない。

五　財政状況の報告

憲法は、「内閣は、国会及び国民に対し、定期に少くとも毎年一回、国の財政状況について報告しなければならない」（九一条）とする。

これは、財政民主主義を徹底するための規定であることはいうまでもない。なお、財政法四六条では、これを具体化して「内閣は、予算が成立したときは、直ちに予算、前前年度の歳入歳出決算並びに公債、借入金及び国有財産の現在高その他財政に関する一般の事項について、印刷物、講演その他適当な方法で国民に報告しなければならない」（一項）とし、また、「前項に規定するものの外、内閣は、少なくとも毎四半期ごとに、予算使用の状況、国庫の状況その他財政の状況について、国会及び国民に報告しなければならない」（二項）としている。

六　皇室財産および皇室費用

憲法八八条は「すべて皇室財産は、国に属する。すべて皇室の費用は、予算に計上して国会の議決を経なければならない」と定める。

大日本帝国憲法下においては天皇主権の原理との関係で皇室財政自律主義（同六六条）とよばれる規定もあったが、これに対してここでは、すでに述べたように、象徴としての天皇の地位にかんがみ皇室の費用は国費によるものとした上で、これについて予算に計上して国会によるコントロールを受けるべきものとしたのである。

第七章　地方自治

第一節　地方自治の本質と地方公共団体

一　地方自治の由来

（一）　固有説と伝来説

地方公共団体の自治権の本質をどのように理解すべきかについては、固有説と伝来説との対立がある。すなわち、固有説は、地方公共団体の自治権は、国によって与えられるものではなく、いわば自然権ないしは固有権にあたると考えるべきであるとする。したがって、この説によれば、憲法九二条以下の規定による地方自治の保障は、もともと存在する固有権としての地方公共団体の自治権を確認する規定であるとされる。これに対して、伝来説によれば、地方公共団体の自治権は、あくまでも、国から与えられる（いわば、分与される）ものであるとされる。後者が通説である。

（二）　制度的保障説

ただし、現実には憲法規定によって地方自治が保障されているため、それを法律によって否定することはできない。そこで、伝来説を主張する論者も、地方自治が憲法で認められている以上、法律によってそれを廃止することはできないという保障が憲法によって与えられているとする。これは「制度的保障説」とよばれている。したがって、今日では純粋な意味での伝来説はとられてはいない。ただし、どのような内容の自治権が「制度」として保障されているのかが問題となる。これについては後述するが、憲法九二条にいう「地方自治の本旨」とか九三条および九四条の定めなどが、これにあたると考えるべきことになろう。

なお、後述するように、地方自治法その他の法律によって国と地方公共団体との間での一定の事務配分が定められることになるのであるから、このような地方自治の本質論それ自体を論ずることはあまり意味がないとする考え方もある。しかし、ここでの考え方の差異は、後述するような、より具体的な問題を考える上では重要な意義をもつこともある。

二　地方自治の本旨

すでに述べたように、固有説によれば、憲法九二条の「地方自治の本旨」に基づく地方自治の保障は憲法による確認規定としての意味をもつものとされ、また、制度的保障説による場合には、これは憲法によってはじめて保障される「制度」としての地方自治の内容を定めたものとされる。しかし、いずれにせよ、ここでは憲法九二条にいう「地方自治の本旨」とは何かが問題となる。これについて、従来、「地方自治の本旨」には「団体自治」の保障と「住民自治」の保障という二つの意味があるとされてきている。

（一）　団体自治

これは、地方公共団体がその自治を行うについて、一定の独立した法的主体とされた上で、必要な権限をみずから行使できること、および、それらの権限を団体みずからの機関によって行うことができることを保障するものである。例えば、憲法九四条は「地方公共団体は、その財産を管理し、事務を処理し、及び行政を執行する権能を有し、法律の範囲内で条例を制定できる」とするが、これは、自治立法権、自治行政権および自治財政権という地方公共団体の団体としての自治権の基本的な内容を示したものである。また、次に述べる憲法九三条一項および二項の規定は、それらの権限が議会および長という団体自体の機関によって行われるべきことを保障したものである。なお、地方公共団体が独立した法人格をもつことについては憲法の定めはないが、後述するように地方自治法上の定めが置かれている。

(二) 住民自治

これは、地方公共団体の内部においては、住民による民主主義が行われるべきことを保障するものである。すなわち、憲法九三条は一項で「地方公共団体には、法律の定めるところにより、その議事機関として議会を設置する」とし、また、二項で「地方公共団体の長、その議会の議員及び法律の定めるその他の吏員は、その地方公共団体の住民が、直接これを選挙する」とする。このような長、議員等の直接公選の要求は、この住民自治の基本的な内容を憲法みずからが定めたものとして重要である。

なお、このほか地方自治法上の直接請求権(地方自治法一二条および一三条、七四条~八八条)の保障が憲法上の保障といえるか、いいかえれば、この直接請求権の保障は「住民自治」の内容といえるかは問題である。これについては後述する。

三 地方公共団体の意義

(一) 公法人としての地方公共団体

地方公共団体は、公法関係の法的主体となるという意味で、国と同様に、公法人あるいは公共団体(例えば、国家賠償法一条参照)とよばれている。公法人とされるものとしては、国および地方公共団体のほかにも、独立行政法人通則法その他の法律によって国から切り離された独立行政法人のほかに、例えば土地区画整理組合のようないわゆる公共組合など種々の法律に基づいて設立される公法人がある。しかし、国および地方公共団体の場合には、それらはもともと主権者たる国民から行政権の委任を受けた憲法に基づく自治的な団体であり、いわば、本来的な行政主体としての性格を有する（憲法前文および九二条～九四条参照）。

（二）　地方公共団体の種類

地方自治法上は、地方公共団体は普通地方公共団体と特別地方公共団体とに分けられ、前者には都道府県および市町村があり、後者には特別区（東京都の区）、地方公共団体の組合、財産区および地方開発事業団がある（地方自治法一条の三）。そして、これらの地方公共団体は法人とされる（同二条一項）。

（三）　憲法上の地方公共団体と地方自治法上の地方公共団体

ただし、ここで注意すべきことは、この地方自治法における地方公共団体の定めは、あくまでも公法人一般としての地方公共団体を定めたものであり、これらの地方公共団体のすべてが同時に憲法九二条にいう「地方公共団体」（すなわち、いわゆる「地方自治体」）の本質を有するものではないということである。すなわち、すでに述べた地方自治の本旨（団体自治および住民自治）をみたすかどうかという観点からみれば、実質的にみて、憲法九二条にいう本来の「地方公共団体」にあたる（したがって、右に述べた本来的な意味での行政主体にあたる）ものは、この中でも、都道府県、市町村および特別区にかぎられる。というのは、特別区以外の特別地方公共団体は、単に便宜的・技術的な必要性から団体としての独立性（法人格）が認められたものにすぎず、これらは右に述べた「地方自治の本旨」のうちの「住民自治」の要素をもっていないからである。

（四）　特別区は憲法上の地方公共団体か

なお、特別区については、区長公選制の廃止の可否をめぐって、これが憲法上の「地方公共団体」にあたるか否かが問題となったことがある。これに関して、特別区は憲法上の地方公共団体ではないとする判例（最大判昭和三八・三・二七刑集一七巻二号一二一頁）がある。判決は、「地方公共団体といい得るためには、単に法律で地方公共団体として取り扱われているということだけでは足らず、事実上住民が経済的文化的に密接な共同生活を営み、共同体意識をもっているという社会的基盤が存在し、沿革的にみても、また現実の行政の上においても、相当程度の自主立法権、自主行政権、自主財政権等地方自治の基本的機能を附与された地域団体であることを必要とする」。「そして、かかる実体を備えた団体である以上、その実体を無視して、憲法で保障した地方自治の権能を法律を以て奪うことは、許されない」とした上で、特別区については、大日本帝国憲法下から少なくとも昭和二七年八月の地方自治法改正の時期までにおいては、昭和二一年から一時区長の公選制が行われたとはいえ、沿革的には市町村のように完全な自治体としての地位を有していたことはなく、憲法九三条二項の地方公共団体と認めることはできない、としている。

これは、とくに大日本帝国憲法下での東京市における区の実体を前提として判断されたものだといえる。しかし、今日では、特別区がその区域および住民の両者を備え、実質的に「自治体」として機能していることを考えれば、むしろ本質的には、特別区は市町村に類似する性格をもった憲法上の地方公共団体にあたると考えるべきである。現実に、特別区については基本的に市の規定が準用されている（地方自治法二八三条一項。そこで、以下において、普通地方公共団体あるいは市町村という場合、原則的にはこの特別区も含むものとして説明する）。また、一度廃止された区長公選制も住民の側からの強い要求を受けて昭和四九年の地方自治法の改正により復活している。このような半世紀にわたる沿革からいえば、とくに固有説の立場からは特別区を憲法上の地方公共団体（地方自治体）ではないとするのは許されないということになろう。なお、平成一一年の法改正では、都を広域の地方公共団体とし、特別区を基礎的な地方公共団体として位置づけている（地方自治法二八一条の二第一項および二項）。これらのことを考慮すれば、少なくとも今日では、特別区は憲法上の地方公共団体にあたると解すべきであるし、また、立法論としても地方自治法上は特別区を普通地方公共団体の中に組み入れるべきだといえる。

このほか、この特別区については、かりに特別区が憲法上の地方公共団体でないとすると、特別区の住民に対しては東京都という形での都道府県レベルでの地方自治の保障は及ぶが、いわば市町村レベルでの地方自治の保障は及ばないということになる。通常の場合には、住民は都道府県および市町村という二つのレベルでの地方自治の保障が与えられることになるが、このことと比較すると特別区の住民は一つのレベルだけしか地方自治が保障されないという形で差別を受けていることにならないかという問題が生ずる。これについては、「合理的な差別」であれば問題ないとか、あるいは、そもそも憲法は現行の地方自治法の定めるような都道府県および市町村という形の二重の地方自治の保障（いわば、二重包装）を定めているわけではなく、とくに伝来説の立場からすればどのような形で地方公共団体を設定するかは立法政策にまかされているのであるから別に問題はないなどという主張も考えられる。ただし、そのためには前者については「合理性」の根拠が示される必要があるし、また、後者についてもそのような立法政策が平等原則に優先されるべきものかどうかが問われることになろう。

なお、地方自治法二五二条の一九以下では「大都市の特例」の定めがおかれ、政令で指定する人口五〇万人以上の市（指定都市。一般には政令指定都市とよばれる）については、都道府県の処理すべき事務の一部を処理することになっているが、この政令指定都市はその区域内に「区」を設置できることになっている（地方自治法二五二条の二〇）。ただし、ここで設置される区は地方自治体としての性格をもつわけではなく、あくまでも行政区画としての意味しかもたないことに注意すべきである。このように、特別区（東京の二三区）と現在の政令指定都市の区とは全く意味が異なるものであるが、そもそも特別区それ自体が、かつては現在の政令指定都市の区と同様の位置づけにあたるものから始まって今日に至ったものであるため、特別区はまだ地方自治体とはいえないとする考え方が残っているのだといえる。

（五）　道州制について

平成一五年前後からは、地方分権の推進と行政の効率化、広域行政の利便性の追求などのために、市町村の合併いが盛んに行われ、市町村の数は大幅に減少した。これに対して、都道府県についてはまだ合併は行われてはいないが、むしろより広域の行政の利便性を求めて道州制についての議論が再び活発になってきている。

ただし、この道州制については、議会の議員は従来通り公選制であるが、その長については例えば内閣による任命制に変えるという構想などもある。しかし、この案では長の公選制を否定するため憲法九三条二項の要件をみたさず、それは憲法による制度的保障の趣旨に反するのではないかが問題となる。これについては、そもそも憲法はいわゆる二重包装の地方自治を国民に対して保障しているわけではないと考えるならば、少なくとも市町村が残される限りは、いわば完全自治体としての都道府県を廃止して、それを不完全自治体としての道州制に置き換えることも可能だということになる。しかし、これに対しては、固有説的な立場をとれば、少なくとも半世紀にわたって地方自治に関するいわゆる二重包装という実績が続いた以上は、それが憲法による制度的保障の内容となっているとする反論もできることになろう。

四　地方公共団体の事務

(一)　地方公共団体の役割と地方公共団体の事務

まず、地方公共団体の役割については、平成一一年に改正された地方自治法一条の二の第一項で、「地方公共団体は、住民の福祉の増進を図ることを基本として、地域における行政を自主的かつ総合的に実施する役割を広く担うものとする」としている。ただし、これだけでは、なお国と地方公共団体との間の役割分担が明確ではない。そこで、第二項では、国は、前項の規定の趣旨を達成するため、「国際社会における国家としての存立にかかわる事務」、「全国的に統一して定めることが望ましい国民の諸活動若しくは地方自治に関する基本的な準則に関する事務」、「全国的な規模で若しくは全国的な視点に立って行わなければならない施策及び事業の実施その他の国が本来果たすべき役割」を重点的に担うべきものとし、さらに、「住民に身近な行政はできる限り地方公共団体にゆだねることを基本として、地方公共団体との間で適切に役割を分担するとともに、地方公共団体に関する制度の策定及び施策の実施に当たつて、地方公共団体の自主性及び自立性が十分に発揮できるようにしなければならない」としている。このように、地方公共団体は地域における行政を広く実施する権限を与えられているのである。ただし、実際には、このほかに法律、政令の定めにより処理すべき事務も加えられることになる。

地方自治法二条二項は、普通地方公共団体が処理する事務として、「地域における事務」と「その他の事務で法律又はこれに基づく政令により処理することとされる事務」との二つを定める。「地域における事務」とは、一般的にいえば、当該普通地方公共団体が処理するのにふさわしい事務をいい、法律またはこれに基づく政令の根拠をもたないものと、その根拠をもつものとの両者を含む。また、「その他法律又はこれに基づく政令により処理することとされる事務」とは、本来は、地域における事務に該当しないものであるが、法律またはこれに基づく政令により地方公共団体が処理すべきこととされる事務をいう。

ここでの分類の意義は、前者の「地域における事務」については、とくに法律等の定めがなくても、それぞれの地方公共団体の判断で事務処理を行うことができるとされる点にある。すなわち、従来の地方自治法の規定では、地方公共団体の処理すべき事務についての例示があったが、平成一一年の法改正によりその例示は廃止され、それぞれの地方公共団体の判断にまかされることになったのである。その意味では、ここでの事務の分類それ自体にはあまり意味はなく、いずれにせよ、両者の事務を合わせて地方公共団体が処理すべき事務とされることになるのである。

なお、この場合、市町村と都道府県との間の事務の配分関係が問題となる。これについて、地方自治法では、基本的な原則として、市町村は、「基礎的な地方公共団体」として、都道府県が処理すべきものとされるものを除いて、一般的に右に述べた事務（すなわち、「地域における事務」と「その他法律又はこれに基づく政令により処理することとされる事務」）

を処理するものとされる（同二条三項）。また、都道府県は、「市町村を包括する広域の地方公共団体」として右に述べた事務のうち、「広域にわたるもの、市町村に関する連絡調整に関するもの及びその規模または性質において一般の市町村が処理することが適当でないと認められるもの」を処理するものとされる（同条五項）。

（二）　規制的・侵害的行政と授益的・給付的行政

また、内容に着目して実質的にみるならば、地方公共団体の事務は、後述するように、国の行政の場合と同じく、規制的・侵害的な行政（これが、従来の「行政事務」に相当する）と、授益的・給付的行政（これが、従来の「固有事務」にほぼ相当する）との二つに、大別して考えておくべきであろう。そして、前者の行政については、後述する「法律による行政」の原則（侵害留保説）が大きな意義をもつことになる（ここでは、「条例による行政」の原則をも含む。地方自治法一四条二項参照）ということが注意すべき点である。

（三）　条例制定権の範囲

地方自治法一四条一項では、普通地方公共団体は、法令に違反しない限りにおいて二条二項の事務に関し条例を制定することができると定める。そこで、右に述べたような地方公共団体の事務に関する定義は、この条例制定権の範囲の問題に関しても影響を及ぼしている。すなわち、地方自治法二条二項は、右に述べたように、地方公共団体の処理する事務全体を規定している。したがって、地方公共団体は、右に述べたような事務の区別なく、また、次に述べるような自治事務、法定受託事務の区別なく、その処理するすべての事務に関して条例を制定できることになったのである。

また、従来は、規制・侵害行政を表すものとして「行政事務」という概念が用いられてきたが、右に述べたように、現行の地方自治法では、この行政事務の概念が廃止された。そこで、「条例による行政の原則」（侵害留保説）を明示するために、地方自治法一四条二項では、「義務を課し、又は権利を制限する」には、法令に特別の定めがある場合を除くほか、条例によらなければならないと定められることになった。なお、法律と条例との間の関係については後述する。

（四）　自治事務と法定受託事務

右に述べたように、地方自治法二条二項によって、地方公共団体の機関が管理・執行する事務はすべて地方公共団体の処理する事務となるが、これは、さらに、国と地方公共団体との間の関係を考えるという観点からは、自治事務と法定受託事務とに分類される。そして、国の行政機関と地方公共団体の行政機関との関係を考える場合には、この分類が大きな意義をもつことになる。

自治事務とは、一般的にいえば、本来的に地方公共団体が処理すべき事務をさすのであるが、地方自治法では、「自治事務」とは、地方公共団体が処理する事務のうち「法定受託事務」以外のものをいうものとされ、実質的にはより広い概念でとらえられている（同二条八項）。その意味では、むしろ、ここでは法定受託事務の概念を把握することの方が重要な意義をもつことになる。そして、法定受託事務とは、国が本来果たすべき事務であるが、その管理・執行が地方公共団体にまかせられるというものである。これは、もともとは事務の帰属としては国が処理すべきものとして位置づけられており、したがって、本来は国の行政機関たる各省大臣その他の国の行政機関がそれを行うべきであるが、その事務処理を法律の規定に基づいて地方公共団体に委託するというものである。また、このほかに、同様に、本来は都道府県の事務に属すべきものの処理が市町村に委託されるという場合もある。

これについて、地方自治法では、法定受託事務を、第一号法定受託事務および第二号法定受託事務とに分類している。すなわち、「法律又はこれに基づく政令により都道府県、市町村又は特別区が処理することとされる事務のうち、国が本来果たすべき役割に係るものであって、国においてその適正な処理を特に確保する必要があるものとして法律又は政令に特に定めるもの」が、第一号法定受託事務とされる（同二条九項一号）。また、「法律又はこれに基づく政令により市町村又は特別区が処理することとされる事務のうち、都道府県が本来果たすべき役割に係るものであつて、国においてその適正な処理を特に確保する必要があるものとして法律又は政令に特に定めるもの」が、第二号法定受託事務とされる（同項二号）。

このような第一号法定受託事務という事務処理方式がおかれる理由、すなわち、一定の事務を実際には地方公共団体が処理するものとするにもかかわらず、それを地方公共団体の事務とせずに本来的には国の事務として位置づける理由としては、主として以下のことがあげられている。すなわち、例えば事務によっては国の定めた基準の下で全国的・統一的な処理を行うことが必要であるとされる場合があること、大臣等の指導の下で広域的な事務処理を行うことが必要な場合もあること、また、一般に国がその事務を処理するために地方の行政機関（これは、国の地方支分部局とよばれる。国家行政組織法九条参照）を設けることは不経済である（ただし、地方支分部局もかなり設けられている。例えば、従来の例でいえば、法務局、財務局、国税局、税務署、税関、海運局、陸運局、農地事務所、営林局、営林署、労働基準局、労働基準監督署、公共職業安定所などがこれにあたる）こと、などである。しかし、この法定受託事務の存在は、地方公共団体の本来の役割を薄めさせ、地方公共団体を事実上国の下請け団体の位置においてしまうおそれもあるという意味で、これは、むしろ地方自治の保障という趣旨に逆行することになろう。その意味では、法定受託事務は右に述べたその存在根拠に照らして必要最小限のものにおさえることが望ましいのである。そこで、平成一一年の法改正では、この法定受託事務は、従来の機関委任事務という形のものの中から、なおこの方式が必要なものだけにしぼられた上で、どうしても必要なものについてだけこの事務の形とするものとされたが、現実には、あまり減少してはいないとされている。

また、第二号法定受託事務についても、その理由は右と同様である。ただし、その数は第一号法定受託事務に比べるとはるかに少ない。また、自治事務と法定受託事務とのいずれの事務に属するかは、個々の法律で定めるものとされる。

なお、「法律又はこれに基づく政令により地方公共団体が処理することとされる事務」が自治事務である場合においては、国は、地方公共団体が地域の特性に応じて当該事務を処理することができるよう特に配慮しなければならない（地方自治法二条一三項）としている。これは、本来的に国あるいは県が処理すべき事務である法定受託事務以外の事務については、できるだけ地方公共団体の側の自主性を尊重すべきだとするものである。そして、この点から逆にいえば、自治事務は、はじめに述べた「地域における事務」と「その他の事務で法律又はこれに基づく政令により処理することとされる事務」の中の一部からなっているということになる。

（五）　国の行政機関と地方公共団体の行政機関の関係

（ア）　関与の形態

本来の姿からいえば、国の行政機関は国の事務を処理し、また、地方公共団体の行政機関は地方公共団体の事務を処理するのであり、そして、その限りにおいては、それぞれの行政機関は相互に独立して無関係であるはずである。ただし、現実には国あるいは都道府県の行政の全体を調整する必要があることとの連関で、国の行政機関あるいは都道府県の行政機関が地方公共団体の事務処理に関与することを全く否定することはできない。

そこで、地方自治法では、地方公共団体に対する国または都道府県の関与の形態として以下のようなものを定めている。すなわち、「助言または勧告」、「資料の提出の要求」、「是正の要求」、「同意」、「許可、認可または承認」、「指示」、「代執行」が、それである（同二四五条一項一号）。また、このほか、「地方公共団体との協議」（同項二号）、および、右に掲げた行為のほか、利害調整を目的とする裁定とか不服申立てに対する裁決、決定などの行為以外で「一定の行政目的を実現するため普通地方公共団体に対して具体的かつ個別的に関わる行為」という形のもの（同項三号）も定められている。

（イ）　基本原則

（ａ）　関与の法定主義

普通地方公共団体の事務の処理に関して、国または都道府県が関与する場合には、法律またはこれに基づく政令によらなければならない（同二四五条の二）。

（ｂ）　必要最小限度の関与および自主性への配慮

普通地方公共団体の事務の処理に関する国または都道府県の関与は、その目的の達成のために必要な最小限度のものとするとともに、普通地方公共団体の自主性および自立性に配慮したものでなければならない（同二四五条の三第一項）。

（ウ）　自治事務および法定受託事務に共通する関与

地方自治法では、自治事務および法定受託事務に共通する具体的な関与のあり方として、「助言、勧告または資料の提出の要求」についての定めをおいている（同二四五条の四）。

（エ）　自治事務に関する関与の基本類型

地方自治法では、自治事務についての関与として、「是正の要求」および「是正の勧告」についての定めをおいている（同二四五条の五、二四五条の六）。

（オ）　法定受託事務に関する関与の基本類型

地方自治法では、法定受託事務についての関与として、「是正の指示」および「代執行等」について定める（同二四五条の七、二四五条の八）。

（カ）　国あるいは都道府県の関与等の手続

（ａ）　法定受託事務に関する処理基準

ここでは、すでに述べた「関与の法定主義」の定めとならんで、法定受託事務の処理に関する国あるいは都道府県の関与については明確な処理基準の定めが求められるということが重要である（同二四五条の九）。

（ｂ）　個別具体的な行為に際しての方式の定め

地方自治法では、右に述べたような国あるいは都道府県の執行機関による関与が行われる場合には、助言等の方式、資料の提出の要求等の方式、是正の要求等の方式、協議の方式、許認可等の基準、許認可等の標準処理期間、許認可等の取消しの方式などについて、基本的には、行政手続法と同様の定めが置かれている。いいかえれば、ここでは、いわば国・都道府県・市町村などの行政主体と国民との間の法律関係の形成に際しての手続的な保障を、国と地方公共団体との間（あるいは、都道府県と市町村との間）においても同様に保障しようとするものだといえる（同二四七条〜二五〇条の五）。

（ｃ）　国の事務処理が自治事務と重複する場合の手続

国の行政機関は、自治事務として普通地方公共団体が処理している事務と同一の内容の事務を法令の定めるところにより自らの権限に属する事務として処理するときは、あらかじめ当該普通地方公共団体に対し、当該事務の処理の内容および理由を記載した書面により通知しなければならない（同二五〇条の六）。

（キ）　行政機関による紛争処理の手続

地方自治法は、国あるいは都道府県と地方公共団体との間の紛争について、以下のように、行政機関による紛争処理の手続を定めている。

すなわち、国と地方公共団体との間の紛争処理のために、国地方係争処理委員会（同二五〇条の七）が置かれ、普通地方公共団体相互間の紛争処理のために、自治紛争処理委員（同二五一条）が置かれている。

（ク）　裁判所による紛争処理の手続

地方自治法は、国あるいは都道府県と地方公共団体との間の紛争について、国の関与に関する訴えの提起（同二五一条の五）、および、都道府県の関与に関する訴えの提起（同二五二条）という裁判所による紛争処理の手続を定めている。

第二節　地方公共団体の立法権（条例制定権）

一　効力関係

（一）　政令と条例

憲法九四条は、地方公共団体は「法律の範囲内で」条例が制定できるとして法律と条例との間の効力関係については明示しているが、政令と条例との間の効力関係については定めていない。しかし、地方自治法一四条一項では「法令に違反しない限りにおいて」条例を定めることができるとして、政令その他の命令と条例との間の効力関係について明示している。これは、いわば国側の立法的解釈にあたるため、伝来説を前提とすればこれにより問題は立法的に解決されているということになるが、ことがらとしては全く問題がないわけではない。というのは、政令その他の命令は行政機関の制定する法であるのに対して、条例はあくまでも立法機関の制定した法だからである。とはいえ、しばしば内容的にも全国的な統一性をはかる必要が生じることも否定できないため、ことがらとしても一般的にはやむを得ないとすべきであろう。もちろん、地域的な必要から条例が優先すべきであるということも考えられるが、この主張については、むしろ後述する法律と条例との間の効力関係の議論の中で解決すべきことになる。

（二）　条例相互間

都道府県の条例と市町村の条例との間の効力関係については直接的な規定はないが、地方自治法二条一六項では「地方公共団体は、法令に違反してその事務を処理してはならない。なお、市町村及び特別区は、当該都道府県の条例に違反してその事務を処理してはならない」とし、「前項の規定に違反して行った地方公共団体の行為は、これを無効とする」（同条一七項）とされている。このことからも、一般的には都道府県の条例が市町村の条例に優越すると解すべきことになろう。

二　条例で権利・自由の制限ができるのか

ここでは、次の三とも関連するが、そもそも条例で国民の権利・自由の制限ができるのかが問題となる。とくに憲法二九条一項や三一条のように、国民の権利・自由の制限等は「法律」に基づくべきことが明文で規定されているときには、それはあくまでも「法律」に限定する趣旨で「条例」は含まれないとする考え方もないわけではない。また、例えば表現の自由などについては、右のような憲法規定も存在しないからそもそも条例では規制できないとする議論もできないわけではない。

しかし、憲法の地方自治の保障の中で全体として地方公共団体が住民の権利・自由に対する公共の福祉のための制限として規制行政を行う権限を与えられていることは明らかである（文言的にいえば、憲法九四条で地方公共団体に保障される「行政を執行する」権限というのは沿革上は権力的な規制行政をさすものである）。したがって、その点を考えると、条例による国民の権利・自由の制限は、むしろ憲法九四条で保障される条例制定権から直接根拠づけられるとすべきであろう。憲法二九条一項や三一条との関係でも、そこでいう「法律」の中には当然「条例」も含まれると解すべきである。なお、次に述べる地方自治法一四条二項も、それを前提としていることになる。

なお、この点が問題となった奈良県ため池条例事件判決（最大判昭和三八・六・二六刑集一七巻五号五二一頁）では、ため池の破損、決壊の原因となるため池の堤とうの使用行為は憲法、民法でも保障する財産権の埒外にあるから、これを条例で禁止、処罰しても違憲または違法ではないとし、また、本条例は災害を防止し公共の福祉を保持するためのものであるから損失補償も必要としないとして、この点については直接はふれていない。ただし、この判決は一般には公共の福祉のための条例による権利・自由の制限は当然可能であるという前提をとっているものと解されている。

三　条例による行政の原則

地方自治法一四条二項では「普通地方公共団体は、義務を課し、又は権利を制限するには、法令に特別の定めがある場合を除くほか、条例によらなければならない」としている。これは、すでに述べた二との関係では条例によって国民の権利・自由の制限とか義務づけなどができることを明文化したものだともいえる。ただし、より重要なことは、この規定は国のレベルでの「法律による行政の原則」(とくに侵害留保説)に対応するものとして、地方自治のレベルでの「条例による行政の原則」(侵害留保説)を定めたものだということである。

四　条例への罰則の包括的委任の合憲性

地方自治法一四条三項では、「普通地方公共団体は、法令に特別の定めがあるものを除くほか、その条例中に、条例に違反した者に対し、二年以下の懲役若しくは禁錮、百万円以下の罰金、拘留、科料若しくは没収の刑又は五万円以下の過料を科する旨の規定を設けることができる」としている。

この規定は刑罰の包括的な委任にあたる。しかし、一で述べたように条例よりも効力関係で上位にある政令でも、憲法上は、罰則を定めるには法律による個別の委任が必要だとされている(七三条六号但書)。その意味では、ここで条例に対する罰則の包括的委任を認めるというのは、そもそも憲法の趣旨にも合わないことになり、また、政令との関係を考えるとバランスを欠くことになるのではないかということが問題となる。ただし、これに対する反論としては、条例は議会の立法行為だから、とくに包括的委任が許されるという考え方があり得る。

これについて、旧規定（地方自治法一四条五項）による罰則の委任が問題となった事例で、最高裁（最大判昭和三七・五・三〇刑集一六巻五号五七七頁）は、法律の授権が不特定な一般的の白紙委任的なものであってはならないとした上で、地方自治法二条が具体的な事務事項を例示していること、および、罰則の範囲も限定されていること、条例は地方公共団体の議会の議決を経て制定される自治立法であることなどから、条例によって刑罰を定める場合には、法律の授権が相当な程度に具体的であり、限定されていれば足りると解すべきだとして、これは憲法三一条に違反しないとしている。ただし、現在では地方自治法二条では事務の例示の規定を廃止しているため、この判旨のその部分は根拠としては使えなくなることに注意すべきである。その意味では、基本的な根拠は条例が自治立法であることに求めるべきであろうか。

なお、二で述べたように、もともと憲法九四条の規定から地方公共団体には公共の福祉のために国民の権利・自由を制限したり、あるいは罰を科したりする権限が与えられているのだと解するならば、地方自治法一四条二項および三項はそのことを法律上確認した規定だということになり、とくに一四条三項は、それを前提とした上でむしろ普通地方公共団体の罰則制定権の範囲を制限した規定だということになる。そして、そう解するのであれば、ここではこの規定が憲法三一条に違反するかどうかという問題自体が生じないということになる。右に述べた最高裁の判決の論理にもやや無理があることを考慮すると、むしろこのような発想をとることの方が妥当なのではないかと思われる。また、これをさらに進めて固有説的な考え方をとると、この一四条三項はむしろ普通地方公共団体に属する罰則制定権の範囲を法律によって制限したことになり、そのことの合憲性が問題となりうるともいえる。ただし、このような主張はさすがにあまりなされてはいない。

五　法律と条例

（一）　法律と条例との関係

憲法九四条は地方公共団体に対してその自治立法たる条例の制定権を認めている。しかし、それはあくまでも「法律の範囲内で」認められる（なお、地方自治法一四条一項では、「法令に違反しない限りにおいて」とするが、ここでは主として法律との関係での議論に限定しておく）にとどまる。これは、法律と条例とが牴触した場合には条例が無効とされる、いいかえれば、法律の定めがなされている事項については地方公共団体は条例を定めることはできないということであり、いわば地方公共団体の条例制定権（ひいては、事項的な処理権限）の限界を意味することになる。もちろん、地方公共団体の条例制定権には限界があるといっても、それは一定の場合（とくに、条例によって法律の定めよりもさらに厳しい規制を行う場合など）に限定されるのであるが、しかし、そもそも地方自治を尊重する観点からみれば、自治立法たる条例の制定権の範囲はできるだけ広げる方向で考えることが望ましい。そこで、以下において、この問題について検討しておく。

（二）　地方公共団体の事務論との関係

（ア）　本来の自治事務（地域における事務）に関する条例

ここでは、もともと法律による限定等のないところでの問題であるから、憲法および法律による一般的制約に服する他は、とくに牴触等の問題は生じないはずである。ただし、本来の自治事務にあたる事務に関する条例であっても、それが同時に法定受託事務とされてその事項に関する法律の定めが存在し、結局法律と条例との矛盾・牴触の問題が生ずることもある。そして、この場合というのは、単に法律と条例との関係の問題であるというにとどまらず、本質的には、事務に関する管轄権の競合の問題であり、究極的には国と地方公共団体とのどちらが問題の事務に関する責任をもつものとされるべきかという問題でもある。憲法レベルの問題としてこれをいいかえるならば、それは、むしろ法律が憲法九二条にいう「地方自治の本旨」に反していないかどうかという問題だともいえる。そこで、(三)においては、この点も念頭において考えることにする。

(イ)　法定受託事務に関する条例

この事務については、行政権の行使の要件は基本的にはその権限を地方公共団体に付与した法律の中で定められることになる。ただし、さらに地方公共団体の定める条例に対して具体的な要件の定めが委任されることも多い。そして、この場合には、むしろ条例が法律による委任を越えていないかどうかが問題となる。もちろん、地方自治法一四条の規定上は地方公共団体はとくに法律の委任がなくても法定受託事務に関して条例を制定することができる。とはいえ、地方公共団体が法律を無視した形で条例を制定することは困難であろう。

その意味では、この法定受託事務については、基本的には、法律と条例との矛盾・牴触の問題というよりも、むしろ法律による委任の範囲を条例が越えたかどうかの問題であるということになる。ただし、より実質的にみれば、そもそも法定受託事務という形である事項を地方公共団体に委任すること自体が、逆に本来の自治事務の範囲を不当に狭めるおそれがあるかもしれないという問題がある。そして、そのように考えた場合には、ここでの問題も、また、実質的にはある事務についての管轄権の競合の問題を含んでいることになり、(ア)の場合と同じ本質を有するものだとされることになろう。

(三)　法律と条例の矛盾・牴触が問題となる場合の例

(ア)　規制的・侵害的行政にかかわる条例の場合

(a)　条例制定権がない事項

まず、憲法および法律によって地方公共団体の権限外とされている事項については、条例の制定ができないことはいうまでもない。例えば国の政治制度(国会、内閣、裁判所など)その他国の行政作用や裁判作用などに関する定めをする場合はいうまでもないが、その他法律によって地方公共団体が行うことのできない事項については、条例制定が許されない。

このほか、例えば憲法二九条二項の定めとの関係で、地方公共団体が財産権に関する規制ができるかが問題となったこともある。また、例えば私法（取引）関係に関する事項について法律と異なる定めを条例で制定できるかどうかも問題となる。前者については、すでに述べたように法律と条例との本質的な差異はないとして、認めるべきである。しかし、後者については、私法（取引）関係のようにことがらの性質上全国的規制が望ましいものについては、本来は国の法律で定めるものとすべきであろう。

（b）法律の未規制領域

条例制定権の範囲内の事項であり、法律によって全くの未規制領域であれば、条例制定には問題はない。例えばかつての売春防止条例とか飼犬取締条例などの場合がそれである。もちろんこの場合でも、地域による不均衡という平等原則違反の問題が生じる余地はあるが、これについては、「憲法が各地方公共団体の条例制定権を認める以上、地域によって差別を生ずることは当然に予期されることであるから、かかる差別は憲法みずから容認するところである」とする判例がある（最大判昭和三三・一〇・一五刑集一二巻一四号三三〇五頁）。ただし、例えば売春防止法のように後に国の法律による規制がなされるようになった場合には、抵触の問題が生じて、その条例は廃止あるいは部分的に削除するなどの調整がなされることが必要となる。

（c）立法目的が同じであり、規制手段としてより強い規制を加える場合

条例は、法律と同じ立法目的で同じ規制手段（実際上は、より強い規制手段）を採用することはできない。すなわち、この場合には、あえて条例で同じ規制を重ねる以上、例えば公害規制などにみられるように、当然その規制は法律のそれよりもより厳しいものとなる。そこで、これは「上乗せ規制」とよばれている。しかし、このような上乗せ

規制は、逆に規制を受ける国民にとっては、法律では許されるような行為を条例で規制（禁止）されることになるため、そこでは、法律と条例との積極的な牴触の問題を生ずることになり、通常はその条例は法律違反として無効とされるべきだということになる。

なお、必要と認める場合には各地の条例でより厳しい規制を加えることができるものとする委任規定が法律で定られることもあり（例えば、大気汚染防止法四条一項や水質汚濁防止法三条三項など）、そこでは法律と条例との間の矛盾・牴触は生じないことになる。ただし、条例による上乗せ規制を認めるとしても、それはあくまでも部分的なもので上乗せ規制を全面的に認めるような法律は決して多くはない。そして、その場合には、逆に、法律による委任の定めのない規定の部分については条例による上乗せ規制は法律によって否定されていると解されることになるため、それはそれで地方公共団体に対する束縛にあたることになる。

このように、法律がもともと委任規定などを全く定めていないときに条例で一定の事項について上乗せ規制を行った場合であるとか、あるいは、かりに法律で委任規定がある時でも、むしろ委任の定めがない事項について条例で上乗せ規制がなされた場合などにおいては、かつてはその条例は法律違反として無効とされるべきだとされていた。しかし、近時においては、この場合でも一定の事項については地方公共団体の条例制定権を優先すべきであるとする考え方が示されるようになってきている。この背景には、例えば各種の公害の規制とか建築規制とか営業規制などに関する国の法律の定める基準が緩やかにすぎるため、住民からの要求を受けて住民の生命・健康とか生活環境などの保護のために各地の実情に応じて条例によってその規制を強めたいとする地方公共団体の側の事情がある。

そこで、このように地方公共団体の側では上乗せ規制が必要だと考えているのに法律がそれを認めてはいないように見える場合でも、なおかつ条例制定権を認めようとする考え方も提示されるようになってきている。

一つは、このような場合、右に述べたさまざまな規制のように各地の住民の生命・健康とか生活環境などを保護するという事務は、本来的には地方公共団体のなすべき事務であるにもかかわらず、これらの事務が法律の定めのためにかえって阻害されるということは憲法九二条にいう「地方自治の本旨」に反するともいえるのであるから、そこで、右のように本来的には地方公共団体の事務と解すべき事務（これは、「核心的自治事務領域」とよばれることもある）に関しては、むしろ条例の方が優先されるべきだとする考え方である。すなわち、これによれば、そのような条例の制定を妨げるような法律の規定の方がむしろ憲法九二条の「地方自治の本旨」に反するものとして無効とされるべきだということになる。なお、ここではすでに述べた「地方自治の本質」に関する固有説的な考え方が強い影響を与えているのであり、また、これは憲法九四条の「法律の範囲内で」という規定よりも憲法九二条の「地方自治の本旨」を優先すべきだとする考え方に基づくものである。

もう一つは、この問題に関してはあくまでも法律の解釈の範囲内でできるだけ条例制定権の範囲を広げようとするものである。すなわち、右に述べた考え方については憲法論としては魅力的ではあるが、それでもやはり憲法九四条の「法律の範囲内で」という規定との関係ではなお無理がないわけではない。そこで、今日では、右のような事務に関しては、法律の定めはいわば規制のための全国的な最低基準を定めたものと考え、地方公共団体は各地の必要に応じて条例による上乗せ規制をすることができるとする考え方が、学説上は比較的広く支持されている。すなわち、例えば営業規制とか公害規制など一定の規制を定めた法律については、そこで定める規制方法が全国的に一律に行われるべきだとする趣旨だと解される場合と、あくまでもそこで定める規制方法は全国的な最低限度の基準であって地域の必要があればより強い規制が行われることも許容する趣旨だと解されるものとの二つがありうる。かりにその法律の立法趣旨が前者であれば条例による上乗せ規制は許されないことになり、逆にその法律の立法趣旨が後者であれば条例による上乗せ規制は許されるということになる。そして、これに関して問題の法律がそのいずれであるかを判断するに際しては、できるだけ後者の趣旨として読み込むべきだとするものである。

ところで、徳島市公安条例に関して法律と条例との牴触が問題となった事件で、この場合の効力関係について、最高裁の判決は一般論としては、「条例が国の法令に違反するかどうかは、両者の対象事項と規定文言を対比するのみでなく、それぞれの趣旨、目的、内容及び効果を比較し、両者の間に矛盾牴触があるかどうかによってこれを決しなければならない」としつつ、特定事項についてこれを規律する国の法令と条例とが併存する場合でも、「両者が同一の目的に出たものであっても、国の法令が必ずしもその規定によって全国的に一律に同一内容の規制を施す趣旨ではなく、それぞれの普通地方公共団体において、その地方の実情に応じて、別段の規制を施すことを容認する趣旨であると解されるとき」は「国の法令と条例との間にはなんらの矛盾牴触はなく、条例が国の法令に違反する問題は生じえない」としている（最大判昭和五〇・九・一〇刑集二九巻八号四八九頁）。ここでは、現実の事例では公害規制などではなく表現規制であるという点に問題があるとの批判があり、また、「その地方の実情に応じて、別段の規制を施すことを容認する趣旨であると解されるとき」という点に不明確な部分があるが、この判決の示す基準それ自体は、右に述べた学説の考え方、すなわち、法律が全国的な最低限規制の趣旨を定めたにとどまる場合には上乗せ規制が許されるという考え方と基本的に共通するものがあるといえるであろう。

ただし、これによると、条例制定の可否はむしろ規制を定める法律の文言およびその解釈の仕方に大きく依存するという問題が残る。その意味では、例えば法律が一定の事項について明文で条例による上乗せ規制の権限を委任した場合には、逆に、その他の事項については上乗せ規制を許さない趣旨と解さざるを得なくなる場合が多くなるであろう。これでは地方自治にとっていかに重要な事項でも、国が法律で条例制定権の範囲からこれを除外する措置を講ずれば、当該事項は条例制定権の範囲外とされてしまう危険性があるともいえる。例えば宝塚市のパチンコ店規制条例に関して、一審判決（神戸地判平成九・四・二八行集四八巻四号二九三頁）は、風俗営業法および県条例の解釈から、これらの法は風俗営業の場所的規制に関し立法による規制の最大限を示したものであり、市町村による独自の規制を認めない趣旨であるとしている。控訴審も同旨である（大阪高判平成一〇・六・二判時一六六八号三七頁）。なお、上告審は、「法律上の争訟」との関係で訴え却下としているため、これについては直接はふれていない（最判平成一四・七・九民集五六巻六号一一三四頁）。

（d） 同じ立法目的で規制手段が少し異なるが、実質的にみて、さらに強い規制を加えるものとみなされる場合なお、規制手段が少し異なるが、実質的にみて、さらに強い規制を加えるものとみなされる場合には、やはり上乗せ規制として条例が違法とされることもある。

そして、この場合の問題状況および考え方は（c）の場合と基本的に同じだといってよい。そこで、その観点から下級審の例を見ておこう。

例えばモーテル類似の旅館の建設について町長の同意を要するとした条例は、旅館業法と同一の目的で同法よりも高次の規制をするものであるから違法であるとした判決は、これに基づくものである（長崎地判昭和五五・九・一九行集三一巻九号一九二〇頁）。ここでは、条例が旅館業法の委任していない事項についてより強い規制をしていること、および、旅館業法で定める事項についてもより強い規制をしていることなどを認定した上で、旅館業法は、職業選択の自由を考慮して規制場所および規制距離を限定したものであるから「旅館業法は、同法と同一目的の下に、市町村が条例をもって同法が定めているより高次の営業規制を行うことを許さない趣旨であると解される」としている。

これに対して、二審判決（福岡高判昭和五八・三・七行集三四巻三号三九四頁）は、旅館業法の規制が「全国一律に施されるべき最高限度の規制を定めたもので、各地方公共団体が条例により旅館業法より強度の規制をすることを排斥する趣旨までを含んでいると直ちに解することは困難である」として、条例によって上乗せ規制を加えることは可能であるが、本件の条例はむしろ規制が厳しすぎて比例原則に反するから違法であるとしている。そこでは、職業選択の自由、職業活動の自由の保障を考慮すれば「条例により旅館業法よりも強度の規制を行うには、それに相応する合理性、すなわち、これを行う必要性が存在し、かつ、規制手段が右必要性に比例した相当なものであることがいずれも肯定されなければならず、もし、これが肯定されない場合には、当該条例の規制は、比例の原則に反し、旅館業法の趣旨に背馳するものとして違法、無効となる」とした上で、本件全証拠によっても「このような極めて強度の規制を行うべき必要性や、旅館営業についてこのような規制手段をとることについての相当性を裏づけるべき資料を見出すことはできない」として、この条例の規制は比例原則に反し、違法であるとしている。

この二審判決の趣旨は、右に述べた徳島市条例最高裁判決の「その地方の実情に応じて」容認されるべき「別段の規制」の正当化根拠をより具体的に示すものだともいえる。また、ここでは条例を違法とする両者の結論は同じであるが、一審判決がいわゆる法律の趣旨は最大限規制であるとするのに対して、二審判決は法律の趣旨をむしろ全国的最低基準を示したものとしている点で正反対となっているということに留意すべきである。

（e）　法律の規制の外にはずされているものについて、同じ立法目的でより強い規制を加える場合

例えば法律が大規模工場に対する規制を定めているだけの場合に、条例でそれ以外の中小の工場に対する規制を行うことができるかどうかが問題となる。この場合、かりに法律が他の工場などに対する規制を条例で行うことを許さないとする趣旨であれば、条例での規制はできなくなるが、多くの場合には法律は他の工場などに対する規制については何も定めてはいない（したがって、未規制領域として条例で規制できる）と考えてよいであろう。ただし、いずれにせよ、他の工場などに対して条例が規制をするのを法律が許しているどうかは、法律の規定の内容、文言など全体の趣旨に基づいて判断すべきであることはいうまでもない。また、かりにいわば未規制領域として他の工場などに対する条例による規制が可能であるとしても、その規制の内容が法律の定める規制よりも厳しいものである場

合には問題が生ずる。このような場合は、純然たる未規制領域に対する規制とは異なるため、かりに中小の工場に対する規制が可能だとしてもそれは大工場に対する規制との間でバランスを失するものであってはならないとされる可能性が強いと考えるべきであろう。

最高裁判決でも、河川法は普通河川について条例によって河川法以上に強力な河川管理をすることを許していないとして、河川管理条例を違法とした例（最判昭和五三・一二・二一民集三二巻九号一七二三頁）がある。この事件では、河川法の適用対象外の河川について、条例でより強い規制を加えたものであるため、厳密にいえば上乗せ規制にはあたらないともいえるが、ここでは、なお、普通河川について適用河川または準用河川として河川法を適用または準用する可能性もあったことを考慮した上で、法律による規制と条例による規制との間のバランスが考慮されたものだといえよう。

（f）　立法目的が同じであるが、規制手段が異なる場合

同じ立法目的であっても、法律の採用するものとは性質の異なる規制手段を採用することは許される。例えば食品衛生の保持という目的のために法律が対人的な規制のみを行うにとどまるというような場合に、条例で対物的な規制を付加するような場合がこれにあたる（これは、「横出し規制」とよばれることもある）。この場合には、理論上は、あくまでもそれぞれ別種の規制がなされるものであり、法律と条例との間の矛盾・牴触は生じないから条例制定は可能であるといえる。ただし、立法目的が全く同じである場合には、このような条例の規制は実質的には上乗せ規制にあたると解する余地が全くないわけではない。そこで、例えば公害規制における総量規制などに関して国側がそのような指摘をして条例の制定を抑制した例も生じている。しかし、すでに述べたように憲法が地方自治を保障していること、および、住民の生命・健康とか生活環境などの保護についての地方公共団体の責務を考えるならば、このように条例制定権の範囲を狭める方向での考え方は妥当でないというべきである。

（g）　規制手段が同じである（重複する）が、立法目的が異なる場合

法律と同じ規制手段を採用していても、立法目的が異なる場合には、それは違法とはならないとされている。例えば、各地の公安条例による集団行進等の許可制および無許可行為に対する処罰は、道路交通法による同じ規制（七七条三項、一一九条一項一三号）との重複規制となる（場合によっては、公安条例による罰則の方が重い）が、両者はそれぞれの規制の目的を異にするから条例は違法とはならないと解されている。なお、「道路交通秩序の維持」までもその規制目的とした徳島市公安条例と道路交通法との効力関係が問題とされた例について、すでに述べた最高裁の判例（最大判昭和五〇・九・一〇刑集二九巻八号四八九頁）は、両者は規制の目的を全く同じくするわけではないとした上で、法律の趣旨に鑑みれば、集団行進等に対する道路交通秩序維持のための具体的規制が法律と条例の双方において重複していても、「条例における重複規制がそれ自体としての特別の意義と効果を有し、かつ、その合理性が肯定される場合には」、道路交通法による規制は条例の規制の及ばない範囲においてのみ適用される趣旨と解されるとしている。

なお、この徳島市条例判決は、法律と条例との牴触が生じた場合の効力関係について、一般論としては、「特定事項についてこれを規律する国の法令と条例とが併存する場合でも、後者が前者とは別の目的に基づく規律を意図するものであり、その適用によって前者の規定の意図する目的と効果をなんら阻害することがないとき」や「両者が同一の目的に出たものであっても、国の法令が必ずしもその規定によって全国的に一律に同一内容の規制を施す趣旨ではなく、それぞれの普通地方公共団体において、その地方の実情に応じて、別段の規制を施すことを容認する趣旨であると解されるとき」は「国の法令と条例との間にはなんらの矛盾牴触はなく、条例が国の法令に違反する問題は生じえない」としている。これは、端的にいい直せば、条例が別の目的である場合には規制は原則的に可能であるが、例外的に（法律を阻害するときは）許されない。また、同一目的である場合には原則的に許されないが、例外的に（法律が許容するときは）可能であるということだともいえる。

本件では、判決がこのうちのいずれの基準を適用しているのか必ずしも明確ではないところもあるが、一般には、判決は右の基準のうちの前者の基準、すなわち「条例が法律とは別の目的に基づく規律を意図するものであり、その適用によって法律の規定の意図する目的と効果をなんら阻害することがないとき」という基準を用いているものと解されている。そして、近時では、この基準の適用が問題となる事例も少なからず生じている。例えば水源保護とか水質保全などを立法目的とする条例の制定によって産業廃棄物処理施設の建設を阻止しようとする動きが全国的に広がっているとされるが、これなどはその例だといえる。

このような事例が裁判で争われたものとしては、紀伊長島町の水道水源保護条例がある。この条例については二審判決（名古屋高判平成一二・二・二九判タ一〇六一号一七八頁）で、廃棄物処理法の目的に対してこの条例は「住民の生命と健康を守るため、安全な水道水を確保する目的」で制定されたもので、その目的・趣旨が異なるものであるから本件条例が廃棄物処理法に違反して無効ということはできないとしている。この事例では、最高裁（最判平成一六・一二・二四民集五八巻九号二五三六頁）は、別の根拠で（町の側には事業者の地位を不当に害することのないよう適切な配慮をすべき義務があったのに町はその義務に違反したとして処分を違法とする）破棄差戻しとしているが、条例そのものが無効だとしているわけではない。

（イ）　授益的・給付的行政の場合

なお、授益的・給付的行政（サービス行政）において地方公共団体が行う上乗せの給付等については、理論上は法律と条例との矛盾・牴触の問題を生ずるわけではないため、一般には条例制定が制限されることはないと解されている。むしろ、この場合には各自治体間におけるサービスに差異が出るという平等原則にかかわる問題が生ずるが、地方自治が認められている以上、これはある程度はやむを得ないとされなければならないであろう。ただし、現実には全国的なサービスの均一化の観点から、条例による法律への上乗せの給付等をしないように国が各自治体に対して指導をした例がないわけではない。

第三節　住民の地位および権利

一　住民の地位

（一）　市町村の住民と都道府県の住民

市町村の区域内に住所を有する者は、当該市町村およびこれを包括する都道府県の住民とされる（地方自治法一〇条一項）。

住民は、法律の定めるところにより、その属する普通地方公共団体の役務の提供をひとしく受ける権利を有し、その負担を分任する義務を負う（同条二項）。

地方自治法が直接定める住民の権利は、住民の選挙権（同一一条）、条例の制定改廃請求権および事務監査請求権（同一二条）、議会の解散請求権および解職請求権（同一三条）である。これらについては、別に述べる。

（二）　住民基本台帳

住民に関する一定の事項の記録は、市町村に備える住民基本台帳によることになっている（住民基本台帳法五条、七条）。市町村長は、個人を単位とする住民票を世帯ごとに編成して住民基本台帳を作成しなければならない（同六条一項）。

また、住民票の記載事項のうちの一つとして全国の個人毎に異なる番号である住民票コードが記載される（同七条一三号）。そして、この住民票コードを利用した電算化によって全国的に形成されるネットワークが住民基本台帳ネットワーク（以下、「住基ネット」とする）である。

以下において、この住民基本台帳および住民票に関して問題となった事例をいくつか紹介しておく。

（ア）　住民登録に際しての審査権

世田谷区が、宗教法人アレフ（旧オウム真理教）の信者たちの転入届を受けて一度は住民基本台帳に記載したが、その後にその記載を台帳から抹消して転入届を不受理扱いとしたことに対して、住民票の消除処分の取消訴訟および執行停止（効力停止）が求められた事件で、最高裁の決定（最決平成一三・六・一四判自二一七号二〇頁）は、地方公共団体は住民の生命、身体、財産等の安全を確保すべき責務を有するから「地域の秩序を破壊し、住民の生命や身体の安全を害する危険性が高度に認められるような特別の事情」があるかどうかについて必要な審査ができるとした東京高裁の決定を破棄し、執行停止を認めた東京地裁の決定を支持している。最高裁の決定は、市区町村長が右のような審査権限を有するとは必ずしも即断し難いとした上で、回復の困難な損害および緊急の必要性という執行停止の要件を充たしており、また、本案について理由がないとみえるときにはあたらないとしている。

ここでは、直接的には執行停止が問題となったため、居住移転の自由、選挙権の侵害などという憲法違反の主張には正面から答えずに終わっている（本案については、後に和解が成立している）。ただし、いずれにせよ、転入届を受理すべきか否かについての実質審査権を長に与えることは行政による住民の選別を認めることになるため好ましくないことはいうまでもない。かりに住民の生命、身体の安全をはかる必要があるとしても、それはあくまでも別途の監視、規制などによるべきであろう。

（イ）　非嫡出子差別記載の合憲性

かつては住民票における子の記載は、嫡出子が「長男」、「二女」などと記載されるのに対して、非嫡出子の場合は単に「子」と記載されることになっていた。このような差別的な記載は平成七年に改められ、以後はすべての子について単に「子」と記載されることになった（従来のものは改製された）が、その改正以前の時期において、そのような差別的な記載の取消の訴え等および国家賠償請求がなされた事例がある。これについて、最高裁（最判平成一一・一・二一判時一六七五号四八頁）は、取消訴訟等との関係では続柄記載の処分性を否定し、また、国家賠償との関係では記載の違法性を否定している。

すなわち、まず処分性については、住民票への記載行為はその者が選挙人名簿に登録されるかどうかを決定付けるものであるから法的効果が与えられているといえるが、しかし、続柄の記載は選挙人名簿に登録されるか否かには何らの影響も及ぼさないことが明らかであるから、それに何らかの法的効果があると解すべき根拠はなく、抗告訴訟の対象となる行政処分には当たらないとする。また、国家賠償請求については、「市町村長が住民票に法定の事項を記載する行為は、たとえ記載の内容に当該記載に係る住民等の権利ないし利益を害するところがあったとしても、そのことから直ちに国家賠償法一条一項にいう違法があったとの評価を受けるものではなく、市町村長が職務上通常尽くすべき注意義務を尽くすことなく漫然と右行為をしたと認め得るような事情がある場合に限り、右の評価を受けるものと解するのが相当である」として職務行為基準説をとった上で、市町村長は法に基づく事務処理要領の定めが明らかに法令の解釈を誤っているなど特段の事情のない限り、これにより事務処理を行うことを法律上求められていたのであるから、漫然と記載をしたということはできない、としている。これについては、住民票の記載に関して行政側が余計な実質的判断をすべきではないとする意味では妥当とすべき点がないわけではないが、しかし、このような形式主義的な判断をしていると逆に、例えばこの非嫡出子差別のように国民の権利・利益を侵害する記載に関する裁判所からのチェックが働く余地がなくなってしまうという問題が残ることになろう。

（ウ）　住基ネットの合憲性

住民票コードを利用した住基ネットについては、その住民票コード（番号）が今後さまざまな行政事務で汎用的に利用される共通番号として位置づけられているということから、それがいわゆる国民総背番号制としての役割をはたすことになる危険があるとの批判が加えられている。そこで、これは憲法一三条で保障される現代的プライバシー権としての自己情報コントロール権を侵害する、さらには、憲法一三条で尊重すべきものとされる個人の尊厳を侵害するとして、住基ネットを違憲としてそれからの個人の離脱を求める訴訟が各地で提起され、平成一八年には高等裁判所のレベルでも合憲・違憲の判断が分かれていた。しかし、平成二〇年の最高裁判決（最判平成二〇・三・六民集六二巻三号六六五頁）は、これを違憲とした大阪高裁の判決を破棄して住基ネットを合憲としている。すなわち、判決は、「憲法一三条は、国民の私生活上の自由が公権力の行使に対しても保護されるべきことを規定しているのであり、個人の私生活上の自由の一つとして、何人も、個人に関する情報をみだりに第三者に開示又は公表されない自由を有する」とした上で、住基ネットは、法令等の根拠に基づき正当な行政目的の範囲内で行われていること、システムの欠陥等により本人確認情報が容易に漏洩する具体的な危険はないこと、本人確認情報の目的外利用や漏洩は禁止されていること、また、データマッチング（個人情報の集約）の具体的な危険が生じているといえないことなどから、「行政機関が住基ネットにより住民である被上告人らの本人確認情報を管理、利用等する行為は、個人に関する情報をみだりに第三者に開示又は公表するものとはいえず、当該個人がこれに同意していないとしても、憲法一三条により保障された上記の自由を侵害するものではないと解するのが相当である」としている。

判決は、法令の規定および現実の状況から判断して住基ネットは当面は安全であるということから、これを合憲としたものだといえる。しかし、住民票コードを利用した住基ネットの危険性というのは、それがさまざまな行政事務に拡大され、さらに最終的には民間レベルでの利用にまで拡大された場合には明らかであり、その点を考えると判決のように当面の安全性だけを根拠としてこれを合憲とすることについては問題もあるといわなければならない。

二　住民の権利

(一)　選挙権および被選挙権

(ア)　選挙権

日本国民たる年齢満二〇年以上の者で引き続き三箇月以上市町村の区域内に住所を有するものは、別に法律の定めるところにより、その属する普通地方公共団体の選挙に参与する権利を有する（地方自治法一八条）。

(イ)　被選挙権

普通地方公共団体の議会の議員の選挙権を有する者で年齢満二五年以上のものは、別に法律の定めるところにより、普通地方公共団体の議会の議員の被選挙権を有する（同一九条一項）。

日本国民で年齢満三〇年以上のものは、別に法律の定めるところにより、都道府県知事の被選挙権を有する（同条二項）。

日本国民で年齢満二五年以上のものは、別に法律の定めるところにより、市町村長の被選挙権を有する（同条三項）。

(二)　直接請求権

地方自治法は、普通地方公共団体の議会の議員および長の選挙権を有する者（以下、「選挙権を有する者」とする）に対して、次のような直接請求権を保障している。

(ア)　条例の制定・改廃請求権

選挙権を有する者は、その総数の五〇分の一以上の者の連署をもって、長に対し条例（地方税の賦課徴収ならびに分担金、使用料および手数料の徴収に関するものを除く）の制定または改廃の請求をすることができる（同七四条一項）。長は、請求を受理した日から二〇日以内に議会を招集し、意見を付けてこれを議会に付議し、その結果を代表者に通知しなければならない（同条三項）。

（イ）　事務監査請求権

選挙権を有する者は、その総数の五〇分の一以上の者の連署をもって、監査委員に対し普通地方公共団体の事務の執行に関し、監査の請求をすることができる（同七五条一項）。

監査委員は、その請求にかかる事項につき監査し、その結果に関する報告を代表者に送付しなければならない（同条三項）。

（ウ）　議会解散請求権

選挙権を有する者は、その総数の三分の一（その総数が四〇万を超える場合には、その超える数に六分の一を乗じて得た数と四〇万に三分の一を乗じて得た数とを合算して得た数）以上の者の連署をもって、選挙管理委員会に対し議会の解散の請求をすることができる（同七六条一項）。

委員会はこれを選挙人の投票に付さなければならず、投票において過半数の同意があったときは、議会は解散するものとする（同七八条）。

（エ）　解職請求権

選挙権を有する者は、その総数の三分の一（その総数が四〇万を超える場合には、その超える数に六分の一を乗じて得た数と四〇万に三分の一を乗じて得た数とを合算して得た数）以上の者の連署をもって、選挙管理委員会に対し議員または長の解職の請求をすることができる（同八〇条一項、八一条一項）。

委員会はこれを選挙人の投票に付さなければならず、投票において過半数の同意があったときは、議員または長は失職するものとする（同八三条）。

同様に、長に対して副知事もしくは助役、出納帳もしくは収入役、選挙管理委員もしくは監査委員または公安委員会の委員の解職の請求もできる（同八六条一項）。

この場合、これらの職にある者は、議会の議決（三分の二以上が出席してその四分の三以上が同意）があったときは失職する（同八七条）。

（オ）　直接請求権の憲法上の根拠

ところで、地方自治法の定める右のような直接請求権の憲法上の根拠は何かが問題となる。逆にいいかえれば、かりにこれらの直接請求権の全部または一部を廃止するような法改正をした場合に、それが違憲とされることはないのかが問題となる。

これについては、まず、例えば固有説をとることによって憲法上の根拠づけができるかが問題となる。いいかえれば、地方公共団体の固有権の中にこの直接請求権の保障が含まれていると解されるかどうかである。ただし、固有説をとることの意義は主として国と地方公共団体との関係を考える上で意義があるとするならば、この問題に関してはこれは直接のかかわりはないともいえる。

この問題に関しては、かりに制度的保障説をとるとしても、直接請求権が「住民自治」の中に含まれるものと解するのであれば、直接請求権はやはり憲法上の根拠をもつことになる。とすると、ここでの問題の本質は固有説をとるか、制度的保障説をとるか、ということではなく、むしろ「住民自治」の内容をどのように理解するかに依存することになる。そして、これについては、例えばこの直接請求の制度の核心部分は住民自治の原則の中に含まれるとする見解もある。

なお、直接請求権の中でもとくに議会解散請求および解職請求については、憲法一五条の「公務員の選定罷免権」から根拠づけられるかどうかという点も問題となる。ただし、これに対しては、憲法一五条一項はこの制度を許容するが規範的に要請するわけではないとする反論もある。

このように、この直接請求権を憲法上根拠づけることができるのかどうかについては問題が残るが、いずれにせよ、逆に例えばこれらの直接請求権を地方自治法の改正によって全面的に廃止しうるか否かについては、この制度が導入されて以来半世紀を経たこと、これが地方自治制度の中で重要な位置を占めてきたこと、また、とくに議会解散請求および解職請求については憲法一五条一項の趣旨を考慮すれば、これらの権利を廃止することは許されないとする考え方もできるであろう。

（カ）　事務監査請求と住民監査請求

地方自治法二四二条は住民監査請求の制度を設けている。これは、地方公共団体の住民は長、委員会、委員または職員について、違法もしくは不当な公金の支出、財産の取得、管理もしくは処分等があると認めるとき、または、違法もしくは不当に公金の賦課もしくは徴収もしくは財産の管理を怠る事実があると認めるときは、監査委員に対し監査を求め、当該行為の防止、是正等の必要な措置を講ずべきことを請求できるとしている。

さらに地方自治法二四二条の二では住民訴訟の提起が認められている。これは、この請求をした住民は、監査委員の監査の結果等に対して不服があるとき等においては、裁判所に対して違法行為または怠る事実について、当該行為の差止め、無効確認、怠る事実の違法確認等を請求することができるとするものである（なお、住民訴訟においては、裁判所に対する請求の対象は違法行為に限定されている）。

そして、ここでは、この住民監査請求と（イ）で述べた事務監査請求との間の違いに留意すべきである。この住民監査請求は、後述するように地方自治法第九章「財務」の中で制度化されているものであり、したがって、請求および訴訟の対象は基本的に公金支出等の財務行為にかかわる違法、不当な行為をただすことを目的としている（ただし、この住民監査請求および住民訴訟は実際には、公金支出などの前提として行われる知事等の政教分離原則違反などの行為をとがめるための憲法訴訟として利用されることも少なくない）。また、このように住民の支払う税金などによって構成される公金等の管理などに関する違法、不当な行為をただすことが目的であるから、請求者（訴訟の提起者）は住民一人でも可能であり、とくに人数の要件は定められていない（なお、これはアメリカの納税者訴訟がモデルとなっているとされるが、わが国では請求者は納税者ではなく、むしろ住民とされている点が異なる）。

これに対して、事務監査請求は、地方自治法第二章の「住民」の中で制度化されており、すでに述べてきたように直接民主制の一つとしての政治的権利として構成されているものである。したがって、その請求対象は長や職員などの財務行為に限定されず、地方公共団体の事務全般にわたっている。また、違法、不当な行為などに限定されず、より広く政策に対する不服を含むことも可能である。逆に、ここでは請求のためには有権者の五〇分の一以上の連署が必要とされている。要するに、この権利は最終的に裁判所の判決により担保されるというものではなく、むしろ政治的圧力をかけるために制度化された権利だということができるであろう。

（キ）　直接請求権の行使と長の事前審査権

右に述べたように、この直接請求権は一種の政治的権利として保障されているという点を考慮すれば、少なくとも直接請求の事務的手続の中で行政の側が実質審査をして、この請求権の行使を阻害するというようなことは極力排除しなければならない。

条例の制定請求の事務手続の中で、都知事が当該条例案の内容は条例制定事項に該当しないとして条例制定請求代表者証明書の交付を拒否したことが争われた事件で、二審判決（東京高判昭和四九・八・二八判時七五五号五三頁）は、「代表者証明書の交付申請の段階において長が当該条例案の内容を事前審査し、その判断により住民の条例制定請求の途を杜絶するようなことは全く法の予想しないところである」とした上で、「条例案を一見しただけで条例で規定しえない事項又は条例制定請求をなし得ない事項に関するものであることが、何人にも論議の余地すらない程に極めて明白である場合には、爾後の法定の手続を進めることも無意義に帰することが明らかであるから」例外的に証明書の交付を拒否することも許されてよいが、「安易に長にかかる判断を許すときは、ともすれば長の見解により代表者証明書交付申請という前哨段階において住民の条例制定請求権の行使を阻止し、条例制定請求権を設けた趣旨を没却せしめるおそれがある」として、本件では「何人にも論議の余地のない程度に極めて明白であると断定するわけにはいかない」としている。

三　地方政治における直接民主制と住民投票条例

(一)　国政における代表民主制と直接民主制

すでに述べたように、わが国の憲法は、国のレベルでは代表民主制を原則としている。すなわち、国民が国会議員を選出して立法権を与える。また、議院内閣制によって国会を通じて内閣(内閣総理大臣)に行政権が与えられるというのがその具体的な形である。

ただし、例外的に直接民主制が採用されている。すなわち、憲法改正の国民投票(九六条一項)、最高裁判所の裁判官の国民審査(七九条二項)、地方自治特別法(九五条)が、それである。なお、このほかに、例えば一定の政策課題について国会が国民投票法を制定して、それによる国民の直接投票で一定の政策決定をすることが可能かどうかが問題となる。ただし、これはまだ、あくまでも仮定の議論であって現実にはこのような制度化は行われていない。

(二)　地方政治と代表民主制

この代表民主制の原則は、地方自治が保障される地方政治でも基本的に同じである。すなわち、地方公共団体でも議会が置かれ、住民から選挙された議員に立法権が与えられる。なお、地方においては憲法九三条二項に基づいて長(知事、市町村長)は住民が直接選挙する。

ただし、以下のように例外的に直接民主制がとられている。一つは、町村総会(地方自治法九四条)である。ただし、現実にはこれは行われた例はない。そして、もう一つは、すでに述べた条例制定・改廃請求権、事務監査請求権(同一二条および七四条以下)および議会解散請求権、解職請求権(同一三条および七六条以下)という直接請求権である。そして、このほかに、住民投票条例を制定し、一定の政策課題について住民投票を行って、そこに表れた住民の意思を反映した政策決定をするというシステムを行うことができるかどうかが問題となる。ここでは、以下においてこの住民投票条例をめぐる問題について紹介しておく。

（三）　住民投票条例と住民投票

実際、すでにいくつかの地方公共団体においては、一定の政策課題について住民の賛否を問うための住民投票条例が制定され、投票が実施されている。例えば原子力発電所の設置等に対する賛否を問うための投票は一つの典型例であるが、河口堰の設置に対する賛否とか米軍基地の移転に関する賛否などが問われた例もある。なお、近時では、産業廃棄物処分場の設置に対する賛否などを問うための住民投票の例が増えている。そして、これは、例えば市町村長の政策決定に対して住民の意思を示すというよりも、むしろ市町村長を含めた市町村の住民の反対の意思を県や国に対して示すために利用されるという意味合いの方が強くなっていることに留意すべきである。

また、最近では、例えば愛知県高浜市のように常設的な住民投票条例も制定されている。ここでは、市政運営上の重要事項について有権者の三分の一以上の署名を集めると議会の意思を問わずに住民投票が実施できることになっている。さらに、この条例では平成一四年の改正で、満一八歳以上のすべての日本国民と永住外国人に投票権が与えられることになったのが特徴である。

ただし、いずれにせよ、このような住民投票が法的効果をもち得るか否かについては問題がある。これについては、長（市長）には投票の結果に従うべき法的義務があるとまではいえないとした下級審の判決（那覇地判平成一二・五・九判時一七四六号一二二頁）も下されている。すなわち、判決は、条例は、市長が有効投票の賛否いずれか過半数の意思を尊重するものとするとしつつも、これに反する判断をした場合の措置等については何ら規定していないとした上で、「仮に、住民投票の結果に法的拘束力を肯定すると、間接民主制によって市政を執行しようとする現行法の制度原理と整合しない結果を招来することにもなりかねないのであるから、右の尊重義務規定に依拠して、市長に市民投票における有効投票の賛否いずれか過半数の意思に従うべき法的義務があるとまで解することはできず」、右規定は市長に対し「住民投票の結果を参考とするよう要請しているにすぎないというべきである」としている。

この判決で指摘されているように、このような住民投票条例で長に対して投票結果に従うべき法的義務があるという定めを置くと法律によって付与された長の権限を侵害することになるとの問題も生じるため、条例では長に対してはあくまでも尊重義務を定めるにとどまるのが普通である。そして、その場合には、この判決のように長が投票結果とは異なる政治判断をとったとしてもそれは違法とはされないことになる。その意味では、現実的には、この住民投票はあくまでも政治的な意味をもったものとして位置づけられるにとどまり、法的拘束力までもたせることは困難だということになるであろう。

このように、地方公共団体における住民投票条例をめぐる問題は、すでにそれが相当数実施されていること、法律によって与えられた長の権限との牴触の問題を避けるための配慮が求められること、また、場合によっては長を含めた市町村あるいは都道府県の住民の意思を県あるいは国に対して示すために利用されることがあることなどで特色がある。これは、同じく直接民主制にかかわるとはいえ、すでに述べた国のレベルでの国民投票法に関する仮定の議論とは相当程度異なった面をもっているともいえる。

第四節　議会および長

一　地方公共団体の議会

（一）　議会の設置

憲法九三条一項および地方自治法八九条は、普通地方公共団体に議会を置くものとする。

（二）　町村総会

ただし、例外的に、町村は条例で、議会を置かず選挙権を有する者の総会（町村総会）を設けることができる（地方自治法九四条）。

これは、現実的に可能であれば直接民主制を実現するために議会に代えて町村総会を置くことができるとする趣旨である。ただし、現実には、この例はない。また、近時では、広域行政による行政の効率化を求める意味で町村合併が進められてきているため、今後もこれが実現する可能性は低いといえよう。

（三）　議員の選挙

憲法九三条二項は、議会の議員は、その地方公共団体の住民が直接これを選挙するものとする。

（四）　議員の定数

都道府県および市町村の議会の議員定数は、条例で定める（同九〇条、九一条）。ただし、地方自治法によって、人口数に対応してそれぞれ上限数が定められている。また、特別区については五六人を上限とするという特別の定めがある（同二八一条の六）。

（五）　議員の任期

地方公共団体の議会の議員の任期は四年とされている（同九三条）。

（六）　議会の権限（議決事項）

地方公共団体の議会は、法の定める一定の事件について議決しなければならない。「条例を設け又は改廃すること」、「予算を定めること」、「決算を認定すること」、「法律又はこれに基づく政令に規定するものを除く外、地方税の賦課徴収又は分担金、使用料、加入金若しくは手数料の徴収に関すること」等々が、それである（同九六条）。

なお、立法権（条例制定権）の限界については、すでに述べた。

（七）　その他の定め

その他、地方自治法では、調査権、招集、会期、議長、委員会、議員の議案提出権、定足数、議事の公開、表決、会議の方法、請願、資格の決定、規律、懲罰等についての定め（同九七条～一三七条）を置いている。

（八）　地方議会の議員の免責特権と不逮捕特権

なお、憲法五一条の免責特権が地方議会の議員にも保障されるかについては、憲法上の明文の規定はなく、最高裁の判決（最大判昭和四二・五・二四刑集二一巻四号五〇五頁）も、国権の最高機関たる国会について憲法五一条で免責特権を与えているからといって「その理をそのまま直ちに地方議会にあてはめ、地方議会についても、国会と同様の議会自治・議会自律の原則を認め、さらに、地方議会議員の発言についても、いわゆる免責特権を憲法上保障しているものと解すべき根拠はない」として否定的に解している。

これについて理論的に考えると、ここでは免責特権とは逆に、地方議会においては解職請求のように住民の意思による議員の責任追及の手段が採用されている。このことは、地方議会については、議員は全県民を代表するという純粋代表の理念が徹底していないことを意味するという考え方もとれるかもしれない。そして、その背景としては、地方自治においては、地域的人口的に直接民主制が実行可能であること、地方議会の審議事項は住民の生活に密着していること、とくに「長」の直接公選の規定（九三条二項）にみられるように、憲法は住民の直接的な政治参加を好ましいとしていることなどがあげられるであろう。

ただし、右のような解職請求権その他の直接請求権が認められているにもかかわらず、あくまでも一般的には、例えば県議会の議員を「全県民の代表」として位置づけて、議員は非命令的な委任を受けていると考えることは可能である。また、例えば解職請求による議員の罷免はあくまでも住民による議員の「政治責任」の追及の制度化であると解するならば、かりに地方議会の議員に「法的責任」の問題として免責特権を認めるとしても、これとは矛盾しない。こうしてみると、国民代表の概念とか住民の直接請求権の保障などと議員の免責特権の問題とは常に論理的につながっているわけではなく、むしろ、ここでは、地方議会をどのように位置づけるべきかという地方自治独自の問題として考えるべきだとすることもできよう。

なお、地方議会の議員の不逮捕特権については、とくに憲法上の規定はないが、一般には否定的に解されている。

（九）　地方議会の懲罰と司法審査

このほか、地方議会における議員の懲罰について裁判所の司法権が及ぶのかどうかが問題となる。これについては判例では、例えば出席停止の違法性が問題となった例（最大判昭和三五・一〇・一九民集一四巻一二号二六三三頁）については司法権の対象外とされたが、除名の違法を争う訴えについては対象となるとされている（最判昭和二六・四・二八民集五巻五号三三六頁）。このような判例の対応の違いは、要するに、団体の内部規律の問題に関する争いについてはいわゆる部分社会論が適用されるべきであるが、一般市民法秩序と直接の関係を有する争いは法律上の争訟とされるべきだとする考え方に基づいているとされる。これは、地方議会については国会のように権力分立論からの一般的な自律権は認められないとしても、なお自治立法権の尊重という観点から、地方議会の自律的な判断にまかせられるべき純粋な内部問題については司法権は及ばないとされたものだとされている。ただし、これに対しては、地方議会の懲罰はあくまでも地方自治法という根拠に基づく処分であり、「自律的な法規範」に基づく行為とはいえないのであるから、出席停止についても司法審査の対象とすべきだとする批判もある。

二　地方公共団体の長（行政機関）

（一）　地方公共団体の長その他の執行機関

地方公共団体の行政機関は、基本的には地方自治法に基づいて組織されることになる。都道府県の執行機関としては、知事および委員会又は委員（教育、選挙管理、人事又は公平、公安、地方労働、収用、海区漁業調整、内水面漁場管理の各委員会および監査委員）がおかれ（地方自治法一三八条の四、一三九条、一八〇条の五）、知事の下には副知事、出納長以下の補助機関としての行政組織が定められている（例えば、同一六一条、一六八条、一五八条）。

また、市町村の執行機関としては、長（市町村長）および委員会又は委員（教育、選挙管理、人事又は公平、農業、固定資産評価審査の各委員会および監査委員）がおかれ、市町村長の下には助役、収入役以下の補助機関としての行政組織がおかれている（同右）。さらに、地方公共団体の場合にも、支庁、地方事務所、支所、出張所（同一五五条）が置かれることがあり、また、保健所、警察署その他の行政機関（同一五六条）が設けられる。

（二）　長（知事および市町村長）

（ア）　長の公選制

憲法上は、都道府県および市町村の長（知事および市町村長）は、公選によらなければならない（九三条二項）。

（イ）　長の多選制限

長の公選制との関係での今日的な課題としては、長の多選制限が可能かどうかが問題となる。すなわち、地方自治法の改正によって、都道府県知事および市町村長の再任回数（例えば、三選あるいは四選）を制限して、任期を制限する（例えば八年あるいは一二年とする）ことは、憲法上許されるか。また、右のような再任の制限を、それぞれの自治体の条例で定めることは可能かどうかが問題となる。

（a）　長の多選と今日の課題

地方公共団体の長の多選は少なくない。このことは必ずしもそれ自体が悪いこととはいえない。しかし、特定の者への長期にわたる権力の集中・固定化は、一般論としても、例えば人事の停滞などの形で周囲への悪影響を与え、その結果、地方行政のマンネリ化を導き出し、また、時としては、腐敗・汚職など地方行政の緩みを生じるおそれもある。そして、近時においては、その弊害の面が目立つようになったとして、長の多選禁止が一つの課題となりつつある。ただし、この多選禁止をはかる場合でもいくつかの方法がある。

一つは、公職選挙法一〇条の被選挙権に関する規定を改正して、公職選挙法だけでその立候補を制限するという形である。この場合、立候補制限を被選挙権という人権に対する制約であると同時に差別であると考えるならば、それが「公共の福祉のための制限」ないしは「合理的な差別」として合憲といえるかどうかが問題となる。そして、この場合には選挙権と表裏一体として憲法一五条一項によって保障される被選挙権という「重要な人権」に対する「制限」ないしは「差別」として厳格な審査基準が用いられるべきだとされるかもしれない。そして、その場合には、立法目的の前提となるものとして例えば真に今日多選の弊害が発生しているといえるのかという立法事実の存在の有無が問題となり、また、かりにそのような弊害が存在するとしても、その弊害を除去するための手段として長の任期制限をすることが必要最小限度の規制といえるのか（多選制限以外に、より制限的でなく、かつ有効な弊害の是正手段が考えられないかどうか）などという審査が厳格に行われるべきことになり、その結果公職選挙法による被選挙権の制限は違憲とされる可能性もないわけではない。

（b）　長の任期制限の憲法的意義

もう一つは、地方公共団体の長の任期の規定そのものを手直しするという形で、これを制限する方法である。例えば地方自治法一四〇条を改正して、任期は従来通り四年としつつ連続再任は二回（あるいは、三回）までとする規定を追加し、それを結果的に公職選挙法一〇条一項の中の被選挙権制限規定の中に反映するという形が、これである（もちろん、この定めは結果的には、右に述べた公職選挙法一〇条の被選挙権の規定に連動して、その規定改正を伴うことになる）。この場合には、そもそもは長という地位そのものに付される制限なのであるから、これは、本質的には被選挙権という人権に対する制限ないしは差別というよりも、むしろ地方自治制度のつくり方そのものにかかわる問題だと考えることもできる。憲法九二条は「地方公共団体の組織及び運営に関する事項は、地方自治の本旨に基いて、法律でこれを定める」として、基本的に立法裁量にまかせている。もちろん、その定めは団体自治および住民自治という「地方自治の本旨」に基づかなければならないのであるが、少なくとも地方公共団体に都道府県知事あるいは市町村長という長（執行機関）を独立に設置し（団体自治の保障）、また、その長の選任を直接公選制とする（住民自治の保障）限りは、その長の任期とか再任の制限などをどのように定めるかについては立法裁量にまかされるといえるであろう。要するに、これは、人権の問題ではなく、むしろ地方公共団体の長の任期はいかにあるべきかという民主主義的な政治制度のつくり方の問題であり、したがって、これをいかに定めるかは基本的には立法裁量にまかせられるべきものだということである。もちろん、この場合でも、これはやはり被選挙権の制限だとか、あるいは職業選択の自由に対する制限だなどとする反論はありうるが、基本的な考え方として長の任期の定めに関する立法裁量論を前提とするならば、これを違憲とすることはかなり難しくなるであろう。

そして、これを実質的にみても、例えばアメリカ合衆国大統領も二期八年までである（合衆国憲法修正二二条）ことにみられるように、地方政治における民主主義の保持および活性化をはかるという観点からは、特定個人があまり長い間権力の地位にあることは好ましくないとして、それを制限する定めを置くこと自体は、決して否定的に考えられるべきことではないとされよう。

ただし、このような長の「任期」についての定めも、とくに現職の長との関係では、直接的・具体的な被選挙権の制限であり差別となることは否定できない。そこで、この法律が特定個人の人権の制限・差別となるという問題を回避するためには、法律改正後の任命からその任期規定が適用される（任期制限は遡及しない）とする必要があろう。

（c）　住民自治と長の任期制限

右のように考えるならば、この任期制限のもつ憲法上の問題は、直接的にはむしろ、これが九三条一項の住民自治（長の直接公選）の保障に違反しないのかという点にある。これについて、まず、地方自治に関する伝来説を前提とするならば、長の任期に関する定めは基本的には国会の裁量に委ねられるべきだとされる。ただし、憲法による長の直接公選の保障がある以上、この問題についてはこのような純然たる伝来説をとることはできず、かりにこの説を前提とするとしても、現実的には、いわゆる制度的保障説をとらざるを得ないであろう。そこで、制度的保障説によれば、ここでは、この任期制限が、法律をもってしても侵害することのできない地方自治制度の本質的内容を侵害するものとなるのかどうかが問題となる。しかし、ここでは、長についての直接公選を認めている以上は住民自治の本質的な内容は充たされているのであり、その任期についての制限を置いたとしても、それ自体が九三条一項の要求する住民による直接公選という本質的内容を侵害することになるとするのは無理であろう。むしろ、地方政治における民主主義の保持・活性化の観点からいえば、すでに述べたように、長に対する一定の任期制限は住民自治の趣旨に沿うものであるとする考え方もとれるのである。

ただし、かりに固有説をとった上で、なおかつ、多選を是とする各地方公共団体の住民自治の伝統がすでに存在しているものと考えれば、法律によってそれを変更することは、その自治の伝統を侵害するものとして憲法九三条一項に違反するものとすることもできないことはないが、かなり無理があるといえよう。

（d） 条例による多選制限

なお、例えば地方自治法一四〇条に「知事の在任期間は各地方公共団体の条例で定めるものとする」というような委任規定が追加されて、長の任期制限についてはそれぞれの地方公共団体が条例で定めることができるものとされた場合には、地方自治法それ自体の合憲性のほかそれぞれの条例そのものの合憲性が問題とされるべきことになろう。ただし、そこでの問題の本質は基本的には右に述べたように地方自治法で直接多選制限が定められた場合と同様である。

また、このほか、かりに地方自治法の制定をまたずに地方公共団体の条例だけによって同様の任期制限がなされた場合には、憲法違反の問題とは別に地方自治法違反の問題を生じることになろう。ただし、かりに現行の地方自治法一四〇条は長の一回の任期についての定めを置いただけであり、その再任の可否についてはいずれとも定めていないと解釈できるとすれば、条例によってその再任を制限する定めを置くことは、必ずしも法律に反するとはいえないとする論理が立てられないわけではない（ただし、これは、あくまでも法律の解釈上の問題ということになる）。また、かりに固有説の考え方をとって、任期それ自体は法律の定めにまつほかはないとしても、その再任の可否についてはそれぞれの地方公共団体の住民の判断に委ねるべきものであると解するならば、条例による長の再任制限をすることも可能だとする余地がないわけではない。

ところで、平成一九年には、神奈川県条例で「知事は引き続き三期を超えて在任することができない」とする知事の四選禁止規定が定められた。これまでも長の多選を自粛すべきであるとの条例が定められたことがあるが、禁止規定にまで踏み切ったのは初めてである。ただし、この条例はあくまでも地方自治法の中に右のような委任規定が追加された場合に発効することになっているため、現実にはまだ実施されていない。その意味では、あくまでもこの規定は、条例だけで長の任期制限をすることはできないとする考え方を前提としていることになる。

(三)　長の権限

(ア)　地方公共団体の統轄および代表

普通地方公共団体の長は、当該普通地方公共団体を統轄し、これを代表する(同一四七条)。

(イ)　事務の管理および執行

普通地方公共団体の長は、当該普通地方公共団体の事務を管理し、これを執行する(同一四八条)。

(ウ)　担任事務

普通地方公共団体の長は、概ね以下の事務を担任する(同一四九条)。

例えば「普通地方公共団体の議会の議決を経べき事件につきその議案を提出すること」、「予算を調製し、及びこれを執行すること」、「地方税を賦課徴収し、分担金、使用料、加入金又は手数料を徴収し、及び過料を科すること」、「決算を普通地方公共団体の議会の認定に付すること」、「会計を監督すること」、「財産を取得し、管理し、及び処分すること」、「公の施設を設置し、管理し、及び廃止すること」等々が、それである。

ここでは、長が議会に対して議案の提出権を与えられていることが重要である。この点で、わが国の地方の政治制度は、同じく長が直接公選されるとはいっても、アメリカの大統領制とはかなり異なったものとなっているのである。

三　議会と長との関係

地方自治法では、議会と長との関係について以下のような定めが置かれている。

（二）　長の再議権

（ア）　異議を理由とする再議

普通地方公共団体の議会における条例の制定もしくは改廃または予算に関する議決について異議があるときは、当該普通地方公共団体の長は、一〇日以内に理由を示してこれを再議に付することができる（地方自治法一七六条一項）。

ただし、再議において議会が出席議員の三分の二以上の同意により同じ議決をしたときは、その議決は確定する（同条二、三項）。

（イ）　違法等を理由とする再議

普通地方公共団体の議会の議決または選挙がその権限を超え、または法令もしくは会議規則に違反すると認めるときは、当該普通地方公共団体の長は、理由を示してこれを再議に付し、または再選挙を行わせなければならない（同条四項）。

また、その再議における議決がなおその権限を超え、または法令もしくは会議規則に違反すると認めるときは、知事にあっては総務大臣、市町村長にあっては知事に、当該議決または選挙の日から二一日以内に審査を申し立てることができる（同条五項）。

さらに、その裁定に不服があるときは、普通地方公共団体の議会または長は、裁定の日から一〇日以内に裁判所に出訴することができる（同条七項）。

この再議権は、いわばアメリカ合衆国における大統領の法案の拒否権に匹敵する制度であるともいえるが、ただし、アメリカでは（イ）にあたるような制度はないことに注意すべきである。

（二）　収入および支出に関する再議権

（ア）　異議を理由とする再議

普通地方公共団体の議決が、収入または支出に関して執行することができないものがあると認めるときは、当該普通地方公共団体の長は、理由を示してこれを再議に付さなければならない（同一七七条一項）。

（イ）　経費の削除、減額についての再議

議会において次に掲げる経費を削除し、または減額する議決をしたときは、その経費およびこれに伴う収入についても、理由を示してこれを再議に付さなければならない（同条二項）。

①　法令により負担する経費、法律の規定に基づき当該行政庁の職権により命ずる経費その他の普通公共団体の義務に属する経費

②　非常の災害による応急もしくは復旧の施設のために必要な経費または感染症予防のために必要な経費

この場合、①については、議会の議決がなおこの経費を削除し、または減額するものであるときは、長はその経費およびこれに伴う収入を予算に計上してその経費を支出することができる（同条三項）。

また、②については、議会の議決がなおこの経費を削除し、または減額するものであるときは、長はその議決を不信任の議決とみなすことができる（同条四項）。

このような規定とくに②にかかわる事後処理（不信任とみなす）については、もちろんアメリカの大統領制にはないものであるが、そもそも急を要する時期に不信任とか解散などで対応するというその立法趣旨それ自体に疑問があるというべきであろう。

（三）　長に対する議会の不信任議決と議会の解散

（ア）　長の不信任議決と議会の解散

普通地方公共団体の議会において、当該普通地方公共団体の長の不信任の議決（三分の二以上が出席して四分の三以上の同意による）がなされたときは、長は、その通知の日から一〇日以内に議会を解散できる（同一七八条一項）。

（イ）　長の失職

長がその通知の日から一〇日以内に解散しないとき、または、その解散後初めて招集された議会において再び不信任の議決（三分の二以上が出席して過半数の同意による）がなされてそれが通知されたときは、長はその職を失う（同条二項）。

（ウ）　国の制度との比較

ここでは、まず国の政治制度と地方の政治制度の基本理念の違いに留意する必要がある。すなわち、国会と内閣との関係はいわゆる議院内閣制であり、国会とくに衆議院は内閣の存立の基礎となっている。具体的にその根拠となる憲法規定をいくつか挙げると、内閣総理大臣は国会議員の中から国会が指名する（六七条）、衆議院は内閣不信任の議決ができる（六九条）、衆議院選挙の後では、必ず内閣総辞職をする（七〇条）等々が、それである。これに対して、地方公共団体の長は住民により直接選挙される（九四条）。そのため、しばしば地方公共団体の政治制度は大統領制（すでに見てきたように、両者はだいぶ異なっているのであるが）であるともいわれる。

そして、このような基本的な政治制度に関する原理の違いからすれば、右の規定にあるように、そもそも議会が長を不信任したり、逆に、長が議会を解散するなどという制度は、地方政治において議院内閣制の形をとることが憲法上は想定されていないということからいえば、あまり理論的な裏づけがあるわけではないともいえる。右の規定が、議会解散後の長の失職のためには選挙後に初めて開かれる会議での再度の不信任議決を要するものとしているのは、この点を考慮したためだといえるであろう。こうしてみると、例えば長の議会に対する議案の提出権など、その他の制度の違いも合わせて考えると、わが国の地方の政治制度は大統領制だというのは決して正確ではなく、一言でいえばそれはむしろ日本の議院内閣制とアメリカの大統領制との抱き合わせ（混合）のようなものだということになる。いいかえれば、地方自治法の中でこのように議会が長を不信任したり、長が議会を解散したりすることができるとする規定を置くべきかどうかというのは、あくまでも立法政策的な判断に委ねられるべきことであり、憲法上とくに求められているわけではないということである。

（四）　専決処分

（ア）　急を要する場合の専決処分

普通地方公共団体の議会が成立しないとき、会議を開くことができないとき、長において議会の招集する暇がないとき、または議会において議決すべき事件を議決しないときには、当該普通地方公共団体の長は、その議決すべき事件を処分することができる（同一七九条一項）。

議会の決定すべき事件についても同様である（同条二項）。

これらの場合においては、長は次の会議においてこれを議会に報告し、その承認を求めなければならない（同条三項）。

なお、かりに承認が得られなかった場合でも、その処分は違法とはならず、長の政治責任が残るにとどまるとされる。

（イ）　議会の委任による専決処分

普通地方公共団体の議会の権限に属する軽易な事項で、その議決により特に指定したものは、普通地方公共団体の長において、これを専決処分にすることができる（同一八〇条一項）。

この規定による処分をしたときは、長はこれを議会に報告しなければならない（同条三項）。

第五節　地方公共団体の財務と自治財政権

一　自治財政権の意義

憲法九四条は、いわば団体自治の内容の一つとして地方公共団体に対して財産管理権を保障している。それを受けて地方自治法は、財政および財産管理に関する定めとして第九章二〇八条以下で「財務」の規定を置いている。これは、いわば憲法八三条以下の財政に関する規定および財政法、国有財産法などに対応するものだといえる。そして、ここでは、例えば地方税については普通地方公共団体は「法律の定めるところにより」賦課徴収することができる（地方自治法二二三条）とし、また、例えば地方債についても「別に法律の定める場合において」、予算の定めるところにより、起こすことができる（同二三〇条）とされている。その意味では、すでに述べたことからは当然のことながら、地方公共団体の財政権はあくまでも国の定める法律の範囲内で認められるという伝来説の立場に基づいて構成されているといえる。ただし、例えば地方公共団体がとくに法律の根拠を持たずに条例のみに基づいて独自に地方税を課すことが全くできないのかどうかという点については問題の余地もある。固有説の立場をとればこれは可能だとすることもできると思われるが、かりに伝来説（制度的保障説）の立場をとるとしても、憲法九四条の自治財政権の保障の中に、例えば法律の定めのない事項に関して一定範囲で課税ができるなどとする形である程度の自主性の保障が含まれるとすることは可能だからである。

二　地方税の課税をめぐる問題

裁判の場においてこの課税権が問題となったものとして、大牟田電気税訴訟がある。大牟田市は市税条例により電気ガス税を徴収していたが、地方税法は特定産業の産業用電気の消費に対して課税を禁止していた。そこで市が国に対して徴収しうべかりし額の損害について国家賠償請求訴訟を起こしたものである。ここでは、市は、市の課税権を制限する地方税法は地方公共団体の自主的な決定権を制限するもので違憲であると主張していた。これに対して、判決（福岡地判昭和五五・六・五判時九六六号三頁）は、「地方公共団体がその住民に対し、国から一応独立の統治権を有するものである以上、事務の遂行を実効あらしめるためには、その財政運営についてのいわゆる自主財政権ひいては財源確保の手段としての課税権もこれを憲法は認めているものというべきである。憲法はその九四条で地方公共団体の自治権を具体化して定めているが、そこにいう『行政の執行』には租税の賦課、徴収をも含むものと解される。そこで、例えば、地方公共団体の課税権を全く否定し又はそれに準ずる内容の法律は違憲無効たるを免れない」とした上で、しかし、この課税権は「地方公共団体とされるもの一般に対して抽象的に認められた租税の賦課、徴収の権能であって、憲法は特定の地方公共団体に具体的税目についての課税権を認めたものではない」とする。そして、「電気ガス税という具体的税目についての課税権は、地方税法五条二項によって初めて原告大牟田市に認められるものであり、しかもそれは、同法に定められた地方税法の規定が許容する限度においてのみ、条例を定めその住民に対し電気ガス税を賦課徴収しうるにすぎない」として、原告はもともと「地方税法上の具体的な電気ガス税についての課税権としては、本件非課税措置によって除外される以外の電気の使用についてのみ課税権を有するものといわざるをえない」としている。

ここでは、判決は、本件での市の課税権はもともと地方税法の範囲内のものにとどまっているとして市の主張を退けたのであるが、一般論としては地方公共団体の課税権が憲法上の保障を受けること、および、法律の範囲外での課税の余地を否定してはいないことが重要だといえよう。

最近の例としては東京都銀行税訴訟がある。これは、東京都の条例によって業務粗利益等の外形標準で法人事業税を課税された大手銀行が、条例の無効確認、条例に基づく更正処分・決定処分の差止め、事業税の納付義務の不存在確認、誤納金の還付、国家賠償などを求めて出訴したものである。これについて、一審判決（東京地判平成一四・三・二六判時一七八七号四二頁）は条例を違法無効として請求を一部認め、二審判決（東京高判平成一五・一・三〇判時一八一四号四四頁）も、本件条例は地方税法七二条の二二第九項の均衡要件（「所得」を課税標準とした場合の税負担と「著しく均衡を失することのない」ようにすること）を満たしているとはいえず、違法無効であるから原審が誤納金の還付請求を認めた部分は正当であるとしている（この事件では、後に和解が成立し、また、その後の法律改正によって法人事業税に外形標準課税が導入されたため条例は失効することになった）。

ここでは、地方公共団体による法定外の課税方法それ自体が否定されたわけではないが、結局、内容的な面で地方税法に抵触するものとして違法とされたものである。

三　租税条例主義をめぐる問題

憲法八四条は「あらたに租税を課し、又は現行の租税を変更するには、法律又は法律の定める条件によることを必要とする」として租税法律主義を定めている。そして、すでに述べたように自治財政権が認められる範囲をどのように理解するにせよ、この租税法律主義の趣旨は地方公共団体の租税についても及ぶもの（いわば、租税条例主義ということになる）とされている。ところで、この租税法律主義（租税条例主義）には、課税要件は法律（条例）で定められなければならないという課税要件法定主義の趣旨だけでなく、課税要件は明確でなければならないという課税要件明確主義の趣旨も含まれるとされている。以下において、これが問題となった例をいくつかあげておく。

市町村における国民健康保険の保険料の徴収の方式には、従来保険税方式と保険料方式との二通りがあったが、このうち税方式による場合には、右に述べた課税要件法定主義と課税要件明確主義の両者が及ぶものとされている。そこで、秋田市国民健康保険税条例訴訟では、一審判決（秋田地判昭和五四・四・二七行集三〇巻四号八九一頁）、二審判決

（仙台高裁秋田支判昭和五七・七・二三行集三三巻七号一六一六頁）ともに、本件条例では税率算定の基礎となる「課税総額」についての規定は「上限内での課税総額の確定を課税権者に委ねた点において、課税要件条例主義にも課税要件明確主義にも違反する」から憲法九二条、八四条に違反し無効であるとしている。

これに対して、保険料方式の場合にはそれが税にあたるか否かについて見解がわかれていた。そこで、この点が争われた旭川市国民健康保険料条例訴訟では、一審判決（旭川地判平成一〇・四・二一判時一六四一号二九頁）は、これを税にあたるとした上で、この条例の「賦課総額」の規定は課税要件条例主義にも課税要件明確主義にも反するとした。これに対して二審判決（札幌高判平成一一・一二・二一判時一七二三号三七頁）は、これは税にはあたらないとしつつ合憲であるとした。上告審判決（最大判平成一八・三・一民集六〇巻二号五八七頁）も、保険料は保険給付を受けることの反対給付として徴収されるものであるから税にはあたらない（ただし、反対給付でも税方式をとった場合には憲法八四条の規定が適用される）とする。そして、保険料は賦課徴収の強制の度合いからして租税に類似する性質を有するから憲法八四条の趣旨が及ぶが、その規律のあり方については保険料の性質、賦課徴収の目的、その強制の度合いなどを総合考慮して判断すべきであるとした上で、本件賦課総額の規定は憲法八四条の趣旨に反するとはいえないとしている。ここでは、地方公共団体の課税でも憲法八四条が直接適用される（あるいは、趣旨が及ぶ）とされた点が重要である。

四　住民監査請求と住民訴訟

地方自治法二四二条は、「普通地方公共団体の住民は、当該普通地方公共団体の長若しくは委員会若しくは委員又は当該普通地方公共団体の職員について、違法若しくは不当な公金の支出、財産の取得、管理若しくは処分、契約の締結若しくは履行若しくは債務その他の義務の負担がある（当該行為がなされることが相当の確実さをもつて予測される場合を含む。）と認めるとき、又は違法若しくは不当に公金の賦課若しくは徴収若しくは財産の管理を怠る事実（以下

「怠る事実」という。）があると認めるときは、これらを証する書面を添え、監査委員に対し、監査を求め、当該行為を防止し、若しくは是正し、若しくは当該怠る事実を改め、又は当該行為若しくは怠る事実によつて当該普通地方公共団体のこうむつた損害を補塡するために必要な措置を講ずべきことを請求することができる」（一項）とする。これは住民監査請求とよばれる。

また、地方自治法二四二条の二では、「普通地方公共団体の住民は、前条第一項の規定による請求をした場合において、同条第四項の規定による監査委員の監査の結果若しくは勧告若しくは同条第九項の規定による普通地方公共団体の議会、長その他の執行機関若しくは職員の措置に不服があるとき、又は監査委員が同条第四項の規定による監査若しくは勧告を同条第五項の期間内に行わないとき、若しくは議会、長その他の執行機関若しくは職員が同条第九項の規定による措置を講じないときは、裁判所に対し、同条第一項の請求に係る違法な行為又は怠る事実につき、訴えをもつて次に掲げる請求をすることができる。

一　当該執行機関又は職員に対する当該行為の全部又は一部の差止めの請求

二　行政処分たる当該行為の取消し又は無効確認の請求

三　当該執行機関又は職員に対する当該怠る事実の違法確認の請求

四　当該職員又は当該行為若しくは怠る事実に係る相手方に損害賠償又は不当利得返還の請求をすることを当該普通地方公共団体の執行機関又は職員に対して求める請求。ただし、当該職員又は当該行為若しくは怠る事実に係る相手方が第二四三条の二第三項の規定による賠償の命令の対象となる者である場合にあつては、当該賠償の命令をすることを求める請求」（一項）とする。

これは住民訴訟とよばれる。そして、この訴訟は本来は地方公共団体の財務の適正を確保するための制度であるが、現実には、その財務的行為（例えば、公金の支出）の根拠となっている長その他の職員の行為の違法性あるいは違憲性をとがめるための訴えとして機能することも少なくない。例えば津市地鎮祭違憲訴訟（最大判昭和五二・七・一三民集三一巻四号五三三頁）とか愛媛県玉串料違憲訴訟（最大判平成九・四・二民集五一巻四号一六七三頁）など一連の政教分離原則にかかわる憲法裁判などは、その典型例である。その意味では、これは、住民の側から地方公共団体の行政の行為の違法性あるいは違憲性をとがめると同時に財務行為の適正をはかるための制度として必要不可欠なものとなっているといえる。

ところで、このような制度は国のレベルでは置かれていない。これについては、国のレベルでは会計検査院が設置されているため、このような制度は必要ないのだとする考え方もあるが、これらは当然趣旨が異なっている。その意味では、国のレベルでも何らかの制度を構想する意義がないわけではない。また、例えばこれらの制度を地方自治法の改正で廃止できるかどうかが問題となる。これについて、一般には、この住民訴訟のような訴訟は裁判所法三条一項にいう「その他法律において特に定める権限」にあたるものだと解されており、また、行政事件訴訟法上もこの住民訴訟を含む民衆訴訟（同五条）は「法律に定める場合において、法律に定める者に限り、提起することができる（同四二条）とされているのであるから、その観点からだけいえば、これを法律改正によって廃止することは可能だといえるかもしれない。ただし、この住民監査請求および住民訴訟はすでに述べた直接請求権としての事務監査請求とは異なり、いわば直接民主制を実現するための住民の権利というほどではないが、少なくとも地方公共団体の財務について住民が直接的な監視をすることを保障するものであるという点で、今日の地方自治の保障の中では独特の意義を有するようになっているということができる。そして、その意味では、法律でこの制度を安易に廃止することは許されないといってよいであろう。また、逆に、かりに廃止されたとしても、アメリカで納税者訴訟が裁判所によって認められたように、憲法上の司法権を直接の根拠として裁判所がこのような訴訟を創設することができると解する余地がないわけではない。

五　公の施設

地方自治法二四四条は、「普通地方公共団体は、住民の福祉を増進する目的をもつてその利用に供するための施設（これを公の施設という。）を設けるものとする」（一項）とする。そして、普通地方公共団体は「正当な理由がない限り、住民が公の施設を利用することを拒んではならない」（二項）とし、また、「住民が公の施設を利用することについて、不当な差別的取扱いをしてはならない」（三項）としている。また、これらの公の施設の「設置及びその管理に関する事項は、条例でこれを定めなければならない」（同二四四条の二第一項）とされる。

これらの規定は地方自治法に独自のものであり、国のレベルではこのようなことを直接に定めた規定はない。とくにここでは、サービス行政にあたる公の施設に関して条例制定主義を原則としたこと、および、サービス行政にあたる公の施設の利用に関して「正当な理由がない限り利用拒否を禁止する」という意味での比例原則が定められているという点で重要な意義があるといえる。なお、「不当な差別取扱いの禁止」はもともと平等原則という憲法上の原則を確認した規定であるといえる。そこで、以下において、これらの原則が裁判で具体的に問題となった比較的最近の事例をいくつかあげておく。

まず、「正当な理由がない限り利用拒否を禁止する」という意味での比例原則が問題となった例としては、市民会館の使用不許可処分の違法性（違憲性）が争われた泉佐野市市民会館事件がある。これについて、一審、二審ともに適法とし、上告審判決（最判平成七・三・七民集四九巻三号六八七頁）も不許可処分そのものは適法とした。ただし、そこでは、公の施設である市民会館の使用と集会の自由の保障とが密接につながっていることを考慮して、市民会館条例の解釈上、不許可とすることができるのは「本件会館における集会の自由を保障することの重要性よりも、本件会館で集会が開かれることによって、人の生命、身体又は財産が侵害され、公共の安全が損なわれる危険を回避し、防止することの必要性が優越する場合」に限定されるべきであるとし、そして、その危険性の程度とは「単に危険な事態を生ずる蓋然性があるというだけでは足りず、明らかな差し迫った危険の発生が具体的に予見されることが必要である」とし、さらにそうした事態の発生が「許可権者の主観により予測されるだけでなく、客観的な事実に照らして具体的に明らかに予測され」なければならないとしている。ここでは、とくに集会の自由の保障との関係も視野にいれた上で公の施設である市民会館の使用を不許可とすることのできる場合を限定したものだといえる。

また、同様に福祉会館の使用不許可処分の違法性が争われ、不許可を違法とした上尾市福祉会館事件の上告審判決（最判平成八・三・一五民集五〇巻三号五四九頁）では、とくに集会の自由にはふれず、むしろ地方自治法二四四条の公の施設の問題として、条例上不許可とすることができる「会館の管理上支障があると認められるとき」とは「客観的な事実に照らして具体的に明らかに予測される場合」に限定されるとした上で、対立する者の妨害による混乱を理由として使用不許可とすることができるためには「警察の警備等によってもなお混乱を防止することができないなど特別の事情」があることが必要であるとしている。このほか、日教組の教育研究集会に対する施設の使用不許可が裁量権の濫用にあたるとして違法とされた例（最判平成一八・二・七民集六〇巻二号四〇一頁）もある。これらの判決は市民に利用してもらうために設置された「公の施設」のもつ意義が活かされた例だといえよう。

つぎに、「不当な差別取扱いの禁止」という平等原則が問題となった事例としては、別荘地の給水契約者の基本料金を他の契約者の基本料金よりも大幅に増額改定した町条例の違憲・違法性が争われた旧高根町給水条例事件がある。ここでは、二審判決（東京高判平成一四・一〇・二二判時一八〇六号三頁）は、条例自体の行政処分性を認め、行政訴訟による無効確認請求ができるとしつつ、合理的な理由があれば水道の料金体系に差異を設けることはできるが、本件での基本料金の差別は違法・無効であるとした。これに対して上告審判決（最判平成一八・七・一四民集六〇巻六号二三六九頁）は、水道料金を改定する条例の制定行為は抗告訴訟の対象たる行政処分にはあたらないとしたが、ただし、債務不存在確認及び不当利得返還請求との関係では、地方公共団体の住民ではないがその区域内に家屋敷を有する者など住民に準ずる地位にある者による公の施設の利用について合理的な理由なく差別的取扱いをすることは地方自治法二四四条三項に違反するとした上で、本件における基本料金の大幅な増額改定は、これを正当化するに足りる合理性はなく不当な差別的取扱いにあたるから地方自治法二四四条三項に違反して無効であるとしている。

第八章　平和主義

第一節　国際連合と集団的安全保障

一　平和主義と国際平和

憲法九条で定める平和主義の「平和」とはもちろん「国際平和」をさす。そして、国際平和の実現はわが国だけでなし遂げることができるわけではない。その意味では「平和」の実現というのは国際社会とくに国際連合との関係を無視して論ずることはできない。これは後述するわが国の憲法の「前文」からも明らかである。いいかえれば、憲法九条の平和主義を考える場合、それはわが国の第二次世界大戦での敗戦後の日本国憲法の制定からはじめるのではなく、あくまでも平和の対極にある戦争とくに第二次世界大戦と、その後に成立した国際連合のしくみの中からはじめなければならないということである。

二　国際連合の成立

ドイツとソ連の開戦（一九四一年六月）直後の一九四一年八月に、アメリカ合衆国（以下、「アメリカ」とする）およびイギリスの共同声明として八カ条からなる「大西洋憲章」が出された。そこでは、米英両国が領土その他の拡張を求めないこと、すべての国民がその政体を選ぶ権利を尊重されるべきこと、すべての国が経済的な協力関係をもつべきこと、すべての国民が恐怖と欠乏から解放されるべきこと、公海の航行が自由であるべきことなどが宣言されていた。そして、第八条では、将来的にはすべての国民が武器使用の放棄をするようになるはずだと信じるが、ただし、広汎で恒久的な全般的安全保障体制が確立されるまでは、好戦国の非武装化が必要であるとしている。ここでいう広汎で恒久的な全般的安全保障体制が、いわば現在の国連の構想のもとにあたる。その後、日本とアメリカの開戦直後の一九四二年一月には、枢軸国に対して二六カ国の「連合国宣言」が出され、この大西洋憲章はその連合国の共同綱領として採択された。さらに、一九四五年四月から六月にはサンフランシスコで「国際機関創設のための連合国会議」が開かれ、同年六月には、五〇カ国の代表が国際連合憲章に調印した。そして、五つの常任理事国と、その他の調印国の過半数が批准した同年一〇月二四日に国際連合が正式に発足したのである。

このように、国際連合は、本来、第二次世界大戦中に連合国側が枢軸国側を抑えて、国際平和を維持するための国際機構を発足させるという趣旨で構想されたものである。ただし、以上はあくまでも成立の由来であって、国際連合憲章第四条は国際連合をすべての「平和愛好国に対して」開放し、普遍的な国際機関となることをめざしていた。そこで、日本も一九五六年一二月には国連への加盟が承認されたのである。以下において、国際連合の目的および原則について述べる。

三　国際連合の目的と国際の平和および安全の維持

（一）　国際連合の目的としての国際の平和および安全の維持

国際連合憲章一条では、次のように定める。

国際の平和および安全を維持すること。そのために、平和に対する脅威の防止および除去と侵略行為その他の平和の破壊の鎮圧とのため有効な集団的措置をとること、ならびに、平和を破壊するに至るおそれのある国際的の紛争または事態の調整または解決を平和的手段によって、かつ、正義および国際法の原則に従って実現すること（国際連合憲章一条一項）。

これらの共通の目的の達成に当たって、国際連合が諸国の行動を調和するための中心となること（同条四項）。

このように、「国際の平和および安全の維持」は国際連合の主要な目的の一つとされているのであり、また、それは国際連合を中心とした「集団的安全保障」という形で実現されるべきだとされているのである。

(二)　目的を達成するにあたっての諸原則

また、この目的の達成のために、次の原則が定められている。

(ア)　平和的手段による解決

すべての加盟国は、その国際紛争を、平和的手段によって、国際の平和および安全ならびに正義を危うくしないように解決しなければならない（同二条三項）。

(イ)　武力による威嚇または武力行使の禁止

すべての加盟国は、その国際関係において、武力による威嚇または武力の行使を、いかなる国の領土保全または政治的独立に対するものも、また、国際連合の目的と両立しない他のいかなる方法によるものも、慎まなければならない（同条四項）。

(ウ)　国際連合への協力・援助

すべての加盟国は、国際連合がこの憲章に従ってとるいかなる行動についても国際連合にあらゆる援助を与えなければならず、かつ、国際連合の防止行動または強制行動の対象となっているいかなる国に対しても援助の供与を慎まなければならない（同条五項）。

(エ)　非加盟国への対応

国際連合は、国際連合加盟国でない国が、国際の平和および安全の維持に必要な限り、これらの原則に従って行動することを確保しなければならない（同条六項）。

ここでは、何よりも「平和的手段による解決」と「武力による威嚇または武力行使の禁止」が掲げられていることに留意すべきである。

四　総会と安全保障理事会

（一）　総会

総会は、「国際の平和および安全」に関しては、以下の問題もしくは事項について討議し、また、それらに関して加盟国もしくは安全保障理事会またはこの両者に対して勧告をする（ただし、一二条に規定する場合を除く）ことができる（同一〇条）。

（ア）　軍縮を含む国際の平和と安全の維持

（a）　一般原則

総会は、国際の平和および安全の維持についての協力に関する一般原則を、軍備縮小および軍備規制を律する原則も含めて、審議し、ならびに、このような原則について加盟国もしくは安全保障理事会またはこの両者に対して勧告をすることができる（同一一条一項）。

（b）　具体的問題に関する討議・勧告等

総会は、国際の平和および安全の維持に関する具体的問題に関しても討議し、勧告することができる。このような問題で行動を必要とするものは、討議の前または後に、総会によって安全保障理事会に付託されなければならない（同条二項）。

また、総会は、国際の平和および安全を危うくするおそれのある事態について、安全保障理事会の注意を促すことができる（同条三項）。

（c）　総会と安全保障理事会との関係

国際の平和と安全の維持に関しては、安全保障理事会に優先権が認められている。すなわち、安全保障理事会がこの憲章によって与えられた任務をいずれかの紛争または事態について遂行している間は、総会は、安全保障理事会が要請しない限り、この紛争または事態について、いかなる勧告もしてはならない（同一二条一項）。

ただし、米ソの冷戦の時期には常任理事国の拒否権の行使によって実質的に安全保障理事会が機能できない状態に陥ったことがある。そこで、一九五〇年一一月には、総会で「平和のための結集」決議がなされ、これによって総会の権限が部分的に強化されている。この決議によると、安全保障理事会の常任理事国の一致ができず理事会が機能できない場合には、問題を総会に付託できるとされている。また、総会が開かれていない時期においては、七カ国（現在は、九カ国に変更されている）の理事国の同意による要請があったとき、または加盟国の過半数の要請があったときには、総会の緊急特別会期を開くことができるとされている。この決議に基づいて、例えばスエズ紛争、ハンガリー動乱、中東紛争などで緊急特別会期が開催されている。

（イ）　平和的調整のための勧告

総会は、起因にかかわりなく、一般的福祉または諸国間の友好関係を害するおそれがあると認めるいかなる事態についても、これを平和的に調整するための措置を勧告することができる（同一四条）。ただし、安全保障理事会が任務を遂行している場合には、この規定は適用されない。

（二）　安全保障理事会

安全保障理事会は、五カ国の常任理事国および選挙により選出される一〇カ国の非常任理事国からなる一五の国際連合加盟国で構成される（同二三条一項）が、安全保障理事会の任務および権限は以下のとおりである。

（ア） 国際の平和および安全の維持に関する主要な責任

国際連合の迅速かつ有効な行動を確保するために、国際連合加盟国は、国際の平和および安全の維持に関する主要な責任を安全保障理事会に負わせるものとし、かつ、安全保障理事会がこの責任に基づく義務を果たすに当たって加盟国に代わって行動することに同意する（同二四条一項）。

この観点から、すでに述べたように、安全保障理事会には、国際の平和および安全に関する事項については、総会に対する優先権が認められているのである。

（イ） 安全保障理事会の権限

前記の義務を果たすに当たっては、安全保障理事会は、国際連合の目的および原則にしたがって行動しなければならない。この義務を果たすために安全保障理事会に与えられる特定の権限は、第六章（紛争の平和的解決）、第七章（平和に対する脅威、平和の破壊および侵略行為に対する行動）、第八章および第一二章で定める（同条二項）。

（ウ） 加盟国の義務

国際連合加盟国は、安全保障理事会の決定を、この憲章にしたがって受諾し、かつ、履行することに同意する（同二五条）。

（エ） 表決

安全保障理事会の各理事国は、一個の投票権を有する（同二七条一項）が、表決数については、手続事項と非手続事項とで異なる。手続事項に関する安全保障理事会の決定は、九理事国の賛成投票によって行われる（同条二項）。これに対して、その他すべての事項に関する安全保障理事会の決定は、常任理事国の同意投票を含む九理事国の賛成投票によって行われる（同条三項）。そこで、後者の事項について、常任理事国には「拒否権」があるとされるのである。ただし、現実には、常任理事国が棄権した場合でも、九カ国の賛成があれば、安全保障理事会の決議がなされてきている。

五　安全保障理事会を中心とする紛争の平和的解決

現実に具体的な国際紛争が生じた場合、国連憲章の第六章では、まず、紛争の当事国および安全保障理事会による平和的解決を求めるべきものとしている。

（一）紛争の平和的手段による解決

（ア）当事者の責務

いかなる紛争でも、その継続が国際の平和および安全の維持を危うくするおそれのあるものについては、その当事者は、まず第一に、交渉、審査、仲介、調停、仲裁裁判、司法的解決、地域的機関または地域的取極の利用その他当事者が選ぶ平和的手段による解決を求めなければならない（同三三条一項）。

（イ）安全保障理事会の要請

安全保障理事会は、必要と認めるときは、当事者に対して、その紛争を前記の手段によって解決するように要請する（同条二項）。

（二）安全保障理事会の調査

安全保障理事会は、いかなる紛争についても、国際的摩擦に導き、または、紛争を発生させるおそれのある、いかなる事態についても、その紛争または事態の継続が国際の平和および安全の維持を危うくするおそれがあるかどうかを決定するために調査することができる（同三四条）。

（三）安全保障理事会による勧告

（ア）適当な調整の手続または方法の勧告

安全保障理事会は、第三三条に掲げる性質の（その継続が国際の平和および安全の維持を危うくするおそれのある）紛争、または、同様の性質の事態のいかなる段階においても、適当な調整の手続または方法を勧告することができる（同三六条一項）。

（イ）　考慮事項

安全保障理事会は、当事者が既に採用した紛争解決の手続を考慮に入れなければならない（同条二項）。

（ウ）　国際司法裁判所の考慮

本条に基づいて勧告をするに当たっては、安全保障理事会は、法律的紛争が国際司法裁判所規程の規定に従い当事者によって原則として同裁判所に付託されなければならないことも考慮に入れなければならない（同条三項）。

（四）　安全保障理事会への付託、および、理事会がとるべき措置

（ア）　紛争当事者による付託

第三三条に掲げる性質の（その継続が国際の平和および安全の維持を危うくするおそれのある）紛争の当事者は、同条に示す手段によってこの紛争を解決することができなかったときは、これを安全保障理事会に付託しなければならない（同三七条一項）。

（イ）　理事会がとるべき措置

安全保障理事会は、紛争の継続が国際の平和および安全の維持を危うくするおそれが実際にあると認めるときは、第三六条に基づく行動をとる（適当な調整の手続または方法を勧告する）か、適当と認める解決条件を勧告するかのいずれかを決定しなければならない（同条二項）。

（五）　紛争についての理事会の勧告権

第三三条から第三七条までの規定にかかわらず、安全保障理事会は、いかなる紛争についても、すべての紛争当事者が要請すれば、その平和的解決のためにこの当事者に対して勧告をすることができる（同三八条）。

六　武力行使を含む国際の平和および安全の維持のための措置

国際連合憲章の第七章では、「平和に対する脅威、平和の破壊及び侵略行為に関する行動」として、安全保障理事会が決定すべき武力行使を含む措置について定めている。現実の武力行使のあり方は必ずしもこの規定通りであるわけではない（とくに、国連軍にかかわる事項について）が、ここでは国連憲章の規定を中心として説明しておく。

（一）平和に対する脅威、平和の破壊または侵略行為と理事会の権限

（ア）平和に対する脅威、平和の破壊または侵略行為の存在の決定

安全保障理事会は、平和に対する脅威、平和の破壊または侵略行為の存在を決定する（同三九条前段）。

（イ）勧告、および、その他の措置の決定

安全保障理事会は、右の存在を決定した場合、国際の平和および安全を維持し、または回復するために、勧告をする（同条後段）。安全保障理事会は、また、右の勧告のほかに、第四一条および四二条に従っていかなる措置をとるかを決定する（同条後段）。

（二）暫定措置としての理事会による要請

事態の悪化を防ぐため、第三九条の規定により勧告をし、または、措置を決定する前に、安全保障理事会は、必要または望ましいと認める暫定措置に従うように関係当事者に要請することができる（同四〇条前段）。この暫定措置は、関係当事者の権利、請求権または地位を害するものではない（同条中段）。安全保障理事会は、関係当事者がこの暫定措置に従わなかったときは、そのことに妥当な考慮を払わなければならない（同条後段）。

（三）兵力の使用を伴わない措置の決定

安全保障理事会は、その決定を実施するために、兵力の使用を伴わないいかなる措置を使用すべきかを決定することができ、かつ、この措置を適用するように国際連合加盟国に要請することができる（同四一条前段）。

この措置は、経済関係および鉄道、航海、航空、郵便、電信、無線通信その他の運輸通信の手段の全部または一部の中断、ならびに、外交関係の断絶を含むことができる（同条後段）。

いわゆる経済封鎖（あるいは、経済制裁）は、このような措置の典型的なものである。ただし、例えば経済封鎖などは、たしかに武力行使をしないという点では穏和な手段であるともいえるが、逆に、その効果が出るためには時間がかかること、また、その効果は、現実には、封鎖ないし制裁をされた国の中の政治的権力をもった者よりも、むしろ国民に対してより強い影響を及ぼす（とくに子どもとか病人などのような弱者に対するしわ寄せという形で影響が出る）という問題点があること、などが指摘されている。

（四）　武力行使を伴う行動

安全保障理事会は、第四一条に定める措置では不充分であろうと認め、または、不充分なことが判明したと認めるときは、国際の平和および安全の維持または回復に必要な空軍、海軍または陸軍の行動をとることができる（同四二条前段）。

この行動は、国際連合加盟国の空軍、海軍または陸軍による示威、封鎖その他の行動を含むことができる（同条後段）。

（五）　国連軍その他加盟国による援助等

（ア）　加盟国による兵力、援助および便益等の提供と特別協定

国際の平和および安全の維持に貢献するため、すべての国際連合加盟国は、安全保障理事会の要請に基づき、かつ、一または二以上の特別協定に従って、国際の平和および安全の維持に必要な兵力、援助および便益を安全保障理事会に利用させることを約束する。この便益には、通過の権利が含まれる（同四三条一項）。

この特別協定に関しては、さらに、特別協定の内容および締結手続、部隊の割当の決定への参加の勧誘、空軍割

当部隊の保持、兵力使用の計画、軍事参謀委員会などの定めがある（同四三条～四七条）。

（イ）国連軍と事実上の国連軍および多国籍軍

これらの規定は、いわゆる国連軍に関する規定である。しかし、ここでいう特別協定に基づくいわば国連憲章上の正規の国連軍は、未だに編成されたことはない。ただし、一九五〇年の朝鮮戦争では、国連旗を用いた事実上の国連軍が派遣された。また、一九九一年の湾岸戦争では、多国籍軍という形で安全保障理事会の決議を履行するための各加盟国軍による武力行使がなされている。

（六）安全保障理事会の決定の履行

（ア）加盟国による履行

国際の平和および安全の維持のための安全保障理事会の決定を履行するのに必要な行動は、安全保障理事会が定めるところに従って、国際連合加盟国の全部または一部によってとられる（同四八条一項）。

（イ）履行方法

前記の決定は、国際連合加盟国によって直接に、また、国際連合加盟国が参加している適当な国際機関におけるこの加盟国の行動によって、履行される（同条二項）。

七　国際連合による平和維持活動

（一）平和維持活動の意義

国連憲章は、右に述べたように、国際紛争の解決のために第六章で「平和的解決」についての定めを置き、また、第七章では「平和に対する脅威、平和の破壊及び侵略行為」に対する武力の行使を含む措置に関する決定についての定めを置く。ただし、現実には、これらのいずれにも規定されていないような形の平和維持の方式も形成されてきている。すなわち、国連が小規模で軽装備の軍隊を派遣して、紛争の拡大とか再発などを防止するための活動だけを行うという形がそれである。これらは、平和維持活動（Peace Keeping Operation、略してＰＫＯ）とよばれ、また、それを執行する機関は、一般に平和維持軍（Peace Keeping Force、略してＰＫＦ）とよばれている。これらの活動の内容は、国連憲章の第六章と第七章で定める活動の中間にあたるものであるため、これは六・五章（あるいは、六章半）の活動とよばれることもある。

（二）　沿革

最初の平和維持活動は、パレスチナ休戦の監視等のために一九四八年五月に安全保障理事会決議に基づいて設置された国連休戦監視機構（ＵＮＴＳＯ）の活動である。ただし、今日の平和維持活動の典型的なモデルとなったのは、一九五六年のスエズ動乱の際に設置された第一次国連緊急軍（ＵＮＥＦ—Ｉ）であるとされる。これは、冷戦のため安全保障理事会が機能できない時にはじまった平和維持活動の最初の例である。一九五六年のエジプトによるスエズ運河の国有化の宣言から発したスエズ動乱に対して、国連ではすでに述べた一九五〇年一一月の「平和のための結集」決議（総会強化決議）に基づいて招集された第一回緊急特別総会が開催され、一一月四日には、ハマーショルド国連事務総長などの和平工作を受けて、総会が国連緊急軍（ＵＮＥＦ）の設置を決議している。これは武力行使の目的をもつものではなく、関係当事国の敵対行為の終結を確保するために両者の間に入り、軍隊の円滑な撤退、捕虜の交換、地雷の除去などの任務に当たるものである。そして、その後はコンゴ、キプロス、中東などへ十数回のＰＫＯの派遣が行われている。

（三）　ＰＫＯ三原則ないし五原則

ハマーショルド国連事務総長は、国連緊急軍設置の二年後の一九五八年に第一三回国連総会に対して、平和維持活動の組織および活動について検討し、評価した報告書「研究摘要」を提出した。そこでは、平和維持軍（ＰＫＦ）は、国連憲章第七章に基づくものではないこと、ＰＫＦの駐留等のためには関係国の同意が必要であること、ＰＫ

Ｆには安全保障理事会の常任理事国および特別な利害関係をもつ国は排除すべきこと等々をあげている。そして、ここで示された指針とかその後の現実の運用などに基づいて、いわゆるＰＫＯの三原則とか五原則などとされるものが固まってきたのである。後述する日本の平和維持活動法も、基本的には以下のような原則を前提として制定されている。

① 紛争当事者の停戦の合意があること。
② 国連の平和維持軍（ＰＫＦ）の受入れについての紛争当事者の合意があること。
③ 右のような条件がくずれた場合には国連軍が撤収すること。
④ 国連軍は紛争当事者に対して中立・公平であること。
⑤ 平和維持軍は武力を行使せず、基本的には平和維持活動にとどまる。したがって、武器の使用は限定（自衛の場合に限定）される。

このほか、右のハマーショルド国連事務総長の報告書でも示されているように、指揮権が直接かつ実質的に国連にあること、紛争に直接関係する国は国連軍の構成からは排除されること、安全保障理事会の常任理事国などの超大国は国連軍の構成からは排除されること、国連軍は国連の一機関となることなどが、ＰＫＯの特色としてあげられることがある。ただし、これまでの国連の平和維持軍の活動の例は、これらの原則を常にすべてみたしていたというわけではない。

（四）　複合型平和維持活動

なお、平和維持軍とか軍事監視団などを派遣するにとどまらずに、国内の治安維持のための任務を与えられる文民警察とか、統一政府を樹立するための選挙の公正な実施を監視する任務を与えられた選挙監視員（団）が派遣されることもある。これらの文民警察とか選挙監視員なども各国から提供された人員によって構成される。ここでは、

「平和の維持」が単なる停戦の維持という軍事的な意義をもつにとどまらず、より積極的に選挙の実施による民主主義の実現とか人権の保護、民生面での援助など平和を実現するための基盤となる政治的社会的な条件整備をするという意義をもつ活動として展開されるのである。

一九九二年から一九九三年にかけて派遣され、この中の一員として日本が初めてPKOに参加したカンボジア暫定統治機構（UNTAC）も、この複合型平和維持活動の例である。ここでは、停戦監視、武装解除、治安維持、選挙監視のほかに、さらに難民の帰還援助、行政監視、復旧支援なども行われ、その任務がより拡大されている。

八　平和執行部隊と「武力による平和の創出」

（一）　平和維持活動の拡大・変化

一九九一年一月の湾岸戦争以降においては、国連憲章第七章が援用される形でのPKFの派遣、あるいは、第七章に基づく武力行使を含む活動につながった形のPKFの派遣が行われるようになってきている。湾岸戦争を終結させるに際して、一九九一年四月の安全保障理事会決議第六八九号によって設置された国連イラク・クウェート監視団（UNIKOM）は、その例である。これは、以下のような点で、いわば伝統的な平和維持活動の枠には入りきれないものである。すなわち、これは実質的にいえば当事国の和平の合意を得ているとはいえない。また、従来の伝統的な平和維持活動には参加してこなかった安全保障理事会の常任理事国のような大国が、これに参加する形をとっている。とくに、アメリカのリーダーシップが強まる形となっている。さらに、ここでは一定の形での軍事力の行使が積極的に認められているのである。これは、武力行使から伝統的な平和維持活動への移行のための中間にあたるものとしてこのPKFが設立されたため、このような特殊性をもたざるを得なかったのだともいえる。しかし、この後も、いわゆる「ガリ構想」をはさんで、伝統的な平和維持活動では説明できない形の国連の活動が続くことになる。

（二）　ガリ国連事務総長の「平和執行部隊」の構想

一九九二年六月に安全保障理事会に提出した報告書「平和への課題」で、ガリ国連事務総長は、国連の平和維持に関する活動をさらに拡大・強化する構想を提唱した。すなわち、旧ソ連が崩壊し、その地位をロシア共和国が引き継ぐという形で冷戦が終了した直後の一九九二年一月に、安全保障理事会の首脳会議が開催された。そして、そこで、国連の機能の拡大・強化を訴える議長声明が出されている。この報告書は、この声明を受けてその内容を具体化するためのものとして提出されたのである。

この報告書では、将来の国連の役割として、紛争前における「予防外交」、紛争発生後における「平和創設」および「平和維持」（これが、従来のＰＫＯにあたる）、和平の成立後における「平和再建」という四つの活動があげられている。ここでは、例えば、以下のような特色がある。

まず、従来は紛争の発生後に限定していた国連要員の展開とか非武装地帯の設立など（いわゆる「予防展開」）を、紛争の初期段階で検討するように提言している。そして、この予防展開をするに際しては、脅威を受けている国（当事者）側の要請のみでこれを可能とするものとして、当事者双方の同意に基づいて実施するという従来のＰＫＯに関する原則を修正している。

また、平和創設については、国連憲章第七章の下での二つの種類の部隊の設置を提言している。一つは、憲章第四二条による軍事力の行使に対応する四三条以下の正規の国連軍の設置である。ただし、ここでの部隊はあくまでも小規模の軍隊の脅威に対応しうる程度のものであり、湾岸戦争における多国籍軍のような加盟国軍という形を否定するものではない。また、このような正規の部隊はまだ当分の間は実現しないであろうとしている。

もう一つは、従来の国連平和維持部隊を強化するものとしての「平和執行部隊」の設置である。これは、これまで停戦の合意がしばしば破られてきたため、そのような事態に対応して和平（停戦）の回復およびその維持のために従来のＰＫＦよりも重武装の部隊を、いわば憲章四〇条に基づくものとして設置すべきだとするものである。これは、国連憲章上の正規の国連軍とか湾岸戦争における多国籍軍などによる典型的な軍事力の行使と、従来の伝統的な平和維持活動との中間に位置する。いいかえれば、ここでの武力の行使は、憲章四二条にいう国際の平和および安全を害するような侵略行為に対抗するための武力行使ではなく、あくまでも停戦を守らせるための武力行使にとどまるものである。これは従来の平和維持活動の原則を大きく変えて、国連の役割を強化しようとするものである。

この背景には、湾岸戦争以降の「国連（安全保障理事会）の決議を通じての武力解決」を肯定的に認めようとする国際的な志向が強まってきたこと、また、より現実的には、湾岸戦争以降アメリカが国連と一体となる形の武力行使による平和の創出およびＰＫＯへの参加について積極的な姿勢をもつようになってきたということがある。

（三）　法的根拠の変化と「平和維持活動」の意義の変化

この中の「平和執行部隊」の構想は、その法的根拠をむしろ直接的に国連憲章第七章に求めている。そして、これは従来の平和維持活動と比べた場合、その活動内容においていくつかの重要な変化をもたらす。例えば、この部隊が第七章に基づいて設置される場合には、その活動について受入れ国の同意がなくてもよいことになる。また、その部隊の武力行使の可能な範囲が拡大される可能性を生じる。すなわち、武力行使は自衛のために必要な場合に限定されるとは限らないのである。現実に、安全保障理事会はこの後、一部の部隊に対しては、自衛のための措置だけでなく任務を遂行するために必要な武力行使をする権限を与えることになるのである。その意味では、これをも平和維持活動とするのであれば、「平和維持」の意義が従来とは全く異なる概念となって混乱をもたらすおそれがある。この平和執行部隊の活動は明らかに「軍事力による」平和の回復および維持にあたるからである。

（四）　平和執行部隊ないしは「武力による平和の創出および維持」の意義

まず、ここでは、従来の伝統的なＰＫＯが全くなくなってしまったなどというわけではないことに留意しておく必要がある。むしろ、ガリ国連事務総長の提案とあわせて、湾岸戦争以降は、第七章に基づく武力行使と従来の伝統的なＰＫＯとの中間領域に属する活動も行われるようになったということである。

そして、その形態はさまざまである。例えば、一九九一年の湾岸戦争の終結の際に設立された国連イラク・クウェート監視団の場合には、武力行使から伝統的なＰＫＯへの移行の中間点としてこの新型のＰＫＯが設立されている。また、一九九二年のソマリアへの多国籍軍およびそれに続く平和執行部隊の派遣は、伝統的なＰＫＯの実施の前段階として国連の武力を背景とする平和の創出を意図したものである。そして、一九九三年前後のボスニア・ヘルツェゴビナについての安全保障理事会による諸決議は、現実に内戦が収束せず伝統的なＰＫＯを行う条件が必ずしもみたされていない場合に、あえて撤収せずに、加盟国軍およびＰＫＦの両者にそれぞれ一定の武力行使の権限を与えて、伝統的なＰＫＯの実施のための条件づくりをはかることにしたものだということになる。その意味では、この活動の当否とか枠づけのための基準などは、伝統的なＰＫＯに関する基準とは別個のものを設定する必要がある。

ところで、これは国連の役割についての期待感のあり方の変化に対応している。すなわち、伝統的なＰＫＯは、周囲の政治的な働きかけなどに対応した停戦（和平）によって生じたとりあえずの平和状態の維持とか、さらには選挙などの実施による安定した政治状態の回復などについて国連が役割をはたすことへの期待感に基づいている。これに対して、この新型のＰＫＯとの関係では、そのような一時的な平和の状態を武力で作りだして、それを維持することまで、国連（現状では実質的には、アメリカを中心とする大国の占める役割が大きいが）に期待するということなのである。もちろん、このような期待感の裏側には、例えばボスニア・ヘルツェゴビナとかソマリアなどの例のように、民族あるいは部族間の抗争による迫害や大量虐殺とか、政情不安による極端な飢餓の進行などのような、それなりの深刻な背景がある。「武力による平和の創出（回復を含む）および維持」という理念的には一見矛盾した活動も、そこに軽視できない意義があるのだといえる。

（五） 今後の課題

ただし、このような形での「武力による平和の創出および維持」ないしは平和執行部隊への拡大・強化については、いくつかの重大な問題点もある。抽象的なレベルの問題としては、まず、湾岸戦争以来、武力による解決への傾斜が強まっているが、そのこと自体が、いずれはより大きな武力解決すなわち戦争による解決への引きがねとならないのかが懸念されるところである。また、これまで掲げた例はいずれも平和執行部隊が人道援助という目的を根拠とする武力行使と結びついている。しかし、そもそも人道目的の武力行使という考え方それ自体に理念として矛盾がないかが問題となる。

さらに、このような形で国連がそれぞれの国内での民族紛争とか部族対立などの問題にまで介入することは、際限のない介入となり、現在の国連の能力（特に財政的能力）を超えるものとならないかが問題となる。また、かりに選択的に介入するとした場合には、その選択のための基準が公平なものでありうるのかという点が課題となろう。

こうしてみると、今後は、やはり現状では当初の理念に立ちかえって、あくまでも従来の伝統的なＰＫＯの形を基本とすべきである。そして、かりに人道的観点などからこれ以上放置できないというような現実的な必要性に基づいて狭義のないしは広義の平和執行部隊の活動が行われざるを得ないとしても、その場合にはソマリアおよびボスニア・ヘルツェゴビナでの教訓を参考として、できるだけ正当性を認められ得るような形で、条件をしぼって実施されることが望ましいということになろう。

九 国家の自衛権と地域的取極

（一） 国際法上の武力の適法行使と自衛権

国際法上の武力行使が適法とされ得るのは、まず、①それが、国際連合の警察活動にあたる場合である。ただし、現実には、すでに述べた事実上の国連軍とか多国籍軍など憲章四二条を根拠として国連に協力する各加盟国軍が活動するという形だけが行われている。武力行使が適法とされるもう一つの場合は、②国家の自衛権に基づく自衛行動である。そして、これは、個々の国家の自衛行動と、集団的自衛権の行使としての行動との二つの場合があり得る。さらに、③地域的取極に基づく措置がとられる場合も、これにあたる。

国連憲章は、究極的には国際社会全体としての集団的安全保障をめざしているといえる。その意味では、理念としては、①の形がいわば武力行使の制度的・原則的な適法事由であり、②の形はむしろ自然権的・例外的な適法事由だということになる。そして、③はその中間に位置するものだといえる。すなわち、①の観点からすれば、③は①を補足する地域限定版の集団的安全保障のシステムだというべきことになる。もっとも、いずれにせよ、今日の国際社会は、一国内の市民社会のように法治主義（警察力の国家による独占）が完成された形と比較した場合には、それとはほど遠いものである。その点からすれば、右の原則と例外との関係というのも、現状では考え方の基本的な方向づけを示すにとどまるものとして、かなり限定的にとらえておくほかはないということになろう。

（二）　個別的自衛権

（ア）　自衛権の概念

自衛権とは、一般的にいえば、他国によって自国および自国民に対する急迫・不正の侵害が加えられた場合に、国家がその不正の侵害を阻止するためにやむを得ず武力行使その他の行為を行う権利である。この自衛権は、緊急避難権とならんで国家の基本的な権利であるとされる。しかし、これらの概念は、一国内の市民社会における個人の正当防衛とか緊急避難などとは内容が異なることは、いうまでもない。

また、国際社会における自衛権の意味内容も変化してきている。そもそも国際社会において自力救済（力による解決）が紛争の解決原理として一般的に許容されていた時代においては、ある意味では国家による戦争とか武力の行使などはすべて自衛権の行使のためなのであるから、自衛権には、道義的にはともかく法的には独自の意味はなかったのである。また、国家主権が絶対的とされ（主権国家）、国内法体系だけが整備されている段階においても、これは同様である。ここでは、国内法上の根拠さえあれば、国家の戦争その他の武力行使はすべて適法とされる。

いいかえれば、国際社会においては、戦争その他の国家による武力行使が少なくとも原則的に禁止されるという国際法的な規律が存在するようになってはじめて、例外的な戦争の適法化事由としてのこの自衛権の概念が法的な意味をもち得ることになるのである。ところで、戦争の原則的禁止が一般的に問題とされるようになったのは、国際連盟の時代以降である。すなわち、一九二八年のパリ不戦条約では、国際紛争の解決のための戦争を不正とし、国家の政策的手段としての戦争の放棄を宣言した。これは、とにかく戦争の防止が第一次世界大戦後の課題となったためである。ただし、ここでは、国際連盟規約等による制裁のための行為、および、武力攻撃に対して領土保全あるいは政治的独立のためになされる自衛戦争については、なお正当なものとして留保されている。

そして、国際連合の下においては、次に述べるように、個別的自衛権および集団的自衛権に対しても、国連の客観的統制を及ぼそうとしているのである。

（イ）　自衛権の法的根拠

国連憲章も、国家の自衛権を認めている。すなわち、五一条前段では、この憲章のいかなる規定も、国際連合加盟国に対して武力攻撃が発生した場合には、安全保障理事会が国際の平和および安全の確保に必要な措置をとるまでの間、個別的または集団的自衛の固有の権利を害するものではない、とする。

ただし、これまでの経緯からみると、この中で個別的自衛権については、この憲章の規定によってはじめて認められたというよりも、本来国家が有している個別的自衛権をこの憲章で確認し、むしろ、それに対して一定の手続的な制約を加えたものと解すべきである。その意味では、国家の自衛権は、本来は自然法的根拠をもつものとされてきたが、今日では、むしろ国連憲章上の根拠を与えられ、それと同時に、従来の自然法的伝統的な自衛権に比して一定の手続的な制約を課されるものとなっているということになる。
また、集団的自衛権というのは、理論的につきつめれば国連を通じての集団的安全保障とは矛盾するものである。その意味では、むしろ、集団的自衛権については、後述するように、この憲章の規定によっていわば暫定的にその権利がとくに保障されたものと考えるべきである。

（ウ）　個別的自衛権の発動の要件および自衛行為の範囲

どのような要件の下で各国が個別的自衛権の行使ができるようになるのか、また、その場合どの程度の行為ができるのかが問題となる。これについては、いくつかの問題についてさまざまな意見の対立があるが、ここでは、あくまでも国連憲章上保障されている自衛権の発動要件について見ておこう。

（a）　発動要件としての「武力攻撃」

自衛権の発動要件としては、まず、「武力攻撃」に対抗するものであることがあげられる。国連憲章二条四項では、すべての加盟国に対して「武力による威嚇又は武力の行使」を禁止しているが、この中で憲章五一条では「武力攻撃」に対する自衛権の発動を認めているにとどまるからである。したがって、例えば他国の軍隊が自国の領域に侵入してきたような場合はこの武力攻撃にあたるが、たまたま国境付近で他国の国境警備隊などが越境した程度の場合には、憲章二条四項違反にはなるが、この「武力攻撃」にはあたらないとされる。また、例えば他国の軍隊による自国の陸、海、空軍などの軍隊に対する本格的な攻撃とか、他国の軍隊による自国の港の実効的な封鎖なども、この武力攻撃にあたる。

なお、ここでは、発動要件をそもそも武力攻撃に限定すべきかどうかを問題とする考え方もないわけではない。というのは、例えば外国からのはたらきかけによって内乱が誘発されるという間接侵略とか、重要な資源等の禁輸措置とか金融市場の攪乱などのいわゆる経済侵略によって国家としての危機的な状況が生じるという可能性もあり得るからである。とくに、伝統的な自衛権論の考え方によれば、自衛権の発動要件は「武力攻撃」でなく、より一般的な「急迫・不正の侵害」とされてきたため、このように広げることもできないわけではない。しかし、これについては、国連憲章上はあくまでも発動要件を「武力攻撃」に限定すべきものとしているのである。ただし、間接侵略の中でも、とくに他国により組織的な武装集団が派遣され、その集団が例えば右に述べたような武力攻撃にあたる行為をした場合には、この発動要件をみたすものとされる余地がないとはいえない。

また、右のことと関連するが、自衛権行使のための要件として、この武力攻撃によって侵害されるおそれのある保護法益の存在も必要である。そして、ここでいう保護法益とは、一般的にいえば、領土保全および政治的独立である。したがって、この領土保全および政治的独立を侵害するおそれのない場合、例えば、単なる公海上の偶発的な武力衝突では、この自衛権の発動要件は充たされないことになる。いずれにせよ、具体的事例においてはさまざまな事情を考慮した上で、右の法益侵害を及ぼすような武力攻撃がなされたといえるかどうかを判断すべきことになる。

（b）　武力攻撃の「発生」

また、自衛権行使のためには、武力攻撃の「発生」が必要である。しかし、これについても、武力攻撃の「おそれ」を根拠として、いわゆる「先制的」自衛をすることができないかということが問題となる。というのは、例えば核兵器とかミサイルなど兵器の性能が格段に高まっている今日においては、武力攻撃を受けた後では致命的な打撃を受けてしまって、自衛（反撃）の能力がなくなるおそれもあるとの懸念があるからである。しかし、これについても、先制的自衛というのは一般的に否定されているといってよい。というのは、これを安易に認めるならば、自衛という名の下での先制攻撃を許すことに等しくなるからである。ただし、右のような今日の兵器の現実およびそれに対する懸念を反映して、攻撃の「発生」といっても、それはあくまでも右のような法益侵害を生ずることになるような武力攻撃の「着手・進行」でよいのであり、右の法益侵害の完成という意味での「攻撃の終了」を意味するわけではないとされている。

（c）　自衛権行使の範囲および時期

かつての伝統的な自衛権論による場合には、極論すれば、ひとたび自衛のための戦争を開始した以上は敵国が降伏するまで攻撃ができるとする考え方もあり得たが、今日の国連憲章上認められる自衛権においては、自衛権の行使だからといってあらゆる武力行使ができるわけではない。その範囲は、右に述べたような法益侵害を排除するのに「必要かつ相当」な反撃であるにとどまる。そして、現実になされた武力行使等がこの「必要かつ相当」な反撃といえるものかどうかについては、当事者（国）の主観的な判断に委ねられるのではなく、客観的・国際的な審査と判定に服すべきである。次に述べるような手続的な統制は、そのために置かれているともいえる。

また、ここでは、国連憲章五一条前段で、自衛権の行使は「安全保障理事会が国際の平和および安全の確保に必要な措置をとるまでの間」だけ行えるというように、時期的な限定が定められていることに留意すべきである。要するに、ここで認められている自衛権の行使はあくまでも応急措置的なものにとどまるのである。

（エ）　国際連合による手続的統制

（a）　安全保障理事会に報告すること

国連憲章五一条中段では、この自衛権の行使に当たって加盟国がとった措置は、直ちに安全保障理事会に報告しなければならない、とする。これは、右に述べたような「必要かつ相当」な反撃といえるかどうかについての判定をするだけでなく、その他安全保障理事会がとるべき措置を討議し、決定するためのものでもある。

（b）　自衛権の行使と安全保障理事会

また、憲章では、この措置は、安全保障理事会が国際の平和および安全の維持または回復のために必要と認める行動をいつでもとるというこの憲章に基づく権能および責任に対しては、いかなる影響も及ぼすものではない（同条後段）とする。

これは、すでに述べたように、集団的安全保障をめざすという国連の理念からすれば、この自衛権の行使はあくまでも緊急・例外的なものであり、本来は、安全保障理事会の決議に基づく行動が制度的・原則的になされるべきものだとされるのである。

（三）　集団的自衛権と集団的安全保障

（ア）　集団的自衛権の意義

憲章五一条では、集団的自衛権を許容している。集団的自衛権とは、一国に対する武力攻撃が加えられた場合に、それと密接な関係を有する他の国が、その被侵略国に協力して防衛行為をする権利をいう。防衛行為のための発動要件、防衛行為の範囲などについては、次に述べる根拠づけの問題と関連して異なってくるが、この集団的自衛権の行使が認められる限りにおいては、個別的自衛権の内容と同様である。

（イ）　集団的自衛権の根拠

この集団的自衛権の理論的根拠については、考え方は分かれている。

（a）　正当防衛論

一つは、正当防衛論である。一国内の市民社会においても、自己だけでなく、他人の権利・利益をまもるための正当防衛が認められている。ここでは、それと同様に、他国のための防衛行為も、自国の防衛と同様に正当防衛にあたるとするものである。この考え方を徹底すれば、他国のための防衛行為はいかなる国でも行うことができるということになる。しかし、すでに述べたように、国連憲章は、本来、国際連合を通じての集団的安全保障をめざしているのである。その点からみると、このような形で、他国に対する防衛権を徹底して許容することは、この憲章の理念と矛盾することになる。

（b）　集団的自衛権（自己防衛論）

これは、二カ国以上の国々の関係が一定の密接な関係といえる場合には、それらの国々の集団が一つの集団としてとらえられるとして、その中の一国に対する武力攻撃があった場合には、その集団の中の他の国にとっても、自国に対する攻撃として正当防衛ができるとする考え方である。いいかえれば、集団的自衛は、他国に対する武力攻撃の発生を契機とする「自己防衛」だとするものである。なお、密接な関係とは必ずしも二国間での条約がなくてもよいが、二国間あるいは多国間での共同防衛・相互援助のための安全保障条約（例えば、日米安全保障条約）が締結されている場合などは、その典型的な例にあたる。ただし、この場合には、共同防衛とか相互援助などは、権利というだけではなく、同時に条約上の義務とされることになる。また、この他、自由市場とか関税免除などのように経済関係を緊密にするような二国間あるいは多国間での条約などがある場合も、これにあたるといえる。ただし、このように経済的な関係までをも含めて条約を根拠とする集団的自衛権を安易に許容することは、結局は軍事同盟とか経済のブロック化などを積極的に根拠づけることにならないか、という懸念がないわけではない。

（c）　地域的防衛論

これは、右の集団的自衛権を、むしろ一定の地域と結合させたものである。これは、集団的自衛権を一定の地域単位で制度化・システム化したものだともいえる。

(四) 地域的安全保障

(ア) 地域的取極

(a) 地域的取極および地域的機関

地域的取極とは、一定の地域の平和と安全の維持の確保のために、その地域の諸国家の間で締結された地域的条約をいう。また、地域的機関とは、そのような条約により設立された国際的機関をいう。国連憲章五二条一項本文では、「この憲章のいかなる規定も、国際の平和および安全の維持に関する事項で地域的行動に適当なものを処理するための地域的取極または地域的機関が存在することを妨げるものではない」としている。

これは、各地域はそれぞれ政治的、経済的および社会的な特質をもっているため、このような地域的取極および機関によって、地域の実情に対応した現実的で有効な解決がはかられることが望ましいとする趣旨によるものである。その意味では、この地域的取極というのは、理想的には一定の地域において関係する国のすべてが参加した総合的・普遍的な集団的安全保障のための取極を想定しているといえる。しかし、現実には、米ソの冷戦体制の下で、むしろ(資本主義体制か、あるいは、社会主義体制かという)一定の利害関係によって結合された一面的な地域的共同防衛・相互援助的な取極を生み出すことになった。典型的には、例えば、一九四九年四月には北大西洋条約機構(NATO)が設立され、また、これに対抗して一九五五年にはワルシャワ条約機構が設立されたのである。ここでは、例えばNATOは、これに加盟する一国に対する武力攻撃をすべての締約国に対する攻撃とみなしてその国を援助するというものであって、実質上は当時のソ連および東欧諸国に対する軍事同盟にほかならないものであった。こうしてみると、厳密にいえば、これらはむしろ集団的自衛権の多国間条約による制度化というべきものである。

ただし、冷戦終了後の今日においては、これらの多国間条約のあり方に変化の兆しが見えているといえないこともない。例えばヨーロッパにおいてはワルシャワ条約機構は崩壊し、むしろNATOがヨーロッパにおける総合的・普遍的な地域的取極という性格をもつものとしての方向に進みつつあるといえる。また、例えば冷戦終了後の一九九五年一月には、欧州安全保障協力機構（ＯＳＣＥ）が設立されている。一九九九年現在で加盟国は五五カ国におよぶ。そして、一九九九年一一月には、このＯＳＣＥの首脳会議において、欧州安全保障憲章が調印されている。ここでは、冷戦終了後に多発している国内紛争を全加盟国の安全保障にとっての脅威であるとし、人権、経済、環境などを含めた包括的な安全保障の観点から紛争に対応するものとし、例えばＮＡＴＯ、ＥＵとの協力、理事会の常設、ＰＫＯへの関与の強化、危機管理の文民専門家による緊急専門支援協力チームの創設などが、その柱としてあげられている。

しかし、このようなヨーロッパでの動向に対して、アジアにおいては、まだ基本的には冷戦構造が終了したとはいえず、総合的・普遍的な地域的取極への方向づけがみえているとはいい難い。そこで、この点が今後の課題となっている。

（ｂ）　地域的取極に基づく平和的解決の義務

憲章三三条一項では、すでに述べたように、まず、加盟国に対して、国際紛争の平和的解決方法の一つとして、この地域的取極または機関を利用すべきことを義務づけている。また、同時に、憲章五二条二項では、この地域的取極を締結した加盟国は「地方的紛争を安全保障理事会に付託する前に、この地域的取極または地域的機関によってこの紛争を平和的に解決するようにあらゆる努力をしなければならない」としている。

（ｃ）　地域的取極に対する制約

地域的取極またはその機関の活動は無条件で許容されているわけではない。憲章五二条一項但書では、「この取極または機関およびその行動が、国際連合の目的および原則と一致することを条件とする」としている。

（イ）　総会および安全保障理事会との関係

（a）　安全保障理事会による解決の奨励

安全保障理事会は、関係国の発意に基づくものであるか安全保障理事会からの付託によるものであるかを問わず、前記の地域的取極または地域的機関による地方的紛争の平和的解決の発達を奨励しなければならない（同五二条三項）。

（b）　安全保障理事会および総会との関係

本条は、第三四条（安全保障理事会による調査）および第三五条（加盟国および紛争当事国による、総会および安全保障理事会への注意の喚起）の適用をなんら害するものではない。

（c）　安全保障理事会による強制行動と地域的取極

安全保障理事会は、その権威の下における強制行動のために、適当な場合には、前記の地域的取極または地域的機関を利用する。ただし、いかなる強制行動も、安全保障理事会の許可がなければ、地域的取極に基づいて、または、地域的機関によって、とられてはならない（同五三条一項）。ただし、次の場合にはその許可は不要であるとされる。

（d）　集団的自衛権に基づく例外

すなわち、それが集団的自衛権に基づいている場合には許可は不要とされる。これは、武力攻撃に対して地域的取極という形式と一体となった集団的自衛権に基づいて行使される反撃行為については、五一条の規定が適用されるため、安全保障理事会の許可を要しないとされるのである。そして、むしろ歴史的・現実的にいえば、これを保障するために、五一条の規定の中に集団的自衛権の定めが置かれたのだともいわれている。すなわち、そもそも安全保障理事会の常任理事国の拒否権の行使によってこの地域的取極に基づく強制行動がとれなくなるのではないかという懸念があったため、そのようなことのないように五一条で集団的自衛権の行使を許容するという形で、この許可の規定に対する歯止めを置いたのだとされている。

第二節　憲法九条の平和主義と自衛権

日本国憲法の前文では、「日本国民は、恒久の平和を念願し、人間相互の関係を支配する崇高な理想を深く自覚するのであつて、平和を愛する諸国民の公正と信義に信頼して、われらの安全と生存を保持しようと決意した」とする。そして、これを受ける形で、九条では、「日本国民は、正義と秩序を基調とする国際平和を誠実に希求し、国権の発動たる戦争と、武力による威嚇又は武力の行使は、国際紛争を解決する手段としては、永久にこれを放棄する」（一項）。「前項の目的を達するため、陸海空軍その他の戦力は、これを保持しない。国の交戦権は、これを認めない」（二項）と定めている。

一　平和主義の法的効力

憲法九条については、この規定はいわば「政治宣言」にとどまるとする説もある。また、この規定はあくまでも法規範であるが裁判規範性はないとする説もある。しかし、例えば、規定の内容自体が法的拘束力をもたせるのにふさわしいような具体性をもっていないとか、憲法の規定自体が単なる「政治宣言」であるとする趣旨を定めているなどといった特別な事情がない限りは、憲法の規定が法的拘束力をもつのは当然である。ただし、この規定がどのような法規範的効力をもつと解すべきかどうかについては争いがある。

二　平和主義の意義についての争点

憲法九条の定める平和主義の内容をどのように理解すべきかについては、いくつかの点で争いがある。ここでは、まず、その点について紹介しておこう。

(一) 戦争の放棄

一項では「戦争の放棄」を定めているが、ここで放棄されている「戦争」とは、「一切の戦争」を意味するのか、あるいは、「自衛戦争」以外の戦争を意味しているのかが問題となる。これは、いいかえれば、一項では、わが国の国家としての「自衛権」をも放棄したとみるべきかどうかが問題となる。もちろん、厳密にいえば、「自衛戦争の放棄」と「自衛権の放棄」とは全く同じ意味だとはいえないとする考え方もありうるが、通常は、ここでの「自衛戦争」の放棄と「自衛権」の放棄とは同義のものと考えられている。

これについて、第一説は、一項は「一切の戦争」の放棄を意味しているとする。その根拠としては、例えば憲法は本条と前文とをあわせて「諸国民の公正と信義」への信頼を表明したものであること、「戦争」の種類の区別は必ずしも明白ではなく、とくにわが国の場合には、かつて「自衛のため」という名目の下に客観的には侵略戦争をおこなったこと、そして、それに対する反省の意味で本条が定められていること、などである。

これに対して、第二説は、ここで放棄するものとされるのは、「自衛戦争」以外の、侵略戦争その他武力による紛争解決のための戦争であり、あくまでも「自衛戦争」は放棄していない、とする。その根拠としては、例えば「国際紛争を解決する手段としては」という文言は、放棄すべき戦争の種類を限定する意義を有していること、現在でも、国際法上国家による自衛権の行使すなわち自衛戦争は国家の基本的な権利だと解されていること、などである。

(二) 戦力の不保持

二項前段では「戦力」の不保持を定めている。ただし、ここでは「前項の目的を達成するため」という定めがあるため、一項についての解釈の違いを受けて、「戦力」の意義をどのようにとらえるかについて争いがある。いいかえれば、「自衛のための戦力」が保有できるかどうかについて争いがある。なお、厳密にいえば、「自衛のための戦力」と現在の「自衛隊（自衛隊法に基づくもの）」とは、必ずしも同じとはいえない。ただし、これについては後述する。ここでは、あくまでも一般的な意味での「自衛のための戦力」を問題とする。

第一説は、一項についての第一説を前提として、「一切の戦力」を保持できないとする説である（A説）。自衛権・自衛戦争まで否定する場合には、二項についてこのように理解するのは当然であろう。

ただし、逆に、第二説として、一項についての第二説を前提としながらも、なお、二項は「一切の戦力」の保持を禁じているとする説がある（B説）。その根拠としては、例えば、国家の本質的な権利としての自衛権を認めることと、現実具体的な「戦力」をもつこととはあくまでも別のものであること、また、現実の「戦力」それ自体は「自衛のため」と「侵略のため」との区別が不可能であること、したがって、右の区別が困難となるような現実具体的な「戦力」を認めることは「前項の目的」の実現を阻害するおそれがあること、などがあげられる。なお、学説上は、この説が通説であるといってよい。

これに対して、第三説は、一項についての第二説を前提として、「前項の目的を達成するため」という文言を根拠としつつ、ここで保持を禁じているのは「自衛戦争」以外の戦争のための戦力であるから、「自衛のための戦力」は保持できるとする（C説）。現在の政府の解釈は、これにあたる。この説は、「前項の目的」に即した解釈であるともいえる。もちろん、ここでは九条全体の趣旨からみて、単に「自衛のため」という名目があればどのような「戦力」でも保有できるというのではなく、あくまでも実質的にみて「自衛のため必要最小限度」の戦力の保有が許されるということである（一九五四年一二月の政府統一見解では、自衛のための必要相当限度の実力部隊をもつことは合憲だとする）。

とはいえ、この説の問題点は、「自衛のための戦力」というものの定義が現実に可能かということである。もし、これが不可能な場合には、「自衛のための戦力」が「侵略のための戦力」に転化して、結局「前項の目的」が実現できなくなることになろう。

(三) 交戦権の否定

二項後段ではさらに国の交戦権を否定しているが、この意義についても説が分かれる。第一項について第一説をとる場合には、一切の交戦権が否定されることになる。これに対して第二説をとる場合には、自衛戦争のための交戦権は否定されるわけではないとされることになる。

ただし、二項に関する第二説(B説)をとって、「自衛権」は否定されないが、現実・具体的な「戦力」をもつことは否定されるとするならば、結局は、一切の交戦権が否定されることになる。その意味では、この交戦権についての理解は、二項前段の戦力不保持についての理解とつながっているものと考えてよいであろう。また、この説を前提として、一項では国の自衛権を否定するわけではないが、一項と二項とを合わせると、結局、自衛戦争も含めたすべての戦争を放棄していることになるのだとする考え方もある(これが、通説だとする主張もある)。

(四) 自衛権および自衛のための戦力を認める場合の課題

九条の解釈として、自衛権および自衛のための戦力を認める場合には、憲法および国際法の両者にかかわる論点として、いつ、いかなる場合に戦闘行為などの武力行使が可能となるのかが問題となる。例えば、具体的には、防衛のための先制攻撃ができるかとか、相手国の攻撃がすでになされている場合に、相手国のミサイル基地への攻撃が可能かとか、あるいは、相手方の航空基地に対する爆撃が可能か、等々である。

しかし、すでに述べたように、他国に対する自衛のための武力行使が認められるべき条件は、国際法的にもある程度は固まっている。したがって、自衛権行使のための発動要件、自衛の範囲、行使後の手続などについては、わが国で独自の判断をするのではなく、むしろ、国際法(国連法)の基準によるべきであろう。

(五) 自衛隊の合憲性

現在、自衛隊法に基づいて自衛隊が置かれているが、この合憲性が問題となる。

（ア）　違憲説

まず、第一説は違憲説である。これは、すでに述べた第二項に関するA説およびB説を前提とするものである。ただし、A説およびB説を前提とした場合でも、二項にいう「戦力」の意義のとり方によっては、ある程度の武力の保持は可能となる。例えば、これらの説においても、いわゆる「警察力」としての武力まで禁止されるとは考えないからである。その意味では、この説でもなお、「戦力」と「警察力」との差異など検討すべき点が残されている。現実に、自衛隊の初期（この前身である、警察予備隊および保安隊の時期）における「武力の保持」の合憲性をめぐる議論の中で、例えば、「近代的戦争の遂行能力」とか「戦力なき軍隊」などという形で、この「戦力」の定義が問題となったこともある（一九五二年一一月の政府見解では、九条二項は、侵略とか自衛などの目的を問わず戦力の保持を禁じているが、戦力とは近代戦争遂行に役立つ程度の装備、編成を備えるものをいうとして、戦力に至らない程度の実力を保持し、これを防衛の用に供することは違憲ではない、とする）。ただし、ここでは、「自衛のための戦力」でさえも禁止されるとするのであるから、許容されうる武力の内容がかなり限定されることはいうまでもない。その意味では、いずれにせよ、現在の自衛隊については「戦力」にあたることは間違いないといってよいであろう。

（イ）　合憲説

これに対して、合憲説がある。これは、すでに述べた第二項に関するC説を前提とするものである。ただし、この説を前提としても、「自衛のための戦力」の意義のとり方によっては、現在の自衛隊が違憲とされることもあり得ることに注意すべきである。すなわち、C説を前提とした上で、さらに、「自衛のための」戦力という名目さえもっていればいかなる武力でも許されると解するのであれば、自衛隊が違憲となる余地はない。しかし、いかなる武力でもそのすべてが「自衛のための」ものとして肯定されるとするのは、実質的には、この九条の平和主義の趣旨（すなわち、すでに述べたように、この説が理解する「侵略戦争その他の武力行使は決して行わない」とする第一項の趣旨）を本質的に否定するに等しく、採用され得ない。したがって、この説による場合には、「自衛のための戦力」（以下、「自衛戦力」とする）の意義を、より厳密につめて考えておく必要がある。

この「自衛戦力」とは、一般的にいえば、「自衛のため最小限必要な武力」であるとされるべきことは当然である。したがって、例えば大陸間弾道弾、長距離戦略爆撃機、攻撃型航空母艦などのように、一般的にもっぱら他国の攻撃に用いられるような兵器ないしは装備を持つことは許されない。その意味では、例えば自衛隊が核武装できるかについては、核兵器の破壊力・殺傷力を考えれば、いかなる意味においてもこれが「自衛のため最小限必要な武力」であるとすることは不可能であろう。このように、かりにC説を前提とするとしても、自衛隊の装備等については、それ自体として一定の限界が付されているといわねばならない。

また、この説によって、自衛戦力の定義を考えていく場合には、少なくとも一面においては、今日に至るまでの「自衛隊」の増強が、実際上はアメリカの世界戦略との関係で進められてきたということをどのように正当化できるのかが問題となる。というのは、例えばこの二十年間ぐらいは、例えば日本とかフィリピンなどにおける各地の米軍基地の撤退にみられるような、アジアにおけるアメリカの軍事的な後退に対応し、それを補うような形で日本の自衛隊の戦力の増強がアメリカから強く要求されつづけてきたということは否定できない事実だからである。もし、自衛戦力の定義を、日米の軍事同盟関係に基づくアメリカのアジア戦略の観点からみた、いわゆるアジアの軍事バランスの保持の意味まで含めて拡大してとらえられるならば、自衛戦力の意義が際限なく広がってしまうことはいうまでもない。いずれにせよ、その意味では、この説の立場において、自衛戦力の定義が必ずしも十分に明確に示されていないという点が問題となる。

三　平和主義の意義と九条の規範的効力の範囲

（一）　九条の究極的な理念

憲法九条の平和主義の本来の趣旨は、憲法制定当時の吉田首相の国会答弁にもみられるように、一切の戦力を保持しない、また、自衛戦争を含め一切の戦争も考えない、ということであったといってよい（現実に、当時、わが国は武装解除されている状態であった）。また、そのような考え方は、敗戦直後の日本国民の意識にも合致していたと思われる。たしかに第一次世界大戦後に締結された不戦条約（一九二八年）でも、国家の政策としての戦争は放棄されたが、自衛戦争までは否定されてはいない。しかし、憲法九条は、その後に生じた第二次世界大戦を経た後に成立したものである。その点からいえば、ここでは、戦争の名目を問わずいかなる戦争をも廃止・放棄すべきであるとする人類の悲願を、はじめて全面的に表明したものであるという歴史的意味をもったものだと解すべきであろう。このことは、憲法前文が、単にわが国の問題にとどまらずに世界全体の平和を願い、また、全世界の国民の「平和のうちに生存する権利」を確認する定めを置いていることに照らして考えてみても正当とされうるものと思われる。その意味では、右に述べた説の中でもA説が本条の究極的な理念にあたると考えるべきである。

（二）　平和主義のための現実的基盤

しかし、このように、世界の平和を希求する理念の表明としての憲法九条の平和主義の宣言が歴史上画期的なものであることは認めるべきだとしても、このような徹底した平和主義の理念が実現されるべき現実的な基盤が存在しているのかどうかが問題となる。いかに理念が優れたものであるとしても、それを実現すべき現実的な条件が存在しないような場合にも、それを無視して、その理念に規範的な効力を与えることはできない。とくに、右に述べたように、世界全体のレベルでの平和の実現というのは日本だけの行為（すなわち、日本だけの戦争放棄・戦力不保持）だけで直ちに実現しうるという性質のものでないことはいうまでもない。すなわち、たしかに、九条の条文だけを見ると、これを日本だけの問題として考えていると理解することもできないわけではないが、前文をあわせ読んだ場合には、この平和主義の問題は世界全体の平和の達成の問題と連動しているものと理解すべきではないか、ということである。

そして、そのように考えた場合には、むしろ、第二次世界大戦後の米ソの冷戦体制を中心として動いてきた国際政治の現実、いいかえれば、その中での国際連合の現実は、この前文および九条の考える理想とは、なお遠くはなれていたことはたしかである。すなわち、それが決して理想的であるとはいえないとしても、各国家はあくまでもそれぞれの国益に基づいて行動しており、したがって、軍事的なバランス論が未だに今日の平和維持の一つの重要な要因となっているという現実は否定できない。このような現実の中では、国家の自衛権も容易に否定することはできないし、また、今日まったく自衛のための戦力が不必要であると断言することは難しい。また、ある国の一方的な軍備の放棄は、本来、侵略する意思をもたなかった他国に対する侵略の誘引になることすらあるといわねばならない。理想主義的観点からはその正当性は容認しがたいであろうとは思われるが、今日の国際政治の現状の下においては、戦争その他の武力の行使に対する抑止力としての軍事力に対しても、なおそれ相応の正当な評価が与えられなければならない。また、現実に軍隊が存在するにもかかわらず、軍隊とか軍事などの問題についての議論をいわばタブーとして避けることは、かえってそれを「聖域化」して、それを国民の目からは実体の見えないブラック・ボックスとすることになりかねない。むしろ、現実的観点からは、これらのことがらに対してそれ相応の正当な評価を与えた上で、それらを憲法的・法的なコントロールの下に置くように留意する必要があると思われる。

(三) 九条の規範的効力の範囲

憲法は、国家および国民に対して現実的に不可能なことをも規範的効力をもって強いるものと解すべきではない。その観点からすれば、憲法九条の平和主義のもつ規範的効力の範囲は、今日ではある程度限定されざるを得ないものと解すべきである。すなわち、この点をより一般的な形で言い直すならば、理念としての九条（あるいは、いわば根本規範としての平和主義）は、非武装平和、すなわち、一切の戦争を放棄し、また、したがって一切の戦力をも持たないことを要求しているのであるが、現実のわが国の実定法体系の中の最高法規としての九条は、それぞれの歴史的な時期に対応して、現実に実行可能な内容に即した規範的拘束力をもつにとどまると解すべきである。そして、今日の国際政治の現実の下では、当面は、国家の自衛権を否定することはできないし、また、必要最小限の自衛戦力も否定できないと解される。いいかえれば、九条は、今日においては、むしろいわば「過渡的措置」として「自衛のための戦争」を、また、したがって「自衛のための戦力」をもやむを得ず許容しているものと解すべきだということである。その意味では、当面は九条の規範的効力は右に述べたC説の範囲内にとどめざるを得ないものと思われる。

もちろん、ここでは、「国家の自衛権の放棄」および「一切の戦力の不保持」のための国際環境が不十分と思われる当面の状況の下では、九条の規範的効力の範囲が制限されて、いわば過渡的措置として自衛権および自衛戦力が許容されうるとするにとどまるものであるから、この場合、当然、現実の戦力としての自衛隊が「自衛のため真に必要か」というきびしいチェックがかけられねばならない。したがって、国には、例えば自衛隊の合憲性が問題となるような訴訟の場においてはいうまでもないが、また、より一般的にも、国民との関係で、国は常にその時々の自衛隊の戦力が「自衛のため真に必要」であることについて主張・立証する責任がある。

また、ここでは、あくまでも、本来、究極的には非武装平和をめざすということが九条本来の理念であるということまで否定するものではない。したがって、その意味では、国には、常に、軍備縮小への努力義務、および、そもそもそれを可能とするような国際的な条件を率先して作り出すための外交その他の努力義務が課されているといわねばならない。

四　平和主義宣言のもつ対外的な法的・政治的意義

ここでは、かりに自衛戦争は放棄していないという解釈をとるとしても、そのような限定つきでの「戦争放棄および戦力不保持宣言」が、右に述べたこと以外で、どのような法的および政治的意義をもちうるのかを、将来的な展望も含めて、考えておこう。

（一）　領土に関する法的意義

まず、法的意義について考えると、例えば、スイスの「永世中立」宣言とかモンゴルの非核国宣言などのように、憲法九条のような「平和主義」宣言に、何らかの国際法的効果があるといえないかどうかが問題となろう。

そして、これについては、この九条の平和主義の宣言は、例えば、領土に関していえば、侵略による領土の拡大を否定するという含意があることに留意すべきである。すなわち、このような宣言をした以上は、例えば、かりに日本が軍事的な侵略によって他国の領土を侵略したとしても、その領土の取得は法的に無効とされるべきことになろう。そして、このような軍事的な侵略による領土の取得は、日本国憲法の下で国内法的に無効となるだけでなく、国際法的にも無効とされるべきである。いいかえれば、これが、いわば平和主義宣言の国際法的効果だということになる。その意味では、右のような形での領土の拡大がかりに行われた場合には、わが国の裁判所がそれを違憲・違法とする権限を行使すべきであるというだけでなく、国際司法裁判所も、同様に、このような形での領土の拡大を違法だと宣言すべきだということになる。

もちろん、現在では、一国の憲法の平和主義宣言にはこのような国際法的な効果があるなどと考えられてはいないのであるが、将来的には、このような形での法的効果が認められるようになることが望ましいのである。さらに言えば、このような平和主義宣言の国際法的な効果に対する、いわば見返りとして、そのような平和主義宣言をした国に対する他国からの侵略行為があった場合には、国連およびその加盟国は、その宣言をした国を積極的に支援するという保障が与えられることが望ましい。そして、かりにこのような国際法的なルールが確立していけば、そのような宣言をした国の自衛のための戦力（武装）はより軽減されうることになるから、将来的には世界全体としての軍備の縮小が展望しやすくなるということになろう。また、このような法的効果が確立することは、政治と軍との間の関係という国内的な側面でも、例えば軍が暴走したり、あるいは軍が政治的な野心をもつことを、少なくとも部分的には防止するという効果をもつことになろう。というのは、かりに軍事的に獲得した領土が国内法的にも国際法的にも認められないとなれば、領土に関する軍事的な野心をもつことの意義を、少なくともかなりの程度において は、減少させるからである。

なお、かりに、自衛のためにおこなった作戦（戦闘）行為によって他国の領土を占領した場合についても、同様に、この平和主義宣言は、そのような形での領土の拡大をも否定するという趣旨を示すものだととることができる。もちろん、これを認めることは、反面では侵略国の領土の保全を予め保障してしまうことに等しいという矛盾点があるともいえる。しかし、これまでの世界の歴史をふり返るならば、侵略に対する防衛行為という名目で他国の領土の侵略をするという危険も常に存在するのであり、したがって、その点を防止するためには、やはりここまで徹底することが望ましいというべきである。

このように考えると、憲法九条のような形での一方的な平和主義の宣言であっても、対外的な法的な意義がないとはいえないことになろう。

（二）　対外的な政治的効果

この平和主義の宣言は、少なくとも一定程度は、対外的な政治的な効果をもちうる。例えば、侵略戦争をしない、また、国際紛争についての武力解決をしない、ということを国是として、それを守り続けることによって、周辺諸国への信頼感および安心感を与えることはできる。逆にいえば、この平和主義の宣言は、例えば、第二次世界大戦

（日中戦争および太平洋戦争）についての、さらにさかのぼれば日韓併合などについての、歴史的な反省を表す意義もある。そして、これによるわが国の周辺諸国との間の信頼感が前提となっていけば、やはり将来的には、例えば東アジア地域（あるいは、アジア・太平洋地域）全体の地域的な安全保障の体制を構想することが可能となるかもしれないのである。

五　自由主義を強調する観点からみた平和主義の問題

（一）　自由主義理念と国家による軍事力の保持との関係

国家権力への疑念・警戒を重視する古典的な自由主義理念の立場からみると、また、具体的にいいかえれば、自由権を中心とする基本的人権を尊重し、権力の分立を徹底して権力の腐敗・濫用をできるだけ避けようとする立場からみると、平和主義と自衛隊との間の関係についてはどのように考えるべきなのかが問題となる。

そもそも、自由主義を徹底する立場からすれば、本来ならば、国家権力に軍事力をもたせることは危険なことだと考えることになる。歴史的にさかのぼれば、例えばイギリスの権利章典（一六八九年）では、王権に対抗する新教徒の自衛のための武装権を認めるべきであるとする考え方が示されているし、また、バージニア権利章典（一七七六年）では、国家権力の軍事力（常備軍）を制限し、むしろ個々の国民の自衛力（民兵）の方が望ましいという考え方が示されているのである。しかし、もちろん、このような考え方を徹底することは今日では無理であることは確かである。国民国家が成立し、帝国主義戦争を経た現代では、軍事力は基本的には国家単位ではかられ、また、国際社会においては国家単位での軍事的バランスが実質的に重要な要素を占めていることは否定できない。とはいえ、そのような現代においてもなお、軍事力の法的および政治的コントロールの徹底が必要であることはいうまでもない。その観点からいえば、以下の点に留意すべきである。

（二）　必要最小限の軍事力

まず、軍事力の肥大化・一人歩きを避けるために、あくまでも軍事力は必要最小限にとどめるという枠づけが大事である。ただし、この点を具体的に確認することは決して簡単なことではないし、この枠そのものが常に拡大されがちになるであろうという問題がついてまわることになる。すでに述べたように、これまでもアメリカの対アジア政策の変化に対応した軍事バランス論の中で、わが国の自衛隊は自衛権の枠を超えた実体を備えることを期待されつづけてきているからである。もちろん、わが国それ自体の安全保障政策のあり方についても注意しつづける必要がある。例えば、平成一六年（二〇〇四年）の一二月には、今後十年間の安全保障政策の基本指針と防衛力のあり方を示すための「防衛計画の大綱」（新防衛大綱）が閣議決定されている。そこでは、全体としては、日米安保体制が必要不可欠であるとした上で、新たに国際テロ活動などへの対応の必要性とか、弾道ミサイル攻撃に対するミサイル防衛システムの整備などが盛り込まれたほか、安全保障の目的は直接的な脅威の防止だけでなく国際的な安全保障環境を改善してわが国への脅威が及ばないようにすることであるとか、中東や東アジアの安定化に努めるとか、PKOなど海外派遣のための教育訓練体制、部隊の待機態勢、輸送能力等を整備するなどとして、自衛隊の海外活動を従来の付随的活動から本体業務へと格上げする方向を示している。そして、それに伴って平成一七年度からの中期防衛計画では、例えばミサイル探知・追尾の強化などのいわば機能の高度化だけでなく、長距離・大量輸送の可能な輸送機の整備とか輸送機への空中給油機能の付加など自衛隊の行動範囲をより広げる方向がとられている（なお、この大綱の当初の案では、巡航ミサイルなど「敵基地攻撃能力」の保有までもが検討されたが、さすがにこれは批判を受けて削除されている）。国際の平和および安全の保障という観点からみた場合このことをどのように評価すべきかというのは簡単にはいえることではないが、ただし、このことは、少なくとも専守防衛というわが国の自衛隊のあり方をまた一歩変化させることになるということは確かであろう。なお、政府はこの閣議決定にあわせて、武器輸出三原則（外国に対して武器を輸出せず、また、外国との武器の共同開発・生産を行わない）の緩和を決定している。これは、ミサイル防衛に関する日米の共同開発・生産を例外とするだけでなく、それ以外の日米の共同開発や輸出等を個別に認めるとするものであるが、これはこれでわが国の今後の経済のあり方を含めた安全保障政策を大きく変える可能性をもっていることに留意すべきである。

（三） 基本的人権の保障との関係

基本的人権との関係でいえば、軍の活動が国民の人権を侵害するようなことがあってはならない。そもそもそれは権力を国家に委任した国民の意思に反するものであるというだけでなく、かりにそれが安易に行われるならば、結局は、民主主義が否定され全体主義国家への道を進むことになりかねないからである。その意味では、ここではいわゆる緊急事態法のような法制度を設けるべきかどうかが問題となる。これについては、いかに緊急の事態だからといっても、それを口実として国民の権利を一般的に制限するような権限（例えば、大日本帝国憲法三一条にみられるような、いわゆる「戒厳令」の布告）を設定することは憲法上認められないことはいうまでもない。この点は、かりにその権限の及ぶ地域を限定したり、あるいは、制限する人権の種類の限定がなされたとしても、それが右に述べたような形の一般的な権限である限りは、同様に解すべきことになろう。

これに対して、時・場所・条件の限定された、具体的・個別的な形での軍による規制等の権限を認める定めをすべきかどうかは問題とする余地はある。自衛隊および防衛出動の合憲性を認める以上は、緊急な状況に対応するための定めを置く必要性も肯定できないわけではない。また、次に述べるように、軍の活動に対して「法律による行政の原則」と同様のコントロールを可能な限りおよぼすべきであるとする観点からすれば、むしろ、国民との関係での緊急時の軍の権限については事前に定めておくことが望ましいともいえる。とはいえ、あまり安易に予め緊急事態を想定して、さまざまな対応措置のすべてを軍の権限として一本化して用意した場合には、かりにそれが濫用された場合の危険性は大きいということも留意しておく必要がある。その意味では、わが国では、そもそも行政権の長である内閣総理大臣が自衛隊に対する指揮権を有しているのだということを考慮して、真に緊急の必要があるときには、自衛隊の防衛出動に対して（また、その場合に限って）、すでに存在する行政上の各種の権限がそれにできるだけ一体化して協力する形で対応するという方策を考える方が、より無難であるというべきであろう。

なお、現実には、このような緊急事態に対応するための自衛隊法上の定めとして、防衛出動時における物資の収用等（同一〇三条）、防御施設構築等のための展開予定地内の土地の使用等（同一〇三条の二）、電気通信設備の利用等（同一〇四条）、訓練のための漁船の操業の制限または禁止（同一〇五条）などが置かれている。ただし、ここでは、収用、使用、禁止等を行うのは知事、大臣等の行政庁である（ただし、防衛出動で緊急を要する場合には防衛大臣がこの権限を行う）。また、より一般的な法制度として、平成一五年には「武力攻撃事態等における我が国の平和と独立並びに国及び国民の安全の確保に関する法律」（武力攻撃事態対処法）が、また、平成一六年には「武力攻撃事態等における国民の保護のための措置に関する法律」（国民保護法）が制定されている。これらの緊急事態法制は基本的には右に述べた趣旨にそったものだとはいえるが、これらの概要と今後の課題については後述する。

（四）　軍事力の民主的コントロール

たとえ自衛のための戦力とはいえ軍を認める以上は、基本的人権の保障と民主主義の確保という立憲主義を守るために軍に対する民主的なコントロールが十分になされることが必要不可欠である。そのためには、軍（軍隊そのものだけでなく、官僚組織としての軍）に対する政治の優位が保たれなければならない。

（ア）　文民条項

憲法六六条二項は、「内閣総理大臣その他の国務大臣は、文民でなければならない」と定めているが、これは、とくに自衛のための戦力（軍隊）の存在を認める立場をとる場合にはきわめて重要な規定になることはいうまでもない。

（イ）　国会のリーダーシップ

軍に対する政治の優位という場合には、さらに二つの意義がある。一つは、自衛隊法その他の防衛関係の法律の制定・改廃そのものに関しては、あくまでも国会（いいかえれば、軍および官僚に対する「政治」）が、リーダー・シップをとるべきだということである。この点からみると、例えば平成一一年（一九九九年）に制定された周辺事態法などは、その元になっている日米の「新ガイドライン」の策定、および、それに基づく法律の作成の両面について、防衛庁および外務省という軍および官僚がリーダー・シップをとってきており、その点だけでも、そもそも大きな問題点をもっているといわなければならない。すなわち、平成九年（一九九七年）九月に日米間で合意された「日米防衛協力のための指針」（いわゆる「新ガイドライン」）が、この周辺事態法の下敷きとなっているのであるが、これは、日米両国政府の中の防衛および外務担当の閣僚四人による日米安全保障協議委員会で合意されたものにすぎず、国会の審議・承認を得たものではなく、したがって何らの法的効力もないものである。しかし、このような形のものでも、ひとたび合意されればそれは日米両国政府の政治的な責務となり、右の周辺事態法なども、その合意を実現するための法整備としてある程度強引にでも国会に提案されることになるのである。しかし、このような形がくり返されると国会によるコントロールというのは実質的に形骸化することになるといわねばならない。

（ウ）　軍事力に対する法律による統制

法律の制定・改廃については、その手続面だけでなく内容面でのチェックもなされなければならない。すなわち、軍の活動に対しては、「法律による行政の原則」と同様の法的コントロールができる限り及ぶようにしておく必要がある。もちろん、例えば他国との間での防衛行為そのものはいわば「戦闘行為」であるから、そのこと自体に対する法的統制というのは困難であるともいえるが、しかし、そのような軍事力の発動（あるいは、終息）のための要件とか、国民に対する軍の活動の要件などについては、右の原則が可能な限り適用されるように法制度を用意しておく必要があろう。

とくにわが国の場合には、九条との関係での自衛隊違憲論が大きな問題となってきたため、自衛隊と法律との関係については、歴史的には、自衛隊の権限を徐々に拡大するために法律の制定・改廃がなされてきており、したがって、理論的にはむしろその点に関心が集中されてきたともいえる。しかし、軍に関する法制度の本質論としては、本来は、法律によって軍の活動を制限し、軍に対する民主的コントロールをはかることの方がより重要だということが留意されるべきである

現実の自衛隊法では、自衛隊の任務を、「自衛隊は、わが国の平和と独立を守り、国の安全を保つため、直接及び間接侵略に対しわが国を防衛することを主たる任務とし、必要に応じ、公共の秩序の維持に当るものとする」（同三条一項）と定める。そして、自衛隊の具体的行動としては、外部からの武力攻撃に際しての「防衛出動」（同七六条）、防御施設構築の措置（同七七条の二）、間接侵略その他の緊急事態に際しての「治安出動」（同七八条および八一条）、「海上における警備行動」（同八二条）、「弾道ミサイル等に対する破壊措置」（同八二条の二）、「領空侵犯に対する措置」（同八四条）、「災害派遣」（同八三条）、「地震防災派遣」（同八三条の二）等が定められている。また、自衛隊の権限としては、武器の保有（同八七条）、防衛出動時の武力行使（同八八条）等の定めがある。このほか、対外的な活動として、例えば国際緊急援助活動（同八四条の四第二項三号）、国際平和協力業務（同項四号）、外国での緊急事態における邦人の輸送（同八四条の三）などといった活動をすることも定められている。また、後述する周辺事態法などに基づく後方地域支援等の定め（同八四条の四）も置かれている。なお、防衛出動については、内閣総理大臣が国会の承認を得て出動を命ずるのであるが、緊急の必要がある場合には国会の承認を得ないで出動を命ずることができる。ただし、この場合には事後的に国会の承認を求めなければならず、不承認の議決があったときは直ちに自衛隊の撤収を命じなければな

らない（同七六条。武力攻撃事態等における我が国の平和と独立並びに国及び国民の安全の確保に関する法律九条、四、七、一〇、一一項）。また、治安出動については、出動を命じた日から二〇日以内に国会に付議して、その承認を求めなければならず、不承認の議決があったときは、すみやかに自衛隊の撤収を命じなければならない（自衛隊法七八条）、と定められている。しかし、これらの定めについては問題がないわけではない。例えば、治安出動についての国会の承認が「二〇日以内に」というのは長すぎないかが問題となる。また、ここでは、例えば差止命令その他の形での事前あいは事後の裁判所によるチェックが予定されていないが、それでよいのかが問題となる。このように、すでに述べたような根拠から、九条の規範的効力が及ぶべき範囲を示すものとしてのC説をとる場合には、単に自衛隊の規模とか装備などにとどまらずに、自衛隊の活動に関する法的コントロールが十分になされうるような法制度が整備されているかどうかについて、より慎重に精査する必要があろう。

また、平成一一年に制定された周辺事態法は、当初の法案では「周辺事態」において自衛隊が行う個別の対応措置について国会の承認を不要とし、国会への事後報告だけを求めるものとなっていた。しかし、ここでは、「周辺事態」の概念のあいまいさに加えて、そこで行う活動が実質的には軍事的行動と不可分一体のものであるとの批判を受けているなどをあわせて考えると、このように重大な活動について国会の承認を不要とするような発想それ自体が、くり返し述べてきた「民主的コントロール」の要請を無視するものであるといわねばならない。いいかえれば、やはりここでも、「権限を与える」ことばかりに気をとられていて、むしろ「法律によって統制する」という側面がおろそかにされているということである。

なお、わが国はアメリカ合衆国と連携する形で二〇〇三年末にミサイル防衛（ＭＤ）システムの導入を決定し、現在ではすでに配備されている。そこでは、イージス艦および地上配備のそれぞれのミサイルによる二段階の迎撃が構想されているが、その迎撃の判断、報告等の手順が問題となる。これについて二〇〇五年二月には自衛隊法改正へ向けた閣議決定が行われ、そこでは、現に日本に向けて飛来するミサイルをわが国の領海または公海上で破壊するための迎撃の手順が、ミサイル発射の兆候が把握できる場合とそうでない場合とに分けて定められている。ここでは、そもそもミサイル防衛システムそれ自体が必要最小限度の自衛戦力といえるかという問題とか、逆に、迎撃の現場における裁量的判断がどの程度認められ、また、その手順などがどこまで公表されるべきかなどという問題があったのであるが、そこで最も問題だったのは、当初の案ではミサイル迎撃について国会への事後的な報告を義務づけていなかったことである。さすがにこれについては批判を受けて変更し、国会への報告が義務づけられることになったが、ここでも右と同様の問題が生じているのである。なお、現実に、二〇〇九年三月末には、北朝鮮による（人工衛星の打ち上げという名目での）弾道ミサイル発射の予告に対して、ミサイルやその部品が国土に落下する場合に備えた防衛大臣による破壊措置命令が出されている。

（エ）　情報公開および自衛隊に関する議論の必要性

また、軍に対する民主的コントロールを確保するためには、軍を開かれたものとすることが必要である。たしかに一方で軍事秘密の重要性を否定することはできないが、他方で、できるだけ情報公開をし、また、より一般的に国民との関係で開かれているものとすべきである。

したがって、また、例えば防衛情報などについても、右の観点からは可能な限り情報公開をすることが必要である。その理由は、一つには、情報の公開によって、国は常に自衛戦力について国民の納得・支持を得るべきであることがあげられる。そして、もう一つは、周辺諸国の疑念による軍備の増強、そして、それに対応したわが国の軍備の増強、さらに、それに対応する周辺諸国の軍備増強、という無限の悪循環を避けるべきであることがあげられる。すなわち、例えばこれが侵略のための軍備であれば、先制攻撃の有効性を高めるために、むしろ可能な限り軍事情報を秘匿する必要があるともいえるが、わが国の保有しうる戦力はあくまでも他国からの侵略行為その他の武力行使をさせないための「抑止力」としての「過渡的な自衛戦力」として位置づけられるものであり、そして、そうである以上は、むしろ、右とは逆に、わが国の軍事力に対する周辺諸国の疑念をできるだけ晴らすことの方が優先されねばならないということである。

六　自衛隊の合憲性と裁判所による違憲審査との関係

（一）　自衛隊の合憲性についての裁判所の審査権

憲法九条に規範的意義を認める説を前提とする以上、自衛隊の合憲性については、当然、裁判所は審査できるし、また、審査しなければならない。ただし、この場合でも、この違憲審査にあたって、右に述べたように、九条に関してどの説をとるか、また、それに加えて、違憲審査に際して、裁判所が厳格な姿勢をとるべきか、あるいは、比較的緩やかな姿勢をとるべきかについては、なお、見解が分かれるであろう。

また、これに対して、九条に規範的意義を認めながらも、なお、裁判所はいわゆる「統治行為」については違憲審査ができないとし、さらに、自衛隊の合憲性の問題はこの「統治行為」にあたるとしてその審査を拒否するという立場もありうる。ただし、この場合でも、統治行為論の理解のしかたにも差異があるため、この自衛隊の合憲性については一切審査できないとするか、あるいは、審査できないこともあるとするにとどまるかについては、争いの余地もある。

（二）　審査基準のあり方

そこで、まず、審査基準についてであるが、少なくとも、右に述べたような意味でC説をとるという場合には、現実の自衛隊の編成・装備などにおいて自衛隊そのものが合憲といえるかどうか、また、それが現実に行った軍事的・非軍事的活動が合憲かどうかという点の両者について、ともに厳格な審査が行われるべきであろう。

というのは、すでに述べたように、九条の本来の趣旨からみれば、自衛戦力の保持というのは、国際政治の現実とのかかわりでその規範的効力の範囲が限定されるために、あくまでも過渡的措置としてやむをえず許容されるものであるという位置づけであることを考えると、それが「真に自衛のため」のものに限定されるという憲法的な拘束は、立法、行政および司法のそれぞれを厳格に拘束するものであると考えるべきだからである。したがって、また、自衛隊それ自体が「自衛のため必要最小限の戦力」であるといえるかどうか、および、その活動が「真に自衛のため」といえるかどうかが、かりに裁判上問題となった場合には、その合憲性を支える立法事実についての主張・立証の責任は国の側にあるとされるべきである。また、とくに、かりに具体的な武力行使が行われて、それが訴訟の場において問題となったような場合には、その合憲性についての事後審査については、より一層慎重かつ厳格な審査がされなければならないであろう。

（三）　統治行為論の適用の当否

この点についても、説が分かれるが、少なくともC説による場合には、自衛隊の合憲性については、それ自体の合憲性、および、その活動の合憲性の両者ともに、原則として統治行為論を適用すべきではないといえる。というのは、とくに右のような意味でのC説をとる場合には、統治行為論の適用によって、その規範的効力を実質的にゆるめて「国民の政治判断」に委ねるものとすれば、例えば「自衛の名の下での侵略戦争」への歯止めがきかなくなるおそれがあるなど、本条の平和主義の趣旨を根幹から無視することになりかねないからである。

また、判決が出された場合の「政治的影響力への配慮」という観点からみても、統治行為論を適用すべき根拠は弱いというべきである。というのは、この説による場合には、かりに、「自衛のための必要最小限度の戦力」ではないとして自衛隊そのものの違憲判決が出されたとしても、これは、必ずしも軍備の全面的な廃止を意味するわけではなく、単なる軍備の縮小にとどまるものだからである。すなわち、かりにA説あるいはB説に基づく違憲判決が下されたような場合には、何らかの形で究極的には軍備の廃止を求められることになるため、たしかにそれ相応の政治的影響が生じるといえるかもしれない。しかし、右のように単に軍備の縮小が求められるだけの場合には、そこで生じる政治的な影響は、比較的にはなお小さいものだといえるであろう。

なお、現実に自衛隊の合憲性が争点となった事件における裁判所の対応についてみると、自衛隊を違憲としたものとして長沼事件一審判決（札幌地判昭和四八・九・七判時七一二号二四頁）がある。これは、すでに述べた学説上の通説たるB説に依拠したものである。

ただし、一般的にいえば、裁判所は違憲審査を回避しようとする傾向にあるといえる。それぞれに理由は異なるが、例えば、被告人を無罪とすることにより自衛隊法に関する憲法判断そのものを回避した恵庭事件判決（札幌地判昭和四二・三・二九下刑集九巻三号三五九頁）、統治行為論を用いて違憲審査を拒否した長沼事件二審判決（札幌高判昭和五一・八・五行集二七巻八号一一七五頁）、国の行う私法行為は憲法九八条の「国務に関するその他の行為」にあたらず、したがって、それに対しては憲法第九条は直接適用されないとした百里基地訴訟判決（最判平成元・六・二〇民集四三巻六号三八五頁）などがそれである。

（四）　裁判所による違憲審査の意義

この平和主義に関する裁判においては、裁判所が積極的に違憲審査権を行使して、例えば裁判所による安易な自衛隊の合憲判決が出されることにより、かえって平和主義が危機にさらされるという懸念などもないわけではない。しかし、例えば軍事の問題の「聖域化」を避け、また、絶えず自衛隊が真に「自衛のため」の戦力であるか否かを問い続けることによって軍事に対する憲法的なコントロールをはかっていくためには、やはり裁判所が積極的に違憲審査に取り組むことが望ましいともいえる。というのは、この「自衛のため」の戦力の合憲性の問題というのは、さまざまな状況の変化に対応して常に流動するものだからである。すなわち、かりにある時期の自衛隊の編成・装備等が「自衛のための戦力」に該当するものとして合憲とされたとしても、その後にその軍事力が増強されることによって、再びそれが違憲ではないかとの疑念が生じることも十分にありうるのである。そして、そのチェックの実効性を最終的に担保するのは裁判所の役割なのである。

七　憲法改正の要否について

この平和主義に関しては、さらに、例えば自衛隊の合憲性に関する論争を避けるために、自衛のための戦力の合憲性を明文化するというような形での憲法改正が望ましいとする考え方もありうる。しかし、これについては疑問があるといわねばならない。なぜならば、そのような改正は、あくまでも世界の平和を希求し、究極的にはわが国（だけでなく、他の諸国も含めて）が一切の戦争を放棄し、また、一切の戦力を保持しないようになることをめざす、という憲法の平和主義の持つ「理念」性を著しく損なうことになるからである。あくまでも、現行規定のように、本来ならば究極的には自衛のための戦力までもつべきではないという理念を残したままで、現実的にやむをえない範囲での自衛力が許容され得ると考えることの方が、将来的な世界平和および軍縮へ向けての政府の努力義務を示すという意味で望ましいと考えるべきである。

第三節　平和主義と各種法制度の課題

すでに述べたように、湾岸戦争やヨーロッパにおける冷戦の終了はアメリカの対外政策に大きな変化をもたらしたが、これはわが国に対しても一定の影響を与えている。わが国でも湾岸戦争以降、例えば一九九二年（平成四年）の国際連合平和維持活動協力法、一九九九年（平成一一年）の周辺事態法、二〇〇一年（平成一三年）のテロ対策特別措置法、二〇〇三年（平成一五年）のイラク復興支援特別措置法、二〇〇三年（平成一五年）の武力攻撃事態対処法、二〇〇四年（平成一六年）の国民保護法と、立て続けに九条の平和主義の内容に深くかかわる（場合によっては、これを脅かす）

ような法制定が行われてきている。また、もともとアメリカとの間では一九五一年（昭和二六年）のサンフランシスコ平和条約の締結と同時に日米安全保障条約を締結している。ここでは、とくにこれらの条約および法律の問題点および今後の課題について指摘しておきたい。

一　自衛権の行使と緊急事態法制

わが国の自衛権の行使にかかわる緊急事態法制としては、武力攻撃事態対処法（平成一五年）と国民保護法（平成一六年）が制定されている。

（一）　武力攻撃事態対処法

（ア）　目的

この法律の目的は、武力攻撃事態および武力攻撃予測事態（以下、「武力攻撃事態等」という）への対処について、基本理念、国、地方公共団体等の責務、国民の協力その他の基本となる事項を定めることにより、武力攻撃事態等への対処のための態勢を整備し、併せて武力攻撃事態等への対処に関して必要となる法制の整備に関する事項を定め、もって我が国の平和と独立並びに国および国民の安全の確保に資すること（同一条）である。

なお、武力攻撃事態とは、わが国に対する外部からの武力攻撃が発生した事態または武力攻撃が発生する明白な危険が切迫していると認められるに至った事態をいい（同二条一、二号）、また、武力攻撃予測事態とは、武力攻撃事態には至っていないが、事態が切迫し、武力攻撃が予測されるに至った事態をいう（同条三号）。

（イ）　対処措置の内容

（a）　武力攻撃事態等を終結させるための措置

一つは、武力攻撃事態等を終結させるためにその推移に応じて実施する措置であり、これには、①「武力攻撃を排除するために必要な自衛隊が実施する武力の行使、部隊等の展開その他の行動」、②そのような自衛隊の行動およびアメリカ合衆国の軍隊が日米安保条約に従って武力攻撃を排除するために実施する必要な行動が、「円滑かつ効果的に行われるために実施する物品、施設又は役務の提供その他の措置」、③「外交上の措置その他の措置」がある。

（b）　国民保護のために実施される措置

もう一つは、武力攻撃から国民の生命、身体および財産を保護するため、または武力攻撃が国民生活および国民経済に影響を及ぼす場合において当該影響が最小となるようにするために武力攻撃事態等の推移に応じて実施する措置である。ただし、この措置については、その後制定された国民保護法の中でより詳細に定められることになった。

（ウ）　対処基本方針

政府は、武力攻撃事態等に至ったときは、武力攻撃事態等への対処に関する基本的な方針（以下、「対処基本方針」という）を定める。それについては、閣議決定および国会の承認などの定めがある（同九条）。

（エ）　国際連合安全保障理事会への報告

政府は、国際連合憲章五一条および日米安保条約五条二項の規定に従って、武力攻撃の排除に当たって我が国が講じた措置について、直ちに国際連合安全保障理事会に報告しなければならない（同一八条）。

（二）　国民保護法

（ア）　目的

この法律の目的は、武力攻撃事態等において武力攻撃から国民の生命、身体および財産を保護し、並びに武力攻撃の国民生活および国民経済に及ぼす影響が最小となるようにすることの重要性にかんがみ、これらの事項に関し、国、地方公共団体等の責務、国民の協力、住民の避難に関する措置、避難住民等の救援に関する措置、武力攻撃災害への対処に関する措置その他の必要な措置を定めることにより、武力攻撃事態等における我が国の平和と独立並びに国及び国民の安全の確保に関する法律（武力攻撃事態対処法）と相まって、国民全体として万全の態勢を整備し、もって武力攻撃事態等における国民の保護のための措置を的確かつ迅速に実施すること（同一条）である。

なお、武力攻撃災害とは、武力攻撃により直接または間接に生ずる人の死亡または負傷、火事、爆発、放射性物質の放出その他人的または物的災害をいう（同二条四項）。

（イ）　国民の保護のための措置の内容

国民の保護のための措置の具体的内容を以下に例示する（同四四条～一七一条）。

①　警報の発令、避難の指示、避難の誘導など住民の避難に関する措置

②　救援、救援への協力など避難住民等の救援に関する措置

③　武力攻撃災害緊急通報の発令、関係機関への緊急通報の通知、緊急通報の放送など武力攻撃災害への対処に関する措置

④　生活関連物資の価格の安定、被害者の権利利益の保全など国民生活の安定等に関する措置

⑤　復旧、備蓄その他の措置

⑥　損失補償、損害補償など財政上の措置

（ウ）　国民保護指針

平成一七年三月には、この法律に基づく「国民保護指針」が閣議決定されている。それによると、武力攻撃事態については、①着上陸侵攻、②ゲリラや特殊部隊による攻撃、③弾道ミサイル攻撃、④航空攻撃の四類型が、また、武力攻撃事態にまでは至らないテロ攻撃等の緊急対処事態については、①危険な物質がある施設などへの攻撃（例えば、原子力事業所への破壊とか石油コンビナートの爆破など）、②多くの人が集まる施設や大量輸送機関への攻撃（例えば、ターミナル駅や列車の爆破）、③多くの人を殺傷する物質による攻撃（例えば、炭疽菌やサリンの大量散布）、④交通機関を破

壊手段に用いた攻撃（例えば、航空機による自爆テロ）の四類型が、想定されている。

（エ）　国民保護法の意義と課題

まず、ここでは、国民の権利を制限するような各種の命令、指示等の措置は、内閣総理大臣、各省大臣、知事、市町村長など行政機関が出すことになっている。また、公用負担についても収用令書、損失補償などの定めがおかれ、通常の行政手続の保障を基本にしている。すなわち、ここでは、公益を実現するための通常の行政法上の規制方法をベースにした上で、事態への対処、警報、避難、救援、復旧など緊急事態という特性を加味しつつ個別の必要性に対応して規制等を拡大強化するという形がとられているのである。その意味では、これは評価すべき点があるといえる。

また、ここで定められるさまざまな規制等が国民の権利に対する公共の福祉のための制限として正当化できるような内容のものだといえるかどうかが問題となる。これについては、この法律が前提としているような事態であれば、すなわち、専守防衛の原則が貫かれていて、日本が戦場となる（すなわち、他国から侵略、攻撃を受けている）という状態であれば、例えば、マスコミが警報に協力する義務を負うとか、輸送事業者が避難民を運ぶ義務を負うとか、必要なときには土地・施設とか物資などの使用・収用ができるなどというのは、当然のこと（もちろん、やむを得ないことという意味であるが）であるといってよいであろう。また、反面で、この国民保護法には、このような場合でも政府とか軍などの活動に対して、国民の権利を前提として、それに対する法の枠をかぶせようとしているものだという意味で、きわめて重要だともいえる。ただし、問題もある。例えば、このような専守防衛にかかわる事態というのを越えたところでマスコミへを統制したり、輸送事業者への輸送の義務を負わせたりするなどということにならないか、が懸念されないこともない。その意味では、これらの国民の側の義務などが、あくまでもわが国が攻撃を受けた場合に限定されるということを確保することが必要である。とくに「予測事態」については、安易に拡大されないように留意しなければならない。

二　国連の平和維持活動と平和維持活動法

（一）　平和維持活動法

わが国が国連の平和維持活動に参加するための法律として、平成四年に「国際連合平和維持活動等に対する協力に関する法律」（以下、「平和維持活動法」とよぶ）が制定された（その後一部改正されている）。

（ア）　平和維持活動等の内容

（a）　国際連合平和維持活動

国際連合平和維持活動とは、「国際連合の総会又は安全保障理事会が行う決議に基づき、武力紛争の当事者間の武力紛争の再発の防止に関する合意の遵守の確保、武力紛争の終了後に行われる民主的な手段による統治組織の設立の援助その他紛争に対処して国際の平和及び安全を維持するために国際連合の統括の下に行われる活動」（同三条）であり、具体的な「国際平和協力業務」としては、例えば武力紛争の停止の遵守の状況の監視、緩衝地帯その他武力紛争の発生の防止のために設けられた地域における駐留および巡回、武器の搬入または搬出の有無の検査または確認、放棄された武器（武器の部品を含む）の収集、保管または処分、議会の議員の選挙、住民投票その他の選挙もしくは投票の公正な執行の監視または管理、警察行政事務に関する助言もしくは指導、医療（防疫上の措置を含む）、被災民に対する食糧、衣料、医薬品その他の生活関連物資の配布、被災民を収容するための施設または設備の設置、紛争によって被害を受けた施設または設備であって、被災民の生活上必要なものの復旧または整備のための措置などがある。

（b）　人道的な国際救援活動

右にあげた業務のうち、例えば医療、食糧その他生活関連物資の配付、施設・設備の復旧などが、これにあたる。

（c）　国際的な選挙監視活動

右にあげた業務のうち、選挙監視あるいは管理が、これにあたる。

（イ）　三類型の関係

このように、この法律では、「国際連合平和維持活動」は、単なる停戦の監視等の狭い意味の平和維持活動だけでなく、人道的救援活動および選挙監視活動を含む、「複合的な平和維持活動」として定義されている。実質的な意味での紛争地域の平和の維持および再建を考えるならば、右の二つの活動は重要な意義をもっているからである。そして、これとは別に、それ自体は狭い意味での平和維持活動にはあたらない「人道的な国際救援活動」および「国際的な選挙監視活動」も独立して実施できるものとしている。その意味では、かりに「国際連合平和維持活動」が憲法九条との関係で問題があるとする考え方をとるとしても、それとは別に「人道的な国際救援活動」および「国際的な選挙監視活動」については、なお憲法上可能であるとすることはできるであろう。

なお、当初の附則二条では、停戦監視などのいわゆる「本体業務」は当面は実施しないものとして凍結されていた。しかし、平成一三年の法改正によって、この本体業務の凍結は解除されている。

（ウ）　平和維持活動に際しての基本的な原則

（a）　憲法九条との関係での原則

当然のことではあるが、この法律では憲法九条との関係で、国際平和協力業務の実施等は、「武力による威嚇又は武力の行使に当たるものであってはならない」としている（同二条二項）。

（b）　平和維持活動に際しての基本的な五原則

この法律では、とりたててＰＫＯ五原則として列挙しているわけではないが、各条項の中ですでに述べたような国連の平和維持活動に関する伝統的な五原則が実質的に採用されている。すなわち、①紛争当事者間の停戦の合意があること、②平和維持活動が実施されることについての紛争当事者およびその地域の属する国の同意があること、③平和維持活動は中立的であること、④武器の使用は自衛のために限定されること、⑤①の合意あるいは②の同意が存在しなくなった、あるいは、③の中立性が破られたと認められるときは撤収すること、がそれである（同三条一号、六条一項一号、同一三項一号、二四条）。

（二）　わが国の平和維持活動への参加と憲法前文および九条との関係

（ア）　わが国の「平和への分担」と平和維持活動への参加

この平和維持活動法は、現実的には、湾岸戦争後の国際貢献についての議論の高まりを背景とし、また、当時の国連の安全保障理事会の改革（拡大）の議論の中で日本が常任理事国入りを狙うためにはわが国も何らかの人的・軍事的な国際貢献ができることを示す必要があるという思惑から、野党側の強硬な反対を押し切って制定されたものである。その意味では、これは極めて露骨な政治的な背景をもったものであるが、ここでは、より一般的な形でこの問題を考えておくことにする。

遠い将来の構想としては、諸国家の連合組織としての国連をさらに強化（例えば、いわゆる「世界連邦」とよばれるような統一的な政府の形態に至るまでに強化）した上で、国連の警察活動によって世界の平和および治安の維持をはかるというようなことをめざすというのも、一つの理想として考えられないわけではない。ただし、現実の国連はそのような構想とははるかに遠いところにある。また、国連の警察活動といっても、現状では例えば現在の日本国内の警察活動に匹敵するようなレベルの警察活動として、これを考えることはできない。それぞれの国家が存立し、その独立性を前提とするかぎりは、例えば諸国家間の紛争を解決するための警察活動というのは、端的にいえば、戦争その他の武力行使とならざるを得ない。このように、現在では国連の警察活動はあくまでもそれぞれの「国家」中心で行われているという事実は冷静に評価しておかなければならない。とはいえ、第二次世界大戦後の国際社会の全体の大きな流れとしては、国連を中心とした各種の国際的組織を通じての平和の維持のための努力、より具体的には、各種の地域的な紛争の拡大の防止をはかろうとする努力が進められてきているということも事実である。その意味では、国際協調主義を定める憲法の理念からみても、わが国も、いわば「平和への分担」として、右に述べた国際政治の現実に十分に留意しつつ可能な限りでの協力をすべきであることはいうまでもない。ただし、その中でも、軍事的な協力の可能性については、前文および九条との関係で問題が生じる。

すなわち、国連の警察活動としては、これを武力行使の程度の側からみれば、例えば、国連の、①自衛行為以外の武力行使を含まない平和維持活動、②武力行使を含む平和維持軍の活動（例えば、停戦違反に対する武力行使などがなされる場合を想定している。③とは異なり、武力による平和の創出は含まない）、③ガリ事務総長が提唱したような予防展開とか平和創出のための武力行使などを含む平和執行部隊の活動（平和創出前の武力行使および平和維持のための武力行使をともに含む）、④例えば朝鮮戦争とか湾岸戦争などのような侵略行為に対抗するための国連軍ないしは加盟国軍による武力行使、というように、段階的にとらえることができる。もちろん、これらの区別はあくまでも相対的・流動的なものであり、すでにみてきたように現実には必ずしも明瞭に認識しがたい場合もある。しかし、一応右のようにモデル的な区別をすることは可能であろう。

そして、これらの活動とわが国の対応、すなわち、世界平和を希求する国際社会の一員としての日本の分担はいかにあるべきかを考えるという意味では、遠い将来の理念の問題としては、①から④にいたるまでのすべての展開を考える意味も、また、必要もあるかもしれない。しかし、国連の現状を踏まえて考えるならば、①から④までの段階の中で、わが国が、いつ、どの段階に進むべきかというのは、よほど慎重に検討していく必要があるといわねばならない。現状では、いわば武力行使を本質的な要素とはしていない①の従来の伝統的なＰＫＯに関する協力を摸索することは可能であるし、また、今日の国連における平和維持活動の定着度、および、わが国の平和主義を前提とした上での国連との協力関係を考えるならば、その程度の必要性はあるといえよう。

（イ）　九条と平和維持活動

また、これを憲法九条との関係で考えるならば、わが国が可能なのは、かりに許されるとしても、自衛戦争、および、そのための自衛戦力の保持だけであるから、その点から考えれば、さしあたりは、わが国は②よりも先の段階の軍事的行動を含む協力はできないものと考えるべきである。たとえ停戦監視その他の平和維持活動のためだとしても、国連の警察活動のための武力行使は「自衛」の概念には含まれないといわねばならない。

いずれにせよ、むしろこの問題も自衛権および自衛のための戦力の問題と同様に、前文および九条全体の趣旨からみて、そこで構想されている理念を実現するための、いわば「過渡的な措置」としてはじめて正当化しうるものだというべきであろう。すなわち、すでに述べたように、例えば①の活動が憲法上正当化されうるとしたら、それは、憲法前文および九条によって直接正当化されうるものではなく、むしろ、前文および九条の究極的な理念の実現のためにやむを得ず必要とされる国際社会の一員としての「平和のための分担」という「過渡的措置」を行わざるを得ないという形でのみ正当化されうるにとどまるということである。いいかえれば、国連憲章の定める国際平和への究極的な理念は九条と共通しているのであるから、右のような国連の集団的安全保障の趣旨を九条の中に読み込んで国連憲章上可能な措置の一部を九条の下でも可能とすることができないわけではない、ということである。

（ウ）　ガリ国連事務総長の提案する平和執行部隊など新型のＰＫＯとの関係

わが国の平和維持活動はあくまでも武力の行使を前提としない形の活動だけに限定している。したがって、すでに述べたような、ガリ国連事務総長の提案したような右の③のソマリア型あるいは東ティモール型の平和執行部隊のような活動には、当然参加できないことになる。より具体的にいえば、紛争状態にある国に乗り込んで武力によって平和を実現するという平和創設部隊は武力行使そのものであるから、これには当然参加できないが、それを引き継いで行われる平和維持活動についても、国連憲章第七章に基づく活動として「武力行使を含む必要なあらゆる行動をとる」権限を付与されている限りにおいて、やはり参加できないということなのである。

なお、平成一六年二月から実施されたイラク戦争後の自衛隊による人道復興支援活動はこれと同種の問題をもっているが、これについては後述するように特別法が制定された上で活動が実施されるという形をとっている。

（エ）　平和維持活動等への参加の実例

わが国は、この平和維持活動法に基づいて、すでにいくつかの国連の平和維持活動等への参加をしている。この法律の制定直後の平成四年九月には、国連カンボジア暫定機構（ＵＮＴＡＣ）の活動に参加している。これは、停戦監視、文民警察、選挙監視、施設・設備の設置などを含む複合的な平和維持活動であるが、すでに述べたように、当時はいわゆるＰＫＦの本体業務は凍結されていたため、わが国は自衛隊員による施設部隊を中心として、文民警察、選挙監視などの要員を派遣している。このほか、平成五年五月には、国連モザンビーク活動（ＯＵＮＭＯＺ）に、また、平成八年一月には、シリア・ゴラン高原の国連兵力引き離し監視軍（ＵＮＤＯＦ）に自衛隊員による要員が送られている。さらに、平成六年九月には、人道的な国際救援活動として、ルワンダ難民救援のため、ザイールに自衛隊員による部隊が派遣されている。なお、このほかに、選挙監視、選挙管理あるいは文民警察のための要員が派遣された例もある。

その後の例としては、東ティモールの新国家造りを支援するために結成された国連東ティモール支援団（ＵＮＭＩＳＥＴ）に参加するために、平成一四年三月から陸上自衛隊員による部隊が派遣され、道路、橋などの施設の整備とか技術指導その他の民生支援などを行っている。

（オ）　平和維持活動と憲法改正の要否

なお、より徹底した形で各種の国連の警察活動に参加できるように憲法改正すべきであるという考え方もありうるし、現に主張されている。しかし、すでに述べたような国連についての現状認識からすれば、①の意味での平和維持活動はある程度は国際的な了解が得られつつあるといえるが、②の意味での平和維持活動とか、あるいは、③の予防展開や平和創出のような軍事活動を含む平和維持活動については、それ自体の妥当性についても、なお一般に国際的な了解がえられているかどうか疑問である。また、現実にソマリアの例で明らかなように、国連による武力行使（厳密にいえば、国連の安全保障理事会の決議に基づく加盟国軍の武力行使）は必ずしも常に成功しているとはいえないのである。また、国連憲章のレベルでいえば、①の平和維持活動自体が未だに国連憲章上の根拠なしに行われているという状態である。このような現状の下で、憲法改正までして、わが国が対外的な武力行使に参加したいという形を明示するのは、不用意にわが国のこれまでの平和主義および対外政策を大きく転換させるもので問題があるといわねばならない。また、そのような改正は、くりかえし述べてきたように、むしろ本来は国際平和の実現のための「過渡期」として位置づけられるべき国際社会における武力行使の状況を憲法に固定化させることによって、すでに述べたような前文および九条の究極的な世界平和および戦争放棄・戦力不保持をめざすという平和主義の理念を後退させるものである。

三　日米安全保障条約と周辺事態法、テロ対策特別措置法およびイラク復興支援特別措置法

（一）　平和主義と日米安全保障条約

（ア）　安保条約の内容と性質

「日本国とアメリカ合衆国との間の相互協力及び安全保障条約」（以下、「安保条約」という）は、昭和二六年（一九五一年）のサン・フランシスコ平和条約の調印と同時に調印されたものである。現行の安保条約は昭和三五年（一九六〇年）に改定されたものであるが、例えば六条では米軍の駐留を認めている。また、五条では、日米の共同作戦行動が義務づけられ、日本が攻撃を受けた場合に在日米軍が共同防衛すべき義務を負うと同時に、在日米軍基地への攻撃

に対して日本も共同防衛すべき義務を負っている。このほか、例えば三条では、両国が「武力攻撃に対抗する能力」を維持・発展させるべきものと定められている。このように、安保条約はいわば仮想敵国を前提とする一種の軍事同盟条約としての本質をもつことは否定できないため、これは憲法九条の平和主義に違反するものだとの批判を受けることになるのである。

（イ）　安保条約の合憲性をめぐる問題

これについてはさまざまな議論があるが、ここでは、この条約が集団的自衛権を根拠として正当化しうるかどうかを考えておく。すなわち、ここでは、他国からの侵略行為がかりにあった場合には、いわば日本とアメリカとの間での集団的自衛権が行使されるのであり、そのために日米の相互の安全保障条約が結ばれたのだと考えることになる。ただし、この場合の集団的自衛権の行使は日米両国の全面にわたるものではなく、むしろ「日本国の施政の下における領域」での、わが国または在日米軍への武力攻撃が行われた場合に限定される。こうしてみると、これはいわば「地域的に限定された一種の集団的自衛権」であるということになろう。

ただし、これについてはいくつかの問題がある。一つは、このような形の集団的自衛権の行使は国際法上は可能だとされているが、わが国の問題としては、憲法九条によって可能とされるかどうかである。というのは、従来は、かりに憲法九条が自衛戦争（自衛権）を放棄していないと解するとしても、それは集団的自衛権までも認めるものとは解されてきてはいないからである。実際、従来の政府見解でもそのように解されてきていた。すなわち、政府見解によれば、わが国は国際法上は集団的自衛権を有しているが、憲法九条で許容される自衛権の行使はわが国の防衛のための必要最小限度の範囲に限定されており、したがって、集団的自衛権の行使はその範囲を超えることになる。安保条約上のアメリカの（日本を防衛する）義務は、国連憲章五一条で保障する集団的自衛権の行使にあたるが、逆に、日本の（アメリカ軍を防衛する）義務はあくまでも個別的自衛権の行使にあたるというのである。いいかえれば、在日米軍に対する攻撃は同時に日本に対する攻撃でもあるから、その場合の共同防衛は個別的自衛権の共同行使にあたる（また、この場合の個別的自衛権の行使の場所は、必ずしもわが国の領土、領海、領空に限定されないとする）というのである。しかし、このように個別的自衛権だけですべてを説明しようとするのは無理であろう。やはりここでは、日本の義務は集団的自衛権の行使にあたるが、その義務は日本の施政権下の範囲内にとどまる（逆にいえば、海外派兵ではない）ため、九条の許容する範囲内のものとして合憲とされ得るとすることの方が妥当であろう。いいかえれば、ここでは、たしかに国際法上はわが国も集団的自衛権が認められているが、憲法九条はその集団的自衛権の行使の範囲を必要最小限のものに限定しているということである。そしてこの点からいえば、例えば九条の改正による無限定の集団的自衛権の許容は、安易な海外派兵とか他国の戦争への介入などに道を開くおそれのあるものといわねばならない。

（ウ）「ポスト冷戦」と日米関係の変化

冷戦下におけるこの安保条約の役割は、基本的には、アメリカ合衆国の対共産主義・社会主義という世界戦略の中で、日本（および、その周辺諸国を含む）を資本主義体制の枠内にとどめるためのものであったということは間違いない。しかし、「ポスト冷戦」といわれる今日においては、安保条約の意味は、より一般的に日本の安全を含めた東アジア地域の平和および安全の維持を目的とするものに変化しつつあるといえるとする考え方も示されている。もちろん、これに対しては、東アジア諸国全体が参加するような形の条約（すなわち、国連憲章五二条でいう「地域的取極」にあたる）ではなく、このようないわば日米間の一方的な軍事同盟のような形で、日本の安全とか東アジアの平和および安定などを維持しようとすること自体が、集団的安全保障を目指す国連憲章および憲法の平和主義の理念に反するもので許されるべきではないとする批判もある。しかし、現実にはこの安保条約の位置づけは、アメリカによる「ポスト冷戦」政策の中に組み込まれて大きく変化しつつあるといえる。

（二）　周辺事態法

（ア）　新ガイドラインと周辺事態法

平成九年（一九九七年）九月に、日米両国政府の中の外務・防衛担当閣僚四人による日米安全保障協議委員会で、新しい「日米防衛協力のための指針」（以下、「新ガイドライン」とよぶ）が合意されて発表された。この新ガイドラインは、その「基本的前提及び考え方」の項において、「日本のすべての行為は、日本の憲法上の制約の範囲内において、専守防衛、非核三原則等の日本の基本的な方針に従って行われる」とする。しかし、この新ガイドラインは、旧ガイドラインの枠組みを超えた数多くの内容が定められていた。すなわち、昭和五三年（一九七八年）の旧ガイドラインは、基本的には「日本に対する武力攻撃に際しての対処行動」を内容とするものであったが、新ガイドラインでは、このほかに、「平素から行う協力」と「日本周辺地域における事態で日本の平和と安全に影響を与える場合の協力（周辺事態での協力）」の二つの内容が加えられている。

「平素からの協力」とは、直接的な軍事支援以外の対米協力であり、一般的な情報交換および政策協議のほか、例えば、国連の平和維持活動（ＰＫＯ）とか人道的な国際救援活動での協力などが含まれる。ただし、これは、安保条約には直接の根拠はない。また、「周辺事態での協力」としては計四〇項目があげられている。しかし、例えば被災地の救援活動、日本の周囲の海域での捜索・救援、非戦闘員の退避のための活動、国連の経済制裁の実効性を確保するための船舶の検査、日本領海及び日本の周辺の公海における機雷の除去などは、従来の安保条約の枠組みを超えるものであり、また、例えば自衛隊施設及び民間空港・港湾における物資・燃料等の提供、人員・物資及び燃料等の輸送のような、いわゆる「後方地域支援」も、同様である。

そして、平成一一年（一九九九年）五月には、この新ガイドラインの中の「周辺事態における協力」の部分を実施するための「周辺事態に際して我が国の平和及び安全を確保するための措置に関する法律」（以下、「周辺事態法」という）

が制定されたため、当然その内容の合憲性が問題となったのである。なお、平成一一年末には、「周辺事態に際して実施する船舶検査活動に関する法律」（以下、「船舶検査法」という）が制定され、周辺事態における対応措置がさらに追加されている。

（イ）　周辺事態法の目的

法では、「そのまま放置すれば我が国に対する直接の武力攻撃に至るおそれのある事態等我が国周辺の地域における我が国の平和及び安全に重要な影響を与える事態」を「周辺事態」であるとし、その事態に対応してわが国が実施する措置、その実施の手続その他必要な事項を定めることによって、日米安全保障条約の効果的な運用に寄与し、わが国の平和および安全の確保に資することを目的とする（周辺事態法一条）としている。

ここでは、単に「わが国の平和及び安全の確保」を目的とするというのではなく、あくまでも「日米安全保障条約の効果的な運用に寄与」するという文言がかぶっているのであり、また、以下に述べるように、内容的にもこれにかかわる事項が定められている。そこで、この法律はガイドライン関連法と呼ばれるのである。

（ウ）　実施される措置の内容

政府は、周辺事態に際して以下のような「対応措置」を実施する（同二条一項）。

（a）　後方地域支援

「後方地域支援」とは、周辺事態に際して日米安保条約の目的の達成に寄与する活動を行っているアメリカ合衆国軍隊に対する物品および役務の提供、便宜の供与その他の支援措置であって後方地域においてわが国が実施するものをいう（同三条一号）。

後方地域支援として行う自衛隊に属する物品の提供および自衛隊による役務の提供の具体的な内容は別表第一で定められる（同三条二項）が、そこでは「（水、油、食事などの）補給、（人および物の）輸送、修理及び整備、医療、通信、空港及び港湾業務、基地業務」が掲げられている（ただし、「物品の提供」には、武器（弾薬を含む）の提供は含まれない。また、「物品及び役務の提供」には、戦闘作戦行動のために発進準備中の航空機に対する給油および整備を含まない）。

なお、「後方地域」とは、「我が国領域並びに現に戦闘行為が行われておらず、かつ、そこで実施される活動の期間を通じて戦闘行為が行われることがないと認められる我が国周辺の公海（排他的経済水域を含む）及びその上空の範囲」をいう（同三条四号）。なお、その地域で戦闘行為が行われるに至った場合またはそれが予測される場合には右の活動を一時休止すべきものとする定めが置かれている（同六条五項、七条五項）。

（b）　後方地域捜索救助活動

「後方地域捜索救助活動」とは、周辺事態において行われた戦闘行為（国際的な武力紛争の一環として行われる人を殺傷し、または物を破壊する行為）によって遭難した戦闘参加者について、その捜索または救助を行う活動（救助した者の輸送を含む）であって、後方地域においてわが国が実施するものをいう（同三条二号）。

この後方地域捜索救助活動は自衛隊の部隊等が実施するものとされる。なお、その実施にともなって、同様の活動を行う合衆国の部隊に対して後方地域支援が行われるが、その内容は別表第二で定められる（同三条三項）。そこでは、「補給、輸送、修理及び整備、医療、通信、宿泊、消毒」が掲げられている。

（c）　船舶検査活動

「船舶検査活動」とは、船舶（軍艦等を除く）の積荷および目的地を検査し、確認する活動、および、必要に応じ当該船舶の航路または目的港もしくは目的地の変更を要請する活動をいう。これは、周辺事態に際し、貿易その他の経済活動に係る規制措置であってわが国が参加するものの厳格な実施を確保する目的で、わが国領海またはわが国周辺の公海において実施される。また、これが実施されるのは、右の規制措置の厳格な実施を確保するために必要な措置を執ることを要請する国際連合安全保障理事会の決議に基づく場合、または旗国の同意を得た場合である（船船舶検査法二条)。

この船舶検査活動は、自衛隊の部隊等が実施するものとされる。なお、その実施にともなって、同様の活動を行う合衆国の部隊に対して後方地域支援が行われるが、その内容は(b)と同様に周辺事態法別表第二で定められる(同三条)。

なお、船舶検査活動の実施の態様は別表で定めるものとされている(同五条三項)が、そこでは、航行状況の監視、自己の存在の顕示、船舶の名称等の照会、乗船しての検査・確認、航路等の変更の要請、船長等に対する説得、接近・追尾等といった具体的な行動が挙げられている。

(エ) 武力行使等の禁止および武器の使用の制限

その措置の実施は、武力による威嚇または武力の行使にあたるものであってはならない(周辺事態法二条二項)。

右の対応措置を実施する自衛隊の部隊等の自衛官は、武器の使用に際しては、刑法三六条(正当防衛)または三七条(緊急避難)に該当する場合のほか人に危害を与えてはならない(同一一条)。

(オ) 対応措置の実施

内閣総理大臣は、対応措置の実施にあたっては、基本計画の閣議決定、国会の承認等の定めがある(同四条、五条。なお、緊急の場合の国会の事後承認の定めもある)。

(カ) 周辺事態法の問題点

まず、この法律でいう周辺事態というのは、一定の地域で限定される概念として規定されていない。このため、悪くすれば際限なく地域が広がる危険性があることになる。

また、この法律では、あくまでも「後方地域」でその措置が実施されるとするが、これについては、まず、戦闘地域と後方地域とがそれほど明確に分離できるかどうかが疑問だとする批判がある。そして、かりにそれがさしあたりは可能であるとしても、そこでの支援についても問題がある。すなわち、その支援の内容は、補給、輸送、修理および整備、医療、通信、空港および港湾業務、基地業務と、きわめて多様なものであり、例えば輸送対象の中には米軍の武器・弾薬および兵員も含まれている（禁止されていない）。また、輸送に際しては自衛のための武器の使用も認められている。しかし、これは、わが国が相手国に対して米軍と同時に直接的な武力行使をすることはないというだけで、あとはほぼ全面的な戦争協力をするという定めに等しいものである。とくに、武器・弾薬の輸送などは武力行使をするに等しいといわなければならない。その意味では、国際法的にも、米軍と戦闘行為を行っている国との関係では、わが国はこのような行為によって交戦国の地位に立つことになる。また、例えばかりに戦闘の相手国が米軍に対して徹底した反撃をしようとする場合には、その後方支援のルートを絶とうとするはずであるから、当然これらの補給、輸送その他の支援行為それ自体が重要な攻撃対象となるはずである。したがって、かりにこの輸送を自衛艦が行っている場合には、結局は、わが国が自衛のための戦闘をするということになってしまう危険性がある。こうしてみると、戦争全体をみるならば、後方での支援は武力行使とは違うなどとするのは全くの詭弁にすぎない。

なお、これについては、例えばこの法律の内容が国際法上の自衛権の行使のための発動要件を充たしているならば、（自衛権を認め、自衛のための必要最小限度の武力行使は許容されるという形での憲法九条の解釈をとれば）合憲化は可能である。しかし、この「周辺事態」は、その自衛権の行使にかかわる要件よりもはるかに広いものであることは明らかである。その意味では、このような定めは、すくなくとも一般的には憲法九条では正当化はできないといわねばならない。すなわち、かりにこの周辺事態が外国によるわが国に対する侵略行為がなされたというような事態であり、それが、わが国が自衛戦争を行うための国際法上の要件を充たしているというような場合であれば、自衛権論によってこれを正当化することは可能であろう。しかし、逆に、この周辺事態がそのような場合でないときには、自衛権論から正当化することはできない。また、例えばわが国の米軍基地が攻撃を受けたというような場合でなく、むしろアメリカ軍が独自の判断で積極的に戦闘行為を開始したというような場合には、かりに集団的自衛権論を肯定したとしても、これらの措置は、明らかにそれを通じて正当化することはできず、憲法九条に違反するものとされねばならないのである。このような問題が生じているのは、そもそもこの法律が、周辺事態におけるわが国の防衛そのものを目的とする法律ではなく、むしろ、単に周辺事態におけるアメリカ軍の活動を助けることを目的として作られた法律だからである。

このほか、例えば問題の米軍の活動が国際連合の安全保障理事会の決議に基づく行動である場合には正当化できないかが問題となる余地はある。すなわち、この場合には、わが国の右のような措置は、憲法九条の自衛権そのものから正当化することは困難であるが、すでに述べたように、憲法前文および第九条が究極的には「国際平和」を求めているという観点からすれば、例えば安全保障理事会の決議に基づく国際連合としての活動への参加(分担)は、国際平和の実現に向けての過渡的な行動としてやむを得ないともいえるのであり、したがって、右のような措置も、その意味で正当化できないこともないということである。ただし、かりにこのように考えるとしても、なお二つの問題が残る。一つは、そうであるならば、このような措置は、わが国が国際連合憲章の第七章の措置(とくに、武力行使に実質的に近い措置)に積極的に参加するということであるから、これを認めるについては、この問題を正面に据えた上で国民の合意を得ていなければならない。その意味では、このような形での法律の制定のしかたは好ましくないといわねばならない。また、もう一つは、かりにこのような形での理論上の正当化が可能であるとしても、現実にこの法律で認められている後方支援の措置は、右のような安全保障理事会の決議の実行のためという限定はなく、そのような場合以外のものをも含みうる形の定め方となっているため、少なくともこの法規定のままの形ではやはり正当化できないということである。

要するに、ここで問題となっている後方支援活動にせよ、安全保障理事会の決議を実施するための船舶検査等の海上行動にせよ、いずれにしても、この問題は本来日本と国際連合との関係に関する理念を基礎として考えられるべきものであり、単なる日米安保条約に基づく日米の同盟関係に関する問題として処理すべきことではないのである。しかし、すでに述べたように、この周辺事態法は単なる日米の軍事同盟関係に基づく法整備にすぎず、したがって、このような形では到底正当化され得ないといわねばならないのである。

また、船舶検査活動については、まず、注意すべきことは、ここでいう船舶検査は、国際連合の従来の伝統的な平和維持活動としてのそれではないということである。むしろこれは、安全保障理事会決議による経済封鎖などを実施するために、安全保障理事会の決議に基づいて、あるいは、旗国の同意を得て行われる（また、実質的には、アメリカ合衆国の軍隊と共同で行われる）武装した艦船による船舶検査および海上阻止行動を定めているのである。もちろん、ここでは、あくまでも相手方船舶の同意に基づく検査であり、また、規制海域への立ち入りを思い止まるように説得するにとどまるものであり、強制的なものではないとされている。しかし、武装した艦船による検査および説得（阻止行動を含む）は、それなりに事実上の強制力を有しているし、また、検査の対象船舶に乗船して職務を行うに際して自衛等のために武器を使用することが許されているという点では、そこで使用される艦船の種類によってはその威嚇力も少なくないであろう。その意味で、これは武力行使そのものではないとしても、武力行使の一歩手前の活動であるといえる。要するに、ここでいう船舶検査は、いわゆる国際連合憲章の六・五章のＰＫＯとしての船舶検査ではなく、国際連合憲章第七章の活動としての船舶検査なのである。こうしてみると、とくに公海上でのこの船舶検査はいわば一種の海外での軍事活動ともなりかねないものであるため、それはわが国の自衛権からだけでは直接的には正当化することはできず、憲法九条に違反するものとされねばならない。そして、かりに正当化することができるとしたら、ここでもやはり、憲法前文および九条が究極的に求めている国際平和のための過渡的な措置として位置づけるということしかないであろう。したがって、このような船舶検査が認められるためには、すでに述べた後方地域支援と同様に、わが国が国連憲章の第七章の武力行使ないしはその手前の行為に参加することについての国民的な合意およびアジアの周辺諸国の理解があることが前提とされなければならない。

（三）　テロ対策特別措置法

二〇〇一年（平成一三年）九月にはアメリカ合衆国で反米テロ組織による同時多発テロ攻撃が行われた。アメリカはこれに対する反撃として同年一〇月にアフガニスタンの空爆および地上作戦を実施した。このアフガニスタン戦争の国際法上の正当性は自衛権に基づくものだとされているが、わが国では、このような事態に対応して、平成一三年一一月に、この「平成十三年九月十一日のアメリカ合衆国において発生したテロリストによる攻撃等に対応して行われる国際連合憲章の目的達成のための諸外国の活動に対して我が国が実施する措置及び関連する国際連合決議等に基づく人道的措置に関する特別措置法」（以下、「テロ対策特別措置法」という）が制定されたのである。

（ア）　基本原則

政府は、この法律に基づく協力支援活動、捜索救助活動、被災民救援活動その他の必要な措置（以下、「対応措置」という）を適切かつ迅速に実施することにより、国際的なテロリズムの防止および根絶のための国際社会の取組にわが国として積極的かつ主体的に寄与し、もってわが国を含む国際社会の平和および安全の確保に努めるものとする（同二条一項）。

対応措置の実施は、武力による威嚇または武力の行使に当たるものであってはならない（同条二項）。

対応措置の実施については、わが国領域および現に戦闘行為が行われておらず、かつ、そこで実施される活動の期間を通じて戦闘行為が行われることがないと認められる地域（公海およびその上空、および、対応措置が行われることについて同意を得た外国の領域）において実施するものとする（同条三項）。

（イ）　対応措置の内容

（ａ）　協力支援活動

諸外国の軍隊等に対する物品および役務の提供、便宜の供与その他の措置であって、わが国が実施するものをいう（同三条一項）。

なお、協力支援活動として行う自衛隊に属する物品の提供および自衛隊による役務の提供の内容は別表第一に掲げられる。そこでは、補給、輸送、修理および整備、医療、通信、空港および港湾業務、基地業務が挙げられている。

（ｂ）　捜索救助活動および被災民救援活動

このほか、捜索救助活動（同条二項）および被災民救援活動（同条三項）についての定めが置かれている。

（ウ）　実施の手続

これらの対応措置の実施については、基本計画の閣議決定、国会の承認などの定めが置かれている（同四条～一一条）。

（エ）　武器の使用

対応措置を実施する自衛官は、武器の使用に際しては、正当防衛または緊急避難にあたる場合のほか人に危害を与えてはならない（同一二条）。

（オ）　法律の失効

この法律は、もともとは二年間の限時法であったが、平成一五年の改正で二年延長され、平成一七年の改正でさらに二年延長されたが、平成一九年一一月には、いわゆる「ねじれ国会」の影響で期限切れとなった。しかし、その後インド洋上の給油活動に内容をしぼった補給支援法が一年の限時法として平成二〇年一月に制定されている

(同年一二月の改正法により、さらに一年延長されている)。

（カ）この法律の問題点

この法律は、形式的には国連憲章三九条にいう「平和に対する脅威」への対応という枠組みを用いつつ、国連の安全保障理事会決議に基づいて、テロ攻撃に対抗する外国の軍隊一般に対して協力支援等の対応措置をとるためのものであるという形をとっている。しかし、実際上、これは日米安全保障条約に基づく対米協力を東アジア地域からさらに拡大するために、いわば周辺事態法を一部拡大補充するものとして制定されたものである。すなわち、アメリカ合衆国がアフガニスタン戦争を開始したときに、わが国はそれに対する協力支援を求められたが、事態の内容の点でも、また、アフガニスタンという場所の点でも、このような事例に対してすでに述べた周辺事態法を適用することは無理であった。そこで、あえて協力支援を実施するための法的根拠を与えるために、この法律が制定されたものである。そして、これに基づいて平成一三年一二月わが国の海上自衛隊の補給艦がインド洋上においてアメリカ合衆国の軍艦に対して油の海上補給を実施したのである。このような後方地域支援は相手方から見れば戦争の協力行為(あるいは、共同行為)となるという点については、すでに述べた。現実には、周辺事態法に基づく後方地域支援は未だ実施されていないのであるが、むしろ、結局、このテロ対策特別措置法による協力支援活動が先に実施されることになったわけである。このことをどのように意味づけるべきかは今後の課題であるとして、少なくともこれは、わが国の自衛隊が現憲法の下で海外での戦争にかかわった初めての事例であるということは、たしかである。

たしかに、同時多発テロのようなテロ行為は容認されるべきではないという国際社会の合意ができていることも確かであり、また、この法律はそのような国連の安全保障理事会の決議を根拠として、国連に協力するために制定されたものである。その意味では、この法律の制定それ自体をただちに否定的に解すべきだとはいえないところもある。しかし、一旦後方地域に引き下がったとはいえ実際上は戦闘中のアメリカの軍艦に対して油の洋上補給を行うということは、その補給を行った自衛隊の艦船だけでなく、それを送り出した日本という国それ自体を、アメリカと同様にテロ攻撃の対象とさせることになるのは避けられないということもたしかである。その意味では、わが国は、この法律の制定およびその運用によって、危険な賭けに参加しはじめたということになろう。

（四）　イラク復興支援特別措置法

大量破壊兵器を隠匿し、それについての査察を拒否しているとして二〇〇三年（平成一五年）三月には米英軍がイラクの空爆を開始してイラク戦争となり、フセイン政権は崩壊した。そして、イラク復興のための国際的な支援については国連を含む国際社会全体で取り組むことになったが、現実にはさまざまな困難が生じている。この戦争の国際法上の正当性には疑問があるとの批判も多いが、わが国では、この事態に対応するために、同年八月に、この「イラクにおける人道復興支援活動及び安全確保支援活動の実施に関する特別措置法」（以下、「イラク復興支援特別措置法」という）が制定されたのである。

（ア）　基本原則

政府は、この法律に基づく人道復興支援活動または安全確保支援活動（以下、「対応措置」という）を適切かつ迅速に実施することにより、右に述べた国際社会の取組にわが国として主体的かつ積極的に寄与し、もってイラクの国家の再建を通じてわが国を含む国際社会の平和および安全の確保に努める（同二条一項）。

対応措置の実施は、武力による威嚇または武力の行使に当たるものであってはならない（同条二項）。

対応措置については、わが国領域および現に戦闘行為が行われておらず、かつ、そこで実施される活動の期間を通じて戦闘行為が行われることがないと認められる地域（対応措置が行われることについての同意がある外国の領域、および、公海およびその上空）において実施する（同条三項）。

（イ）　対応措置の内容

（ａ）　人道復興支援活動

実施される業務の内容は、以下のとおりである（同三条一項一号、二項）。

①医療、②被災民の帰還の援助、被災民に対する食糧、衣料、医薬品その他の生活関連物資の配布または被災民の収容施設の設置、③被災民の生活もしくはイラクの復興を支援する上で必要な施設もしくは設備の復旧もしくは整備またはイラク特別事態によって汚染その他の被害を受けた自然環境の復旧、④行政事務に関する助言または指導、⑤その他、人道的精神に基づいて被災民を救援し、もしくはイラク特別事態によって生じた被害を復旧するため、またはイラクの復興を支援するためにわが国が実施する輸送、保管（備蓄を含む）、通信、建設、修理もしくは整備、補給または消毒。

（ｂ）　安全確保支援活動

実施される業務の内容は、医療、輸送、保管（備蓄を含む）、通信、建設、修理もしくは整備、補給または消毒（これらの業務にそれぞれ附帯する業務を含む）である（同三条一項二号、三項）。

（ウ）　その他

基本計画の閣議決定、国会の承認、武器の使用などについては、すでに述べたテロ対策特別措置法と同様の定め（同四条～一七条）が置かれている。

（エ）　法律の失効

この法律は、施行の日から起算して四年を経過した日に効力を失う。ただし、それ以後においても対応措置を実施する必要があると認められるに至ったときは、別に法律で定めるところにより、四年以内でその効力を延長することができる（附則二条、三条）。

実際には、イラクにおける治安の悪化を受けて平成一八年七月には人道支援活動が廃止され、また、平成二〇年一二月には航空機による輸送も廃止された。

（オ）　この法律の問題点

この法律については、そこで定める目的および対応措置のいずれからみても、本来ならば、これはすでに述べた平和維持活動に関する事項として取り上げるべきものだともいえる。ただし、ここでは紛争当事者の和平なしに実施される活動を定めており、また、実施主体の中心は自衛隊の部隊である。その意味では、これは伝統的な平和維持活動ではなく、むしろ新型の平和維持活動にあたる。また、何よりも、この法律は実質的には日米安保条約に基づく対米協力のために制定されたものであることは否定できない。その観点から、この法律をあえてここで取り上げたものである。

現実には、この法律に基づいてわが国の自衛隊の部隊が平成一六年二月からイラクのサマワにおいて人道復興支援活動を実施している。そして、同年六月にはイラク暫定政府を承認し、多国籍軍の駐留を認める国連安全保障理事会の決議が採択されたため、わが国の自衛隊も形式的にはこの多国籍軍に加わることになった。ただし、この活動を始めた後さらに治安は悪化したため、もはやサマワは非戦闘地域とはいえないのではないかとする批判が高まり、後にこの活動は廃止された。なお、自衛隊の輸送機によるバクダットへの空輸については、その差止めおよび損害賠償を求める訴訟（名古屋高判平成二〇・四・一七）の中で、これは安全確保支援活動の名目で行われてはいるが、バクダットはなお戦闘地域であり、多国籍軍の武装兵員を定期的かつ確実に輸送する活動は多国籍軍の戦闘行為にとって必要不可欠な軍事上の後方支援であるから、この空輸は特措法二条二項および三項に違反し、かつ憲法九条一項にも違反するとの判断が示されている（ただし、請求は棄却されている）。

少なくとも自衛隊の部隊が実施した人道復興支援活動に関してはその内容は非軍事的なものであり、むしろ平和維持活動の内容そのものだといってよい。その意味では、この活動の内容それ自体は国際社会への貢献の一つとして評価されるべきものだといえるが、ただし、問題はその活動の背景にある政治的な脈絡である。というのは、ある意味で米英の主導の下に強引に行われたイラク戦争に対する国際的な批判が高まる中で、この人道復興支援活動というのは、わが国が積極的にアメリカを支持するという姿勢を示す一つの証しとして実施されているものだからである。このように、テロ対策特別措置法に基づく自衛隊によるアメリカの軍艦に対するインド洋上の給油にせよ、また、このイラク復興支援特別措置法に基づく自衛隊の部隊による人道復興支援活動にせよ、いずれも、わが国の対米協力（対米協調）のための証しとして、いいかえれば、国際貢献という名の下での外交手段として利用されているのである。しかし、自衛隊の部隊による海外活動がそもそもこのような形で利用されるのは決して好ましいとはいえないであろう。

第九章　憲法改正

第一節　憲法改正の手続

一　憲法改正規定

憲法九六条は、「この憲法の改正は、各議院の総議員の三分の二以上の賛成で、国会が、これを発議し、国民に提案してその承認を経なければならない。この承認には、特別の国民投票又は国会の定める選挙の際行はれる投票において、その過半数の賛成を必要とする」（一項）とし、また、「憲法改正について前項の承認を経たときは、天皇は、国民の名で、この憲法と一体を成すものとして、直ちにこれを公布する」（二項）とする。

このように、日本国憲法は憲法改正の手続を通常の法律の制定手続と比較するとかなり難しいものとしている。そこで、このような憲法は硬性憲法とよばれるが、憲法がこのようにその改正手続を困難なものとした理由は、憲法の改正については慎重になされることが望ましいと考えたことによる。

二　国会による発議

まず、各議院の総議員の三分の二以上の賛成があったときに、国会が憲法改正の発議をすることができる。ただし、ここでいう「総議員」の意義のとらえ方については問題がある。すなわち、この「総議員」とはそれぞれの議院の議員定数をさすのか、それとも、欠員を除いた現在の議員の総数をさすのか、である。「総議員」という文言通りに読めば後者をいうものともとれるし、また、現実に賛否の意思表明のできる議員をさすという意味ではやはり後者をいうものともとれる。しかし、この場合には例えば議員の除名などにより意図的に総議員の数が操作される危険性もあるとの批判もありうる。これに加えて、憲法が改正手続を慎重にするという趣旨を徹底するのであれば、むしろ前者をいうと解すべきであろう。これについては、すでに述べた。

三　国民投票による承認

国民投票による承認は、特別の国民投票または国会の定める選挙の際行われる投票において、その過半数の賛成を必要とする。後述する国民投票法では、前者の特別の国民投票を想定した定めを置いている。

国民投票における承認のためには、投票において「過半数」の賛成があることが必要である。ただし、この「過半数」の基礎をどのようにとらえるべきかについては問題がある。すなわち、一つは、この過半数の算定の基礎となるべきものは、無効票および白票を含む投票総数であるとする考え方である。そして、もう一つは、この過半数の算定の基礎となるべきものは、有効投票すなわち投票総数から無効票および白票を除外したものをさすとする考え方である。これについては憲法の明文からはいずれともいえないが、例えば後者の説によれば、国民投票の過半数はあくまでも賛否を明確に示した有効投票を基礎をすべきであるとされ、また、かりに前者の説によると無効票および白票が反対票と同じ扱いを受けることになるとする批判もある。ただし、逆に、国民投票における国民の過半数の賛成というのはあくまでも改正への賛成の意思を表す積極的な数を示すものとして理解すべきであるから、反対票、白票および無効票のすべてを超えるものであるべきだとし、また、憲法が改正手続を慎重にするという趣旨を徹底するのであれば、むしろ前者をいうと解すべきだということになろう。

なお、これについて後述する国民投票法は後者の考え方を採用している。すなわち、そこでは、改正に対する賛否を明示していない白票とか所定の投票用紙を使用しないもの、他事記載のあるもの、賛否が明確にわからないものなどを一括して無効投票（同八二条）とし、いわゆる有効投票にあたるもの、すなわち、「憲法改正案に対する賛成の投票の数及び反対の投票の数を合計した数」を「投票総数」として定義し（同九八条二項）、国民投票において、憲法改正案に対する賛成の投票の数が右の投票総数の二分の一を超えた場合は、この国民投票における国民の承認があったものとする（同一二六条一項）としている。これは、この問題に関する一つの立法的解決ではあるが、右に述べた観点からすれば問題がないわけではない。

四　国民投票法

平成一九年五月には、「日本国憲法の改正手続に関する法律」（国民投票法）が制定された。ただし、施行は三年後の平成二二年五月からである。

なお、この国民投票法では、三条で「日本国民で年齢満一八年以上の者は、国民投票の投票権を有する」としているため、国はこの法律が施行されるまでの間に、年齢満一八歳以上二〇歳未満の者が国政選挙に参加することができること等となるよう、公職選挙法、民法その他について検討を加え、必要な法制上の措置をとるものとするとされる（附則三条一項。ただし、この法制上の措置が講じられるまでの間は、「満一八歳以上」は「満二〇歳以上」とするものとされる。同条二項）。

五　憲法改正の公布

憲法改正について、国民投票による承認が得られた場合には、天皇は、国民の名で、この憲法と一体を成すものとして、直ちにこれを公布するものとされる。

ここでは、憲法の改正規定が常にもともとの憲法との間で一体性・連続性をもっていることを前提としている。しかし、かりにこの憲法改正がもともとの憲法の基本原理を変更する、あるいは、破壊するようなものである場合にも同一性・連続性があるとするものであるのかについては疑問もある。ただし、これについては次に述べる。

第二節　憲法改正の限界

ここでは、憲法改正には限界があるか。また、例えば大日本帝国憲法と日本国憲法との間の連続性に関する議論は、このこととどのようなつながりをもっているかについて述べておく。

一　憲法改正に内容上の限界はあるか

右に述べたように憲法九六条は特別な憲法改正手続を定めているが、ここでは、憲法改正には内容面でも制約があるのかどうかが問題となる。これについては、それを肯定する限界説と、それを否定する無限界説とがある。ただし、その根拠づけは複雑に分かれている。まず、憲法改正の限界に関する一般論について紹介しておく。

（一）　限界説

限界説は、さらに大別して、①自然法説あるいは根本規範説と、②憲法制定権・改正権の区別説とに分かれる。

まず、①自然法説は、憲法改正には、その改正条項に特別の留保がなくても、おのずから内容上の制限がある、すなわち、憲法の改正はその憲法自体がよって立つ根本原理による制限を受けるのであり、その根本原理までは改正できない。もし、この根本原理をも侵害して改正がなされた場合には、その新憲法は無効（絶対的無効）であるとする。この根本原理は根本規範とよばれることもあり、また、この「根本原理」の内容はまさに自然法の内容にあたるため、これは自然法説ともよばれる。また、ここでは、そもそも憲法の改正のみならず、憲法の制定そのものが、この根本原理に基づくのであり、その意味では、この説は憲法改正の限界を論じるだけでなく、同時に、現在の憲法の正当化根拠を示すという意味をも有している。ただし、この説では、何が「根本規範」あるいは「自然法」なのか、また、誰がそれを決定するのか、が問題となる。

つぎに、②憲法制定権・改正権区別説は、そもそも憲法改正権は、憲法制定権とは異なり憲法によって与えられた権力であるから、憲法の基本原理にあたる改正をすることはできず、したがって、この基本原理を侵害する形でなされた改正は無効であるとする。ただし、この改正によって生まれた新憲法は、あくまでも旧憲法の立場からみた場合に無効だとするものであり、新しい憲法制定権力の立場からみれば、その新憲法はそれに基づくものとして有効となるとされる。その意味では、ここでいう無効とはあくまでも相対的無効であるといわれる。そして、この憲法制定権力とは事実的概念であるが、これを規範論的にいえば、すでに①で述べた根本規範にあたる。すなわち、この②説は、いいかえれば、根本規範の変更に基づく新憲法の制定を憲法の改正とは区別するというのである。

①説と②説との基本的な違いは、右に見たように、いわばこの根本規範あるいは自然法にあたるものの変更を認めるかどうかにある。①説は、この根本規範あるいは自然法にあたるものの変更それ自体を拒否し、その故に、限界を超えた改正を絶対的に無効とするのである。日本国憲法は、その前文で国民主権その他の原理を「人類普遍の原理」としているが、この表現は①説に近い発想があるといえよう。

ただし、この①説は、日本国憲法さらにはそれを支える根本規範それ自体の存在を前提として絶対的な価値を与えて、今後の改正に枠をはめるという意味では重要な意義をもっているが、逆に、この説によると、この憲法が実際上大日本帝国憲法の改正手続にもとづいて行われたことをどのように説明するのか、また、現実に日本国憲法の基本原理とは矛盾するような大日本国憲法がそれ以前に存在していたことをどのように評価し、また、説明するのかが問題となる。いずれにせよ、このように、この憲法改正の限界の問題は、大日本帝国憲法と日本国憲法との関係をどのようにとらえるべきかという議論との関連性をも有するということに注意すべきである。これについては後述する。

なお、この問題は、②説によれば、大日本帝国憲法の改正規定による日本国憲法の制定は、新しい憲法制定権力

（政治的意思）による新憲法の制定として説明されることになる。これを規範論的にいいかえれば、大日本帝国憲法と日本国憲法とのそれぞれを支える根本規範に変更があったということになる。しかし、この②説は、かえってその内容を問わずに新憲法を新しい憲法制定権力によって正当化するための論拠となる危険性もある。とくに、限界を超えた新憲法が実効性をもつような場合には、結局、事実上の「力」によって限界を超えて改正された新憲法を支えるという意味の方が強くなるかもしれない。その意味では、この②説は、単に理論的（規範的）には、限界を超えた改正による新憲法と旧憲法とがあくまでも断絶して連続性をもたないとするにとどまるだけであり、真の意味で（事実として）憲法改正に限界があるとする限界説にあたるとはいえないことになる。

（二）　無限界説

無限界説は、さらに大別して、③形式的法実証主義的無限界説、④事実的無限界説、⑤憲法制定権・改正権同視説、⑥歴史法則的無限界説とに分けられる。

まず、③形式的法実証主義的無限界説は、憲法規定には内容的に上下の関係はなく、したがって、その改正には内容的な限界はないとする。また、④の事実的無限界説は、③説と同様に、改正には限界がないとするものであるが、その根拠は、むしろ社会と法との連関に注目して、社会が憲法の改正を必要とする場合にはその必要に応じて憲法が改正されるべきであり、その意味で改正に限界を認めるべきではないとする。この③説と④説とは同じ説として紹介されることも多い。たしかに、例えば、この両者とも改正憲法と旧憲法とは同一性・連続性をもつとするという点では共通することになろう。しかし、例えば、もし改正規定のなかに「改正禁止規定」があるというような場合には、③説では改正が制限を受けることになろう。これに対して、④説では、それを徹底すれば、かりに「改正禁止規定」があったとしても、改正は制限されないとすることになり、この点では、やはり両者は本質を異にするのである。なお、この④説は、社会が改正を必要とするという「事実」を無限界説の根拠とするという点では、

②説との類似性をもっていることに注意すべきである。

つぎに、⑤憲法制定権・改正権同視説は、②説とは逆に、憲法制定と憲法改正とはその本質を同じくするものであるとし、憲法改正権とは改正規定の中に制度化された憲法制定権を意味するにすぎず、したがって、憲法の改正には、その制定の場合と同様に制限はないとする。この説によれば、かりに「改正禁止規定」があっても、さらには改正規定がなくても、憲法は改正（制定）できるとされるのである。したがって、これによれば、改正は常に新憲法の制定であり、旧憲法と新憲法とは常に断絶し、その同一性・連続性は否定されることになる。右の前者、すなわち、改正禁止規定があっても、なお改正できるとする点は、④説と同じであるが、しかし、後者、すなわち、旧憲法と新憲法との断絶については、これは③説および④説とは異なっている。

さらに、⑥歴史法則的無限界説は、憲法改正には本来限界はないが、ただし、それは歴史法則に沿ったものでなければならないとする。これは、社会と法との連関に注目するものであるという点では、④説と共通するが、しかし、④説が理念のない事実的な無限界説であり、その意味では、「力」による改正・新憲法の制定を正当化する論理として使われやすいというおそれがあるのに対して、この説は、歴史法則という事実ないしは理念にその根拠を求める、いいかえれば、その限界を求めるという点では、むしろ①説に類似する限界説であるということもできる。しかし、①説が、その根本規範にあたるものを固定しているものであるのに対して、この説は「歴史法則」を究極の根拠とすることによって、むしろ規範論的にはその根本規範にあたるものを可変的なものとしている点にその違いがあるといえる。ただし、この説による場合、①説と同様に、何が「歴史法則」なのか、また、その「歴史法則」が何かを誰が決めるのか、が問題となるであろう。

二　日本国憲法と憲法改正の限界

右に述べた一般論を念頭におきながら、ここではむしろ日本国憲法の改正の限界という問題に即して考えておこう。

（一）　限界説の意義

限界説の根拠の一つとしての自然法説は、日本国憲法の根底にはいわばその根本規範として自然法にあたるものがあり、それを変えることはできない。そして、その自然法とは、つきつめれば基本的人権の尊重であるとする。ここでは、民主主義的な政治制度を憲法により定めて基本的人権を保障すべきだとする近代立憲主義ないしは社会契約論的な価値観がその根底にあるとするものである。

また、憲法制定権と憲法改正権との区別論は、憲法改正権は憲法制定権によって与えられた権力であるから、これを超えることはできず、したがって、憲法制定権に基づいて定められた内容上の基本理念すなわち国民主権、基本的人権の尊重および平和主義については改正できないとする。ここでも、日本国憲法との関係での実質的な意図としては、憲法改正を近代立憲主義憲法の枠内におさめるために、制定権と改正権との区別論が語られているのである。

これらの見解によると、右のような限界を超えて改正された憲法は無効とされる。

（二）　無限界説の意義

無限界説の根拠の一つとしての形式的な手続論は、憲法上はとくに定めがないのであるから改正手続に従う以上は内容面での制限はないとする。これは、実質的には、右に述べた限界説のように憲法の中に例えば自然法思想のような理念を不可分のものとして読み込むことを拒否すべきだとする考え方（いわゆる、法実証主義）を前提とする。

また、憲法改正権と憲法制定権とは同等であり、改正権には内容上の限界がないとする説は、憲法改正における国民の意思を重視する意味はある。ただし、この考え方は、憲法改正権を憲法制定権と同視して、その権力を解き放つことによって憲法改正の内容を必ずしも近代立憲主義の枠内にはとどめなくてもよいとするおそれが生じることになる。

また、いずれにせよ、これらの考え方によれば、改正された憲法は常に旧憲法との間での連続性をもつとされる。

（三）　大日本帝国と日本国憲法との連続性の問題

日本国憲法は大日本帝国憲法の改正手続により成立したため、形式的には両者は連続している。しかし、日本国憲法は実質的にみれば大日本帝国憲法との間では基本的な理念において断絶があり、その意味では内容的にはこれはむしろ新憲法である。そして、この点からみると、日本国憲法それ自体が法改正に関する無限界論の立場を前提としているようにも見えるかもしれない。しかし、日本国憲法の価値観を守るという観点からすれば、むしろ右に述べた①説のような限界説を採用することの方が好ましいともいえる。そこで、この立場からいえばこの点の矛盾をどのように説明すべきかが問題となるのである。

そして、いわゆる「八月革命説」は、この点に関する説明に整合性をもたせようとするものだとされる。これは、大日本帝国憲法は、ポツダム宣言の受諾とともに、民主主義を受容するものとして内容的にすでに変質しており、したがって、大日本帝国憲法と日本国憲法とは内容的にも連続している。そして、その意味では、日本国憲法それ自体が無限界説の立場に立っているとはいえないとするのである。また、同時に、これによって、日本国憲法の正当化根拠を旧憲法の改正手続を踏んだということそのものの中に求めることができることになる。

とはいえ、条文上は何の変更もないのに、ポツダム宣言の受諾によって大日本帝国憲法が内容的に変化してしまったとすることには無理があることは否定できない。やはり、日本国憲法は大日本帝国憲法の改正手続によってはいるが、実質的にはその内容を超えた改正を行った、いいかえれば新憲法を制定したものというべきであろう。ただし、そうなると、逆に、日本国憲法の正当性がどこにあるのかが問題となるとする議論もあり得る。しかし、本来、日本国憲法の正当化根拠は、大日本帝国憲法の改正手続を踏んだことに求める、つきつめれば大日本帝国憲法そのものに求めるというのではなく、むしろ、その内容がまさに近代立憲主義の憲法であること、および、それが日本国民によって支持されたことに基づくものと考えるべきである。いいかえれば、大日本帝国憲法の改正という形式で日本国憲法を制定した帝国議会が実質的には日本国憲法制定のための憲法制定会議の役割をはたしたというべきであろう。その意味では、昭和二〇年八月の無条件降伏によるポツダム宣言など対日占領方針の受け入れとか昭和二一年一月の天皇の人間宣言などによる大日本帝国憲法の神権天皇制の事実上の崩壊というのは、むしろ、右に述べた憲法制定会議による新憲法の制定を支持するための事実上の背景にあたるものと理解すべきである。この説明の内容は実質的にはいわゆる「八月革命説」と同じことになるが、ただし、ここではあえて大日本帝国憲法と日本国憲法との間の連続性を認める必要はなく、日本国憲法はあくまでも新憲法の制定だとするものである。

三　限界を超えた憲法改正

そもそも、憲法は最高法規である以上、一定の基本的な理念に基づいて内容上一つのまとまった規範体系をもっている。例えば日本国憲法では、その基本的な理念とは民主主義、基本的人権の尊重および平和主義である。したがって、その自己完結的な規範体系が破壊されたと認めざるを得ないような内容上の大きな改正が行われた場合には、それは実質的には憲法改正ではなく、むしろ新憲法の制定にあたる。その意味では、少なくとも理論上は（規範的には）改正権には限界があることになる。いいかえれば、憲法改正の限界論というのは、実際上は現在の憲法の基本的理念を破壊するような改正をさせたくないという意図を持ったものだといえる。

たしかに、理論上は（規範的には）憲法自らがその同一性を破壊するような憲法改正を認めるはずはないというのが正当である。その意味では、形式的には憲法改正規定に基づきながらも右に述べたような実質的な新憲法が制定されるなどということがあるとしても、それはあくまでも憲法の外にある事実上の力によるものだというべきである。そして、その場合の新憲法の正当性の根拠は、旧憲法の改正規定ではなく、むしろ、その新憲法がその改正（制定）の前後において国民に支持されているという歴史的事実にあるといえる。もちろん、この場合、なお旧憲法の立場からの「違憲審査」を行うことができるかという問題が残る。しかし、例えば違憲審査を行うべき裁判所が存在するかなど事実上の問題もあり、その実効性には疑問もある。ただし、いずれにせよ、右のようなことがらは、事実上そのように考えるほかはないということであって、日本国憲法それ自体は根本原理を破壊するような内容的な限界を超えた憲法改正は想定しておらず、それについては何も語っていないと理解すべきであろう。いいかえれば、改正手続を通じて事実上その限界を超えた改正がなされるということは、憲法それ自体の力によってあらかじめ防止することはできない。むしろ、そのような事実の発生の防止は、この憲法を支持・評価する国民の法意識に依存しているということなのである。

第一〇章　憲法の最高法規性と国法体系

第一節　憲法の最高法規性と憲法尊重擁護義務

一　最高法規としての憲法

憲法九八条は一項で、「この憲法は、国の最高法規であつて、その条規に反する法律、命令、詔勅及び国務に関するその他の行為の全部又は一部は、その効力を有しない」とする。

このような憲法の最高法規性を維持するための違憲審査制度は憲法保障ともよばれるが、それをどのような国家機関が行うべきかについては、さまざまな形がありうる。例えば、国会でも裁判所でもない政治的機関を設置して、それが問題となった法律その他の国家行為の合憲・違憲についての判断をするという形もある。また、この違憲審査権を裁判所が行使するとしても、そのための特別の憲法裁判所を設置する場合と通常の裁判所がそれを行うものとする場合とがある。これについて、わが国では法律その他の国家行為の違憲審査権は憲法八一条により最高裁判所以下の通常の裁判所にまかされている。

二　前文の法的性質

（一）　前文の法的性質

ここでは、憲法の前文には、憲法としての規範性が認められるか、また、その前文を裁判規範として用いることができるか、が問題となる。まず、前文の法的性質をどう理解するかであるが、前文が本文の各条項と同じ法的効力をもつということについては、学説にも争いはない。したがって、例えば前文を変更するためには、九六条の憲法改正手続によらなければならないし、また、前文の内容はいわば憲法の根本原則を定めたものであるため、この改正については、憲法改正の限界の問題をも生ずることになる。しかし、同じく「法的効力」をもつとしながらも、例えばある法律が前文に違反するという場合に、直接に前文違反を理由にその法律を無効とすることができるか、いいかえれば、前文を裁判規範として判決を出すことができるか、という点については肯定・否定の両説がある。

(二)　前文の裁判規範性

否定説の根拠としては、以下の点があげられる。すなわち、前文の具体的な内容は第一条以下の各条項に展開されているのであるから、法律の違憲性等が問題となった時は、各条項の規定がまず裁判規範となる。憲法法規の段階構造の中で、前文は最上位の規範であり、前文規範の内容は各条文の中に具体化されるのであるから、一方において、前文は各条文の意味内容を規定する枠としての性質をもつと同時に、他方、裁判所において判断の基準となるのは具体性をもった各条文であって、前文ではない。なお、これに関連して、理論的には憲法条文に欠缺がある場合に前文が直接適用され得るかという問題があるが、この説によれば具体的に憲法条文に欠缺があるとは考えられないとする。

これに対して、肯定説は以下の点を主張している。すなわち、憲法が裁判規範として機能する場合というのは、例えば法律の憲法適合性を判断するような場合であるから、通常の法律が裁判規範として機能する場合ほどに個別的・具体的である必要はない。憲法の内容上の段階構造は、例えば憲法一三条と他の人権条項との関係のように、本文の各条項の間にも存するのであるから、前文が最上位の規範であるというだけでは、それを本文ととくに区別すべき根拠にはならない。前文の内容がすべて各条項に具体化されているわけではなく、例えば「平和のうちに生存する権利」のように本文の条項中に欠落している事項が前文に法定されていることもあるから、前文にも裁判規範性を認めるべきである。また、本文に欠缺あるときに限らず、根本原則違反の国家行為（例えば、軍役の強制や君主権への逆行等）に対しては、直接前文違反として争うことができるとする。

しかし、反面で、両説の対立は決定的なものではないともいわれている。というのは、まず、憲法の各条項が存在するときは、否定説では前文を具体化した本文各条項が直接適用され、前文はその際の解釈基準として用いられるとするが、肯定説もこのように本文の各条項が直接適用されることには異論はないはずである。とすると、両説の対立は、本文各条項に適用すべきものがない場合に、本文各条項をとびこえて直ちに前文規定を適用しうるかどうかの点に帰着する。そして、この場合、否定説の中でも、本文各条項に欠缺があるときは理論的には前文が直接に適用されることになるのを承認する説もある。とすれば、実質的にはむしろ、前文の直接適用の有無は、本文各条項の解釈を厳密・限定的に行うか、あるいは、それを柔軟・弾力的に行って前文の直接適用の余地を不要なものとするか、に依存することになろう。また、憲法には、本文でも一三条、九七条など抽象的・理念的・原理的な規定が少なくない。その意味では、この問題は前文と本文という区別をこえているともいえる。いいかえれば、ここでは、およそ憲法典は裁判規範すなわち裁判によって強制ないし担保されうる規範と、それには属さない規範とに分けられるか、という基本的な問題として考えられねばならないとされることになる。

いずれにせよ、右の諸点を考察すると、一般論としては、前文の裁判規範性を肯定すべきである。そして、問題の本質は前文か各条項かということにあるのではなく、むしろ、規定の具体性の程度にあると考えるべきであろう。

（三）　平和的生存権

前文の法的性質についての争いは直接的には例えば「平和的生存権」についての議論として現れている。そこで、以下においてこの点についてふれておく。

（ア）「平和的生存権」の内容とその法的根拠

平和的生存権というのは、端的にいえば、平和なくしては人類の生存も人権の保障もありえないという観点から、平和そのものを人権としてとらえるべきであるとし、さらに、それを国民一人一人の人権であるとする考え方である。また、この「平和的生存権」の法的根拠については、前文および九条を根拠とする説、憲法一三条を根拠とする説、主として前文を根拠とする説などに分れる。

このうち、例えば、九条に根拠を求める説は、九条は日本国民に対し、この権利を実効的に保障するために、全面的戦争放棄・完全非武装を定めた「制度的保障」であり、これに反する戦争目的・軍事目的は、「公共の福祉」の内容たりえず、そのためにする第三章の総ての人権の制限が許されないとする。ただし、これについては、基本的人権はそのような戦争目的・軍事目的の国家作用によって制限されないというだけの内容ならば、とくに「平和的生存権」という必要はない、などの批判がある。また、この見解の当否とは別に、この説による場合には、少なくとも前文の裁判規範性は直接の争点とはならないことに注意すべきである。というのは、ここでは、前文は、九条および一三条の解釈基準として用いられていると解することもでき、そして、その点については右の否定説の立場からも異論はないからである。

これに対して、憲法前文第二段に根拠を求める説は、九条は平和的生存権の直接的根拠にならない。憲法第三章の人権規定が例示列挙であるというだけでは、平和的生存権が基本的人権として保障されているという論証にはならず、平和的生存権の直接的根拠は、やはり前文第二段の「平和のうちに生存する権利」の確認に求めなければならない。前文の中でもこの部分は特殊なものとして、裁判所によって保障されるべき権利の法定であり、そして、この権利は平和条項（九条）により法規範的拘束をうけた公権力に対して直接主張できる権利であるとする。そして、この説による場合には前文の裁判規範性が争点となるのである。ただし、すでに述べた観点からすれば、むしろここでの実質的な争点は、平和的生存権がどれほど具体的内容をもったものとして読みとれるかということになろう。しかし、これについても、例えば日本の憲法が外国に居住する特定個人の言論の自由を保障することができないように、「全世界の国民（の）ひとしく恐怖と欠乏から免れ、平和のうちに生存する権利」を基本的人権として保障しうるはずがない、との批判もある。

こうしてみると、一応理論的には「平和のうちに生存する権利」を前文を根拠として導き出し、そして、それを場合によっては裁判規範として適用するということは可能であるとしても、その具体的な内容をどのように理解するかが、なお検討されねばならないというべきであろう。

（イ）長沼事件における平和的生存権論

自衛隊の合憲性が争点となった長沼事件の一審判決（札幌地判昭和四八・九・七判時七一二号二四頁）は、訴えの利益に関して、森林法上の「右各規定は、帰するところ、憲法の基本原理である民主主義、基本的人権尊重主義、平和主義の実現のために地域住民の『平和のうちに生存する権利』（憲法前文）すなわち平和的生存権を保護しようとしているものと解するのが正当である」。地対空ミサイル基地は「まず相手国の攻撃の第一目標になるものと認められるから、原告らの平和的生存権は侵害される危険があるといわなければならない。この点からも原告らには本件保安林指定の解除処分の瑕疵を争い、その取消を求める法律上の利益がある」とした。しかし、これに対して、二審判決（札幌高判昭和五一・八・五行集二七巻八号一一七五頁）は、「前文中に定める『平和のうちに生存する権利』も裁判規範としてなんら現実的、個別的内容をもつものとして具体化されているものではない」し、「憲法第三章各条には権利義務につき、とくに平和主義の原則を具体化したと解すべき条規はない」として、訴えの利益はないとしている。

ただし、ここでは、「平和的生存権」論一般の当否と長沼事件における「訴えの利益」との関係での平和的生存権論の当否とは、問題が異なっていることに注意すべきである。すなわち、長沼事件の一審判決は、とくに「訴えの利益」に関しては、あくまでも森林法の解釈の基準として前文を用いたにすぎないということもできる。その意味では、否定説でも、理論的にはこの立場をとることは可能なのである。とすると、すでに述べたように、問題は前文の「平和のうちに生存する権利」の内容の理解のしかたにあるのであって、これによってこの判決の見解の当否が定まることになるであろう。

三　憲法尊重擁護義務

憲法九九条では、「天皇又は摂政及び国務大臣、国会議員、裁判官その他の公務員は、この憲法を尊重し擁護する義務を負ふ」として憲法尊重擁護義務を定めている。

これは九八条の最高法規の定めから派生するものだともいえるが、より本質的には、はじめに述べたように、そもそも憲法というのは国家の組織、国家の権力の源、国家の権力の行使のしかたなど国家の基本的なありようを定めたものであるから、憲法が国の機関および公務員に対して憲法尊重擁護義務を求めるのは当然のことであるともいえる。

なお、例えば国務大臣とか国会議員などが憲法そのものを否定するような発言をすることは自らの地位を否定するに等しいものであるから許されない。ただし、国民が憲法改正の主張をすることはそれが誰であれ許されるはずであるから、それらの者が国民の一人として憲法の定める改正規定にのっとった憲法改正の必要性を主張することなどは当然許されるべきである。

四　条約および国際法規の遵守

憲法九八条二項では、「日本国が締結した条約及び確立された国際法規は、これを誠実に遵守することを必要とする」と定める。

これは、前文で述べられている国際協調主義に基づくものである。この規定は憲法の最高法規性に準ずる位置にあることから、この規定により条約に反する法律その他の国内法は無効とされることになる。ただし、ここでは憲法と条約とが内容上矛盾することは前提とはされていないはずであるから、憲法と条約とが矛盾するような場合でも条約が憲法よりも優先されるべきかどうかというのは、これとは別の問題である。

第二節　国法体系

一　国内法の種類

わが国の国内法は、憲法のほか、立法機関（国会、都道府県議会および市町村議会）の制定する法として法律および条例（都道府県条例および市町村条例）がある。また、行政機関の制定する法としては、国のレベルでは政令（内閣）、内閣府令（内閣総理大臣）および各省の省令（各省大臣）、その他の規則（会計検査院、人事院、公正取引委員会など）があり、また、地方公共団体のレベルでは長の定める規則がある。さらに、最高裁判所その他の裁判所の定める規則もある。

二　国内法の効力関係

（一）　憲法と法律

憲法に違反する法律が無効とされるべきことは、九八条の最高法規の定めとか八一条の違憲立法審査権の定めなどにより明らかである。裁判所による違憲立法審査権の行使をめぐる問題については、第五章第五節を参照されたい。

（二）　法律と命令

政令その他の命令が法律に違反する場合には無効とされる。法律と命令との関係については、第四章第三節を参照されたい。

（三）　法律と条例

憲法九四条は「法律の範囲内で」として条例が法律の下位にあることを明示している。法律と条例との関係については、第七章第二節を参照されたい。

（四）　法律・条例と命令（行政立法）との関係

政令、府令・省令などの命令が法律の下位にあることは、憲法四一条や七三条六号の定めなどからみても明らかであるが、これらの命令と条例との間での効力関係については憲法九四条の規定からは明らかではない。ただし、すでに述べたように、地方自治法一四条一項では、法令が条例の上位にあるものとして、これについての立法的解釈を明らかにしている。

（五）　法律と裁判所規則

法律と裁判所規則との関係については、第五章第四節を参照されたい。

三　憲法と条約の効力関係

憲法九八条一項および二項の定めは憲法と条約とが矛盾することは前提とはしていないものと解されるが、かりに内閣が憲法と矛盾するような条約を締結した場合には両者の効力関係が問題となる。ただし、これについては第五章第五節を参照されたい。

四　占領法規

（一）　連合国による占領と間接統治

一九四五年八月一四日、日本はポツダム宣言を受諾し、九月二日、同宣言を内容とする降伏文書に署名したが、連合国による占領には、以下のような基本的な特色があった。第一は、連合国による占領は、ワシントンにおかれる極東委員会、東京におかれる対日理事会および連合国最高司令官によって行われたのであるが、ただし、極東委員会における政策決定がなされるまでの間はアメリカ政府が最高司令官に「中間措置」として指令を出すことができたのであり、そこで現実にはアメリカによる単独占領が行われたということである。そして、第二は、その占領はいわゆる「間接統治」の原則に基づくものだったということである。このうち、後者は、占領下のわが国における占領法体系と憲法体系という法形式上の矛盾を生ぜしめることになる。また、前者は、後に、占領法規の内容面でのポツダム宣言との矛盾・牴触を生ぜしめる原因となっていくのである。

(二)　占領法規の法形式

占領の基本法にあたるのはポツダム宣言および降伏文書であった。そして、それを実現するために連合国最高司令官は一般命令、指令、覚書、示唆など各種の形式により日本政府に対してさまざまな命令を発した。ところで、このような各種の命令の中でも、その内容を国内法の形式の中に取り込む形にしたものが、占領法規(または、管理法令)とよばれるものである。この法形式上の問題については、三期にわけて考察する必要がある。

第一は、一九四五年八月一五日から一九四七年五月二日までである。この時期には、なお大日本帝国憲法が日本の最高法規であったが、ポツダム宣言および降伏文書を実施するために、一九四五年九月二〇日には「ポツダム宣言ノ受諾ニ伴ヒ発スル命令ニ関スル件」(昭和二〇年勅令五四二号)が出された。これは、大日本帝国憲法八条にもとづく緊急勅令として出されたもので、「政府ハポツダム宣言ノ受諾ニ伴ヒ聯合国最高司令官ノ為ス要求ニ係ル事項ヲ実施スル為特ニ必要アル場合ニ於テハ命令ヲ以テ所要ノ定ヲ為シ及必要ナル罰則ヲ設クルコトヲ得」と定めるものであり、後に第八九臨時議会で承諾された。なお、右の勅令にいう「命令」とは、「勅令」、「閣令」、「省令」をさす。一般に、この緊急勅令五四二号はポツダム勅令とよばれる。

第二は、一九四七年五月三日の日本国憲法の施行後、講和条約の発効までである。ここでは、勅令と閣令は廃止され、「政令」がそれに代わった(ポツダム政令とよばれる)。したがって、この時期には、連合国最高司令官の命令に基づく緊急勅令五四二号・政令・省令という占領法の体系と、憲法・法律・命令という通常の憲法の体系との二つの法体系が存在したのであり、両者が矛盾した場合には、前者が優先されたのである。

では、このような法体系上の矛盾は、どのように説明されたのであろうか。例えば、緊急勅令五四二号による罰則の包括的委任が問題となった事件の判決（最大判昭和二三・六・二三刑集二巻七号七二二頁）では、「緊急勅令が命令に委任した立法の範囲は広汎である。しかしながら、降伏条項の誠実な実施はポツダム宣言の受諾及び降伏文書の調印に伴う必然の義務であり、その実施が広汎で且つ迅速を要することを考慮するときは、緊急勅令が委任立法の範囲を『ポツダム宣言ノ受諾ニ伴ヒ連合国最高司令官ノ為ス要求ニ係ル事項ヲ実施スル為必要アル場合』と定めたことはまことに已むことを得ないところであって、これを目して旧憲法第八条所定の要件を逸脱したものと言うことはできない」とされている。これは、「やむを得ぬ合憲論」などと評されている。

これに対して、公職追放指令の実施に関する裁判権が問題となった事件の判決（最大判昭和二四・六・一三刑集三巻七号九七四頁）では、より端的に、公職追放令（昭和二二年勅令一号）に基づく具体的な措置については、日本の裁判所には裁判権がない、とされた。また、公務員の労働基本権を制限する政令二〇一号およびその根拠たる緊急勅令五四二号の合憲性が問題となった事件の判決（最大判昭和二八・四・八刑集七巻四号七七五号頁）は、「連合国の管理下にあっては、日本国の統治の権限は、一般には憲法によって行われているが、連合国最高司令官が降伏条項を実施するため適当と認める措置をとる関係においては、その権力によって制限を受ける法律状態におかれているものと言わねばならぬ。すなわち、連合国最高司令官は降伏条項を実施するためには、日本国憲法にかかわりなく法律上全く自由に自ら適当と認める措置をとり、日本官庁の職員に対する指令を発してこれを遵守実施せしめることを得るのである。……勅令五四二号……は前記基本関係に基き、連合国最高司令官の為す要求に係る事項を実施する必要上制定されたものであるから、日本国憲法にかかわりなく憲法外において法的効力を有する」とした。これは、いわゆる

「超憲法的効力」説を採用し、右勅令は憲法の体系の外で正当化されるとしたのである。

第三は、一九五二年四月二八日の講和条約の発効後である。占領が終わることによって、占領法規は、その内容上日本国憲法に違反するものは存続し得なくなった。また、かりに内容が合憲としても、法形式上の問題として、本来憲法上は「法律」で定めるべき事項を「政令」で定めていたようなものについては、その難点を解消するための措置をとる必要があった。そこで、あるものは講和条約発効の前後に個別的に廃止され、あるいは、ポツダム宣言の受諾に伴い発する命令に関する件の廃止に関する法律（昭和二七年四月一一日）によって、講和条約発効後一八〇日に限り有効なものとされた。また、法形式上の問題に関しては、例えば、出入国管理令（昭和二六年政令三一九号）が、そのままで法律としての効力をもつものとされた（昭和五七年には法改正され、「出入国管理及び難民認定法」へと名称変更された）ように、政令に対してそのまま法律としての効力を与える法律（昭和二七年法律一二六号）が制定されることもあった。ただし、これらの措置はあくまでも立法的判断に基づく措置としてなされたものであり、理論上はなお、内容上は憲法に違反するポツダム政令がそのまま法律としての効力を与えられたかもしれない、という問題を残したのである。

右の点が問題となったのが、ポツダム政令三二五号・占領目的阻害行為処罰令違反事件である。同政令は、右の第二の措置によってその効力を延長されたが、その直後に昭和二七年五月七日の法律で廃止された。ただし、そこでは、廃止前の行為に対する罰則の適用は従前の例によるとされていた。これにかかわる判決（最大判昭和二八・七・二二刑集七巻七号一五六二頁）の多数意見は、本件は犯罪後の法令により刑が廃止された場合にあたるとして、被告人を免訴とした。すなわち、政令三二五号はポツダム勅令五四二号に基づいたもので、その制定当時には憲法外における法的効力を有していた。しかし、平和条約発効後においては「連合国最高司令官の指令違反行為」が発生する余地はない。それ故、指令違反行為を処罰する右政令はその効力を保持する余地がなく、当然失効したものといわねばならない。したがって、罰則の適用を従前の例によるとした右の廃止法は、一旦失効した政令の罰則を復活させる事後立法となり、憲法三九条の趣旨に反し、無効、としたのである。

（三）　占領法規の内容上の問題点

占領法規の内容は、実際上単独占領を行ったアメリカの対日政策の転換によって大きな変化をみせた。すなわち、その転換以前の時期においては、占領は基本的にはポツダム宣言に定める諸条件の実現をめざして行われた。例えば、まず占領初期には、「政治的、公民的および宗教的自由にたいする制限の撤廃に関する覚書」、「農地改革に関する覚書」、「国家神道にたいする政府の保証、支援、保全、監督および弘布の廃止に関する覚書」などが発せられ、また、ポツダム勅令にもとづく勅令で、例えば治安維持法、治安警察法などが廃止されたのである。さらに、一九四六年一月には、「好ましくない人物の公職よりの除去に関する覚書」が発せられ、政府はポツダム勅令にもとづき、覚書の内容を勅令にそのまま法文化したのである。そして、一九四六年一一月三日の日本国憲法の公布は、これらの流れに沿った総括として位置づけられる。その意味では、ポツダム宣言、占領法令および日本国憲法は、平和主義と民主主義を原則とするとする点では一貫していたのであり、この時期までは占領法体系と憲法体系には基本的な矛盾は存在しなかったとされる。

しかし、占領政策の転換とともに一九四八年頃からは、例えば団体等規正令（昭和二四年政令六四号）、占領目的阻害行為処罰令（昭和二五年政令三二五号）など、明らかに憲法の人権規定に違反する政令が制定されるようになった。さらに、一九五〇年六月の朝鮮戦争を境として、アメリカの対日政策の転換とくに反共政策はより一層顕著となり、七月には、ＧＨＱの「勧告」にもとづいてレッド・パージがおこなわれ、また、ポツダム政令である警察予備隊令（昭和二五年政令二六〇号）によって、再軍備が開始されたのである。このように、占領の後半期の占領法令には、ポツダム宣言に反するものも含まれていたとされる。そして、一九六一年のサンフランシスコ平和条約の締結の際には同時に日米安全保障条約が締結されている。そこで、このアメリカの占領後期にかかわる対日政策の転換にかかわる右の占領法体系は、この日米安全保障条約と合わせて憲法体系に対立して存在する安保法体系であるとする批判が加えられることになった。

たしかに、すでに述べたように、憲法と条約との効力関係とか条約に対する違憲審査の可否などの問題によって、実際上日米安全保障条約およびこれに関連する法律等についての違憲審査の限界が生じる可能性はある。しかし、政治的に「安保法体系」と称することはともかくとして法的には特別に安保法体系というものが認められているわけではない。この問題については、あくまでも裁判所による違憲審査権の行使を促すという形でその解消をはからなければならないことはいうまでもない。

参考文献

一　初出文献

本書のもとになっている私の著書その他の論稿は以下の通りである。

〔著書〕『憲法訴訟の基礎理論』（成文堂　一九八一年）、『憲法訴訟と違憲審査基準』（成文堂　一九八五年）、『事件性と司法権の限界』（成文堂　一九九二年）、『経済規制と違憲審査』（成文堂　一九九六年）、『行政法総論〔第四版〕』（成文堂　二〇〇五年）、『憲法と国際社会〔第二版〕』（成文堂　二〇〇五年）、『司法権と憲法訴訟』（成文堂　二〇〇七年）。

〔その他の分担執筆、雑誌論文等〕「四九条議員の歳費」有倉遼吉・小林孝輔編『基本法コンメンタール・憲法〔第三版〕』（日本評論社　一九八五年）、「国会議員の立法行為と国家賠償責任」ジュリスト八六二号（一九八六年）、「議員定数不均衡と選挙権の平等」時岡弘編『人権の憲法判例第五集』（成文堂　一九八七年）、「前文の法的性格、占領法規と憲法の最高法規性」清水睦編別冊法学セミナー法学ガイド『憲法Ⅰ（総論・統治機構）』（日本評論社　一九八九年）、時岡弘編『図解　憲法〔新版〕』（統治機構部分）（立花書房　一九八九年）、「五〇条議員の不逮捕特権、五一条議員の発言・表決の無責任、五二条常会、五三条臨時会」浦田賢治・大須賀明編『新・判例コンメンタール・日本国憲法２』（三省堂　一九九四年）、「違憲審査の対象」樋口陽一編『講座憲法学６・権力の分立⑵』（日本評論社　一九九五年）、「国会の組織、議員、内閣の権能、内閣の活動」阿部照哉・池田政章・初宿正典・戸松秀典編『憲法⑷・統治機構〔第三版〕』（一九九六年）、「裁判所と憲法裁判」大須賀明編『現代法講義・憲法』（青林書院　一九九六年）、演習（憲法）法学教室一九九号～二二二号（一九九七年～一九九九年）、「租税法律主義と旭川市国民健康保険料条例の合憲性」法学教室二二二号別冊判例セレクト（一九九九年）、「第六章総説、七六条司法権、七七条規則制定権」小林孝輔・芹沢斉編『基本法コンメンタール・憲法〔第五版〕』（日本評論社　二〇〇六年）、「国民健康保険の保険料徴収と憲法八四条」法学教室三一八号別冊判例セレクト（二〇〇七年）、「国立大学の入試と司法審査」ジュリスト一三五四号（二〇〇八年）。

本書は、新稿のほかに、これらをもとにして全面的に補正し再構成したものであるが、ほぼそのまま使用した部分もある。

二　主要参考文献

本文中でとくに掲記していないが、本書の執筆に際しては数多くの著書・論文等を参照させていただいた。以下においては憲法と政治制度に関する主要な体系書および憲法全体の概説書を紹介しておく。ただし、雑誌論文等については割愛した。なお、司法権および平和主義にかかわるその他の文献については、私の『司法権と憲法訴訟』および『憲法と国際社会〔第二版〕』をそれぞれ参照されたい。

清宮四郎『権力分立制の研究』（有斐閣　一九五〇年）
法学協会編『註解日本國憲法上・下巻』（有斐閣　一九五三・一九五四年）
高木八尺・末延三次・宮沢俊義編『人権宣言集』（岩波書店　一九五七年）
宮沢俊義『憲法と裁判』（有斐閣　一九六七年）
宮沢俊義『憲法と政治制度』（岩波書店　一九六八年）
ロック・鵜飼信成訳『市民政府論』（岩波書店　一九六八年）
杉原泰雄『国民主権の研究』（岩波書店　一九七一年）
樋口陽一『議会制の構造と動態』（木鐸社　一九七三年）
樋口陽一『近代立憲主義と現代国家』（勁草書房　一九七三年）
樋口陽一『司法の積極性と消極性』（勁草書房　一九七八年）
清宮四郎『憲法Ⅰ〔第三版〕』（有斐閣　一九七九年）
清水　睦『現代議会制の憲法構造』（勁草書房　一九七九年）
佐藤　功『日本国憲法概説〔全訂第二版〕』（学陽書房　一九八〇年）
小林直樹『憲法講義上・下〔新版〕』（東大出版会　一九八〇・一九八一年）
芦部信喜『憲法訴訟の現代的展開』（有斐閣　一九八一年）
杉原泰雄『国民主権と国民代表制』（有斐閣　一九八三年）
鵜飼信成『司法審査と人権の法理』（有斐閣　一九八四年）
佐藤幸治『憲法訴訟と司法権』（日本評論社　一九八四年）
杉原泰雄編『講座・憲法学の基礎3・憲法学の方法』（勁草書房　一九八四年）
杉原泰雄『国民主権の史的展開』（岩波書店　一九八五年）
手島　孝『憲法学の開拓線』（三省堂　一九八五年）
芦部信喜編『講座・憲法訴訟第一〜三巻』（有斐閣　一九八七年）
杉原泰雄『憲法Ⅰ・憲法総論』（有斐閣　一九八七年）
山下威士『憲法と憲法学』（南窓社　一九八七年）
大石　眞『議院自律権の構造』（成文堂　一九八八年）
佐藤幸治『現代国家と司法権』（有斐閣　一九八八年）
和田英夫教授古稀記念論集『戦後憲法学の展開』（日本評論社　一九八八年）
川添利幸・山下威士編『憲法詳論』（尚学社　一九八九年）

杉原泰雄『憲法Ⅱ・統治の機構』（有斐閣　一九八九年）
辻村みよ子『「権利」としての選挙権』（勁草書房　一九八九年）
杉原泰雄『憲法　立憲主義の創造のために』（岩波書店　一九九〇年）
古野豊秋『違憲の憲法解釈』（尚学社　一九九〇年）
吉田善明『議会・選挙・天皇制の憲法論』（日本評論社　一九九〇年）
芦部信喜『憲法学Ⅰ・憲法総論』（有斐閣　一九九二年）
大須賀明『社会国家と憲法』（弘文堂　一九九二年）
北野弘久『納税者基本権論の展開』（三省堂　一九九二年）
時岡　弘先生古稀記念『人権と憲法裁判』（成文堂　一九九二年）
芦部信喜先生古稀祝賀『現代立憲主義の展開（上・下）』（有斐閣　一九九三年）
佐藤　功先生喜寿記念『現代憲法学の理論と現実』（青林書院　一九九三年）
戸松秀典『立法裁量論　憲法訴訟研究Ⅱ』（有斐閣　一九九三年）
杉原泰雄・樋口陽一編『論争憲法学』（日本評論社　一九九四年）
樋口陽一『近代国民国家の憲法構造』（東京大学出版会　一九九四年）
樋口陽一編『講座憲法学2・主権と国際社会』（日本評論社　一九九四年）
松井茂記『二重の基準論』（有斐閣　一九九四年）
吉田善明『政治改革の憲法問題』（岩波書店　一九九四年）
大須賀明編『社会国家の憲法論』（敬文堂　一九九五年）
笹川紀勝『自由と天皇制』（弘文堂　一九九五年）
芦部信喜『人権と議会政』（有斐閣　一九九六年）
杉原泰雄『憲法の歴史』（岩波書店　一九九六年）
芦部信喜・戸松秀典・高見勝利・戸波江二『ユーブング憲法〔第二版〕』（有斐閣　一九九七年）
佐々木高雄『戦争放棄条項の成立経緯』（成文堂　一九九七年）
清水　睦『現代統治の憲法手法』（三省堂　一九九七年）
長尾一紘『日本国憲法〔第三版〕』（世界思想社　一九九七年）
中村睦男・常本照樹『憲法裁判五〇年』（悠々社　一九九七年）
原田一明『議会制度』（信山社　一九九七年）
高橋和之・大石　眞編『憲法の争点〔第三版〕』（有斐閣　一九九九年）
猪股弘貴『憲法論の再構築』（信山社　二〇〇〇年）
高見勝利『宮沢俊義の憲法学史的研究』（有斐閣　二〇〇〇年）
浦田賢治編『立憲主義・民主主義・平和主義』（三省堂　二〇〇一年）
大石　眞『議会法』（有斐閣　二〇〇一年）
小林　武『地方自治の憲法学』（晃洋書房　二〇〇一年）
阪口正二郎『立憲主義と民主主義』（日本評論社　二〇〇一年）

棟居快行『憲法学再論』（信山社　二〇〇一年）

吉田善明『変動期の憲法諸相』（敬文堂　二〇〇一年）

青柳幸一『人権・社会・国家』（尚学社　二〇〇二年）

岩間昭道『憲法破毀の概念』（尚学社　二〇〇二年）

小林　武『憲法判例論』（三省堂　二〇〇二年）

佐藤幸治『日本国憲法と「法の支配」』（有斐閣　二〇〇二年）

辻村みよ子『市民主権の可能性』（有信堂　二〇〇二年）

樋口陽一『憲法　近代知の復権へ』（東京大学出版会　二〇〇二年）

大沢秀介『憲法入門〔第三版〕』（成文堂　二〇〇三年）

吉田善明『日本国憲法論〔第三版〕』（三省堂　二〇〇三年）

高見勝利『芦部憲法学を読む』（有斐閣　二〇〇四年）

長谷部恭男『憲法〔第三版〕』（新世社　二〇〇四年）

棟居快行『憲法解釈演習』（信山社　二〇〇四年）

内野正幸『憲法解釈の論点〔第四版〕』（日本評論社　二〇〇五年）

浦田賢治先生古稀記念論文集『現代立憲主義の認識と実践』（日本評論社　二〇〇五年）

佐藤幸治『憲法〔第三版〕』（青林書院　二〇〇五年）

高橋和之『立憲主義と日本国憲法』（有斐閣　二〇〇五年）

安西文雄・青井未帆他『憲法学の現代的論点』（有斐閣　二〇〇六年）

石村　修『憲法国家の実現』（尚学社　二〇〇六年）

浦部法穂『憲法学教室〔全訂第二版〕』（日本評論社　二〇〇六年）

江橋　崇『「官」の憲法と「民」の憲法』（信山社　二〇〇六年）

小林　武『平和的生存権の弁証』（日本評論社　二〇〇六年）

高橋和之『現代立憲主義の制度構想』（有斐閣　二〇〇六年）

野中俊彦・中村睦男・高橋和之・高見勝利『憲法Ⅰ・Ⅱ〔第四版〕』（有斐閣　二〇〇六年）

三宅裕一郎『国会議員による憲法訴訟の可能性』（専修大学出版局　二〇〇六年）

阿部照哉先生喜寿記念論文集『現代社会における国家と法』（成文堂　二〇〇七年）

渋谷秀樹『憲法』（有斐閣　二〇〇七年）

高橋和之・長谷部恭男・石川健治編『憲法判例百選Ⅰ・Ⅱ〔第五版〕』（有斐閣　二〇〇七年）

松井茂記『憲法〔第三版〕』（有斐閣　二〇〇七年）

吉田善明先生古稀記念論文集『憲法諸相と改憲論』（敬文堂　二〇〇七年）

新井　誠『議員特権と議会制』（成文堂　二〇〇八年）

岩間昭道『戦後憲法学の諸相』（尚学社　二〇〇八年）

大石　眞『憲法秩序への展望』（有斐閣　二〇〇八年）

佐藤幸治『現代国家と人権』（有斐閣　二〇〇八年）

佐藤幸治先生古稀記念論文集『国民主権と法の支配〔上・下〕』（成文堂　二〇〇八年）
笹田栄司『司法の変容と憲法』（有斐閣　二〇〇八年）
杉原泰雄『憲法と資本主義』（勁草書房　二〇〇八年）
高見勝利『現代日本の議会政と憲法』（岩波書店　二〇〇八年）
戸松秀典『憲法訴訟〔第二版〕』（有斐閣　二〇〇八年）
辻村みよ子『憲法〔第三版〕』（日本評論社　二〇〇八年）
山内敏弘『立憲平和主義と有事法制の展開』（信山社　二〇〇八年）
浦田一郎・清水雅彦・三輪　隆編『平和と憲法の現在』（西田書店　二〇〇九年）
大石　眞『憲法講義Ⅰ〔第二版〕』（有斐閣　二〇〇九年）
辻村みよ子編『基本憲法』（悠々社　二〇〇九年）

さ行

た行

主要事項索引

あ行

か行

著者紹介
1946年　千葉県に生まれる
1968年　早稲田大学第一法学部卒業
　　　　千葉大学教育学部長、千葉大学理事
　　　　千葉大学大学院専門法務研究科長を経て
現　在　千葉大学名誉教授
　　　　法学博士（早稲田大学）

主要著書
憲法訴訟の基礎理論（成文堂）
憲法訴訟と違憲審査基準（成文堂）
事件性と司法権の限界（成文堂）
経済規制と違憲審査（成文堂）
憲法と国際社会〔第二版〕（成文堂）
情報社会と法〔第二版〕（成文堂）
司法権と憲法訴訟（成文堂）
憲法と人権Ⅰ（成文堂）
憲法と人権Ⅱ（成文堂）
行政法総論〔第五版〕（成文堂）
学校と法（成文堂）
はじめての行政法（編集・成文堂）

憲法と政治制度　**定価（本体3500円＋税）**
2009年9月10日　初　版第1刷発行
2011年3月29日　初　版第2刷発行
2017年3月31日　初　版第2刷オンデマンド版発行

著　者　**藤《ふじ》井《い》俊《とし》夫《お》**
発行者　**阿部耕一**
〒162-0041　東京都新宿区早稲田鶴巻町514
発行所　株式会社　**成文堂**
電話03(3203)9201(代)Fax(3203)9206
http://www.seibundoh.co.jp

製版・印刷　三報社印刷　製本　佐抜製本
☆乱丁・落丁本はおとりかえいたします☆
ISBN 978-4-7923-0470-6 C3032　**検印省略**